思库文丛
汉译精品

壁垒
移民与全球化重构

Margaret Peters

Trading Barriers

[美] 玛格丽特·彼得斯 著　陈雪梅　陈丽莉 译　江苏人民出版社

图书在版编目(CIP)数据

壁垒：移民与全球化重构/(美)玛格丽特·彼得斯著；陈雪梅，陈丽莉译.—南京：江苏人民出版社，2022.11

(思库文丛·汉译精品)

书名原文：Trading Barriers: Immigration and the Remaking of Globalization

ISBN 978-7-214-27442-7

Ⅰ.①壁… Ⅱ.①玛… ②陈… ③陈… Ⅲ.①贸易壁垒—研究 Ⅳ.①F742

中国版本图书馆 CIP 数据核字(2022)第 159876 号

Trading Barriers: Immigration and the Remaking of Globalization by Margaret Peters
Copyright: © 2017 by Princeton University Press. All rights reserved.
No part of this book may be reproduced or transmitted in any form or by any means, electronic or mechanical, including photocopying, recording or by any information storage and retrieval system, without permission in writing from the Publisher.
Simplified Chinese edition copyright © 2022 by Jiangsu People's Publishing House.
江苏省版权局著作权合同登记号：图字 10-2018-348 号

书　　名	壁垒：移民与全球化重构
著　　者	[美]玛格丽特·彼得斯
译　　者	陈雪梅　陈丽莉
责任编辑	朱晓莹
装帧设计	潇　枫
责任监制	王　娟
出版发行	江苏人民出版社
地　　址	南京市湖南路 1 号 A 楼,邮编:210009
照　　排	江苏凤凰制版有限公司
印　　刷	南京爱德印刷有限公司
开　　本	890 毫米×1240 毫米　1/32
印　　张	13.375　插页 4
字　　数	285 千字
版　　次	2022 年 11 月第 1 版
印　　次	2022 年 11 月第 1 次印刷
标准书号	ISBN 978-7-214-27442-7
定　　价	78.00 元

(江苏人民出版社图书凡印装错误可向承印厂调换)

献给马修和凯莉

目 录

致　谢　*1*

第一章　移民与全球化　*1*
　　一、低技能移民与全球化的政治困境　*4*
　　二、对移民问题的现有解释　*8*
　　三、定义低技能移民　*10*
　　四、移民政策作为一项经济外交政策的重要性　*15*
　　五、本书框架结构　*18*

第二章　移民、贸易和企业流动性：政治困境　*20*
　　一、移民与全球化困境　*22*
　　二、企业与游说：移民政策的基础　*26*
　　三、游说花费有多高？移民政策的其他解释　*42*
　　四、总结与实证策略　*47*

第三章 移民政策和两个全球化时代 54
　　一、贸易和移民政策 56
　　二、企业流动性和移民政策 82
　　三、本章小结 88

第四章 美国行业倾向的不断变化 90
　　一、美国的低技能移民政策的分期和走势 91
　　二、企业与部门 92
　　三、行业就移民议题展开的游说 93
　　四、行业团体偏好的改变 116
　　五、小结 147

第五章 美国政策制定者对企业的回应 149
　　一、唱名投票 152
　　二、美国经济的"美国一体化"与移民：1790—1945 155
　　三、现代全球化和移民(1950—2008) 179
　　四、移民议题的党派支持变化 197
　　五、结论 203

第六章 小国移民政策：以新加坡和荷兰为例 205
　　一、研究方法和预期 206
　　二、新加坡 210
　　三、荷兰 235
　　四、结论 260

目 录

第七章 移民政策的其他解释:反移民情绪论和无证移民剥削论 *263*

一、宏观政治和宏观经济解释:民主化、增长、战争和国家身份 *264*

二、关于移民政策的其他利益团体论 *270*

三、移民政策与关于企业和无证移民的主流观点 *274*

四、结论 *278*

第八章 日益全球化背景下的移民 *281*

一、移民对国际政治经济学研究的启示 *284*

二、对移民的启示 *287*

三、对国际体系和外交政策形成的启示 *294*

四、结论:开放边境的重要性 *306*

附录 A 移民政策变量的收集和编码 *308*

参考文献 *372*

译名对照表 *401*

译后记 *407*

致　谢

本书的雏形可以追溯到我在斯坦福大学读博士时第二学年的学年论文，随后变成了我的博士论文，最后成了眼前这本书。这一切离不开我的导师朱迪·戈尔茨坦（Judy Goldstein）长久以来对我的帮助，她是我的良师益友，不仅为我招聘本科生研究助理提供资源，还对整个研究过程提供了无比宝贵的建议，帮助我应对项目研究中遇到的各种反馈意见。没有她的帮助，该研究不可能顺利完成。

同时，我也有幸获得了许多其他学者的支持。迈克尔·汤姆兹（Michael Tomz）不仅是我的博士论文答辩委员，还是激发我对国际政治经济产生兴趣的第一人。他总能问出许多让我无法回答的问题，这督促我不断完善我的研究。我的论文答辩委员会的其他成员也给我提供了重要意见：大卫·莱廷（David Laitin）让我去进一步挖掘无证移民问题；道格拉斯·里弗斯（Douglas Rivers）就方法问题提供了建议;凯尔·巴格韦尔(Kyle Bagwell)作为我的校外答辩主席,给我的意见也异常宝贵。自我在另一所院校读研开始,大卫·勒布朗(David Leblang)就一直鼓励我,那时我还很不自信。在多次会议场合,我都遇到了勒布朗,他给我很多建议,与我分享数据,并为我解答研究方法问题。劳伦斯·布罗兹(Lawrence Broz)、杰夫·弗里登(Jeff Frieden)、艾迪·马勒斯基(Eddy Malesky)、海伦·米尔纳(Helen Milner)、大卫·辛格(David Singer)与朱迪·戈尔茨坦和大卫·勒布朗共同出席了我在耶鲁大学的著作研讨会,激励我尽力去完善本书。

我还要感谢多年来给我提供了极好意见的众多学者和同事:丽莎·布莱德斯(Lisa Blayde)、马克·科波洛维奇(Mark Copelovitch)、凯西·克莱默(Kathy Cramer)、克里斯蒂娜·戴维斯(Christina Davis)、亚历克斯·德布斯(Alex Debs)、吉姆·费龙(Jim Fearon)、加里·弗里曼(Gary Freeman)、斯科特·格尔巴赫(Scott Gehlbach)、史蒂夫·哈伯(Steve Haber)、马克·赫尔布林(Marc Helbling)、约伊·埃雷拉(Yoi Herrera)、格雷格·胡贝尔(Greg Huber)、苏珊·海德(Susan Hyde)、西蒙·杰克曼(Simon Jackman)、凯伦·尤斯科(Karen Jusko)、史蒂夫·克拉斯纳(Steve Krasner)、安迪·基德(Andy Kydd)、丽莎·马丁(Lisa Martin)、肯·迈尔(Ken Mayer)、努诺·蒙泰罗(Nuno Monteiro)、乔恩·佩豪斯(Jon Pevehouse)、弗朗西斯·罗森布鲁斯(Frances Rosenbluth)、肯·舍瓦(Ken Scheve)。

除此之外,还要感谢普林斯顿大学出版社的匿名评论者。伊恩·夏皮罗(Ian Shapiro)通过麦克米伦国际和地区研究中心为我的著作研讨会和研究提供了资助。我的著作研讨会还受到了耶鲁大学社会和政策研究所的雅各布·哈克和耶鲁大学政治经济学莱特纳项目的资助。这项研究之所以能够完成,也得益于威斯康星大学麦迪逊分校和斯坦福大学的研究支持以及德克森国会中心的国会研究奖。

多年来我有机会在项目的各个阶段向各个学会和大学陈述我的研究,并获得了很多反馈,在此我想真诚地感谢各个学会和大学的听众。这些学会包括美国政治学会(APSA)、中西部政治学会(MPSA)、国际政治经济学会(IPES)和国际社会学学会(ISA);这些大学包括纽约大学、马里兰大学、宾夕法尼亚大学、圣母大学、乔治·华盛顿大学、普林斯顿大学、威斯康星大学麦迪逊分校、耶鲁大学、得克萨斯大学奥斯汀分校、密歇根大学、哈佛商学院、威斯康星大学洛克郡分校、加州大学新加坡分校国际事务项目、WZB(柏林社会科学研究中心)、斯坦福大学、圣路易斯华盛顿大学和加州大学洛杉矶分校。

朱迪·戈尔茨坦除了对我一对一指导,几乎每周还主持一次导师讨论会,在会上我有机会陈述我的研究进展。我的同门安德里亚·阿贝尔·范·埃斯(Andrea Abel van Es)、阿什利·康纳·杰斯特(Ashley Conner Jester)、穆恩霍克·金(Moonhawk Kim)和詹姆斯·莫里森(James Morrison),可能比其他任何人都熟知该项目的各种版本并给予了评论。正是通过这些讨论会,我才真正形成了自己的观点。毕业后,詹姆斯·莫里森建议我们继续讨论,并发起了一个在线政治经济圆桌会议。我总是可以指望我的朋友杰夫·科尔根(Jeff Colgan)、安德鲁·肯纳(Andrew Kerner)、大卫·斯坦伯格(David Steinberg)和费利西蒂·瓦布拉斯(Felicity Vabulas)以及詹姆斯和阿什利,他们认真阅读我的作品,有时甚至读四五遍。通过这种论坛式讨论,我获取了一些最有帮助、最详细的反馈。

我还要感谢一路走来给予我帮助的一批好友。里基尔·巴夫纳尼(RikhilBhavnani),除了是一个很好的朋友外,在过去的11年里,还聆听我的各种想法。艾丽卡·西蒙斯(Erica Simmons)不仅提供至关重要的情感支持,还提供了非常棒的建议。艾莉·鲍威尔(Ellie Powell)的建议非常应急,尤其是关于国会议题的意见简直是雪中送炭,当然我们在耶鲁共进晚餐的时光也很难忘。劳雷尔·哈布里奇(Laurel Harbridge)回答了我关于国会和国会投票的所有问题。当我在研究方法上遇到问题时,我会向亚历克斯·塔克(Alex Tahk)寻求帮助。我还要感谢以下诸位好友多年来给予我的支持和建议:克莱尔·阿迪达(Claire Adida)、约翰·阿勒奎斯特(John Ahlquist)、凯特·鲍德温(Kate Baldwin)、黛博拉·贝姆(Deborah Beim)、莎拉·贝梅欧(Sarah Bermeo)、约翰·布洛克(John Bullock)、达拉·科恩(Dara Cohen)、卢克·康德拉(Luke Condra)、安娜·德·拉·奥(Ana De La O)、鲍比·古洛蒂(Bobby Gulotty)、丹尼尔·卡普斯特(Daniel Kapust)、亚历克斯·郭(Alex Kuo)、贝瑟尼·拉西纳(Bethany Lacina)、阿德里亚·劳伦斯(Adria Lawrence)、阿维塔尔·利夫尼(Avital Livny)、艾拉·马塔诺克(AilaMatanock)、索尼娅·米塔尔(Sonia Mittal)、凯利·雷德(Kelly Rader)、莫莉·罗伯茨(Molly Roberts)、塔尼亚·桑切斯(Thania Sanchez)、卢克·斯坦(Luke Stein)、雷切尔·斯坦

(Rachel Stein)、杰德·斯蒂格利茨(Jed Stiglitz)、朱莉娅·托比亚斯(Julia Tobias)、杰里米·华莱士(Jeremy Wallace)、杰西卡·威克斯(Jessica Weeks)和杰西卡·陈·韦斯(Jessica Chen Weiss)。

没有一大帮研究助理,我的项目也不可能完成。汉斯·卢德斯(Hans Luders)是个了不起的万事通。在我休产假期间,他帮我管理本科生编码员,让我安心享受在家的时光,同时让我知道我的研究进展顺利。他还参与了我的额外编码项目,在项目结束时投入了额外的时间。他阅读了多种文稿的许多章节,既提供了重要的反馈,又审校了打印错误。虽然没有汉斯,我也可以完成这个项目,但有了汉斯,这个项目出彩了很多。劳伦·平森(Lauren Pinson)帮我研发了国会作证数据的编码方案,并参与了额外编码工作来帮助我完成这个项目。她是一位极其细致的研究者,正是因为她对细节的关注而使这个项目变得更完善。托雷·麦克默多(Torey McMurdo)、斯蒂芬·蒙克里夫(Stephen Moncrief)和莫莉·奥弗-韦斯特波特(Molly Offer-Westort)在项目后期也是出色的研究助理。夏洛特·休姆(Charlotte Hulme)、伊丽莎白·麦奎尔(Elizabeth McGuire)、高塔姆·奈尔(Gautam Nair)和贝丝·韦尔曼(Beth Wellman)对倒数第二稿提供了建议,协助我大幅度缩减了文稿篇幅。塞斯·科尔克(Seth Kolker)、格洛丽亚·梅希亚·库埃拉尔(Gloria Mejia-Cuellar)、费德里科·林科(Federico Rinco)、拉杜·西敏(RaduSimion)和萨蒙·惠勒(Samone Wheeler)对贸易新闻文件进行了编码。在威斯康星大学麦迪逊分校,多米尼克·德萨皮奥(Dominic DeSapio)、理查德·洛萨(Richard Loeza)、维克拉姆·拉梅什(Vikram Ramesh)和杰克·

范托梅(Jack van Thomme)帮助收集了所有关于美国纺织协会和美国钢铁协会的文件。在斯坦福大学,露西娅·亨内利(Lucia Hennelly)、卡琳娜·霍夫曼(Karine Hoffman)、文尼·因特西蒙尼(Vinnie Intersimone)、罗克珊娜·穆萨维(Roxana Moussavian)和明·丹·武昂(Minh Dan Vuong)帮助我收集和编码了低技能移民政策数据集。我的兼职编辑马德琳·亚当斯让我在撰写中更加得心应手,更好地表达我自己。

我必须要感谢西部种植者协会,尤其是协会主席汤姆·纳西夫和科里·伦德,他们允许我查阅协会档案,让我使用他们的复印机,甚至还供应午餐。当我在新加坡完成实地调查时,金秀妍(Soo Yeon Kim)为我提供了一间办公室,并给我做了各种介绍。我还要感谢所有花时间参与访谈调研的新加坡和荷兰受访者。

我也要感谢普林斯顿大学出版社各位出色的编辑。埃里克·克拉汉(Eric Crahan)是一位了不起的编辑,对审阅者的诸多评论提供了有益的意见。劳伦·莱波(Lauren Lepow)是位优秀的文案编辑。普林斯顿大学出版社其他工作人员都很好相处,合作非常愉快。

感谢我的家人对我一以贯之的支持。姐姐玛丽让我和她一起在国家档案馆做研究。我在帕罗奥图读研时,姐姐莉兹和她的丈夫乔恩让我经常住他们家。我的父亲和继母凯特在我读研时向我提供了道义和经济上的帮助,我的母亲除了其他各种帮助外,还对这个项目的多个版本给予反馈并进行了排印编辑。

最后,也是最重要的,我想把本书献给我的丈夫马修和我的女儿凯莉。没有马修的爱和支持,这本书永远也不会完成。因为他,我在整个研究过程中都保持洞察力。他还是最好的拉拉队队长。凯莉在本书撰写的尾声出世,但她的来临激励我继续完成这本书,让我比以往任何时候都更富有成效。希望等她再大一点的时候,也可以读这本书(好吧,就读引言吧),然后用她的小脑袋瓜想:对于世界移民政策的理解,我可是做了贡献呢!

第一章　移民与全球化

　　对穷人来说,移民曾是摆脱极度贫困甚至早逝的一种途径。19 世纪 40、50 年代,超过 100 万人死于爱尔兰大饥荒,但是另外 100 万人移民到了美国,由此逃过一劫。还有数千人逃至英国或英联邦自治领。① 这些移民还向国内的家庭成员寄钱(被称为汇款支持),帮助亲人们度过饥荒。20 世纪 80 年代中期,饥荒再次来袭,这次遭殃的是埃塞俄比亚和东非地区,造成约 100 万人死亡。但是,没有出现大批移民从埃塞俄比亚涌至美国的现象。整个非洲饥荒的十年间,从非洲到美国的移民大约只有 14 万人,仅为爱尔兰移民的 1/10。② 相比之下,产生的影响也相对微弱:爱尔兰移民使美国人口增长约 5%,而非洲移民仅使美国人口增长了千分之一。非洲饥荒并没有为灾民们创造逃离饥荒或贫困的机会,只迎

---

① Ferenczi and Willcox(1929).
② 移民数据办公室(Office of Immigration Statistics)(2006)。

来了一首赈灾流行歌曲(《天下一家》①)。

自20世纪80年代以来,对试图通过移民来摆脱冲突、迫害和贫困的人们而言,形势越来越不乐观。申请庇护在西方各国变得愈加困难,这使得仅在2010—2015年间,就发生了三次难民危机:波及美国的中美洲儿童难民危机,波及东南亚和澳大利亚的罗兴亚难民危机以及波及欧洲的叙利亚难民危机。在这三个案例中,富裕国家,包括美国、澳大利亚和欧盟国家,都没有为逃离冲突、迫害和暴力的人们提供安全避难所,而是向那些寻求更加美好生活的人们关上了国门。富裕国家将这个问题强推给了发展中国家,特别是通过经济补偿(通过发展援助等利益手段),让发展中国家接纳移民,以此阻止难民进入发达国家。但是,这些发展中国家的人权维护无法与发达国家相媲美,赋予移民的权利较少,这对已经不堪一击的移民群体来说无疑是雪上加霜。然而,西方国家对待那些逃离冲突的难民并非总是冷酷无情。20世纪70年代,逃离越南的难民有300万人,仅西方国家就安置了250万人。而截至2016年春,叙利亚内战产生了将近500万难民,难民的安置率却低得多。②

不仅对那些逃离冲突或自然灾害的人而言,移民政策变得愈发苛刻,对于为自己和家人寻求更好生活际遇的人来说同样如此。当今,已经很少有发达国家愿意向移民开放边界,尤其是向低技能

---

① 《天下一家》为迈克尔·杰克逊和莱昂纳尔·里奇作曲、迈克尔·杰克逊作词的赈灾流行歌曲,这首歌曲最终为非洲饥民筹集了至少6000万美元的慈善捐款。——译者注
② 欧盟统计局(Eurostat)(2016);联合国难民事务高级专员办事处(UNHCR)(2016)。

移民开放。对于无证移民(绝大多数为低技能移民)在美国是否有居留权的问题,美国国会曾争执不下,甚至造成美国全面移民改革再度搁置。像英国和荷兰这样的老牌欧盟成员国,正在想方设法阻止来自新成员国及欧盟以外的低技能移民,英国甚至举行公投脱离欧盟(即英国脱欧);与此同时,老牌欧盟成员国还施压迫使新成员国接纳更多难民,从而将自己置身事外。当前,即使像前期移民政策相对开放的波斯湾国家或新加坡,也在试图减缓低技能移民的流入。

在过去,情况并非总是如此。19世纪没有发生过像人们在20、21世纪所遭遇的移民危机——如大批难民涌进营地,移民在边境东躲西藏、拼命逃窜,这是因为在19世纪,无论移民以何种理由入境,大多数国家都不阻止。进入新大陆的移民或者在欧洲、非洲和亚洲各洲内部辗转的移民,基本上不受限制。政客们甚至提出"治国就是安民"[1]的口号,诚邀来自世界各地的人们移居至此,以安置"你疲惫的、穷困的、渴望自由的身躯"[2]。事实上,《独立宣言》列出了大量对英国的指控,第三条就是:乔治三世禁止移民进入美国殖民地。此条甚至比"不赋予代表权却强加征税"这一条的排名还要靠前。移民,特别是来自欧洲的移民,也包括来自中东和亚洲的移民,只要手头有钱,可以合法地迁居到任何一个他们想去的国家。过去,移民劳动力很受欢迎,即使有些移民没有搬迁能力,外国政府或企业也愿意支付安置费。这让我们想到了本书试图回答

---

[1] "Gobernar es poblar." 献给阿根廷政治理论家和外交官胡安·包蒂斯塔·阿尔贝迪。Alberdi(1952)。
[2] Lazarus(1883),第10—11行。

的第一个谜题：为什么当今世界，与 19 世纪或二战刚结束时期相比，对移民，尤其是对那些没什么技能的移民（我称之为**低技能移民**），施加的限制要多得多？

如果我们将低技能移民限制措施与贸易和外商直接投资政策进行比较，会发现移民限制愈发令人费解。同样是这些富国，一方面限制移民，另一方面却大大降低贸易壁垒，包括对服装、玩具和电子产品等低技能劳动密集型商品的贸易壁垒。不仅如此，他们还能容忍，有时甚至鼓励这些商品制造商（我们称之为**企业**）将生产转移到拥有廉价的低技能劳动力的国家（这一现象被称之为**企业流动性**）。甚至连倡导自由贸易的政客，都公开指责开放贸易和境外生产加剧了本国劳动力与外国工人的竞争，造成"循规蹈矩的中产阶级"的制造业岗位流失。由此我们要讨论关于全球化格局的第二个谜题：为什么今天的政客宁愿让其选民在海外与外国劳工竞争，也不愿让其在国内与外国劳工竞争？

一、低技能移民与全球化的政治困境

在本书中，我认为上面提出的两个问题与政治困境密切相关：那些有可能接纳低技能移民的富裕国家，要么通过进口劳动力来生产低技能密集型产品，要么从拥有大量低技能劳动力的国家直接进口这些产品。同样，企业要么将低技能劳动力引进工厂，要么将工厂转移到拥有大量低技能劳动力的国家。但出于政治原因，国家不能同时开放低技能移民、贸易和企业流动性。

我认为企业的政治行为是造成这一政治困境的根源。反移民行动并非总是有组织引导,却无处不在;因此,向低技能移民敞开国门,始终是令政策制定者头疼的问题,要加以实施,他们需要得到一个强大的利益集团的支持。虽然亲移民群体还有很多——移民自身、人道主义者和世界主义者,但企业曾经是最重要的亲移民利益团体。鉴于无论在民主国家还是专政国家,企业的力量都不容小觑,过去他们通常能实现自己的利益诉求:开放的低技能移民政策。现如今对低技能移民的限制,我认为,并不是企业权力衰退(相对而言)的结果——大多数政治分析人士仍然相信企业在政治体制中拥有超常权力——而是激励企业去推行低技能移民政策的诱因发生了改变。贸易、企业流动性以及技术变革正是改变企业动机的诱因。

正如我在本书中所示,贸易和企业流动性会影响使用低技能劳动力的企业数量,进而影响对低技能移民的支持强度。富裕国家设置贸易壁垒以维持国内产品与海外同类产品抗衡时的竞争力,并允许低技能劳动密集型生产在国内扩张;而随着生产规模扩大,企业对移民劳工的需求也随之增长。由于企业是一个强大的利益集团,在其他因素不变的情况下,低技能移民政策得以实施。但是,无论是出于政策变化还是运输条件的改善,贸易成本降低了,贸易开放导致许多低技能劳动密集型企业关闭,这些企业对移民的支持随之消失。这使得反移民群体,如本土组织、劳工组织或反移民大众在移民政策方面获得更大发言权,移民限制随之产生。同样,企业流动性——无论缘于政策变化或是技术进步——也会产生类似效应:企业在国外设厂越容易,越不可能在国内支持开放移民。最后,技术进步影响了低技能移民政策:技术使企业事半功倍,由此减少了他们为移民游说的动力。

国际经济的这些变化,往往是外部政策或技术进步共同作用的结果,总体上削弱了国内低技能密集型企业对移民的支持。其他企业并不是不想要更多的移民,只是它们不愿意支付政治成本来运作。因此,我的论点归根结底取决于企业的选择:如果企业不再需要移民——比如说,企业能够在国外设厂,或一项新技术减少了企业对劳动力的需求,或仅仅因为企业经营不当而关门,那么反移民群体的呼声便成为最强音,导致移民政策愈加收紧。不同于早期的移民时代,今天的反移民势力之所以旗开得胜,是因为企业已经退出角逐的舞台。

对这一政治困境的原因分析有助于回答有关移民和全球化的问题。它有助于解释低技能移民的历时发展状态。在 19 世纪和 20 世纪初,贸易成本较高,一方面囿于技术障碍,另一方面,源于 19 世纪最后二十五年和两次世界大战之间相对更高的关税设置。之前企业将生产转移到海外几乎是天方夜谭,因为企业根本没有通信技术或专业管理知识,无法远离总部进行生产,直到 20 世纪初这一难题才被攻克。即便在 20 世纪初,也只有极少数的大企业可以在国外经营。大多数企业的唯一选择是将劳动力引入其资本所在地。

二战后,随着集装箱船运业的兴起,贸易壁垒减少,运输成本急剧下降,贸易得以蓬勃发展。贸易的不断增长,特别是与发展中国家之间的贸易增长,导致许多低技能劳动密集型制造企业倒闭(所谓的去工业化)(deindustrialization)。对于其他企业而言,日益激烈的国际竞争迫使它们运用劳力节省技术,或将生产线转型为劳力节约型生产线。20世纪70年代早期,布雷顿森林体系(Bretton Woods Agreement)瓦解,之后外商直接投资(FDI)的资本管制和限制减少,与此同时,通信技术大幅改进,这些使境外生产成为可能。外迁能力让这些企业在面对国际竞争时多了一种选择:如果不能击败竞争对手,那就加入竞争对手行列。

因此,贸易壁垒的减少和境外生产机会的增多能解释低技能移民政策在不同时段的变化:贸易迫使富裕国家中的低技能密集型企业纷纷破产;企业流动性迫使企业坚信要参与海外竞争;而技术进步助力企业事半功倍。一旦这些企业退出国内市场,无论是关闭,还是迁移海外,抑或是向价值链上游移动,它们都不再为移民开放而游说。不仅如此,一旦企业关闭,或迁移海外,或向价值链上游移动,它们便解雇工人,解雇的工人随后受雇于其他行业,特别是服务部门。一旦这些部门拥有充足的本土员工,它们对低技能移民劳动力的需求就会下降,为低技能移民游说的意愿自然也下降。一旦政策制定者从企业那儿获得的政治支持减少,他们便开始实施移民限制措施。

我的论点也能解释为什么政客们选择让他们的选民去海外与劳工竞争,而不是在国内竞争。在某种程度上,政策制定者在这个问题上并没有选择的余地;技术进步极大地推动了贸易和企业流动性。他们没有选择故意设置障碍,如增加贸易壁垒或设置资本外移障碍(即所谓的**资本管制**),去遏制这些技术进步。相反,在过去五十年里,政策制定者反而减少了贸易壁垒和资本管制。通过向外国商品开放经济,并允许本国企业在国外投资,政策制定者已缩减了支持低技能移民的联盟阵容。

二、对移民问题的现有解释

关于移民政策的现有学术文献主要围绕第一个问题:试图解释移民限制政策的成因。文献中主要有三种解释,都聚焦在移民开放政策的对立面——有组织的利益团体或大众群体。移民问题研究者之所以一直关注反移民群体,是因为他们默认企业对移民的支持意愿始终如一。事实却并非如此,我认为虽然企业仍然希望开放移民——只要是能帮助企业增加利润的任何一项政策,企业都不反对——但是他们已不再愿意为移民而奋战。①

第一种解释侧重于本土劳工和工会在反移民进程中扮演的角色。鉴于移民对工资水平的负面影响,研究认为本土劳工排斥低技能移民。1900年后,随着选举权范围②和/或工会规模和权力③的不断扩大,本土劳工和工会争取到了越来越多的移民限制措施。

第二种解释主要考察第二次世界大战后移民对财政的影响和福利规模的扩大,以此作为移民限制的根源(即所谓的**财政负担论**)。④ 这种假设是:低技能移民比本土人口占用更多社会福利,因

---

① 传统观点认为,企业更喜欢无证移民,因为他们可以轻易地剥削移民工人。但是正如我在第二章中详细论证的那样,企业更喜欢稳定的劳动力,因此比起非法移民,企业更喜欢合法移民。
② 例如,见 Foreman-Peck(1992)和 Hatton and Williamson(2008)。
③ 例如,见 Briggs(2001)。
④ 例如,参见 Hanson, Scheve, and Slaughter(2007), Hatton and Williamson(2005a, b), and Money(1999)。

此给国家带来负担。富裕的本土人口必须缴纳更多税款为移民的福利买单,而贫困的本土人口可能会认为,如果他们必须与移民分享资源,那么自身的福利将受到损害。随着社会福利规模的扩大,无论是富裕还是贫穷的本土人口都有理由反对低技能移民扩张,从而导致二战后对移民的限制急剧增加。

最后一种解释,也是经常出现在媒体中的解释,认为移民限制源于基于文化的反移民情绪(即所谓的**本土主义论**)。本土主义相关理论认为,伴随着过去移民的不断涌入,本土人口与移民在工作、社会福利、社区和文化等方面发生的冲突与日俱增,导致了对移民的抵制和排斥。[1] 此外,本土主义论还认为,各国有自己的民族身份,对移民的接受程度因国而异。[2] 用本土主义去解释移民限制,必定是本土主义在 20 世纪末和 21 世纪初盛行的结果。当然,每个时代都有自己的反移民政党和协会:19 世纪 40 年代美国的一无所知党;19 世纪中期在澳大利亚、加拿大、新西兰和美国掀起的反亚洲移民组织;20 世纪 20 年代,整个新大陆都见证了反南欧和反东欧移民组织的兴起;今天法国有以国民阵线为代表的极右翼政党,丹麦的人民党,瑞士的人民党和美国的唐纳德·特朗普。如果有什么不同的话,本土主义势力可能已有所下降,至少很多群体不再接受本土主义观念。[3]

尽管上述理论——移民对劳动力市场的影响论、对社会福利

---

[1] Zolberg(1989).

[2] Freeman(1995).

[3] Freeman(1995). 此外,Peters and Tahk(2010)发现,自 1980 年首次出现对移民舆情进行追踪的调查数据开始,美国一直处于反移民常态,范围在 45%至 55%之间;如果有变化,它自 20 世纪 90 年代初以来已经下降。

产生负面影响论以及本土主义论——可能有助于解释导致移民限制的部分原因,但无法解决另一个难题。正如斯托尔珀-萨缪尔森定理(Stolper-Samuelson theorem)所解释的那样,开放贸易和允许资本流向海外对工资水平产生的负面影响与开放移民的效果应如出一辙,因为结果都是让本土工人面临来自海外劳工的竞争。因此,基于劳工权力的论点无法解释第二个难题——为什么有些国家开放贸易并允许企业外迁?也就是说,它们无法解释为什么工会会在开放贸易和企业流动性等政策中"败"下阵来,却在移民政策中"赢"了一局。财政负担论给出的解释也不完整;贸易开放和境外生产导致了大规模的裁员,给福利体系带来更大的压力。那么为什么本土人担心(或更担心)移民占用更多福利制度资源,却不担心本土人占用更多资源呢?最后,如果本土主义重在保护民族文化,那么贸易带来的外国影响也会冲击民族文化。

三、定义低技能移民

研究移民问题时,我们通常把移民分为以下几个不同的类别:一、低技能移民或高技术移民;二、临时移民、循环移民、长期移民或永久移民;三、合法移民或非法移民;四、难民(或非自愿移民)、家庭移民或经济移民。第一类强调移民的个人技能,这种技能的高低是相对于原国籍居民或接收国居民而言的。第二类按移民离开家乡的时间长短。第三类依据移民身份在接收国是否合法。第四类着重依据移民离开家乡的原因:躲避暴力或迫害、与海外家人重聚或者是为了提高经济地位。移民通常属于这四类中的几类,而且这些分类并非界限分明。例如:有些移民在自己国家属于"高技术"人员,但到了接收国却从事"低技能"职业;有些移民原计划仅移民几年,最后却长期停留,或者频繁往返于迁入和迁出国;合法移民超出签证时间就变成非法移民,而非法移民也有可能获得合法身份;寻求避难的移民群体也可能极大地提高了收入;各种变故,不一而足。

  本书的重要特点体现在以下两大方面:一方面影响到企业如何看待移民劳工的作用,另一方面影响到移民是否催生反移民情绪。本研究中的移民包含各类移民,不计移民时间长短。从商业视角来看,在大多数情况下,企业倾向于雇用合法的永久移民或长期的可能循环使用的移民,而不愿意招揽临时移民,其原因是企业想要稳定的员工。这样它们就不用多花时间和财力来培训新员工。虽说如此,与没有移民相比,临时移民有胜于无。在很多国家,如果临时移民能为同一雇主工作多年,就变成了长期临时移民或者循环移民(circular migrants)。从政治视角来看,因为临时移民对国家的要求较少,所以通常更容易被有些群体接收,但是因为临时移民更容易被雇用,经常引发劳工组织越来越强的敌意。因此允许移民在某个国家逗留时间的长短将成为政治议题中难以推进的一部分:企业从利益出发,需要永久和长期移民,而反移民群体却要极力缩短移民停留时间。

  移民的动机,例如是经济移民还是难民,也不是本书关注的重点,因为无论经济或非经济移民,政策遵循的逻辑大同小异。虽然非经济移民政策在某些方面有所不同——出于人道主义或者是地缘政治的原因①，各国对于非经济移民更加慷慨，但是总体而言，难民和庇护程序遵循与低技能经济移民政策相同的逻辑。在本研究中扮演着重要角色的企业，对于移民动机毫无兴趣，它们关心的是移民能否胜任以及是否愿意就职某一岗位，这决定企业是否愿意支持难民开放政策，以获得劳动力。鉴于大多数的非经济移民属于低技能移民，或者至少看起来穷困潦倒且往往出于同样的原因，他们成了难民，因此难民经常也被归为低技能移民一类。此外，难民被确定身份后，经常会获得特殊通道进入接收国，并且享受相应的福利。由此反移民群体试图限定难民身份，发起了关于"难民标准"的讨论，来区分"真难民"和"假难民"。相关难民身份标准的讨论已成为一项政治议题并引发争议。企业经常游说政府扩大难民的定义；而民族主义者、工会和其他反移民组织则致力于缩小这一定义。

美国于1948年签署的《流离失所者法案》就是一个例证，展现企业如何影响表面上的非经济移民的入境。第二次世界大战后，在欧洲和亚洲，数百万人流离失所，引发了人道主义和政治危机。美国总统杜鲁门试图把许多人安置到美国，但遭到了国会成员的强烈反对，选民惧怕流离失所者对美国造成不良影响，害怕低技能移民涌入国内。于是，杜鲁门及其支持者寻求商界的支持，通过了《流离失所者法案》。据参议院的游说记录档案显示，该法案获得了美国农业部的支持，或许还有其他商业组织的支持，优先安置有

---

① 例如，在冷战期间，美国允许入境的来自某些共产主义国家的难民比来自右翼专制国家的难民多得多，尽管这些专制国家侵犯了更多人权。Rosenblum and Salehyan (2004)。

农业生产经验或打算从事农业生产者以及从事家政、建筑、服装和服饰等行业的工人。与本书所述一致,上面所提到的五大产业中有三大产业在当时不具有流动性,其余两大产业生产率水平较低。该法案同时也考虑到了地缘战略,比如说接纳逃出共产党控制下的捷克人。但是,反移民情绪在战前就存在,对限制经济移民的影响仍不容小觑。

虽然自 20 世纪四五十年代以来难民政策和政治庇护政策变得更加人道,不再过于重视难民所拥有的技能高低,但是随着时间推移,特别是冷战结束后,大多数国家的移民政策趋于收紧。在移民政策变得更加人道的同时,对难民和寻求庇护者的政策却更加苛刻,这一点可能与商业利益有关,总体而言对移民的需求减少——20 世纪七八十年代制定的多项难民和政治庇护政策都十分谨慎,因为那个时期,企业对低技能移民的兴趣已大大降低。因此企业对参与制订难民和政治庇护政策的热情大大降低,这助长了反移民势力。没有诱人的战略利益或商业团体的大力支持,难民和政治庇护政策自然变得苛刻。因此,我认为,并有证据可以表明,尽管难民和政治庇护政策从人道主义和地缘战略利益上来说有额外的推动作用,但该政策所遵循的逻辑与低技能经济移民政策背后的逻辑大抵相同。

本研究也尽量包括非法移民(非正规移民或无证移民)。界定何种形式的移民是非法的,也是政治进程的一部分。在 19 世纪,对移民的限制很少,因此几乎没有非法移民一说。当移民限制越来越多,非法移民的数量才开始激增。而且,因为无证移民经常就业,所以他们也是企业劳工的重要来源。为了防止企业可能雇用无证移民的倾向,对移民准入的限制越来越多,本研究中也将探讨移民执法情况。①

本研究也涉及了关于移民逗留时间和移民原因的讨论,但高技术移民确实不在研究之列。在对移民展开研究的过程中,我逐渐清晰地认识到政府对于高技能和低技能移民的政策大相径庭。尽管有些人对这两类移民都持反对态度,但大多数本国人更加支持高技术移民。② 当然,对高技术移民的偏爱也非政治上的新特点。以美国为例,大多数民族主义情绪都是针对低技能移民:19世纪40年代左右针对爱尔兰移民;19世纪60至80年代针对中国移民;到了20世纪早期,针对东欧和南欧移民;现在针对西班牙裔移民。所有被针对的移民都有一个共同特点:他们所接受的平均教育水平最低。对政客来说,支持更开放的高技术移民政策,比支持低技能移民政策容易得多。

政策制定者精心制定移民政策,针对不同移民往往作区别处理。高技术移民是全球范围内人才竞争的对象。二战后此现象愈演愈烈,越来越多的国家已经实施诸如计分制、特殊签证(比如美国的H-1B或欧洲的蓝卡)、投资签证等移民政策,为高技术移民打开绿色通道,以达到吸引人才的目的。与高技术移民政策相比,低技能移民政策则显得有天壤之别。

尽管高技术移民不在讨论之列,但这并不会影响大多数有移民意向的人,因为绝大多数成功移民者、**潜在移民者**和那些只要法

---

① 理想的做法是,我直接检测无证移民数据,但是,鉴于无证移民是非法行为,相关数据非常少。
② Goldstein and Peters (2014)和Hainmueller and Hiscox (2007,2010)。

律允许就准备移民的群体,都属于低技能移民。① 只有 23.5% 的移民受过高等教育。即使把这些相对高技术的移民包含在本研究中,也能得出结论:如果没有移民壁垒,低技能移民的比例一定会大大提高。②

此外,我的论点对高技术移民有实践指导意义。在富裕国家,正如贸易、企业流动性和技术运用已经大大缩小了劳动密集型部门的规模,这些因素也扩大了高技术密集型部门的规模。那么,我们可以预测,技术密集型企业对**高技术**移民的支持应该会增加。我在第四章用美国的游说记录数据来对此假设进行验证,然而我们也有理由认为这个假设很快就站不住脚。随着互联网的发展,很多高技术工作不会在地域上被圈定在某一个国家。③ 现在还依赖高技术劳工的企业,在未来需求会减少,这会导致对高技术移民开放政策的支持随之减少。因为高技术移民政策有别于低技能移民政策,在此我不再赘述,把这个假设留给对这一领域感兴趣的未来研究者。

四、移民政策作为一项经济外交政策的重要性

本研究把政治经济带入移民问题中来讨论,所以论点有别于大多数的移民政策理论。本研究把移民政策看作是受贸易壁垒和

---

① 联合国发展计划署(United Nations Development Program)(2009)。
② Hatton and Williamson (2005b)。
③ 例如,在布兰德(Blinder)的离岸外包能力指数中,排名前 15 的离岸外包工作中有 10 种工作属于高技术职位。Blinder(2007)。

企业流动性影响的一项经济外交政策。移民学者认为企业对移民的支持意愿是恒定的,因此将讨论的重点放在政体中的反移民群体。与此相反,我认为尽管企业支持开放的移民政策——企业支持任何对其有利的政策——但是企业为移民而奋力争取的意愿已发生改变。这种解释能更好地反映移民政治全貌。

从更广阔的国际政治经济学(IPE)领域来看,本书把**企业**拉回到人们的视野中。虽然企业和利益集团在早期的国际政治经济学领域中占中心地位,但最近学者转向个体偏好研究,部分原因是此类调查试验便于操作,研究者能够展示受试个体偏好发生了改变。但是当聚焦个体态度时,就会忽略一个关键的政策推动因素:企业。在国际政治经济学的许多领域中,学者们(比如移民学者)认为企业的游说意愿和倾向相对不变。但是最近,学者们多采用"新"新贸易理论模型来重新审视企业的倾向随着生产率的变化如何演变。① 同样,笔者也是基于这种"新"新贸易理论中的异质性企业理论,来理解企业倾向问题,但笔者认为企业对移民的倾向取决于企业境外迁移能力,这一能力部分由生产率推动,同时受产品性质和环境变化驱动。

学者们通过开放经济政治学(OEP)来研究国际政治经济学,对此我提出质疑。开放经济政治学基于个体在国际经济中的地位,推断个体的经济政策倾向,探究国内机构如何汇聚这些倾向,然后在必要时结合对该政策的国际协商来进行分析。② 但是,以这

---

① Melitz(2003).
② Lake(2009,225).

种方式来研究经济政策的形成,通常无法解释不同的对外经济政策如何互动,因此很少依赖于经济是否开放。[①] 很多学者都探讨了贸易或资本或移民(相对较少),但很少有人研究这些领域之间的互动关系。[②] 鉴于贸易、资本和移民政策均有可能互为替代或补充,我们需要研究它们之间的互动关系,以此来更好地理解对外经济政策是如何形成的。

本书的分析框架不仅解释移民政策,也阐明了全球化如何影响一系列国内政策。有人认为贸易和企业流动性导致税收、社会和环境政策上的逐底竞争(a race to the bottom),正如各国为了提升企业竞争力而降低税收和放松监管标准一样。但情况喜忧参半。很可能是贸易开放和企业流动性同时影响了企业就这些议题的游说活动。在环境政策领域,贸易开放和企业流动性允许发达国家把极度破坏环境的生产活动外包到发展中国家。一旦"有害"的企业关闭或者转移到发展中国家,那么剩下的相对是"绿色"企业,环境标准也可以在不触及这些企业底线的情况下得以提高。

除理论贡献,本书还提供了大量关于移民政策的新数据。现有的学术研究注重二战后时期,故无法解释跨越两个世纪的全球化发展的长期趋势。相比之下,我研究了各行业关于移民政策倾向和游说、政策制定者的决策与移民政策的原始数据,很多数据覆盖两个世纪以来全球化的发展。此外,现有文献中的案例主要集

[①] 这种评论与Oatley(2011)的观点相似,我们都认为学者们在研究政策制定时,要更多地考虑政策制定的国际环境;但是我关注的是政策之间是如何相互影响的,而奥特利更关注的是除了国际体制,其他因素是否被考察。

[②] Copelovitch and Pevehouse(2013)、Leblang(2010)和Singer(2010)的研究是典型的例外。

中在欧洲、美国、加拿大和澳大利亚,案例数量也不多,而我的样本覆盖到波斯湾和东亚,有助于我们更全面地了解当今的移民政策。

最后,对于政策制定者及其他群体而言,如果他们旨在帮助那些无论出于常规还是家庭原因想要从发展中国家迁入到发达国家的人们,我建议他们在移民问题上寻求新的盟友。过去,当政策制定者和政治活动家希望实施开放的移民政策时,他们将低技能密集型企业视为盟友。但是现在,从经济利益上来看,支持开放的低技能移民政策的理由已不再充分;曾经的企业盟友要么不再关心国内的移民政策,要么已经关门大吉。这意味着,尽管不是不可能,但实施更开放的低技能移民政策非常艰难。此外,随着越来越多的中等收入国家崛起,它们或开放贸易,或鼓励企业到劳动力成本更低的国家进行境外生产,低技能密集型企业也会随之减少。这些国家也有可能将低技能移民拒之门外。曾几何时,边境开放为脱贫做出卓越贡献,给逃离冲突的人提供安全的避风港,但就现在看来,封锁边境可能会成为常规做法。

五、本书框架结构

我的论点分三步推进:首先,贸易、企业流动性和生产率改变了企业对移民的倾向,使它们不再愿意支持低技能移民;这进一步导致第二点:政策制定者不再愿意支持低技能移民;结果导致第三点:限制低技能移民。在第二章中,我在阐明我的论点的同时,也会陈述前人研究对移民问题的不同诠释。该章结尾处讨论了我的论点的可观测推论:即如果我的论点是正确的,那么对企业和行业、政策制定者和移民政策来说会产生什么样的结果。

在第三章中,我在最宏观的层面对我的论点的可观测推论进行了检验:跨国低技能移民政策。我认为贸易开放性和企业流动性的增长导致了更多的移民限制①。为证明这一论点,我运用了跨越19世纪至21世纪的低技能移民政策的原始数据库,结果数据强有力地支持了我的论点。②

在第三章,所假设的贸易、企业流动性和低技能移民间之间的关系被证明在各国的不同时期都成立,因此第四、第五章进一步挖掘了我的论点的因果链。这两章阐述贸易、企业流动性和生产率在美国如何改变企业曾经对低技能移民的偏向和游说意愿。在确定我的整个论点得到美国数据支撑后,我又考察了其他两个截然不同的国家:新加坡和荷兰,同样发现我的理论中的各元素与这两个国家的数据相吻合。第七章再次运用跨国数据来检验实证观测结果是否支持其他理论解释;结论显示即使在验证其他理论时,数据也同样支持我的论点。

---

① 因为数据不存在,所以我无法对生产率相关推论或我的论点的中间步骤进行检验。
② 附录 A 提供数据收集和编码信息。(说明:附录 B、C、D、E 和 F 为在线附录,网址为 http://press.princeton.edu/titles/11040.html. 附录 B 列举了用于编制低技能移民政策数据集的所有文献来源。附录 C 呈现了额外编码项目的数据测试结果。附录 D、E 和 F 分别为国会证词数据、游说数据和贸易协会文章数据。)

第二章　移民、贸易和企业流动性：政治困境

在19世纪,新大陆国家对移民几乎没有限制;而如今,这些国家则严格监管低技能移民入境,并在边境驻警监控。在20世纪50、60年代,成千上万的南欧人、土耳其人和北非人作为外来务工人员(临时的、低技能的劳动力移民)移居北欧;而如今,只有高技术的欧盟公民才有可能移民至北欧国家①。即使是一贯欢迎低技能移民的波斯湾国家,近年来对低技能移民的限制也有所增加。

然而,尽管这些国家对移民的限制有所增加,却向外国商品打开国门,并允许本国企业将生产线转移至海外。我认为,人口流动、商品流动和资本流动互为一体。现代全球化——即不断增长的贸易能力及在世界上任何一个国家进行境外生产的能力——和节省劳力技术已经动摇了企业游说政府去开放低技能移民的意

---

① 在某些情况下也有例外,比如逃离内战的叙利亚人。但截至2015年,只有一半申请庇护的叙利亚人获得难民地位或临时保护地位。Eurostat(2016)。

愿。在发达国家,贸易开放导致雇用低技能劳动力的企业倒闭,尤其是那些规模较小、生产率较低的企业。企业在任何一个国家都能进行生产的可能,即所谓的"企业流动性",使企业——尤其是规模更大、生产效率更高的企业——在国内生产无利可图的情况下能转移至海外。一旦企业倒闭或搬迁,它们支持移民政策的意愿也随之消失。技术进步能够让企业使用较少劳力却事半功倍,因此也削弱了企业对开放移民的支持意愿。此外,当企业采用节省劳力技术、移居海外或倒闭时,它们会在当地裁员,进而拉低各行业的工资标准。其他企业,包括不可贸易部门,都可以雇用这些下岗工人,因此这些企业也愈来愈不愿意推行开放的移民政策。

在此情境下,移民政策与自由贸易和企业流动性构成两难抉择的政治困境。对低技能移民实施开放政策的政治支持,取决于对商品和企业流动性的限制。政策制定者要么选择打开国门接纳低技能移民,但必须相应地限制贸易,并将企业控制在国内发展;要么选择开放贸易和(或)企业流动性,然后限制移民。因为贸易和企业流动性的影响可能要花好几年时间才能显现出来,这三种政策偶尔也会同时开放。但是,正如我在第三至六章中所示,这种光景不会持续太长时间,开放贸易和企业流动性能迅速削弱对开放移民的支持力度。

为理解这一政治困境,本章从李嘉图贸易理论和"新"新贸易理论模型出发,提出我的基本论点,在此基础上构建理论框架。李嘉图贸易理论主张,在不同行业中,各国基于本国的比较优势,进行贸易(产业间贸易),而"新"新贸易理论则主张,各国依据企业的生产率水平,在同行业内进行不同品种的商品贸易(行业间贸易)。

接着,我对其他理论解释进行了讨论。本章结尾处论述了我的论点的可观测推论,以及其他理论的可观测推论,后续章节将对这些推论加以实证检验。

一、移民与全球化困境

我认为贸易开放和企业流动性削弱了富裕国家对低技能移民的政治支持。尽管几乎所有国家都经历过移民现象,但我的观点尤其针对那些移民热选地——世界范围内或某地区相对富裕的国家。这些国家必须决定是否以及如何管控边境。

鉴于低技能移民和贸易对低技能密集型经济部门产生相似的影响,因此两者在**政策**上可以互为替代。在经典贸易理论中,国家基于比较优势开展贸易。富裕国家资本雄厚,高技术劳动力充足,出口的商品种类由这些生产要素决定(**资本密集型**和**高技术密集型商品**)。相比之下,发展中国家低技能劳动力充沛,由低技能劳动力生产的出口商品(**低技能密集型商品**)也很充沛。当国家开放贸易时,出口部门具有比较优势,会随着海外需求量的增加而相应扩张。而进口部门,具有比较劣势,面对更多海外商品竞争时,则相应萎缩。对于富裕国家而言,这就意味着低技能密集型行业在萎缩,萎缩的这些行业恰恰是雇用低技能移民的部门。当这些部门中的企业倒闭时,它们对低技能移民的支持也完结了。没有企业对移民的支持,反移民势力相对增长,政策制定者则通过限制移民来迎合反移民力量。

低技能可贸易部门(如制造业和农业)的萎缩也对低技能不可

贸易部门(如建筑业和服务业)产生了间接影响。当可贸易部门中的企业倒闭时,它们便会解雇本地及移民工人。如今,本土人可以受雇于不可贸易部门。而这些企业也失去了对低技能移民劳动力的需求——它们可能仍然青睐额外的移民劳动力,但移民已不再成为优先选择——它们支持低技能移民的可能性也减少。因此,政策制定者在不损害不可贸易企业利益的前提下,通过限制移民,来提升国家组织中的其他人——包括本土劳动力和反移民拥护者——的待遇。

相反,设置更多的贸易限制将会加大对低技能移民的支持。随着贸易限制的增多,越来越多的企业会进入低技能密集型行业,或者,现有的企业会扩张以替代进口需求。随着这些部门的扩张,低技能工人的薪水也随之上涨。如果劳动力可以在部门间随意流动,不可贸易部门中的低技能劳动力的薪水也会上涨。工资的增长会导致贸易和不可贸易低技能密集型部门都支持低技能移民政策。假设在任何政体中,不管它的政府结构如何,企业都是一个重要的群体,那么,低技能移民政策的开放力度都会加大。因此,贸易和低技能移民互为替代:如若贸易受限,低技能移民政策则开放;如若贸易开放,移民政策则受限。相反,如果移民政策推动贸易政策,那么贸易和移民则互为补充,而不是互为替代。移民降低企业工资成本,增强其竞争力。随着成本下降,这些企业在低价竞争中也能存活。那么,低技能密集型企业也不会像移民受限时那样反对更为开放的贸易政策。相反,如果禁止移民,进口竞争型企业的竞争力将会大大削弱,从而更倾向于限制贸易。如果贸易首先开放,那么移民和贸易相互替代,但如果移民首先放开,它们则

23

应该互为补充。

即使先开放移民,让贸易和移民都保持开放仍是一个挑战。随着贸易进一步开放,低技能密集型企业会面临着更激烈的国外竞争。在没有贸易壁垒的极端情况下,富裕国家的低技能密集型企业需要尽可能地开放移民,使国内低技能工人的工资降至发展中国家的工资水平。[1] 从政治角度来说,这种移民开放程度可能无法维持。一旦贸易壁垒减少,国内企业则不得不面临无法承受的竞争,企业就会倒闭,从而减少对移民的支持,导致限制移民政策。因此,对政策制定者来说,在政治上同时支持开放贸易和开放移民绝非易事。

企业流动性也可取代低技能移民。但是,尽管政策制定者在很大程度上能控制贸易,却远不能控制企业流动性的诸多因素,例如,他们无法控制转移生产线的技术能力,或控制别国接纳外来投资的意愿。然而,政策制定者可以控制影响企业流动性的部分因素,比如说,他们可以降低该国货币的可兑换性,增加从母企业向海外子企业转移资金的难度,从而降低国内企业在海外设厂的意愿;或者他们可以与另一个国家签订双边投资协议,使企业在面对潜在征用时获得更多的法律保护,为本土企业海外投资铺平道路。

至于企业流动性,企业可以选择把低技能工人带到富裕国家的工厂,也可以选择将其工厂设在拥有大量低技能工人的发展中国家。他们的选择取决于,与引进移民劳动力相比,在海外设厂的难易程度。如果是不可流动性行业,企业便支持开放移民。举个

---

[1] 假设富裕国家的企业生产率水平更高,其工资可能并不会一直降至发展中国家的工资水平,但它们仍需下降。

例子,当中央太平洋铁路公司在美国修建横贯大陆铁路时,就必须把劳动力(大部分来自中国)带至建筑工地。如今,许多具有跨国流动性的企业会选择在中国设厂,而非引入中国移民。与贸易一样,企业流动性越强,就越会对不可流动部门产生溢出效应。如果可流动企业移至海外,他们便解雇本土工人,这些工人随后可以在不可流动部门工作,因此不可流动性部门对低技能移民的支持也减弱。随着企业向海外转移的难度降低,其支持国内低技能移民的意愿也相应弱化。相反,如果企业移至海外的难度加大,在其他条件不变的情况下,企业更有可能为了移民支付政治资本,除实际资本外,还包括时间、声誉和其他非金融资源,于是移民政策应变得更加开放。

与移民和贸易的关系不同,移民政策和企业流动性总是扮演着互为替代的角色。开放的移民政策可以增强企业竞争力,降低其移至海外的可能性。而加大移民限制则会增加国内生产成本,提高企业移至海外的可能性。

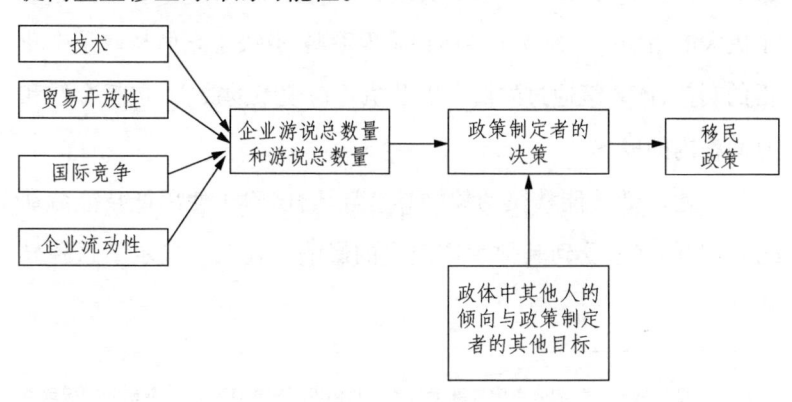

图 2.1 论点概览

比起企业流动性,贸易开放性对移民政策的影响可能会更大。将工厂迁往海外是一项资本密集型的风险投资。正如"新"新贸易理论所阐述的,只有生产效率最高且往往规模最大的企业,才有能力承担搬迁费用。虽然企业流动性仅对少数大型企业产生直接影响,但它们的搬迁以及随之而来的裁员将会波及整个国内经济。因此,政策制定者只能二选一:对低技能移民开放,但同时要限制贸易和企业流动;或允许贸易开放和/或企业流动,但要限制低技能工人移民。

二、企业与游说:移民政策的基础

企业为移民游说的意愿是政策制定者所面临的政治困境的基石。图2.1概述了我的论点。政策制定者依据企业为移民问题游说的总量、其他群体的意向以及政策制定者自己的目标来制定移民政策。我认为,任何想要游说的企业要么单独行动,要么加入一个更大的组织。[1] 企业采纳何种游说策略,取决于它们从政策中获得的利益、该政策通过的概率以及执行该政策的成本,包括金钱和时间在内的成本。

企业对低技能移民的偏好具有异质性,除了使用低技能劳动力,这些偏好还受到其他生产因素的影响。表2.1显示了这种异质性。

---

[1] 这一点是我从集体行动成本中提炼出来的。我们可以将集体行动成本视为游说成本的一部分:如果集体行动成本很高,游说成本便会上升。

表 2.1　企业对低技能移民偏好的异质性

		移动性	
		低	高
技术密集度	低技能	支持移民	漠不关心
	高技术	漠不关心	漠不关心

第一组差异依据低技能密集型生产的强度：大量雇用低技能劳动力的企业倾向于低技能移民开放政策，而较少雇用低技能劳动力的企业则漠不关心。随着技术进步，越来越多的企业从低技能密集型行业转向高技术密集型行业。第二组差异是跨国流动性：比起可以迁至海外的部门，不可流动部门更有可能支持开放性移民政策。但是随着企业流动性增强，越来越多的企业从不可流动性企业变成可流动性企业。

贸易通过改变低技能密集型、低流动性行业中的企业数量影响企业对移民政策的倾向。贸易限制会增加低技能密集型企业的数量，并扩大其规模。而贸易开放则减少低技能密集型企业的数量，并缩小其规模。

企业就移民议题而展开的游说总量——既包括企业参与游说的总量，也包括单个企业的游说强度——将取决于使用低技能劳动力的企业数量。当低技能密集型企业因贸易竞争而倒闭，或迁至海外，或采用节省劳力技术时，这些企业便会减少对移民开放的支持。这反过来提升了反移民势力对移民政策的影响，移民限制相应增多。

(一) 政策制定者和企业:假如没有贸易和企业流动性

设想一下,如果某个国家生活在一个没有国际贸易、企业无法将生产转移到海外的世界,结果会怎样? 在这个国家,政策制定者,无论他/她是在民主国家选举出来的领导人,还是专制国家的领导人,都希望大权继续在握。要做到这一点,他/她需要得到企业和其他利益团体的支持,但必须平衡利益团体与无组织大众之间的需求和利益关系。企业通过游说(或投入政治资本)向政策制定者表示,如果政策制定者能给予优惠的移民政策,企业有可能通过多种方式来支持政策制定者①,如竞选捐款、发动员工投票或者向政策制定者或政府关键成员行贿等。政府政策越接近企业的理想政策,政策制定者从企业那儿获得的支持就越多。②

我以美国式的游说为例来模拟政企之间的互动。不同的国家游说方式不同。在民主国家,企业往往与政党关系密切,或可以通过官方渠道来影响政策制定。例如,在荷兰,企业和劳工组织通过社会和经济理事会(SER)向政府提出政策建议。而在专制国家,政策制定者往往依靠大企业的支持来维系权力,或者在收受贿赂之后以政策回报利益集团。因此,尽管本书讨论的是美国企业如

---

① 简言之,我认为即使政策制定者实施一项违背利益团体意愿的政策,利益团体也不会使用游说款来支持政策制定者的政治对手。因为即使利益团体赞助政策制定者的政治对手,结果也是一样的。政策制定者会考虑该对手在下一轮选举中是否有获胜可能性,或者在当前政策下对手获得资助后是否能将自己推翻(或因自己的政策选择,让对手获得支持,从而有推翻自己的可能性)。

② 为确保政策制定者执行她/他所制定的政策,我假设企业是在政策颁布的同时提供政治资本,而且如果决策者食言,企业总是能收回支持。同样,如果企业和其他有组织的利益集团违约,政策制定者也可以随时改变政策。

何雇用说客去暗中游说国会议员,但是这种游说的结果放之天下而皆准,可以推广到一个更具包容性的"游说"的定义——企业和其他有组织的利益集团为了能够影响政策制定而采取的所有行动。

(二) 政策制定者的决策过程

政策制定者根据企业及其他参与者的游说、公众舆论和政策的经济效益,来制定移民政策。在制定政策时,政策制定者在心中都预设了一个潜在移民数量,且这个数量是大致可以实现的目标。[①] 在移民政策实施过程中,政策制定者将从企业和其他利益集团那里获得诸如金钱、时间和行动支持等政治资本——这些资本可以用于竞选连任或奖励支持者。移民政策同样会影响政策制定者应收税款,这关联到政策制定者如何通过再分配来确保连任:移民越多,生产越多,税收则越多;而移民越少,生产越少,税收则越少。移民政策还会影响公众对政策制定者的态度:公众认为移民拉低工资水平、占用更多社会服务、参与犯罪活动并损害民族文化,所以移民越多,反移民情绪越高涨,对政策制定者的支持越少。从根本上说,在决定移民政策时,政策制定者必须两相权衡:一边是企业的政治支持和赋税收入,另一边是普遍的反移民大众。

---

① 从历史上看,政策制定者制定过非常严格的移民政策,例如通过驱逐来减少移民的数量,也制定过非常开放的移民政策,例如通过招募移民并资助移民交通费用来增加移民数量。此外,考虑到全球收入差异,只要经济激励措施是适当的且可持续性,那么政策制定者就能够吸引移民。

(三) 企业的决策过程

当企业决定是否游说以及投入多少去游说时,会考虑到政策制定者的权衡:企业支持、大众支持和其他利益集团的支持。在企业所希望的理想世界里,移民完全开放,那样劳动力成本会降到最低。① 但企业也知道他们并不生活在理想世界;相反,他们必须对现实世界做出反应。

与贸易模型中的所述不同,移民对企业的影响体现在产品的生产成本,而不是产品价格。对于移民是替代还是补充,学者们产生了分歧。有的学者认为移民替代本国低技能劳动力,导致本国工资水平下降;另一些学者认为移民是本土低技能劳动力的补充,能提高本土人的工资水平,并在整体上降低了企业的劳动力成本。如果移民替代本土劳动力,那么移民的增加就会通过降低工资水平直接降低成本。② 如果移民是对本土劳动力的补充,那么低技能移民劳动力可以从事技术含量最低的岗位,而让原本作为低技能劳工的本土人可以从事技能含量更高的岗位。这时,本土劳动力会被更有效地利用,而不是被"浪费"在低技能任务上。总的来说,随着劳动力的更有效使用,企业所付的工资负担会减轻。简单地说,我认为移民降低了企业支付给低技能劳动力的薪酬,从而降低了企业成本。

假设企业在一个竞争力十足的市场中运作。企业是价格接受

---

① 我认为企业在移民政策上并无对非经济移民的偏好。
② 参见 Borjas, Grogger, and Hanson(2008)和 Longhi, Nijkamp, and Poot(2005)的辩论。

者——它们没有权威来定价,必须依据市场行情与市场中的其他企业一样来定价——而且依据生产的均衡水平,生产的边际成本必须等于价格。只有当用于游说政府开放移民的费用低于或等于因移民人数增加而节省的成本时,企业才会游说。① 因此,那些需要招募更多低技能工人的企业将会花更大的代价去游说政府开放低技能移民,因为他们将从中获得更多利益。②

(四) 没有贸易或企业流动性的世界移民政策

在这种情况下,移民政策的倾向将取决于两个因素:一是整个经济范围内对低技能劳动力的总需求,这将影响企业愿意游说移民的程度;二是国内其他政治组织的反移民情绪。从政策制定者的角度来看,在其他条件相同的情况下,如果来自企业的政治支持增加,他/她将开放移民;同样,如果企业想要获取更开放的移民政策,他们必须提供更多政治支持。如果政策制定者获得的政治资本总量保持不变,但反移民情绪增加(减少),移民政策的限制将增加(减少)。同理,如果反移民情绪上升(降低),企业则要投入更多(更少)的游说支出来获得相同的政策。在反移民情绪较低的情况

---

① 为了便于理解,文中以企业单独游说作为例证;在现实世界中,有些企业单独游说,有些企业作为行业协会的一分子参与游说,而有些企业兼而有之。如果企业需要加入行业协会进行游说,我们可以将集体行动的成本纳入游说总成本中;每一笔游说资金的效力将会降低,因为其中一定比例游说资金必定流向行业协会,而非政策制定者。尽管如此,所有的对比统计结果依然成立。
② 依据"新"新贸易理论,企业生产率水平各不相同。生产率高的企业对劳动力需求要少得多,倾向于雇用高技术劳动力(Helpman, Itskhoki, and Redding, 2009),所以他们不太可能游说政府接纳低技能移民。生产率较低的企业会使用更多的低技能劳动力,则更有可能游说政府。

下，移民带来的利润仍然大于游说成本，为了让政府维持当前移民政策，企业则会加大游说力度。随着反移民情绪的升温，一旦游说成本超过所得利润，企业则放弃游说，结果是移民政策的限制增多。相反，如果反移民情绪消退，或者支持移民的呼声高涨，边际企业将更有可能展开游说，移民政策则变得更加开放。①

简而言之，政策制定者需要兼顾企业的政治支持和政体中其他成员的态度。如果企业支持增加，政策制定者就会实施开放的移民政策；反之则会限制移民。如果反移民情绪高涨，政策制定者则有可能会限制移民——如果反移民情绪达到特定高度，边际企业也会选择不再游说，而是把资本投入到业务发展上，或者关门大吉。② 反之，如果反移民情绪消退或支持移民的情绪上升，基于对边际企业会采取游说行动的判断，政策制定者更倾向于实施开放的移民政策。

（五）技术对企业游说意愿的影响

如果企业能利用节省劳力的技术，那么企业有可能会选择技术而放弃游说政府去增加移民。在这种情况下，企业会把技术运用的成本和效益与游说成本和效益放在一起进行比较，最后选择成本更低的方式。但是随着劳力节省技术的成本不断下降，技术会成为更佳选择，企业的游说活动会随之减少。同样，如果反移民

---

① 如果反移民情绪低到企业游说政府的收益大于成本，那么反移民情绪的减弱将允许企业在减少游说支出的情况下也能获得相同的政策。
② 如果我们考虑到政策的多样性，企业也可以选择在另一个问题上进行游说，比如说税收政策，以此来降低成本。

情绪高涨(低落),企业运用技术的可能性则随之增加(减少),因为与游说相比,技术运用相对便宜(昂贵)。① 另一种选择是,如果企业缺乏充足的移民来维持企业运营,那么企业可能会选择运用(或开发)技术来应对当下的移民政策,这种情况下,企业在未来去游说政府的可能性更小。

技术运用也会影响企业在未来是否选择游说。对于那些高技术密集型企业或生产效率高的企业——即无须很多员工来维持运营的企业,增加低技能移民并不会带来好处;游说成本很可能高于所得收益,因此这些技术型企业开展游说的意愿不高。随着越来越多的企业提升技术,对低技能工人的总需求下降——低技能工人的工资水平也下降——这使得其他企业也不愿意游说政府去接纳低技能移民。由于工资水平会随着新技术运用而下降,政策制定者会考虑将移民数量降到一个特定水平,使工资水平恢复到新技术采纳之前。这种做法使那些没有利用新技术的企业变得不再如之前那样富有,但优势是,规避了因技术变革而对当地工资水平带来的负面冲击,而且笼络了反移民群体的人心。在其他条件相同的情况下,随着某个国家内部的高技术密集型企业的比例增加,该国的移民政策将变得更加严苛。② 第四章中关于技术运用的调

---

① 路易斯(2011)发现,在移民较少的地区,企业往往运用技术代替昂贵的本土劳动力,而在移民较多的地区,企业用移民来代替本土劳动力,说明企业在移民和技术运用之间进行了权衡。
② 如果我们允许垄断,增加移民会给使用更多劳动力的企业带来优势。低技能密集型企业可以通过降价及占据市场更大份额来削弱高技术密集型企业的盈利能力。而高技术密集型企业为保持自己的竞争优势,会设法限制廉价劳动力的供应,进而为赢得限制性移民政策而投入政治资本。

查也提示：随着高技术密集型企业的比例增加，企业应该加大游说力度以争取更多的**高技术移民**。

(六) 企业游说意愿、贸易开放和国际竞争

贸易开放和国际竞争产生两个互相抵消的影响：一方面增强了企业对移民政策的影响力，另一方面提升了该国所拥有的高生产率和资本/高技术密集型企业的比例。从短期来看，何种影响力会占上风取决于政策制定者的抉择；从长远来看，不断变化的经济结构将占据主导地位，移民政策会趋于限制性。贸易开放和国际竞争具体以何种方式影响企业，取决于贸易开放的对象：是向具有资本和劳动力禀赋不同的国家开放（用李嘉图-瓦伊纳模型解释），还是向具有资本和劳动力禀赋相同的国家开放（用"新"新贸易理论模型解释）。我首先用李嘉图-瓦伊纳模式研究贸易开放情境下，企业对移民的支持情况。

假设有某种冲击加剧了贸易开放和国际竞争。在李嘉图-瓦伊纳模型下，发达国家的贸易开放导致高技术密集型企业生产的可贸易商品价格上涨，而导致低技能密集型企业生产的可贸易商品价格下降。高技术密集型企业将利用价格优势进一步扩大生产，而低技能密集型企业则因产品低价而面临倒闭的威胁。当低技能密集型产品降价时，这些企业不得不降低成本或关闭（我称这些企业为**受威胁企业**）。

受威胁企业遭受贸易冲击后，在劳动力成本不变的情况下，如果继续使用原有技术，将无利可图。这时，它们有三种选择来应对困境：采纳可以使它们成为高技术密集型企业的技术；游说政府接

纳更多移民；或者选择破产，竭尽所能向企业所有者和债权人偿还资金和债务。采用劳力节省技术将使企业改变产品价格来盈利。① 如前所述，企业将根据每项行动的相应成本，在技术运用和游说之间做出选择。贸易冲击将会促使有些企业采用劳力节省技术。随着越来越多的企业采用劳力节省技术，它们将不太可能游说政府开放移民，结果政策制定者可能会限制移民。

如果低技能密集型、可贸易型企业倒闭，不可贸易型部门也会减少对开放移民的支持。当来自低技能密集型、可贸易型部门的企业关闭时，工人也会被解雇，低技能工人的工资水平会被拉低。这时，政策制定者可以通过限制移民来减少劳动力供应，使工资恢复至贸易开放前水平，并且像以前一样，雇用相同数量的本地工人，却不会对这些部门造成冲击。尽管如此，我们预计这些部门的企业和行业协会仍有可能在短期内为开放移民而游说，因为无论贸易水平如何，移民越多，成本就越低。② 正如我们将在第四章中阐述的那样，由于来自可贸易部门的企业关闭，它们的游说活动随之减少，这使得不可贸易部门企业和行业协会成为移民开放的主要支持者。

假设企业无法运用劳力节省技术来降低成本，企业要么选择为移民游说以期减少工资支出，要么选择关门。如果政策制定者意识到一旦不开放移民，企业就会倒闭，那么他们有可能比贸易冲击前更愿意开放移民。如果企业倒闭，政策制定者会失去该企业

---

① 该企业还可以采用技术来生产一种使用较少低技能劳动力的新产品，其结果将是相同的。
② 如果我们假定完全竞争的存在，而且不可贸易行业中的所有企业都使用相同技术，那么不可贸易企业就不会关心移民问题。移民降低所有企业的工资支出；因此，无人从中获益。

在未受贸易冲击之前所提供的所有政治资本以及税款。但政策制定者也可能为了不让任何其他企业陷入困境而限制移民——其他企业可以使用本地下岗工人[1]——同时能取悦本土劳工和其他反移民群体[2]。这时,政策制定者必须在政治资本和税收与反移民选民之间做出权衡。

虽然政策制定者可能在贸易开放程度不太高的时期愿意增加移民,但是他/她也可能会意识到在贸易开放水平较高的情况下,继续补贴企业并不符合其自身的利益。设想一下,如果贸易开放水平达到一个新高,所有低技能密集型产业都将关闭;或者发生另一种情况,新的通信和运输技术使过去的不可贸易商品变成可贸易商品。政策制定者现在不得不支持更多类型的企业,增加移民只会将工资降到全球水平,这会大大激化反移民情绪。这时,如果政策制定者继续支持需要更多移民的企业,就得不偿失,那么,这些企业将倒闭,移民进而被限制。[3]

随着贸易越来越开放,支持开放移民的政治资本投入会减少,导致更严格的移民限制。政治资本投入的减少体现在以下三个方面。首先,有些企业关门大吉,不再游说开放移民。其次,有些企业提高了生产率(或将低技能密集型产品线转变为高技术密集型

---

[1] 我想那时所有移民工人都会返回母国。
[2] 我认为,即使高技术密集型企业可能因贸易开放程度加大而扩大生产,它们也不太可能雇用所有下岗劳工。从实证研究来看,由于生产率的提高和贸易扩大,工资待遇越来越不平等,这一点似乎证实了上述观点。参见,例如,Feenstra and Hanson(1996)或 Kremer(2006)。
[3] 政策制定者也可以通过补贴来维持企业运转,在这种情况下,面对开放贸易,移民政策能够保持不变。但是随着贸易开放水平更高,补贴的额度也随之增大,且成为贸易协定中引发争执的目标,这时贸易补贴将难以为继。

产品线),并减少为移民投入的政治资本。最后,不可贸易型企业和高技术密集型企业可以使用因企业倒闭而下岗的本土劳工,这也减少了对移民的需求。所有这些渠道都减少了政策制定者因移民开放政策而获得的政治资本,这意味着政策制定者在其他条件不变的情况下将限制移民,从而让其他社会群体更满意。如果贸易受到限制,或国际竞争减少,相反的情况则会发生:来自低技能密集型部门的企业会扩张,新生企业进入市场,并与不可贸易型和高技术密集型部门竞争劳动力,因此对低技能移民的需求会增加,移民政策由此产生。

这些结果并不依赖于李嘉图-瓦伊纳模型的假设;最重要的是,它们不依赖于比较优势和产业间贸易。相反,如果运用"新"新贸易理论(如梅里兹模型)来探究产业内贸易的影响,结论是相似的。[1] 因为很大一部分贸易是行业内而非行业间贸易,所以探究行业内贸易的影响非常重要。

依据"新"新贸易理论,具有相似禀赋的国家之间相互开放贸易。行业内的各家企业并不生产同一种商品,而是生产自己独特的商品系列,于是每家企业都是这种商品的垄断者,进而占据该商品的部分市场。例如,在汽车市场,福特是福特生产的垄断者,丰田垄断了丰田汽车的生产;每家企业都占据了汽车市场的一部分。企业的生产率水平不同,有的企业生产率更高。出口不是无成本的,企业必须支付一些不随出口量而变动的固定成本。鉴于固定

---

[1] 不涉及贸易成本的梅里兹(2003)模型也可以看作在自给自足状态下的移民增加模型。移民数量增加,国家规模会扩大;然而,国家规模的扩大对企业的发展规模并无影响——相同数量的企业产量相当,利润也一样(Melitz,2003,1706)。

成本的存在,只有生产率最高的企业才能出口,因为它们可以承担出口成本;而生产率居中的企业,将针对国内市场生产商品,生产率落后的企业不得不关闭。

依据"新"新贸易理论,贸易开放意味着降低贸易成本。贸易成本的降低意味着生产率更低的企业就能够承受出口成本。因此,贸易自由化使生产率更低的国内制造商也可以出口,但所有企业——无论外国企业、国内出口企业还是国内供应商——都面对日益加剧的国内市场竞争。生产率最落后的企业,在贸易变化之前只为国内市场生产,但其市场份额很快被新的国外竞争者挤兑而不得不关门。贸易自由化后,平均生产率水平比之前提升了一个档次。①

依据"新"新贸易理论,贸易开放对移民政策的影响与李嘉图-瓦伊纳模型中描述的相似。当贸易开放时,生产率落后的企业就会倒闭。贸易自由化前,这些企业从较低的劳动力成本中获益最多,所以将成为移民政策的主要支持者。它们一旦倒闭,便不再支持开放的移民政策,同时释放劳动力。生产率更高的企业则不断拓展扩大,既服务国内市场,又服务出口市场。这些企业不仅不需要太多劳动力,而且可能需要高技术劳动力,所以它们不太可能为低技能移民游说。②

---

① 进入市场的新企业生产率更高,因为只有生产率更高的企业才能与外企竞争。关于专题讨论,请参阅 Helpman(2006,596)。
② 然而,这些结论都暗示,无论是李嘉图-瓦伊纳模型下的资本密集型和高技术密集型企业,抑或是梅里兹(2003)模型下的高生产率企业,它们的产量不会增加到全经济都需要低技能劳动力的程度。从实证研究来看,由于生产率提高和贸易扩大导致的工资待遇越来越不平等似乎证明了这一点。工资待遇越来越不平等恰恰是因为低技能岗位被取代的比例还不够高,导致低技能劳动力的工资水平参差不齐。

因此,政策制定者不得不权衡:是增加移民以防止生产率更低的企业倒闭,还是让它们倒闭并限制移民?此外,依据"新"新贸易理论模型,如果没有完全竞争这一假设,生产率更高的企业可能希望投入政治资本来减少移民。因为生产率更低的企业一旦关闭,这些企业便可以占领更多市场份额。如果这些企业确信,即使移民政策开放,生产率落后的企业也无法运转,他们就会希望加速这类企业的倒闭。因此,如果我们假设贸易遵循的是"新"新贸易理论模型而不是里卡多-维纳模型,那么结论仍将成立。

(七)企业流动性和企业游说意愿

企业流动性受许多因素影响。国家层面的因素包括:将资本转出本国的法律能力、投资东道国的法律能力、投资被征用的可能性、税收制度差异、法规差异以及劳力成本差异。也有行业层面的因素。某些生产类型相对而言不具有流动性:

- 企业投入因素(例如,虽然企业可以出售农田并移植葡萄等植物,但是不可能将纳帕谷的土壤和气候条件也搬迁走);
- 产品运输的成本或可行性因素(例如,不可能长距离运输湿混凝土);或者
- 活动本身不能在海外进行(例如,人在纽约,不可能在中国理发)。

将生产转移到海外有两种方式:企业可以通过外商直接投资将其"工厂"转移到海外,或者将部分生产流程外包给某个海外企业。

我认为不管生产地点在哪里，所有企业的生产都针对本土市场；因此，所有企业都接受同样的商品价格。①

在企业考虑是否游说时，企业流动性让它们又多了一个选择。即使选择了为移民政策游说，企业也可能会选择迁移，因此在未来它们可能会改变对低技能移民的偏好。随着生产迁移的耗资越来越低，与其游说开放移民，企业将更可能选择外迁。

企业流动性不仅削弱选择外迁的企业的游说意愿，对不选择外迁的企业也同样如此。一旦企业迁移海外，就不再愿意为移民游说。事实上，因为移民会给仍在国内生产的企业带来竞争优势，或者企业海外生产地的劳工也有可能会移民到企业所属母国，所以，外迁企业可能会反对国内的移民开放政策。例如，将生产线外迁到墨西哥的企业可能会反对美国本土实施更开放的移民政策，因为这样它们将失去墨西哥工人。而未迁移的企业如果不喜欢国内的政策环境，总是可以迁移到海外，所以它们也不再积极为增加移民而投入。最后，与贸易冲击的情况一样，无法迁移的企业也有可能受到其他企业外迁的影响。企业一旦迁至国外，就会裁员，而裁掉的员工又可以为不可流动企业所用。所以不可流动企业也不愿意为移民买单，为移民投入的政治资本随之减少。

关于迁移是否能让企业发挥更大的政策杠杆作用，政治学家和经济学家对此存在分歧。一方面，如果企业外迁，随之撤走的还有税收和工作岗位，此外，企业迁移现象本身也是对政府不满的表

---

① 如果企业为第三国市场生产，该模型仍然适用。只是他们要接受第三国市场的定价，并且要支付运送货物所产生的关税。贸易成本可以被看作在本国和东道国生产商品时在运输成本和关税方面的差异。

现。政府通过预测企业的政策偏向来做出回应,希望通过改变政策来挽留企业。为了将企业留在国内,政府会削减企业税额,降低社会福利,这可能会导致一场逐底竞争。① 另一方面,政策制定者还得取悦其他选民,如果该政策具有重要的政治意义,那么他们也不愿为留住企业而改变政策。② 实践证明,企业迁移海外这一事实表明,政府不会为了挽留企业而屈从企业的所有要求。

在我的模型中,政策制定者必须在税收需求和失去反移民选民的支持的可能性之间做出权衡。如果企业离开该国,政策制定者将失去该企业所缴税收,但他/她可以通过限制移民使工资恢复到早期水平,这会使其他企业和本地劳工如之前一样富足。③ 所以,对政策制定者而言,企业迁移海外与企业关门毫无区别;然而对企业老板而言,外迁无疑是更好的选择。

当只有少数企业能够搬迁时,政策制定者为了挽留它们可能会增加移民数量。然而,如果企业的流动性使海外生产成本大大降低,那么除非国内生产成本极低,否则许多企业还是会搬迁。要想成本达到极低,就需要高度放开移民,但从政治角度来看,政策制定者不可能大规模开放移民。④ 因此,有些企业将迁至海外,政府会限制移民以使其他企业免受冲击。

---

① Garrett(1995)and Strange(1996).
② Basinger and Hallerberg(2004) and Mosley(2000).
③ 我认为国家不能对海外生产征税。但情况并非总是如此,各州几乎总是以较低的税率对海外企业征税。
④ 这与莫斯利(Mosley)(2000)的论点类似,即政策制定者将不会向债券市场妥协。

三、游说花费有多高？移民政策的其他解释

至此,我已提出假设,即政策制定者们必须在企业对移民的需求与政体中其余成员的反移民情绪之间做出权衡。现在,基于现有文献,我将探讨,哪些因素影响了广大民众和其他利益集团的反(和支持)移民态度。

劳工影响论 第一组论点围绕移民对劳动力市场的影响。尽管关于移民是提高还是降低工资水平,各界一直争执不下,但本土人通常认为移民导致工资水平下降。① 对于政策制定者来说,真相并不重要,重要的是广大民众**认为**,是移民拉低了他们的工资,因此要惩罚政策制定者。

财政负担论 其他学者关注移民产生的财政影响。富有的纳税人反对移民,其理由是移民增加了他们的税收负担,而贫穷的纳税人——即那些福利国家受惠者——反对移民,其理由是他们原有的福利待遇因移民的涌入稀释了。② 然而,目前还没有证据显示,移民对财政构成负担:有些研究显示移民净增了财政收入,而另一些研究显示移民造成财政净损。③ 对政策制定者来说,正如看

---

① 例如,戈德斯坦和彼得斯(Goldstein & Peters)(2014)发现,在经济大衰退(the Great Recession)期间,高技术本土人对高技术移民的排斥更甚,因为他们感觉自己的经济地位受到了威胁,而格伯等人(Gerber et al.)(2014)的调查发现,无论是高技术还是低技能受访者,都表示移民带来更多的失业或者工资损失。
② 另一方面,优厚的社会福利计划也有可能增加对移民的支持,因为社会福利体系也有可能将移民创造的社会财富重新分配给"失败者",例如,Ha and Tsebelis(2010)和Ruggie(1982)。
③ Smith and Edmonston(1997) and Dustmann, Frattini and Halls(2010).

待移民对劳动力市场产生的影响一样,真正重要的是公众的观点而不是实际的效果。据相关调查文献显示,关于移民对财政的影响,公众的**主观判断**导致对移民抵触。[①]

本土主义论 鉴于最近的一些调查数据并没有证实劳工影响论或财政负担论,第三类学者探究了本土主义在公众舆论和移民政策制定中所扮演的角色。[②] 移民的影响之一就是它改变民族文化,这一改变正威胁到社会中的某些成员。纵观整个现代史,本土主义浪潮层出不穷。例如,在 19 世纪后半叶,在美国、加拿大、澳大利亚和新西兰都曾掀起反亚洲移民的本土主义浪潮;在 20 世纪初,整个新大陆都有反南欧和东欧移民的浪潮;今天,在欧洲和别处都有反穆斯林移民的浪潮。这些移民,总体来看,都属于最低技能移民群体。尽管我们知道公众基于文化原因反对移民,且这种反感针对的是低技能移民,但是目前还不明确本土主义从何时开始成为显著因素,何时开始能够影响移民政策。因此,解释反移民情绪时,本土主义论始终不是主流观点。

移民作为利益集团/选举动机论 虽然公众反对低技能移民的因素有很多,但是低技能移民也有招民众喜欢的一面。移民开放能够使在国外出生的公民与家庭成员或朋友在国外团聚,生活在熟悉的文化范围中,并提升自己家族的经济地位。[③] 因为左翼政党视移民群体为一种潜在支持力量,据说移民已经能够影响移民

[①] 参阅 See Hanson, Scheve, and Slaughter (2007)和 Gerber et al. (2014),也可以参阅 Goldstein and Peters (2014)。
[②] 参阅 Hainmueller and Hiscox (2007,2010)。
[③] Foreman-Peck (1992) and Tichenor (1994, 2002).

政策。① 有些本土人士支持更开放的移民政策,是因为他们喜欢移民带来的文化改变,或认为移民是一种人权。这些世界主义者和人道主义者将推动更开放的移民政策,特别是低技能移民政策。

宏观政治与宏观经济解释论 学者们从制度性因素、安全考虑、国家身份和政权类型等方面对移民政策进行了解释。制度性影响包括全球衰退。经济冲击可能导致对财政转移或工资水平大幅下降的担忧,在其他因素不变的情况下,这会进一步导致移民限制。冲突同样可以影响移民政策。如果政策制定者需要更多的劳动力来打仗,移民政策应会开放。另一方面,如果政策制定者担心移民对国家安全构成潜在的外部威胁,他们可能会限制移民。② 如果政策制定者想要接纳盟军的难民,也想要开放移民,在其他情况不变的情况下,会制定更开放的移民政策。

国家身份也发挥作用。移民国家是由移民建设的,移民经历是国家身份的一部分,因此在移民政策上会更加开放。③ 另外,同质性国家在接纳移民问题上可能会持审慎态度,担心移民会改变国民文化,而异质性国家拥有吸纳少数民族而没有出现分裂的悠久传统。④ 最后,有些国家与前殖民地关系特殊,这会促成更加开明的移民政策。⑤

---

① Faist(1994), Glaeser and Shleifer(2005), Messina(2008), and Money(1999). 但是,大多数左翼政党面临一种权衡:获得移民选票 VS. 维护传统的工人阶级的支持根基。
② Mirilovic (2010). 参阅 Salehyan and Gleditsch (2006)和 Salehyan (2008)关于安全外部性的讨论。
③ Freeman(1995).
④ Zolberg(1989).
⑤ Hansen(2002).

此外,移民政策还受重量级政客的影响,在与其他利益集团针锋相对的角逐中,这些政客将移民政策视为维护企业利益的一种手段。民主化进程或选举权的普及可能会改变这些权重。[1] 随着各国民主化推进或选举权扩张,中位选民的技术水平下降,使政策制定者更加重视民众对移民的主观认识——即民众如何看待移民对工资水平产生的影响。

企业偏好无证移民论 我的论点是基于企业对移民问题越来越漠不关心的事实;但是传统观点认为企业更希望政府实施相对限制性的移民准入政策,这样会助长非法移民,为企业提供廉价劳动力大军。企业支付给非法移民工人低于平均工资水平的工资,拒绝支付雇佣税,拒绝为非法移民工人缴纳社会福利,并迫使他们在危险的工作条件下工作。因为非法移民害怕被遣返,因此不愿去当局举报这些问题,这助长了企业使用非法劳动力来获取更大利润的气焰。按此说法,移民政策的**收紧**不是因为企业游说开放的移民政策所致,而是因为企业**增加**游说限制性移民政策所致。

尽管有些企业确实剥削了非法移民,另一些企业的举措却难以用此种论断解释。例如,使用大批非法移民劳动力的农业和酒店服务业,花巨资游说开放的移民政策。有时,企业甚至游说政府严格执行移民法规。企业对执法的态度迥异,对此尽管有多种解释,但我认为主要有两方面:一是企业需要稳定的员工,因此更倾向于雇用合法移民而不是非法移民;二是大企业和小企业之间的分歧会导致移民法规得到更严格的执行。

---

[1] Hatton and Williamson (2008).

企业之所以在非法移民的利用问题上各有偏向,其中一个因素就是企业对稳定员工的需求。有些行业有时间节点上的关键期操作,如果使用无证移民或非法工人,一旦政府检查造成时间耽搁,对企业来说无疑是致命的。最显著的例子就是农业,在诸如加利福尼亚州这样的地区,农业主要依赖的是无证移民。[1] 移民和海关执法局(ICE)有权搜查农民的田地,在生产过程的关键期,如收割期,有可能检查移民的合法身份。如果工人被发现在该国是非法身份,移民和海关执法局可能会拘留他们,让农民在收割关键期失去雇工。对于那些耽搁不起的行业,使用非法劳动力将使它们陷入任由政府处置的困境。要预防这些问题,正如我在第四章中指出的那样,美国的农民已游说申请一项合法的农业务工项目。

企业的规模不同,也会导致利用无证移民工人的能力不同。小企业能够躲过检查,可以说,操作上不引人注意。而大企业,相比之下,通常不得不接受更多的监督。由于这种更大力度的监督——来自政府的、工会的以及消费者的——大企业如果使用无证移民工人的话,通常会面临更严厉的问责。

因为大企业无法使用无证移民工人,与能这么做的小企业相比,它们处于竞争劣势。为此,大企业有可能会游说政府加强对移民法规的执行。严格执法会使小企业更难以利用无证劳动力,迫使小企业的成本上升到与大企业一样。显然,大企业在政治上更有影响力,因此大企业有可能支持更严格的执法,结果是,执法力

---

[1] Caldwell(2011).

度总体上得以加强,小企业的优势丧失。第六章将进一步探讨这一机制。

四、总结与实证策略

现有的研究文献多聚焦不断变化中的反移民群体,以此来阐述低技能移民政策的形成原因,而我的论点重点通过阐述国际经济对企业的移民政策偏向的影响,来论述国际经济如何影响了移民政治。贸易开放性导致使用移民工人的低技能密集型企业倒闭;企业流动性的增强赋予同样的低技能密集型企业迁至海外的能力。无论是何种情况,企业退出国内市场都导致支持低技能移民的公司变少了。最后,劳力节省技术赋予企业事半功倍的能力,也削弱了企业对低技能移民的支持。

我的论点和文献中的论点在跨国层面、次国家层面(subnational level)及企业/部门层面,都具有可观测推论(observable implications)——即假如理论是正确的,在现实世界中我们能观测到相应结果。表2.2总结了这些推论。从第三章到第六章,在上述三个层面的各个方面,我运用了历时数据,时间跨度至少五十年,在许多情况下跨越两个世纪,来检验这些推论。我的目标不是证明我的论点才是**唯一**可以通过实证数据来解释低技能移民政策的理论,而是旨在说明我的论点具有更好的解释力。这一过程中,我也会提供比现有论据更有力的数据来检验其他理论解释。

表 2.2 可观测推论

	增加	宏观层 跨国区域	微观层 企业/部门（第四章）	次国家区域（第五、六章）
我的论点	贸易开放性	移民政策限制（第三章）	贸易保护更少的部门游说活动更少	贸易型部门聚集区移民支持力度较小
	企业流动性	移民政策限制（第三章）	流动性更强的部门游说活动更少	流动型部门聚集区移民支持力度较小
	生产率	因数据供应不足而无法检测(NA)	生产率更高的部门游说活动更少	高技术部门聚集区移民支持力度较小
劳工影响论	民主/选举权	移民政策限制（第七章）	无法检测(NA)	选举权范围广的地区移民支持力度较小
	工会力量	移民政策限制（第七章）	工会加大游说力度与移民限制的相关性	工会联合程度高的区域移民支持力度较小
财政负担论	福利规模	移民政策限制（第七章）	无法检测(NA)	福利规模更大的区域移民支持力度较小
本土主义论	(激进)右翼的崛起	移民政策限制（第七章）	无法检测(NA)	右翼政党控制的区域移民支持力度较小
	移民流动（冲突理论）	移民政策限制（第七章）	本土主义者加大游说力度与移民限制的相关性	移民流动更大的区域移民支持力度较小
移民作为利益集团/选举动机论	移民流动	移民政策更加开放(第七章)	移民团体加大游说力度与移民限制减少的相关性	移民流动更大的区域移民支持力度较大
世界主义者论	移民流动（接触理论）	移民政策更加开放(第七章)	世界主义团体加大游说力度与移民限制减少的相关性	移民流动更大的区域移民支持力度较大

续表

	增加	微观层	宏观层	
		跨国区域	企业/部门（第四章）	次国家区域（第五、六章）
宏观政治/宏观经济解释论	全球衰退	移民政策限制（第七章）	企业游说力度减小	经济衰退的区域移民支持力度较小
	战争（劳动力需求增加）	移民政策更加开放（第七章）	无法检测(NA)	战争期间移民支持力度较大
	战争（移民作为第五纵队）	移民政策限制（第七章）	无法检测(NA)	战争期间移民支持力度较小
	作为移民国家的国家身份	移民政策更加开放（第七章）	无法检测(NA)	无法检测(NA)
	作为多民族国家的国家身份	移民政策限制（第七章）	无法检测(NA)	无法检测(NA)
企业偏好无证移民论	增加进入限制	执法力度减小（第七章）	没有支持更开放的移民政策	各部门支持降低执法力度
	增加进入限制	驱逐力度加大（第七章）	支持降低执法力度	各部门支持加大驱逐力度

在第三章中，我将在最宏观层面检验我的论点：即自19世纪以来19个国家/经济体的跨国移民政策。虽然已有其他学者创建了移民政策的测量方法，但是迄今为止，还没有人建立跨越19世纪至21世纪三个世纪的测量方法。[①] 在本章中，我指出，移民政策已经发生了改变，通过运用本人基于低技能移民政策研发的一种

---

① 相关评论可参阅 Bjerre et al.（2014）。

新的测量方法①,比较了两个多世纪以来移民政策与贸易开放性和企业流动的演变。在这漫长的时期,无论是国家个体层面还是整个世界经济层面,贸易开放性和企业流动性都发生了巨大变化。此外,国际体制结构、民主国家的数量和性质,国家间和国家内的劳工影响在这一漫长的时间里都有变化,更不要说一系列其他混淆变量。如果能证明,在这些不同国家不同时期可观测推论都是正确的,那么我的论点就非常有说服力。

从第四章到第六章,我运用不同类型的证据检验了我的论点的微观基础。虽然第三章已证明在跨国层面,我的可观测推论在本研究中涉及的 19 个不同国家/经济体在不同时期都能站住脚,但是也没有完全支持我的论点。对第三章中的实证结果,存在两种威胁。其一,除了游说,可能还有其他因素导致某种关系(被称之为**省略变量问题**);其二,有可能是移民政策变化本身导致贸易和企业流动性的变化(被称之为**反向因果关系问题**)。后续章节将解决这两个潜在问题,并对生产率和移民政策的关系提供证据,但这一点在跨国层面难以检验,因为在这个层面与生产率相关的数据非常稀少。

第四章运用三种不同数据在行业层面提供证据,旨在消除第三章中发现的干扰因果关系链的第一种威胁——省略变量问题,结果显示不同部门对低技能移民的偏向和游说状况与我们预期的模式相吻合。我运用的数据包括各部门就移民议题在美国国会的作证和游说数据,以此证明那些更易受贸易冲击的行业、流动性更

---

① 关于这种测量方法创建的细节,参阅附录 A。

第二章　移民、贸易和企业流动性：政治困境

强的行业以及生产率更高的行业，在移民议题上游说较少，而针对其他议题的游说一如既往。接着，我重点通过分析美国三大产业的行业协会——纺织业、钢铁业和农业协会，来探究行业协会在移民问题上的倾向。在历史上，这三大产业都曾大量使用低技能劳动力，因此我们有理由相信它们应支持开放移民，但是这些产业遭受贸易冲击的程度及海外迁移能力有所不同。我通过对每个行业协会的年会记录和其他出版物进行内容分析，来阐发随着贸易开放、企业流动性和技术革新的改变，各行业为低技能移民游说的意愿如何相应改变。

在第五章中，我从行业转向了政策制定者，分析美国参议院对移民问题的投票情况。这一章旨在通过检验两个特殊时间段来排除干扰因果链的第二种威胁——反向因果关系问题，在这两个特殊时间段，参议员无法控制影响贸易和企业流动性的最重要政策。第一个时间段从联邦共和国成立到第二次世界大战，我研究了在此期间全国市场的建立如何影响参议员就移民议题的投票。这一时期，由于技术革新，美国经济从多个区域市场转变成了一个全国性市场，区域间的距离保护壁垒被打破。美国各州之间的贸易开放水平越来越高，向低成本地区（如南方）迁移的能力增强，劳力节省技术的运用越来越广泛，这些就如同国际贸易开放性、企业流动性和生产率提高一样对移民政策产生类似的影响。在二战后时代，随着别国允许外商直接投资的意愿、技术变革和美国的贸易保护措施发生变化，企业面临的竞争压力和迁移海外的能力也随之波动。但随着《互惠贸易协定法》（Reciprocal Trade Agreements Act，即RTAA）的签订，参议员无法再出台贸易保护措施。数据显

51

示,随着美国经济的逐步"美国化"和全球化,参议员们的投票越来越趋于限制性移民政策,这一点与我的论点推测如出一辙。

第六章对两个小国家——新加坡和荷兰——的移民政策的演变进行了考察,以解决在美国案例之外的省略变量和反向因果关系问题。这两国的企业主要针对出口市场进行生产;低技能企业的扩张主要取决于出口市场内部的竞争状况,而不一定取决于国内市场竞争。但是,作为小国统治者,新加坡和荷兰的政策制定者们对出口市场的政策几乎发挥不了什么杠杆作用。因此,这些国家的企业所受到的外部冲击是本国政策制定者无法掌控的,如中国的崛起和东欧国家加入欧盟。我将证明,这些变化减弱了对开放移民的支持力度。这些案例进一步说明我的论点具有普适性,并不仅仅针对美国个案。

从第四章到第六章,我验证了许多不同的理论解释(本章节中已有论述),发现上述案例研究中有的支持,有的不支持。第七章从跨国层面对这些不同理论的可观测推论进行完整检验。同样,对于大多数论点,明显只发现部分支持的结果;此外,我也没有发现政策制定者为了让企业有机会利用无证移民而故意在批准移民限制政策的同时放松执法。企业对执法的支持情况更为复杂,有些企业支持从严执法,另一些企业支持在扩大合法移民的同时宽松执法,而只有少数企业希望利用无证移民来为自己谋利。

总而言之,本书呈现的数据有力地支持了我的论点。从19世纪至今,在许多不同国家,企业都是低技能移民的主要支持者。对企业来说,商品边境开放政策和允许资本海外流动政策成了优先选项,这导致了企业对低技能移民的支持意愿下降,伴随的结果是低技能移民边境政策收紧。尽管反移民势力在政治图景中总是不可抹灭的一笔,但是它们崛起的背后是企业在移民议题上的主动弃权。

第三章　移民政策和两个全球化时代

近年来,反移民势力在许多发达国家获得了重大胜利。在2006、2007和2014年,美国国会都未能通过一项全面移民改革法案,法案一旦通过,虽然总体上会减少低技能移民,但能使无证移民合法化。不仅如此,极右派和反移民政党在2014年欧洲议会选举和2015年的英国选举中都获得席位;在新加坡,反移民情绪导致执政党在选举中遭遇了50年来从未有过的失利。正如我将在本章中所阐述的那样,反移民情绪最近所取得的各种胜利只是更宏大的时代潮流的缩影:在二战后的时代,全球都加大了对低技能移民的限制。

要检验我的论点的完整因果链,理想的做法是,首先考察各国的贸易变化、企业流动性和技术运用如何影响企业对低技能移民的支持意愿,再探讨政策制定者的决定,最后考察各国制定的低技能移民政策。但遗憾的是,许多用以验证因果链的变量数据根本无法获得,这在从跨国层面探究政治现象时也很常见。重要的是,很多国家根本就没有关于企业支持移民政策的完好记录,而且各国如何运用技术的数据也无法获得,因此这方面的推论也无法在跨国层面加以检验。

由于数据的匮乏,在本章中,我对我的论点的其中两个推论加以检验,重点讨论政策制定者在日益全球化的背景下所面临的政治困境,而不是要验证企业在此困境中所扮演的角色,在政治学和经济学中,这种现象被称之为检验**简化式**(*reduced form*)。

第一个推论是,不断增长的贸易能力导致更大程度的移民限制。开放边境时发展中国家的外国商品不断涌入,导致低技能密集型企业倒闭;向其他发达国家不断开放产业内贸易,导致生产率最落后的、需要更多劳动力的企业倒闭。无论是哪一种形式的贸易开放,都会减少商界对低技能移民的支持。

第二个推论是,企业不断增长的海外迁移能力也会加大对低技能移民的限制。企业流动性——源于发达国家对资本外流的管控放松,放宽了外商在发展中国家直接投资的限制,再加上远距离控制生产的技术能力增强,这使得很多部门(不是所有部门)中生产率最高的企业能够在海外生产。这些企业一旦外迁,它们便不再支持国内的移民开放政策,因此助长了反移民势力。

要检验这两个推论,我建立了一个全新的包含 19 个国家或经济体、跨越两个多世纪的移民政策独立数据集。这一数据集首次囊括了 19、20 和 21 世纪的数据,是为数不多的不仅包括经合组织(OECD)国家、还包括波斯湾和东亚富国的数据集之一。我运用这些数据来验证贸易开放性和企业流动性是否对低技能移民开放政策产生负面影响。数据分析显示,在不同国家/经济体、不同时期,贸易、企业流动性和低技能移民政策之间都具有很强的关联性,这强有力地支持了我的论点:政策制定者在这多重抉择中无法兼顾。

一、贸易和移民政策

在第二章中,我指出贸易开放性通过对企业的影响进而影响移民政策。政策制定者通过多种手段来调控贸易:关税、配额、其他非关税壁垒以及汇率。关税,即对外国生产的商品征收的税款;配额,旨在限制能进入该国的外国商品的数量;其他非关税壁垒,包括让外国企业增加成本的食品安全条例;汇率,能影响国内商品相对于外国商品的价格。① 除了这些手段,由于运输成本的存在,企业或多或少面临贸易竞争;当运输成本下降时,外国商品就会降价。

各种形式的贸易政策和运输成本叠加在一起,影响企业能否在母国盈利。如果低技能密集型商品的定价较高,那么不论是由何种原因引发的贸易壁垒、汇率低估或高额的运输成本,都可能进一步扩大国内生产的规模,接着对低技能劳动力的需求也将增加,随后企业会相应加大对开放性移民政策的支持。

相反,如果定价偏低,那么不管是由贸易壁垒减少、汇率高估还是低廉的运输成本造成,国内的生产规模都会萎缩,这样会减少

---

① 当一个国家的汇率低估(高估)时,该产品价格与其他国家生产的产品相比,相对便宜(昂贵),这使国内企业与同类商品的外国生产商相比更具有优势(劣势)。

对低技能劳动力的需求,企业相应地会减少对开放性移民政策的支持。这一讨论引发三种猜想:其一,贸易壁垒的减少(增加)应导致对低技能移民更多(少)限制;其二,运输成本的减少(增加)导致对低技能移民更多(少)限制;其三,货币升(贬)值应导致对低技能移民更多(少)限制。

贸易壁垒、运输成本、汇率和国际竞争的影响因经济结构的不同带给人们的感受也不同。贸易壁垒对于较大经济体,如美国、英国、法国、德国、日本,以及从某种程度上来说,阿根廷、澳大利亚、巴西和加拿大这样的国家,可能会产生更大的影响。这些国家的企业所生产的产品主要针对国内市场;因此政策制定者可以更好地保护这些企业免于国际竞争。同样,运输成本的降低也会将企业置于竞争的风口浪尖,如同关税所扮演的角色一样,它会对大型经济体中的企业产生显著负面影响。汇率价值,对大型经济体的企业而言,不会产生太大的影响。相比之下,小型开放的经济体因为更深地融入国际市场,所以它们的企业将受到更大的汇率冲击。

贸易壁垒对于小型开放的经济体而言,如新西兰、荷兰、瑞士、中国香港、新加坡、韩国和中国台湾,产生的影响较小。这些经济体中的企业主要针对出口市场,因为政策制定者很难通过政策手段来影响主要出口市场的价格,所以较难保护自己的企业免受国际竞争的威胁。但有一种手段是例外——货币价值。如果该国/经济体采用了汇率贬值,其境内企业在世界市场上将获得优势。运输成本的下降对这些国家/经济体产生的影响也较小:一方面,运输成本下降意味着出口商品的成本也下降;而另一方面,对所有其他国家/经济体而言,成本都降低了。

自然资源丰富的国家,如沙特阿拉伯、科威特、南非,在某种程度上还有荷兰,面临着不同类型的竞争力问题。移民政策还受大宗商品行业对劳动力的需求驱动。由于所谓的荷兰病(Dutch disease)——商品繁荣往往导致汇率高估和工资上涨,这些国家的制造业往往处于竞争劣势。贸易壁垒作为一种国际竞争保护措施,能使这些国家从容面对荷兰病,因此贸易壁垒对此类国家可能会产生更大影响。

(一) 三个世纪以来的移民政策

为了检验这些假设,我们需要一种方法来衡量低技能移民政策。其他学者也制定了移民政策的衡量标准,但这些标准只涵盖了某一个时期,而且往往只涵盖富裕的经合组织成员国。[①] 鉴于我的论点覆盖各时期的相关推论:贸易相对限制期、贸易相对开放期、企业可流动期以及企业难以流动期,所以我们需要涵盖自19世纪延续至今的数据。

除了需要涵盖周期更长的数据,我们的数据还需要涵盖更具代表性的国家样本。尽管经合组织(OECD)成员国是重要的移民目的地,但仅考察这些国家可能会使我们得出的结论有所偏差。波斯湾和东亚地区也有许多重要的移民目的地,那里的政治与经合组织民主国家的政治截然不同,移民政策的制定过程因此会有差别。

为了解决这些问题,我收集了从19世纪(有时也包括18世纪末)到21世纪覆盖19个国家/经济体的低技能移民政策数据,并对

[①] 相关评论,参阅 See Bjerre et al. (2014)。

数据进行了编码(附录 A 提供了更详细的关于数据收集和编码过程的信息)。在第二章中我指出,我的论点适用于解释作为移民热选地的富裕国家。我把"富裕国家"定义为人均 GDP 至少持续十年达到世界平均水平或者达到所在大陆平均水平两倍的国家。从这个列表中,我筛选了 19 个国家/经济体来分析,这些国家/经济体涵盖能检验我的论点和文献中其他论点的一系列重要变量。

从表 3.1 中可以看出我的数据集中所列选的国家/经济体及涵盖的相应时间段。为便于比较,各国/经济体按地理位置排列,澳大利亚、新西兰和南非与美洲国家被列为移民国(settler states)。除了国家/经济体间的巨大差异之外,我还选择了几个特殊时期——前全球化时代(preglobalization)、19 世纪全球化时代、两次世界大战期间、布雷顿森林体系时代和当今时代——来检验我的论点在全球经济的不同结构中是否都能站得住脚。如果不同时间段、不同国家/经济体的数据都支持我的论点,那足以说明我的论点非常有说服力。

表 3.1 数据集中所包括的国家/经济体及涵盖的年份

地区	国家/经济体
移民国家/新大陆	美国(1790—2010)
	澳大利亚(1787—2010)
	加拿大(1783—2010)
	新西兰(1840—2010)
	南非(1806—2010)
	阿根廷(1810—2010)
	巴西(1808—2010)

续表

地区	国家/经济体
欧洲	英国(1792—2010)
	法国(1793—2010)
	德国(1871—2010)
	荷兰(1815—2010)
	瑞士(1848—2010)
东亚	日本(1868—2010)
	中国香港(1843—2010)
	新加坡(1955—2010)
	韩国(1948—2010)
	中国台湾(1949—2010)
波斯湾	沙特阿拉伯(1950—2010)
	科威特(1961—2010)

注：最初发表于 Peters(2015)，经许可后使用。

我收集了关于这些国家/经济体低技能移民政策的数据，包括谁有可能进入该国/经济体、移民被接受后在该国/经济体享有何种权利以及关于驱逐和执法的政策规定。此外，鉴于企业并不关心移民出于何种原因进入该国/经济体，只关心移民是否获准入境，我还收入了难民和庇护相关政策以及家庭移民政策数据。从这些不同的政策层面，我在研究助理的帮助下，将低技能移民政策的数据分为 12 个子维度，并分别对每个子维度进行编码。然后我汇总了这些编码，运用主成分分析法（principal component analysis）创建一个统一的移民政策变量。

（二）贸易壁垒与移民政策

对于测量贸易壁垒的最佳方式，经济学家长期以来一直争论不休。鉴于关税税率的长期数据容易获取，因此税率是一种行之有效的测量手段，关税税率按关税总额除以总进口额来计算。当然，关税绝不是唯一的贸易壁垒手段；在过去的25年里，关税变得不那么重要，因为国际协商的约束力导致税率不得不下调。尽管如此，在过去漫长的时期里，关税是贸易政策中的一种重要且有效的工具，税率下调造就了国家间更繁荣的贸易。

图3.1—图3.3显示数据集中19个国家/经济体的贸易开放度（以无税商品的百分比来计算或用1减去关税率来衡量）和移民政策在过去225年中的变化。这些国家/经济体被归为以下几类：新大陆移民国、欧洲国家、东亚国家/经济体以及波斯湾国家。[1] 无论是贸易还是移民，政策越开放，分值越高。

移民数据证实了主流观点关于移民政策随着时间推移趋于收紧的论断。尽管各国在政策手段上千差万别，但移民政策总体上趋于限制更多。[2] 然而，这些数据挑战了主流观点关于不同国家移民开放程度不同的论断，尤其体现在关于19世纪的论断。最重要的是，主流观点认为，在19世纪，欧洲国家对移民的开放程度不如移民国。[3] 然而，我们看到的数据是，许多欧洲国家在19世纪对移

---

[1] 关税数据来源于Clemens and Williamson（2004），由作者加以更新。
[2] 例如，Hatton and Williamson（2005b，2008）。
[3] Freeman（1995，889）.

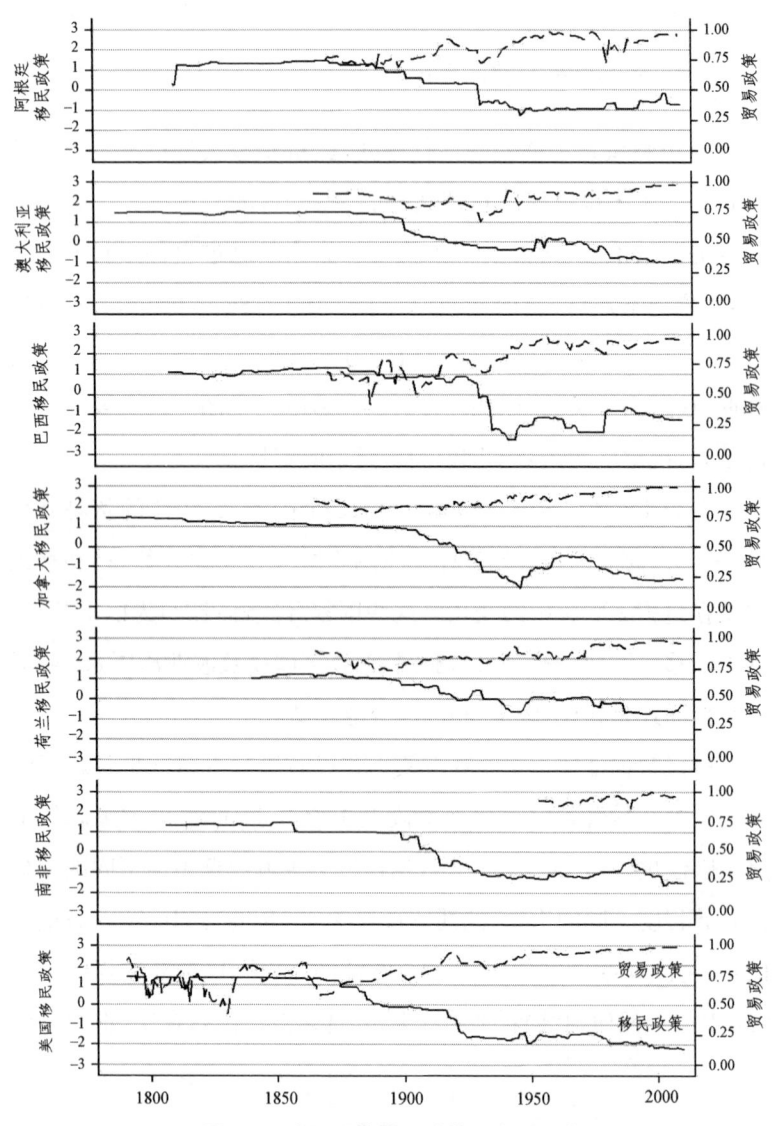

图3.1　移民国的移民政策和贸易政策

注：贸易和移民政策的值越高，意味着开放程度越高。贸易政策的数值按1减去税率计算。数据源于Clemens and Williamson（2004），作者进行了更新。最初发表于Peters（2015），经许可后使用。

图 3.2　欧洲国家的移民政策和贸易政策

注：贸易和移民政策的值越高，意味着开放程度越高。贸易政策的数值按 1 减去税率计算。数据源于 Clemens and Williamson (2004)，由作者进行了更新。最初发表于 Peters(2015)，经许可后使用。

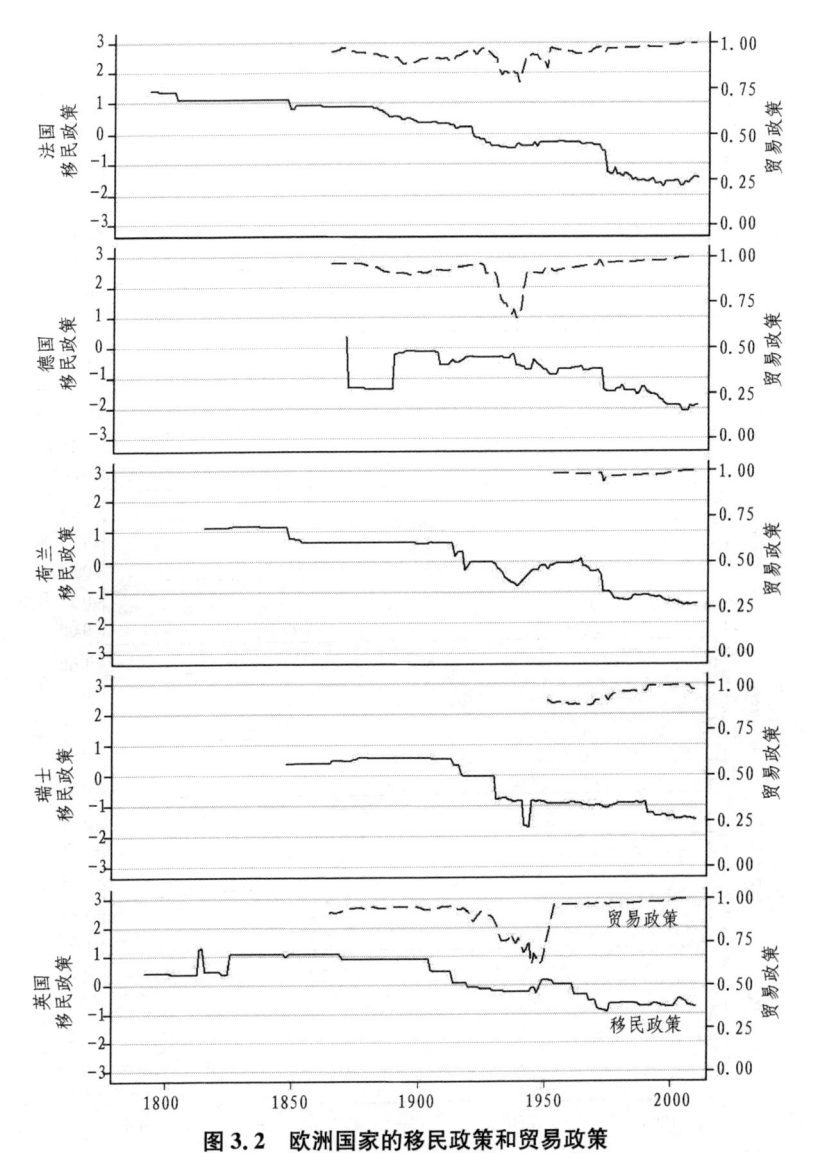

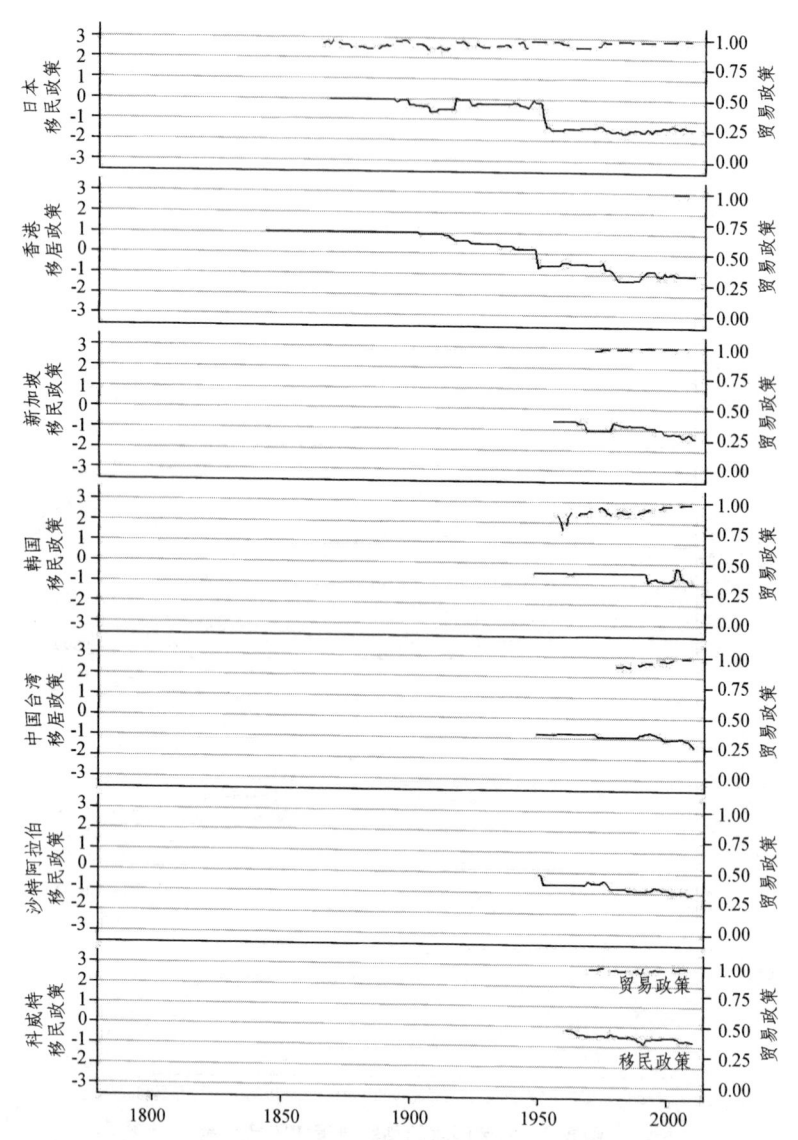

图 3.3　东亚和波斯湾国家/经济体的移民政策和贸易政策

注：贸易和移民政策的编码值越高，意味着开放程度越高。贸易政策的数值按 1 减去税率计算。数据源于 Clemens and Williamson (2004)，由作者进行了更新。最初发表于 Peters(2015)，经许可后使用。

民相当开放,带来大量移民流入。①

虽然东亚和波斯湾国家/经济体使用不同的手段来控制移民,但所实施的政策与移民国和欧洲国家在二战后所实施的政策看起来极其相似。

在数据集中,中国香港和日本的低技能移民政策数据显示,19世纪的低技能移民政策比现在更加开放,这一趋势也与移民国和欧洲国家相似。到20世纪80和/或90年代,东亚国家/经济体的移民开放程度有所提高,但自1997年亚洲金融危机以来,移民限制有所增加。一个有趣的差异是,沙特阿拉伯、科威特和新加坡这几个国家,边境相对开放,却严格执行无证移民的相关限制法规,这与入境严格限制但却宽松执法的民主国家形成了鲜明对比,后者导致更多无证移民的涌入。总之,尽管这些国家/经济体使用不同的手段来控制移民,但总体趋势极其相似,即对低技能移民的限制与日俱增。

谈到贸易和移民之间的关系,就新大陆的移民国而言,贸易政策和移民政策呈明显的负相关。在19世纪,这些国家的税率相对较高,移民政策非常开放。在两次世界大战期间,特别是大萧条时期,这些国家的关税居高不下,但移民政策收紧。尽管关税很高,但从20世纪20年代中期开始,这些国家的经济发展开始衰退——除了美国经济在1929年之前相对一直健康之外——这意味着这

---

① Moch (1995, 128). 依据 Ferenczi and Willcox 的说法,1891—1905年间,超过70万移民(不包括途经该国的移民)从欧洲来到大不列颠;1920—1924年间,法国每年约有超过20万外国工人;1910—1924年间,约有360万外来劳工进入德国;1865—1924年间,超过100万移民进入荷兰,这一数字不包括来自荷兰殖民地的移民。Ferenczi and Willcox (1929).

些国家的劳动力相对廉价,导致企业为移民游说的意愿降低。

第二次世界大战后,许多移民国家在开放贸易的同时,也在不同程度上开放移民。其他国家,如阿根廷、南非和美国,维持两次世界大战期间的封闭政策。然而,没有哪一个国家如同一战前那样对移民重新开放。二战后,贸易壁垒通常通过关税及贸易总协定/世界贸易组织(GATT/WTO)或其他国际协定逐渐削弱,而移民限制却日渐增多,特别是在布雷顿森林汇率体系终结后尤是如此。到21世纪初,低技能移民在大多数此类国家/经济体中高度受限,而贸易却非常开放。

欧洲国家的贸易政策及移民政策与移民国相似,但不那么极端。在19世纪,相对于移民国,法国、德国和英国的商品开放程度更高,但同时也倾向于实行更严格的移民政策。在两次世界大战期间,尤其是大萧条开始后,这三个国家在限制移民的同时,也设置了相对较高的贸易壁垒。

虽然更高的关税会导致更开放的移民政策,但我们有理由认为在经济衰退期,情况可能有所不同,更开放的政策可能要推迟到经济复苏之后。在经济衰退期间,尤其是经济大幅萎缩期间,许多企业,尤其是生产率最低的企业,纷纷倒闭,因而降低了整个经济对劳动力的需求。即使通过调整关税或货币贬值来增加贸易壁垒,经济在短短几年内也难以完全恢复。在经济完全恢复之前,工资将保持相对较低水平,移民需求下降。正是由于对低技能移民劳动力的需求减少,在经济衰退期,即使贸易受限,也不太可能导致移民开放。

一旦经济衰退结束,贸易壁垒越高,移民开放程度会越高。这就是我们在第二次世界大战结束之际所看到的情况。虽然欧洲国家开始拆除在两次世界大战期间设置的关税壁垒,但仍有一些壁垒存在。由于这些国家的经济受到保护(部分原因是相对于美元而言其货币估值较低引起的),其低技能密集型部门得以扩张,随之而来的是对更开放的移民政策的需求。对于所列举的欧洲五国,除英国外,这一需求通过外来劳工项目(guest worker programs)得以满足;在英国,这一空缺则由前殖民地的移民来填补。然而,没有哪一个国家像第一次世界大战前那样向移民开放。但是,欧洲国家随后通过降低关税来扩大贸易开放,并在布雷顿森林体系结束之后对汇率进行重估,移民政策越来越收紧。

东亚国家/经济体和科威特,与欧洲国家类似,关税壁垒一直被压得很低。① 部分原因是,除科威特之外,这些国家/经济体的发展战略主要针对出口市场。鉴于这些国家/经济体的大多数企业生产出口商品,而且除日本以外都是小型开放经济体,只有关税足够低,才能进口国内不生产的资源和商品。因此,我们预计在这些国家/经济体,贸易(以关税来衡量)和移民政策之间的关系并不显著。但实际上,贸易开放和移民之间似乎确实存在负相关关系。在科威特,关税壁垒对移民政策的影响似乎也相对较弱,这可能与科威特的经济结构密不可分。鉴于科威特几乎全靠进口,除石油产品之外几乎不生产其他产品,低技能密集型可贸易企业也少得可怜,因此很少有企业需要被保护,贸易壁垒的影

---

① 沙特阿拉伯的关税数据完全无法获得,中国香港的数据也寥寥无几,因此这部分分析不包括此类国家或经济体。

响也微乎其微。

表3.2运用普通最小二乘法(OLS)模型,通过贸易政策对移民政策回归,更严格地检验贸易和移民之间的关系。每个模型都包含国家/经济体和年份固定效应以体现该国/经济体的不变特征及对国际体系的年度冲击,同时标出线性时间趋势(linear time trend),以确保这种关系真实有效。① 此外,还包含政体类型、国内生产总值增长和战争指标变量。② 模型1检验所有年份的数据,而接下来的六个模型检验从前全球化时代至后布雷顿森林时代的各个历史时期的数据。

从所有年份的数据来看,贸易和移民之间存在着统计学上显著负相关关系。贸易开放度从第25个百分位到第75个百分位的变化,或者平均关税水平从17%降到4%的变化,会导致移民政策发生-0.39或者大约半个标准差的变化。如果我们对每一个时期进行检验,也能看到贸易和移民之间在统计学上的显著负相关关系。③ 阿根廷在后布雷顿森林时代是一个异常值,并被排除在模型7的回归分析之外。④

---

① 结论强有力地排除了线性时间趋势,却包括了一个移民政策滞后五年的平均数。参阅Peters(2015)。
② Maddison (2011),Marshall, Gurr, and Jaggers (2011),以及Sarkees and Wayman (2010)。关于这些变量的详细结论,参见第七章。
③ 前全球化时代指1879年及之前的年代,在此期间大多数国家采纳金本位制;19世纪全球化时代指1880—1913年间;两次世界大战期间指1914—1945年间;布雷顿森林体系时期指1946—1972年间;后布雷顿森林体系时期指1973年至今。
④ 表3.2中的结果在运用了减少离群值权重的估计技术(estimation techniques)后,仍然稳健。参见Peters(2015)。

表 3.2 各时期贸易政策对移民政策的回归

因变量：移民政策	所有年份	前全球化时代	19世纪全球化时代	两次世界大战期间	布雷顿森林体系	后布雷顿森林体系	后布雷顿森林体系，不包括阿根廷
贸易开放度	−3.04** (0.89)	−1.81* (0.67)	−1.68* (0.58)	−3.27+ (1.66)	−1.25* (0.55)	−1.33 (1.21)	−3.61** (1.13)
线性时间趋势	−0.02*** (0.00)	−0.00 (0.01)	−0.02*** (0.00)	−0.03** (0.01)	0.01 (0.01)	−0.01*** (0.00)	−0.01** (0.00)
政体	0.01 (0.01)	0.06* (0.02)	0.15 (0.09)	0.02 (0.02)	0.02+ (0.01)	0.01+ (0.00)	0.01 (0.01)
GDP 增长	0.17 (0.16)	0.18 (0.16)	0.19 (0.12)	−0.15 (0.33)	0.05 (0.34)	0.16 (0.18)	0.01 (0.16)
战争	0.17 (0.12)	0.96 (0.52)	0.00 (0.05)	0.20 (0.21)	−0.00 (0.10)	−0.03 (0.04)	−0.03 (0.04)
常量	4.32*** (0.89)	2.07* (0.81)	2.79*** (0.52)	6.04* (1.95)	−1.98 (1.45)	1.78 (1.21)	3.75*** (0.92)
观测数据	1577	77	297	298	325	580	548
R^2	0.77	0.64	0.53	0.56	0.30	0.36	0.48

注：数据还包括国家和年份固定效应。括号中为稳健标准误差。+ $p<0.10$，* $p<0.05$，** $p<0.01$，*** $p<0.001$。**贸易开放度**为 1 减去关税税率，数据源于 Clemens and Williamson (2004)，并由作者更新。**GDP 增长**数据来源于 Maddison (2011)。**政体**为对政权类型的衡量，数据来源于 Marshall, Gurr, and Jaggers (2011)。**战争**因素相关数据源于 Sarkees and Wayman (2010)，是战争的指标变量。**线性时间趋势**代表各国的时间趋势。最初发表于 Peters (2015)，经许可后使用。

贸易影响系数在各个时期都具有统计意义，这更让我们确信贸易和移民之间的真实关系并非由某个遗漏的变量引起。更重要的是，每个时期影响整个世界体系和经济的维度还有所不同。贸易和移民的关系不仅在 19 世纪的多个大国、冷战时期的两个超级大国和后冷战时期的一个超级大国被证实，而且在经济霸权崛起和衰落的时期也站得住脚，因此贸易和移民政策的变化不大可能是由国际体系结构或由某一个经济霸权的存在引起的。此外，在这些不同时期，汇率体系不同，资本开放水平不同，再次降低了这些变量中的某一变量导致移民和贸易政策变化的可能性。[①]

不仅如此，无论是来自欧洲和亚洲还是拉丁美洲的移民浪潮，无论是战争还是和平时期，无论是繁荣还是萧条时期，这种关系都被证实，再次表明是贸易因素引发了移民政策的变化，而不是其他变量导致移民和贸易政策的同时变化。

对于贸易和移民政策间的关系，应是贸易政策驱动移民政策，而不是移民政策影响贸易政策。正如第二章所指出的，如果是移民政策驱动贸易政策，那么移民政策和贸易政策之间的关系应是正相关，而不是负相关。扩大移民开放政策减少了低技能密集型企业的薪酬支出，无论是直接降低技能工人工资，还是允许企业使用移民劳动力，让移民工人从事无技术或低技能含量的工作岗位，而让本土劳动力从事技术含量更高的岗位，从而提高生产率，这都提升了企业的竞争力。因此，这些企业不太可能反对去除贸易壁垒。此外，各国贸易政策的制定出于多种原因的考量，远非移民政策所能驱动，政府的财政收入和国家安全都是重要考虑因素，这进一步表明政府不会为了影响贸易政策而特意去改变移民政策。

在表3.2中，我考察了同一年的贸易和移民政策。然而，贸易政策所产生的影响可能需要一段时间才能体现出来。当贸易保护减少后，企业可能仍会勉强维持一段时间，因此我们预计移民政策不会在当年发生改变。为了检验这一点，我对贸易政策影响下的

[①] 关于类似的估计策略(estimation strategy)，参见 Rajan and Zingales (2003)。

移民政策分别进行了滞后一年和滞后五年的回归分析(表3.3),其中控制变量和固定效应与前面相同。结果发现,在"所有年份"栏的数据中,贸易和移民政策之间仍然存在着统计上显著的负相关关系,而且这种关系在不同时期大都仍然存在。这些结果给我们更多信心,证明我的论点所推测的关系是存在的。此外,尽管滞后并不能解决反向因果关系(reverse causality)问题,但这让我们更加坚信,是贸易政策驱动移民政策,而不是移民政策驱动贸易政策。

表3.3 各时期贸易政策对移民政策的滞后影响

因变量:移民政策	所有年份	前全球化时代	19世纪全球化时代	两次世界大战期间	布雷顿森林体系	后布雷顿森林体系	后布雷顿森林体系,不包括阿根廷
滞后一年	−3.09** (0.88)	−1.39 (0.82)	−1.73* (0.63)	−3.41+ (1.61)	−1.65** (0.48)	−1.77 (1.16)	−3.81** (1.03)
滞后五年	−3.04*** (0.73)	−1.05 (0.80)	−0.98 (0.62)	−3.40* (1.16)	−1.82** (0.57)	−0.46 (0.78)	−1.62+ (0.84)

注:贸易政策对移民政策滞后一年和五年影响的单独回归系数。依据Clemens and Williamson(2004)并由作者修改,**滞后一年**按1减去滞后1年的关税率计算,**滞后五年**按1减去滞后五年的关税率计算。数据中包括但未显示的有:国家和年份固定效应、各国的线性时间趋势、政体、国内生产总值增长、战争等因素。括号中显示的是稳健标准误差。+ $p<0.10$,* $p<0.05$,** $p<0.01$,*** $p<0.001$。

贸易壁垒对大型经济体的移民政策所产生的影响应比对小型经济体或资源丰富的经济体所产生的影响更大。由于许多小型经济体的企业针对出口市场,因此国内贸易壁垒无法在出口市场中保护国内企业,而在大型经济体中,企业只为国内市场生产,或既为国内也为出口市场生产,国内贸易壁垒可以保护企业或增加企业在国内市场的所占份额。为了检验这一论点,我按照经济类型对各国/经济体进行了编码。阿根廷、澳大利亚、加拿大、巴西、法国、德国、日本、英国和美国被编码为大型经济体。中国香港、荷兰、新西兰、新加坡、韩国、瑞士和中国台湾被编码为小型开放经济体,而科威特、沙特阿拉伯和南非被编码为资源经济体(source economies)。我以贸易壁垒以及贸易壁垒与经济类型的互动效应作为自变量,对作为因变量的移民政策进行了回归分析,大型经济体作为排除组。[1] 控制变量和固定效应同前文一致。

表3.4显示在三种不同类型经济体中贸易政策所产生的影响。如果我们考虑整个时间跨度,对于大型经济体,贸易政策和移民政策之间存在统计学上显著负相关关系,但对于小型和资源型经济体,贸易政策对移民政策几乎没有影响。如果我们按时代分类,除了后布雷顿森林时期的阿根廷,大型经济体的贸易和移民政策之间的负相关关系仍然存在。正如预测的那样,除了两次世界大战期间和布雷顿森林体系时期,贸易政策对小型经济体几乎没有什么影响。[2]

在资源型经济体中,科威特和南非,在布雷顿森林和后布雷顿森林体系时代减少了贸易壁垒,对移民政策产生了负面影响。[3] 贸

---

[1] 经济类型的指标变量被排除在回归分析之外,因为该指标与国家/经济体的固定效应共线(collinear)。

[2] 两次世界大战期间的数据结果因新西兰数据的变化而改变。与其他国家在经济大萧条时期既限制贸易又限制移民的做法不同,新西兰虽然在1931年严格控制移民,却持续实行低关税政策。这是因为新西兰是一个小型游牧经济体,大多数工业产品依赖进口,而不是在国内生产;而且关税所能保护的企业为数极少,高关税率只会损害消费者。Wright (2009, 48, 54)。

[3] 由于缺乏沙特阿拉伯的关税数据,该国不在此分析之列。

易壁垒的变化在这些资源性经济体中所产生的影响更甚于大型经济体。导致这一结果的部分原因可能是,资源财富对国内的其他经济部门产生重要影响。因为资源部门通常更吸引劳动力,所以与没有自然资源的国家相比,资源部门的工资水平更高。此外,与没有资源相比,货币的价值也更高。因为这两个原因,政策制定者除了贸易保护之外,对于提高技术劳动密集型企业的竞争力几乎无能为力。因此,在其他手段都难以发挥作用的情况下,贸易保护的缺失将产生深远的影响。

表3.4 各时期不同经济类型的贸易政策对移民政策的影响

因变量:移民政策	所有年份	前全球化时代	19世纪全球化时代	两次世界大战期间	布雷顿森林体系	后布雷顿森林体系	后布雷顿森林体系,不包括阿根廷
大型经济体	−3.34* (0.85)	−1.71* (0.71)	−1.85* (0.63)	−3.22+ (1.69)	−1.60* (0.43)	−0.70 (1.35)	−4.12* (1.47)
小型经济体	0.06 (0.84)	−2.27 (1.38)	−0.44 (0.76)	−6.86*** (1.27)	0.93* (0.35)	−1.94 (1.23)	−1.98 (1.34)
资源型经济体	2.24 (1.60)	—	—	—	−3.59*** (0.88)	−5.48*** (0.81)	−5.34*** (0.76)

注:贸易壁垒与经济类型的交互效应对移民政策回归的判定系数。**小型经济体**是贸易开放度(大型经济体为排除组)的影响系数与小型经济体和贸易开放度的交互影响系数之和。**资源经济体**是贸易开放度的影响系数(大型经济体为排除组)与资源型经济体和贸易开放度的交互影响系数之和。贸易开放度按1减去关税税率计算,数据来源于Clemens and Williamson(2004),并由作者更新。由于与国家固定效应完全共线,小型经济体和资源经济体的指标不包括在内。包括但未显示的数据有:国家(或地区)和年份固定效应、各国(或地区)的线性时间趋势、政体、国内生产总值增长和战争因素。括号中表示的是稳健标准误差。+ $p<0.10$, * $p<0.05$, ** $p<0.01$, *** $p<0.001$。

我在第一章中指出,难民和庇护政策遵循与低技能移民政策相似的逻辑——企业并不关心为什么某个移民被允许入境——但是出于人道主义和战略考虑,在难民和庇护领域,政策可能会更加开放。为了检验这一点,我对1945年后贸易开放(以关税税率来衡量)影响下的难民和庇护政策的标准化平均值进行了回归分析,之所以选择1945年以后,是因为大多数国家直到二战结束后才实行难民或庇护政策。在其他协变量不变的基础上,我增添了一个冷战指标,因为地缘战略在该时期是被重点考虑的一个因素。我发现在冷战期间,贸易对难民和庇护政策的影响有限;贸易开放度的影响系数为负,但在常规水平上并不显著(-1.27, $p=0.36$)。[①] 冷战后,贸易政策对难民和庇护政策的影响显著;贸易开放度从25个百分位上升到75个百分位,会导致标准化平均值减少0.46($p<0.01$),超过了半个标准偏差。因此,冷战结束后,随着地缘战略因素不再凸显,企业对移民的支持减少,对难民和庇护政策产生的影响类似于其他移民政策。

从上面的数据结果中可以看出,在后布雷顿森林时代,阿根廷是个例外。在此期间,阿根廷降低了关税,开放了移民。阿根廷在1991年选择美元作为锚币(peg to the dollar),这导致相对于其在欧洲的主要贸易伙伴和主要竞争对手巴西而言,比索被高估了,在此情境下,阿根廷的移民政策更加令人费解。鉴于关税降低而导致的贸易保护削弱与比索升值这双重因素的影响,移民政

---

① 关于完整表格,请参阅在线附录C。

策本应趋于限制更多,但事实上,阿根廷在这段时期实施的是开放性移民政策。究其原因,新的民主政权取缔了独裁统治时期的严酷法律,赋予了移民更多权利,放宽了公民身份的获取路径,赦免了无证移民,并改革了驱逐程序。因此,人道主义关怀对移民政策产生强劲而积极的影响并不是没有可能,只是这样的时期少之又少。

总之,贸易壁垒(以税率来衡量)和移民政策之间的关系正如我的论点所预测的那样得以证实。当各国贸易壁垒较低时,移民政策更为紧缩。正如预期的那样,贸易壁垒对大型经济体和资源型经济体影响更大;而因为小型经济体的大多数企业主要针对国际出口市场而不是国内市场,所以贸易壁垒对小型经济体影响更小。

(三) 运输成本和移民政策

运输成本发挥的作用与贸易壁垒一样:运输成本越高,进口商品价格越高,这更有利于国内生产商。因为运输成本的影响与关税的影响相似,又因为大型经济体比小型经济体拥有更多为国内市场生产的企业,所以运输成本对大型经济体影响更大。小型经济体的企业往往以出口为导向,运输成本的降低也许类似于其他国家降低贸易壁垒,这有利于出口商,但会损害国内市场的进口竞争型企业。总的来说,运输成本对小型经济体几乎没有影响,对资源型经济体的影响尚不明确。

我运用两种方法来测量运输成本。第一种方法是计算某国的铁路里程数,我获取了欧洲自 1825 年至今的数据以及美国和加拿大自19世纪30年代至2001年的数据。[①] 铁路网络的更广泛覆盖扩大了国家贸易开放程度,导致国内价格与国际价格趋同。然而,铁路的影响并不局限于影响商品价格,还体现在铁路公司对移民的支持,这种支持在19世纪体现得尤为明显。首先,铁路公司通常招募低技能移民来修建铁路。其次,许多移民国家向铁路公司提供大片土地作为建设铁路网络的报酬,铁路公司再将土地出售给落户者,其中不乏众多移民。最后,移民搬迁靠铁路,所以移民是铁路运输的主要顾客。因此,铁路公司有十足的动力去游说更加开放的移民政策。铁路网络的日益扩张会导致两种结果:一方面,铁路运输引发更激烈的可贸易商品竞争,因此可贸易产业为移民游说的概率会降低;另一方面,铁路公司为了保障自身的劳动力和客源,会不遗余力地为移民开展更多游说。判断哪种效应占主导地位需要实证数据支撑。

运输成本的第二种测量手段是集装箱化程度。伯恩霍芬(Bernhofen)和其同事们发现,集装箱革命降低了商品从生产商到客户手中的运输成本,极大地促进了贸易。[②] 集装箱的使用意味着货物不必每次从一种运输方式(如卡车)转移到另一种运输方式(如铁路或轮船)时都要装卸,从而大大节省了时间和费用。上锁的集装箱减少了在运输途中被盗的风险,从而降低了保险成本。

[①] 铁路数据引自 Comin and Hobijn (2009)。
[②] Bernhofen, El-Sahli, and Kneller (2013).

表 3.5 船运技术对移民政策回归

因变量:移民政策	(1) 铁路	(2) 铁路, 19世纪	(3) 集装箱化程度
铁路(10000公里)	−0.05*** (0.01)	−0.04*** (0.01)	—
集装箱化	—	—	0.40* (0.14)
#世界集装箱化的国家总数			0.00 (0.00)
集装箱化*#集装箱化国家总数的交互效应			−0.01[+] (0.00)
线性时间趋势	−0.01*** (0.00)	−0.01** (0.00)	−0.00 (0.01)
GDP增长	0.00 (0.24)	0.07 (0.13)	−0.22 (0.26)
政体	0.01 (0.01)	0.01 (0.03)	0.02 (0.01)
战争	0.20[+] (0.11)	0.16 (0.11)	0.06 (0.07)
常量	1.17*** (0.06)	1.20*** (0.09)	−0.52 (1.24)
N	1715	582	516
R^2	0.78	0.46	0.26

注:数据中还包括国家和年份固定效应。括号中显示的是稳健标准误差。[+] $p<0.10$, * $p<0.05$, ** $p<0.01$, *** $p<0.001$。**铁路**(10000公里)是该国的总铁路里程数,数据来源于 Comin & Hobijn (2009)。**集装箱化**是表明一个国家是否拥有容纳集装箱船只的港口的一项指标,而**世界集装箱化国家总数**是指启用集装箱船港口的国家总数;这两项数据都来自 Bernhofen, El-Sahli & Kneller (2013)。**国内生产总值增长**来自 Maddison (2011)。**政体**指政权类型指标,数据来源于 Marshall, Gurr & Jaggers (2011)。**战争**是战争变量的指标,数据来源于 Sarkees & Wayman (2010)。**线性时间趋势**指每个国家的时间趋势。

无论是出口国还是进口国,为了实现效益最大化,都需要集装箱港口(这样的国家被认为已经**集装箱化**)。我运用伯恩霍芬及其同事的指标——各国是否已经集装箱化以及各国集装箱化与世界上集装箱化国家总数的交互效应——来检验集装箱化对移民政策的影响。在伯恩霍芬及其同事研究的基础上,我分析了1960年至1990年期间的数据。我选择了1960年,是因为该年份比首批国家采纳集装箱技术的时间早六年,而选择1990年,是因为该年份比最后一批国家完成集装箱化的时间晚七年,而且伯恩霍芬等人认为1990年的航空运输价格可能对航运价格产生更大的影响。[1] 这一检验更有可能被认为是因果关系,因为集装箱化除了对贸易产生影响之外很难对移民政策产生直接影响。[2]

在表3.5中,我运用普通最小二乘法(OLS)模型,对铁路里程数和集装箱化程度(自变量)影响下的低技能移民政策(因变量)进行了回归分析。回归分析中包括国家/经济体固定效应、年份固定效应、线性时间趋势、国内生产总值增长、政体和战争指标。前两个模型考察铁路里程和移民政策之间的关系,最后一个模型测量集装箱化对移民政策的影响。我对铁路里程数的影响作了如下假设:铁路网覆盖范围越广泛,移民政策越严格。在19世纪确实如此,准确地说,直到1914年以前都是如此。尽管铁路公司在此期间有意为移民游说,但限制性的移民政策却是事实。正如预测的那样,铁路对大型经济体的影响也比小型经济体更大。如果我们

---

[1] Bernhofen, El-Sahli, and Kneller (2013).
[2] 在极少数情况下,无证移民通过躲进集装箱入境。

用铁路里程数与经济类型的交互效应来重新测算模型1，那么铁路对大型经济体的移民政策的影响系数是$-0.05(p<0.01)$，而对于小型经济体来说，铁路系数及其与经济类型的交互效应的线性组合在统计上与零$(-0.1,p=0.86)$无异，而对于资源型经济体而言，这一线性组合为正数$(2.3,p=0.001)$。[①]

如同贸易政策的滞后效应一样，从铁路网络的建成到其对移民政策的影响被感受到，可能需要一段时间。为了检验情况是否如此，我还对铁路网络对移民政策滞后一年和滞后五年的效应分别进行了回归分析，控制变量和固定效应与前文所述相同。结果显示，滞后与无滞后的回归系数非常相似：对于所有年份来说，一年滞后系数为$-0.051(p<0.001)$，五年滞后系数为$-0.047(p<0.001)$；当仅考察19世纪时，一年滞后系数为$-0.042(p<0.001)$，五年滞后系数为$-0.040(p<0.001)$。因此，我们再次发现，贸易的增长——这一次是通过船运成本降低来检验——在不久的将来会导致更严格的移民限制。[②]

集装箱化的程度越高，导致的移民限制越多。虽然集装箱化的指标是正值，但与集装箱化国家总数的交互效应则为负值。这意味着，一旦大约87个国家实现集装箱化，这时与首批国家完成集装箱化的年份相隔12年，高度的集装箱化程度引发更多的移民限制。这也提示集装箱化过程存在一个"先发制人"的优势：对于较早实现集装箱化的国家，其出口商能够从较低的运输成本中获

[①] 关于完整的回归表格，参阅在线附录C。
[②] 关于完整的回归表格，参阅在线附录C。

利,而进口竞争型企业能得到保护,因为许多国家,特别是劳动力成本较低的发展中国家,还没有实现集装箱化。随着越来越多的国家实现集装箱化,这种先发优势丧失殆尽,集装箱化带来的贸易增长进一步导致更多移民限制。集装箱的影响也因经济体类型有所不同。对大型或小型经济体的影响在本质上没有差别:鉴于1978年有大批国家实现集装箱化,所以无论是大型还是小型经济体的集装箱先行者,在该年份都丧失先发优势。对于资源型经济体而言,集装箱化在各时期都对移民政策产生了积极影响。

总体而言,航运技术对移民政策也产生了预期的影响:随着运输成本下降,贸易壁垒减少,移民政策变得更加严苛。航运技术对大型经济体产生巨大的负面效应,对小型经济体产生相对较小的影响,对资源型经济体产生了积极影响。

(四) 汇率和移民政策

汇率水平是贸易政策的一种手段,通过改变相对于外国商品的国内商品价格而发挥作用。中国的人民币就是一例。中国刚开始开放经济时,人民币兑美元低于估值。这使中国商品无论在国内还是在美国市场都显得物美价廉,而使在中国销售的美国商品同比价格更高。这样,中国企业在美国市场更具竞争力,相当于获得隐性**出口补贴**,而美国商品相当于承受隐性关税。相比之下,阿根廷兑美元经常高于估值。这意味着美国商品在阿根廷市场比同类的阿根廷商品更便宜,相当于获得**进口补贴**,而在美国的阿根廷商品则显得价格更高。当一个富裕国家的货币价值被低估时,低技能密集型企业在国内受到保护,在国外处于优势地位,低技能密集型生产因此会扩大。相反,当货币被高估时,这些企业受国内外市场的夹击,低技能密集型生产会减少。

汇率对那些与国际经济互动最多的国家产生最大的影响。在小型开放经济体中,企业多为出口市场而生产,如果货币低估,这些企业在国际市场上占有优势;而如果货币高估,这些企业将处于竞争劣势。在大型经济体中,至少在某种程度上许多企业针对国内市场而生产,货币价值的影响相对较小。

为了检验汇率价值的影响,我对货币高估/低估及其与经济类型的交互作用对移民政策的影响进行了回归分析,控制变量和固定效应如同前文。① 货币高估/低估的数据覆盖了1973年至2006年间的数据,数据来源于斯坦伯格(Steinberg)和马尔霍特拉(Malhotra)。② 对于大型经济体,货币高估对移民政策的影响系数为负数,但不具有统计显著性($-0.13, p=0.56$)。对资源型经济体而言,汇率的影响也没有显著的统计学意义(汇率高估系数与汇率高估和资源型经济体类型的交互作用的线性组合为$-0.11, p=0.4$)。正如预测的那样,对于小型经济体而言,货币高估的影响为负值,-0.41,且在10%的水平上具有统计学意义($p=0.08$)。这些经济体的货币高估(至少不低估)的影响大体也是显著的;汇率上升一个标准偏差会导致移民政策得分减少0.16,或相当于在此期间小型经济体的半个标准偏差左右。

---

① 关于回归表,参阅在线附录C。See online appendix C for the regression table.
② 斯坦伯格和马尔霍特拉(Steinberg and Malhotra)(2014)基于人均国内生产总值年份固定效应计算了货币的预测水平,然后检验真实的实际汇率和预测的实际汇率之间的差异。

汇率变化对移民政策的影响可能同样需要假以时日,于是我分别对汇率一年和五年滞后效应下的移民政策再次进行了回归分析。[1] 结论很相似:对小经济体而言,汇率滞后一年的影响系数为$-0.41(p=0.06)$,滞后五年的影响系数为$-0.39(p<0.05)$。正如预测的那样,无论是对大型经济体还是资源型经济体,汇率变化都不会产生滞后效应。因此,在检验贸易开放的第三个衡量指标时,我们再次发现贸易开放度和移民政策之间的负相关关系。

二、企业流动性和移民政策

正如第二章所探讨的,企业流动性影响移民政策,因为企业流动性允许受威胁企业——那些最有可能因贸易开放而受损的企业——为了提高竞争力而将生产转移到海外。第二次世界大战以前,企业流动性都相对较低。在19世纪,尽管没什么国家对资本的流入或流出加以限制,但从技术层面上来说,由于通信和运输技术的局限性,企业难以对海外代理商进行控制,使海外投资风险加大,因此,对于大多数行业而言,向海外转移生产并不可行。虽然在两次世界大战期间,企业流动性有所提升,但许多商品的生产地仍接近销售市场。[2] 自第二次世界大战以来,转移生产变得愈加便捷。同时,技术进步方便了对海外代理商的管理,越来越多的生产地远离最终的销售市场。随着各国向外商直接投资开放经济,愿

---

[1] 关于回归表,参阅在线附录C。
[2] Nicholas (1983), Stopford (1974), and Wilkins (1970).

意接纳海外生产线的东道国市场增多。

为了考察企业流动性对移民政策的影响,考察二战后时期是不错的选择。企业流动性受诸多因素影响,如能否转移生产,能否管控海外代理人,能否轻易从母国移出资本,能否在理想的东道国进行海外投资,从中我选择了两个更易测量的指标加以检验——母国的资本开放度和在潜在的东道国进行投资的难易程度。鉴于只能获取1970年以后的关于这两个测量指标的数据,所以这些检验集中在后布雷顿森林时代。

资本开放允许企业将资本转移到国外。尽管资本管制对间接投资(portfolio investment)——不需要企业积极参与管理的投资——比外商直接投资(FDI)的影响更大,但多种汇率和资本账户限制,让企业更难以从国内转出资本以在国外设厂并收回利润。为了统计资本开放度,我使用了资本开放度的Chinn-Ito指数。①

在潜在的东道国进行投资的难易程度也影响外迁的成本。我采用潘迪亚(Pandya)的入境限制指标来对此进行评估。潘迪亚发现,入境限制越多,外商直接投资越少,这是因为入境限制迫使跨国公司与当地合作伙伴分摊利润、分享技术,从而降低了海外生产利润,增大了海外生产风险。② 鉴于某家企业不会随意选择在世界上任何一个国家投资,我运用同语言组国家来判断外商直接投资的可能目的地,并取该组的入境限制的平均值。毕竟共享同一种

---

① Chinn and Ito (2008).
② Pandya (2014).

语言会让企业更容易运营,所以企业更有可能在同语言国家投资。① 为了更方便地诠释各系数值,我将入境限制这一变量按没有入境限制的行业的百分比来编码。②

表3.6 贸易和企业流动性对移民政策的回归

因变量:移民政策	(1) 所有国家	(2) 始终开放的国家	(3) 改变资本政策的国家	(4) 不包括亚洲金融危机和阿根廷
贸易开放度	−4.69 (2.36)	−5.39 (4.59)	−1.63+ (0.91)	−3.22 (1.82)
资本开放度	0.26 (0.16)		0.13+ (0.07)	0.29 (0.09)
无限制入境	−0.62 (0.46)	−1.09 (0.46)	0.16 (0.15)	0.60 (0.40)
资本开放度*无限制入境交互效应	−0.38 (0.18)		−0.14 (0.08)	−0.35 (0.10)
线性时间趋势	−0.00+ (0.00)	−0.03 (0.01)	−0.02 (0.01)	−0.02 (0.01)
政体	0.02 (0.02)		0.01 (0.01)	0.01 (0.01)
GDP增长	−0.07 (0.26)	0.51 (1.13)	0.01 (0.07)	0.01 (0.07)
战争	−0.13 (0.14)	−0.24 (0.04)	0.04 (0.07)	0.02 (0.10)
常量	4.52+ (2.57)	10.46+ (3.34)	3.59 (1.38)	3.99+ (1.97)
观测数据	347	93	347	292
R^2	0.37	0.90	0.43	0.45

---

① 对于在同一殖民体系内的国家,或者对于潘迪亚(Pandya)的数据集中的所有潜在东道国,结果相似,但不具有统计学意义。
② 我还将中国香港地区标注为中国台湾地区的同语言组。

续表

因变量:移民政策	(1) 所有国家	(2) 始终开放的国家	(3) 改变资本政策的国家	(4) 不包括亚洲金融危机和阿根廷
国家固定效应	否	是	是	是
标准误差	群集	稳健	稳健	稳健

注:数据中还包括年份固定效应。括号中显示的是稳健标准误差。$^{+}p<0.10, ^{*}p<0.05, ^{**}p<0.01, ^{***}p<0.001$。**贸易开放度**为1减去关税税率,数据源于Clemens and Williamson(2004),并由作者进行了更新。**资本开放度**指资本流入和流出一个国家的自由度,数据来源于Chinn and Ito(2008)。**无限制入境**指所有外商能在发展中国家直接进行投资的制造业和服务业所占的平均比例。**国内生产总值(GDP)增长**的数据来源于Maddison(2011)。**政体**指政权类型指标,数据来源于Marshall, Gurr& Jaggers(2011)。**战争**是战争变量的指标,数据来源于Sarkees & Wayman(2010)。**线性时间趋势**指每个国家的时间趋势。

表3.6考察了企业流动性对移民政策的影响。我用普通最小二乘法(OLS),考察了资本开放度、同语言组中无限制入境的平均值以及两者间的交互效应——即企业必须把钱从母国转出并转入东道国——对移民政策的影响。对于数据集中的有几个国家/经济体来说,资本开放度没有变化,因为在这段时间内,这些国家/经济体始终允许资本自由流动。因为加入国家固定效应,就不再对这些国家/经济体进行回归分析。在模型1中,因为标准误差按国家聚类,所以在分析中包括这些国家/经济体。在模型2中,我只考察了那些在同语言组中始终对资本开放的国家/经济体,其外商直接投资(FDI)的平均开放度对移民政策的影响。在模型3中,我加入了固定效应变量,因此不包括资本始终开放的国家/经济体。在模型4中,在去除了亚洲金融危机年份以及阿根廷的数据(稍后会作讨论)后,我重新做了分析。回归分析中还包括其他变量:贸易开放度(按1减去关税率计算)、线性时间趋势、年份固定效应、

政体、GDP 增长和战争指标。

从模型 1 和模型 4 中可以看出，当资本开放，且众多投资目标国不设入境限制时，企业流动性对移民政策产生预期效应。为解释资本开放和外商直接投资限制的交互效应，图 3.4 中显示，当资本开放值分别位于第 25 百分位时和 75 百分位时（分别见模型 1 和模型 4），同语言组国家的无入境限制政策对移民政策的影响。[1] 当我们按国家（模型 1）对标准误差进行聚类时，我们发现无入境限制指标对资本开放和资本管制都产生负面影响，但这一影响在资本开放时更加明显。当我们把固定效应包括在内，并把亚洲金融危机年份和阿根廷的数据排除在外时，我们发现，如果资本受到管制，那么外商直接投资的无入境限制将会产生积极影响，反之则产生消极影响。

模型 2 和模型 3 体现了相似的模式，但在同一水平上不具有统计学显著性。在模型 2 中，对于同语言组的国家/经济体，无入境限制系数为负值。虽然该系数在统计上并不显著，但部分原因可能是样本数量较小（观测数据为 93）的缘故，而且包含了国家和年份固定效应（共 34 个变量），几乎囊括了所有变量。模型 3 与模型 4 产生的效应相似，但不如模型 4 显著；在资本开放的国家/经济体，无限制入境更多与移民限制相关联，而在资本管制的国家/经济体，无限制入境更多与移民开放相关联。

---

[1] 资本开放度达到 75% 意味着资本流动处于完全自由状态。战争指标取其中位数——0，而其他变量取其平均数。

(a) 按标准误差分类

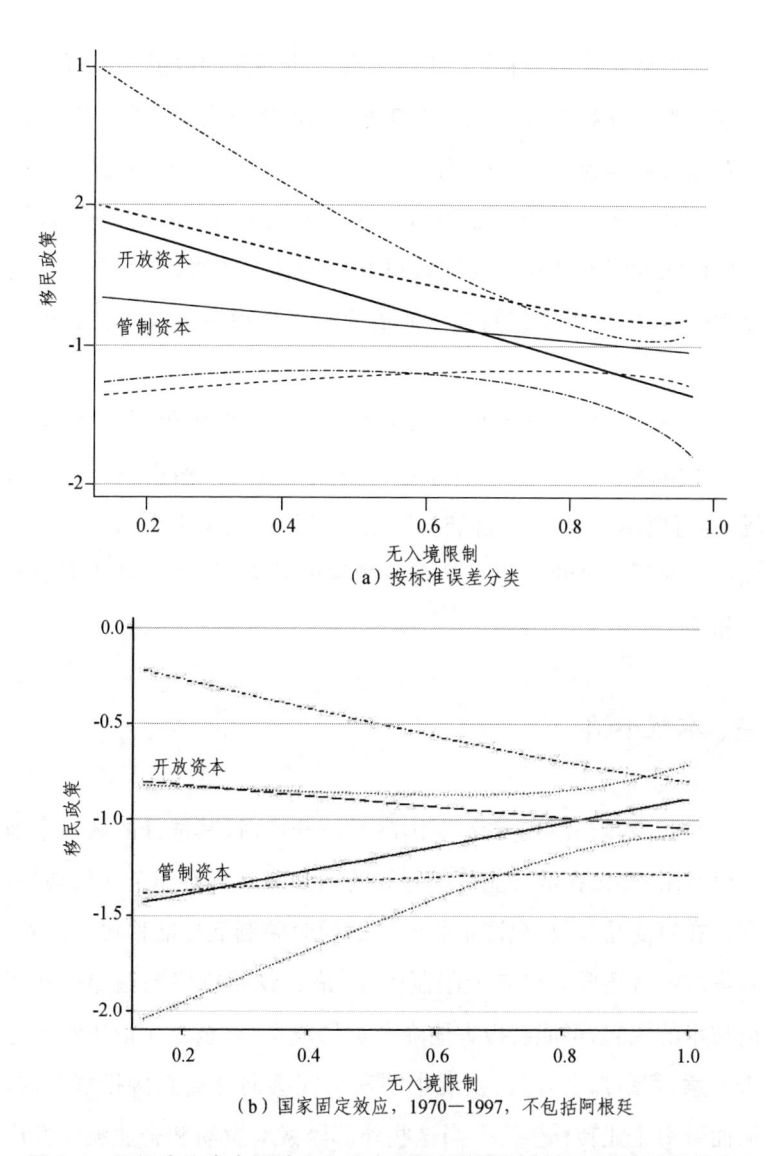

(b) 国家固定效应,1970—1997,不包括阿根廷

图 3.4 同语言组资本开放度和外商直接投资的无限制入境的预测效应

注:除战争因素以外,所有其他变量都取其平均值;战争因素取其中位数 0。虚线(dotted lines)是管制资本的置信区间,点划线(dash-dotted lines)是开放资本的置信区间。

在模型4中,我排除了亚洲金融危机期间的数据和阿根廷的数据。为了应对亚洲金融危机和随后的经济衰退,包括日本、韩国和新加坡在内的东亚国家/经济体通过资本管制来遏制金融危机。继经济衰退之后,移民限制接踵而至。就像大萧条时期一样,经济危机期间的资本管制不会导致更开放的移民政策,因为企业不需要额外劳动力,而且它们有可能更愿意将游说资本投入在其他政策上。

阿根廷又是一个例外。如同贸易政策一样,阿根廷在20世纪80年代末和90年代初放弃了进口替代工业化战略而转向开放市场,实行资本开放。与此同时,它放宽了移民政策中更为苛刻的条款。这两项政策的变化不是企业游说的结果,与政权更迭更加密切相关。

三、本章小结

我认为,政策制定者在对国际经济开放时,其选择的政策余地十分有限:要么在低技能移民开放的同时限制贸易和企业流动性,要么在对商品开放、允许企业外迁的同时限制低技能移民。此外,政策制定者还要面对其他限制因素;诸如铁路或集装箱船这些运输技术的崛起,可能会极大地降低贸易成本,以至于无论决策者是否愿意,贸易都会开放;发展中国家可能会向外商直接投资开放,从而吸引企业转移生产。当这些外部因素对贸易和企业流动性产生冲击时,政策制定者在低技能移民政策方面没有多少回旋的余地。

本章数据证实了上述预测。尽管被检验的19个国家或经济体采用了不同的法规来控制低技能移民,但贸易开放度和企业流动性的增加都导致了更多移民限制。无论是所有年份数据还是不同时期的数据都证明了这一关联。此外,我的论点能广泛解释不同经济类型、不同政权类型和移民历史迥异的各类国家。鉴于政治困境作为一种普遍现象已被确立,那么就可以检验能解释这种现象的机制是否成立——也就是说,贸易开放、企业流动性和技术运用方面的变革是否会影响企业为移民游说的意愿。在接下来的章节中,为验证这一点,我首先聚焦到行业层面,然后聚焦到次国家层面。

第四章 美国行业倾向的不断变化

我从因果关系链的开端来探究我的理论的微观基础。这一因果关系链将贸易、企业流动性和生产率与低技能移民政策关联起来,通过下面四个步骤逐层推进展开。1. 贸易开放、企业流动性和技术运用有所提升;2. 企业对开放性移民政策的支持减少;3. 政策制定者所获得的对低技能移民政策的支持减少;4. 政策制定者限制低技能移民。上一章已经通过跨越两个世纪的来自19个不同国家/经济体的数据证明了步骤1(贸易开放和企业流动性的增加)引发了步骤4(限制低技能移民)。本章考察步骤1和步骤2之间的关联,即企业对低技能移民的支持意愿。

首先我们来检验更为宏观的数据——各行业各部门的游说数据,然后再以三个具有代表性的行业协会的案例加以论证。在部门层面,我的论点有以下几个可观测的推论。第一,受贸易保护较少或失去贸易保护的部门对低技能移民支持较少,也不太可能为其游说；第二，流动性更强或有可能成为更具流动性的部门对低技能移民支持较少，也不太可能为其游说；第三，生产率更高或志在提高生产率的部门对低技能移民支持较少，也不太可能为其游说。除了前三个主要推论，还有一点，也是第四个可观测推论，即正在或即将使用更多高技术劳动力的部门更有可能为**高技术**移民游说。

劳动力影响论、本土主义论、移民利益团体论和世界主义论等其他不同理论在部门层面也有可观测推论。如果劳动力影响论或本土主义论的论点是正确的，那么工会和本土主义团体在移民限制增加的期间内，会加大游说力度。如果移民利益团体论或世界主义者论的论点是正确的，随着时间的推移，这些团体应较少游说力度。

我们还可以检验另一种理论解释，即企业更希望制定严格的入境限制条例以阻止移民合法入境，但宽松执法以让非法移民入境。如事实果真如此，那么数据会显示，经常雇佣无证移民的部门在应支持入境限制的**同时**，支持宽松执法。我们还应发现，如果政府在执法上无所作为的话，这些部门也会表现出无所谓的态度。

一、美国的低技能移民政策的分期和走势

我们可以将美国的低技能移民政策分为四个时期。从合众国成立到 1875 年，国会几乎没有通过什么移民法，对低技能移民非常开放。从 1875 年到 20 世纪 20 年代，移民限制逐渐增多，但仍然非常开放。20 世纪 20 年代标志着移民开放政策的终结、国籍限制

配额时代到来——国会首先于 1921 年颁布了《紧急配额法案》（Emergency Quota Act）①，紧接着颁布了一项限制性更强的《1924 年移民法案》（Quota Act in 1924）②。从 20 世纪 20 年代到 1965 年，这些限制或多或少一直存在。1965 年的《移民和国籍法案》（Immigration and Nationality Act，INA）取消了对北欧和西欧国家的优惠配额。从此以后，国会一直对移民政策进行微调，但一直未彻底改革。纵观美国历史，对低技能移民的限制呈上升趋势。

国会在采纳和通过所有移民法案上发挥了重要作用，有时甚至推翻总统的否决。在乔治·布什总统提出全面移民改革（comprehensive immigration reform）之前，国会一直是各种移民政策的发起者，包括 1917 年的《全国扫盲法》（National Literacy Act）、1921 年和 1924 年的两项移民配额法、1952 年的《麦卡伦-沃尔特法案》（the McCarren-Walter Act）、1965 年的《移民改革和控制法》（the Immigration Reform and Control Act）以及 1986 年的《非法移民改革和移民责任法》（the Illegal Immigration Reform and Immigrant Responsibility Act）。③

二、企业与部门

在本章中，我使用的是与不同行业协会和产业的偏好和游说

---

① 《紧急配额法案》规定其他国家每年赴美移民人数不能超过 1910 年美国人口普查中该国移民人口的 3%。——译者注
② 《1924 年移民法案》规定其他国家每年赴美移民人数不能超过 1890 年美国人口普查中该国移民人口的 2%。——译者注
③ Hutchinson (1981).

活动相关的数据,而不是企业数据。如果研究企业,一个主要的手段就是查看企业保存的记录,而许多企业没有记录。尽管美国企业,即使是那些不公开交易的企业,也必须对董事会会议进行记录,但很少对其他内容进行记录。大企业更有可能保存较详细的记录,因此,如果使用企业层面的数据,考察的对象会落在规模较大的企业,导致数据存在偏向;此外,我的论点部分基于倒闭的企业所产生的影响,但企业一旦倒闭后,通常记录就荡然无存。如果要查看企业层面的数据,只有针对那些尚且运营且运营成功的企业。而行业协会则不同,即使企业纷纷倒闭、迁往海外或提升生产率,行业协会通常历经风雨而岿然不动,当然这不代表它们的倾向是一成不变的。

考察整个行业甚至是代表性的行业协会也会有问题。行业内部有很大的异质性。大企业和小企业通常有不同的偏好,会产生各种分歧。在行业内,有些生产线可能受到贸易保护,而另一些则面临更惨烈的竞争;有些生产线具有流动性,而另一些生产线会迈向机械化,这些差别也会导致政策倾向上的分歧。行业协会的决策必须依据领导层认为什么对协会及其成员最为有利,但这些判断通常折射出大企业的主导地位。虽说存在这些干扰因素,所供数据仍然很好地揭示了行业乃至企业的偏好在全球经济的跌宕起伏中如何相应变化。

三、行业就移民议题展开的游说

首先,我考察了哪些群体曾就移民议题游说过国会。为此,我考察了1946—2010年间曾在国会前作证的团体以及1998—2011年间发布过国会游说披露表的团体的数据。这些数据揭示了有哪些行业和其他利益团体曾试图影响移民政策,也揭示了随着时间推移这种意愿如何发生改变。如果我的论点是正确的,那么数据将显示,随着贸易保护减少、企业把工厂迁往海外以及劳动生产率大幅提升,相关行业的移民游说活动会减少。从这个意义上说,我们既关注游说的企业,也关注保持缄默的企业——不开展游说的企业。

(一)游说和作证数据的选择过程

我们要想知道哪些企业曾就移民议题开展过游说、哪些企业未开展过游说,就要先了解作为个体的企业、部门和利益团体选择不游说的原因中,除了贸易、流动性和生产率因素之外,还有哪些其他原因。其中一个原因就是,游说费用很高,只有那些组织良好、资金充足的团体才能负担得起。游说成本,或称为**集体行动成本**(collective action costs),可能令那些没有从政策中受益或受到较大损害的群体更加望而却步。①

集体行动成本可能会影响参与游说的企业的收入分配。企业开展游说的方式通常有两种:单独游说或作为贸易协会的一分子参与游说。只有实力非常雄厚的大企业才能承担单独游说费用:依据鲍姆加特纳(Baumgartner)及其同事们关于游说的开创性研

---

① Olson(1965)。

究，独自开展游说的企业平均花费超过 100 万美元。[①] 即使是资金不太雄厚的民众团体，游说及向政治行动委员会捐款的开销也平均超过 30 万美元。美国企业的平均销售额为 440 万美元，平均工资总支出约为 80 万美元[②]，因此普通的企业根本负担不起单独游说费用。

因此大多数企业通过行业协会开展游说。同理，小企业没有发言权，可能依托较大企业采取行动，自己从中获益。在更专业化的行业协会中，行业内的大企业通常占主导地位，而小企业只是象征性地缴纳一些费用。[③] 即使是代表各类企业的美国最大的游说组织之一——美国商会，其绝大多数董事会成员也来自大企业。[④] 行业协会内部也会就某一议题产生纷争，但是通常各协会站在大多数成员的立场，或者采取"最小公分母"的立场，牺牲小企业的利益，而满足最广泛会员的诉求。[⑤]

随着贸易开放度的增加，小企业最有可能倒闭，这一点对本研究至关重要。依据"新"新贸易理论，较小的企业生产率可能最落后，随着贸易开放和国际竞争日益加剧，小企业最有可能最先倒闭。但通常小企业很难在国会发声，因此贸易对游说的影响可能会滞后。

除了集体行动成本令人望而却步，企业和其他利益集团还可

[①] Baumgartner et al. （2009，199）.
[②] Census Bureau (2011).
[③] Walker (1983，401).
[④] 美国商会(US Chamber of Commerce)(2015)。
[⑤] Drutman (2015,19).

能因为安于现状而不参与游说。由于面临多重阻碍——国会对议题的设定和遴选、机构否决权的行使、议题不够重要等问题,改变现状比捍卫现状更加困难。① 因此,那些安于现状并从中受益的企业也不愿大张旗鼓去游说,除非一项新的立法很可能被通过,那就另当别论了。② 当变故确有可能发生时,这些企业反而更有可能为捍卫现状而游说。在下面的分析中,我将特别关注导致移民法发生重大变化的那些年份。

企业不参与游说的最后一个原因可能是基于这样一种信念:他们无法撼动国会的意志。虽然我假设如果企业和部门不太关心移民议题,那么它们会减少游说,但是如果企业和部门预测他们的游说可能不成功时,他们也会放弃。如果反移民力量势头正旺,企业利益集团的游说看来很难奏效,那么企业就会另择议题游说,或者将游说资金用在别处。

在通过国会证词数据考察游说情况时,还要考虑另一个层面,即议题的筛选。无论在众议院还是参议院,作证人必须由委员会主席或少数党派成员邀请。③ 提案的材料同样由委员会记录在案。因此,委员会成员如同守门人一样发挥着遴选的作用:拥有更丰富的资源且与委员会主要成员及其工作人员保持良好关系的团体更有可能被邀请,因为委员会成员对这类团体的存在心知肚明,且重要的是,知晓他们的观点,清楚他们的观点是否与听证会的目标相

---

① Baumgartner et al. (2009,41-44).
② Baumgartner et al. (2009, 150).
③ Carr (2006) and Sachs (2003).

一致。① 因此，只有组织最有效的团体才会被邀请作证；而较小的企业无法像大企业那样在华盛顿发出自己的声音，也正是基于这一点，我们再次预测，国会作证数据更偏向于较大的企业。因为较大的企业生产率更高，不大可能最先受到贸易的冲击，这意味着贸易开放的影响也不会在作证数据中第一时间被反映。

（二）谁在国会前作证？

国会听证会在决策中发挥着重要作用。国会议员既举行立法听证会，也举行非立法听证会。立法听证会对于当前法律的成形功不可没，而非立法听证会为未来的立法裁决建立新基础。② 此外，各委员会，尤其是众议院各委员会，在议题的遴选和议题的设定方面有重要影响。③ 也就是说，谁能在国会前作证，就意味着在起草新法案或维护现状时，谁获得了发言权。

为获取曾在国会前就移民议题作证的团体的相关数据，我使用了1946年至2010年间政策议程项目（Policy Agendas Project）中所列举的国会听证会清单，以确定参众两院的相关听证会。④ 有一个问题是，各委员会往往与特别关心某一议题的利益团体有密切联系——例如，农业委员会可能与农业团体走得很近，而劳工委员会与工会有千丝万缕的联系——因此，我们难以获取具有代表

---

① Leyden（1995，434）.
② Talbert, Jones, and Baumgartner（1995）.
③ Kollman（1997）.
④ Baumgartner and Jones's（2013）.关于更多听证会的编码细节，参阅在线附录 D。

性的重视移民议题的组织样本。① 然而,在此期间,几乎所有的众议院和参议院的委员会都曾举行过移民政策听证会,这使得作证数据能涵盖关注移民议题的最广泛群体。

这期间移民听证会总共有 783 场次。② 国会每年平均举行 12 场移民听证会(中位数为 11 次)。在对主要立法案进行辩论的年份里,听证会的次数有所攀升(图 4.1)。随着时间推移,听证会次数也越来越多,反映国会活动总体上趋于活跃。

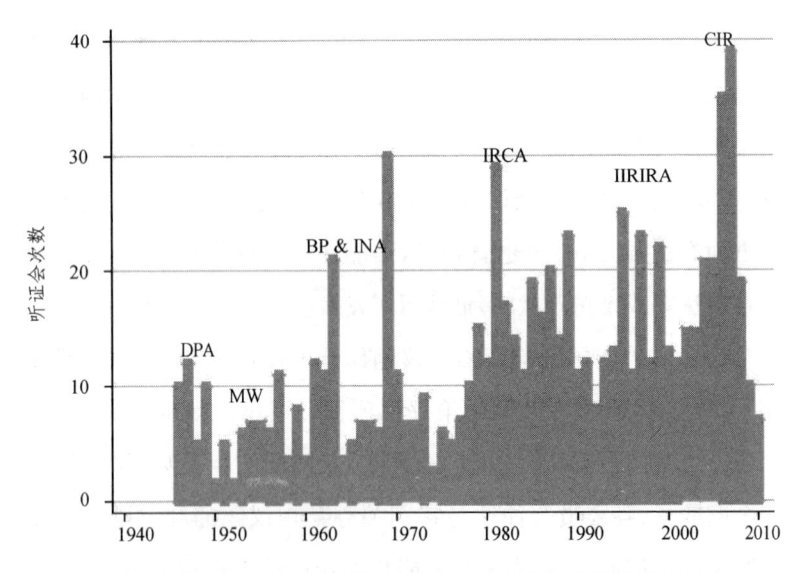

图 4.1 美国国会两院关于移民、移民工和季节工人的听证会场次

注:数据来自 Baumgartner and Jones's (2013),包括除个案以外的所有听证会。DPA 指《流离失所者法》;MW 指《麦卡伦-沃尔特法案》;BP & INA 指《合法临时工计划》和 1965 年《移民和国籍法案》的终结;IRCA 指《移民改革和控制法》;IIRIRA 指《非法移民改革和移民责任法》;CIR 指全面移民改革。

---

① Kollman (1997).
② Baumgartner and Jones's (2013)的数据最初列举了 827 场听证会,但是我们发现其中有 30 场是重复的,且有 14 场都是关于某一个人移民身份的听证会。

作证的组织和个人按行业或非商业团体分类，这一分类与关税、贸易、外商直接投资和生产率的现有相关数据匹配，也与现有文献中关于移民的各种解释相吻合。① 这 783 场听证会共涉及 7362 名证人、4093 份提案。每次听证会涉及的证人数从 0 到 103 人不等，平均有 9.3 名证人（中位数为 7 人），每次听证会涉及的提案从 0 到 104 份不等，平均有 5.2 份（中位数为 2 份）。公共部门官员，包括国会成员、行政部门以及州和地方政府，都是最常见的证人。这并不奇怪，因为听证会通常是国会对行政部门进行监督的常见手段。其次，参与作证次数最多的证人是左翼组织（768 人次），然后依次是农业和高技术专业服务（包括信息技术、金融和咨询业，但不包括医疗保健或化工）人员，分别为 618 和 635 人次。提案的情况与作证情况大抵相同：公共部门团体提案最多（1131 份）；其次是左翼组织（579 份）；在商业界，农业部门的提案最多（380 份），其次是高技专业服务（291 份）。来自商界的证人和提案分别占总数的 20% 和 22%。

如果本书的论点是正确的，我们预测企业参与作证和提案的数量会随着时间的推移而减少。在美国政治中，企业是强大的利益集团，只要它们希望，就能让自己的议案顺利进入议事日程。如果没有出现在议程中，很可能是因为它们无意作证，而不是说它们

---

① 代表某一组织的个人或来自某一组织的提案都按某一组织来编码。公民证人按他们的职业来分类，他们经常被看作是处境相似的同一类人的代表。Van Der Slik and Stenger（1977，471）。最大的限制因素是关税数据；对于这一时期早期的关税数据，美国的统计摘要将数据分为 15 类。人口普查局（各年数据）。经济分析局基于企业类别对不可贸易行业进行分类（与外国直接投资数据相匹配）；这些分组，或多或少符合两位数的标准行业分类（SIC）代码。详见在线附录 D 中的码本（codebook）。

没有能力作证。正如我们在第三章中看到的，在此期间，关税壁垒平均水平从1946年的将近10％下降到2009年的约1.2％；随着其他国家逐渐废除外商直接投资壁垒，企业向海外转移变得更加容易；加上更加广泛地使用节省劳力技术，生产率也随之提高。贸易壁垒的减少导致企业倒闭，尤其导致使用低技能劳动力的小企业倒闭。外商直接投资壁垒的减少让企业，尤其是大企业，有可能把低技能劳动密集型生产转移到海外。技术运用让留在国内的企业有可能用更少的劳动力完成更多的工作。最后，即使是不可贸易/不可流动型部门，考虑到可以使用本地下岗劳动力，也会减少对移民开放的支持。

数据为这些假设提供了支持（图4.2）。图4.2的上半部分图4.2a显示了在特定年份各代表在国会前作证或提交议案的总次数，代表分为三类：所有商业团体（包括行业协会和个体企业）、所有可贸易行业（包括所有制造业、采矿业和农业）以及所有可流动/可贸易行业（包括所有制造业，但不包括采矿业和农业）。总的来说，在64年里，企业数量保持相对稳定。然而，这一结果与不断增长的听证会数量密不可分。在图4.2的下半部分图4.2b中，我们看到，在国会前作证或向国会提案的企业数量，由20世纪50年代平均8.76家企业/每次听证会，下降到21世纪初的平均2.07家企业/每次听证会。如果我们查看所有可贸易行业，所得数据会更加一目了然：贸易行业作证或进入记录的提案次数无论在总数还是单次听证会的参与数量上都明显下降。当我们排除相对不可流动但可贸易的产业——农业和采矿业，我们发现其模式与所有可贸易产业的模式相似，但下降趋势并不显著。即使在移民政策的改

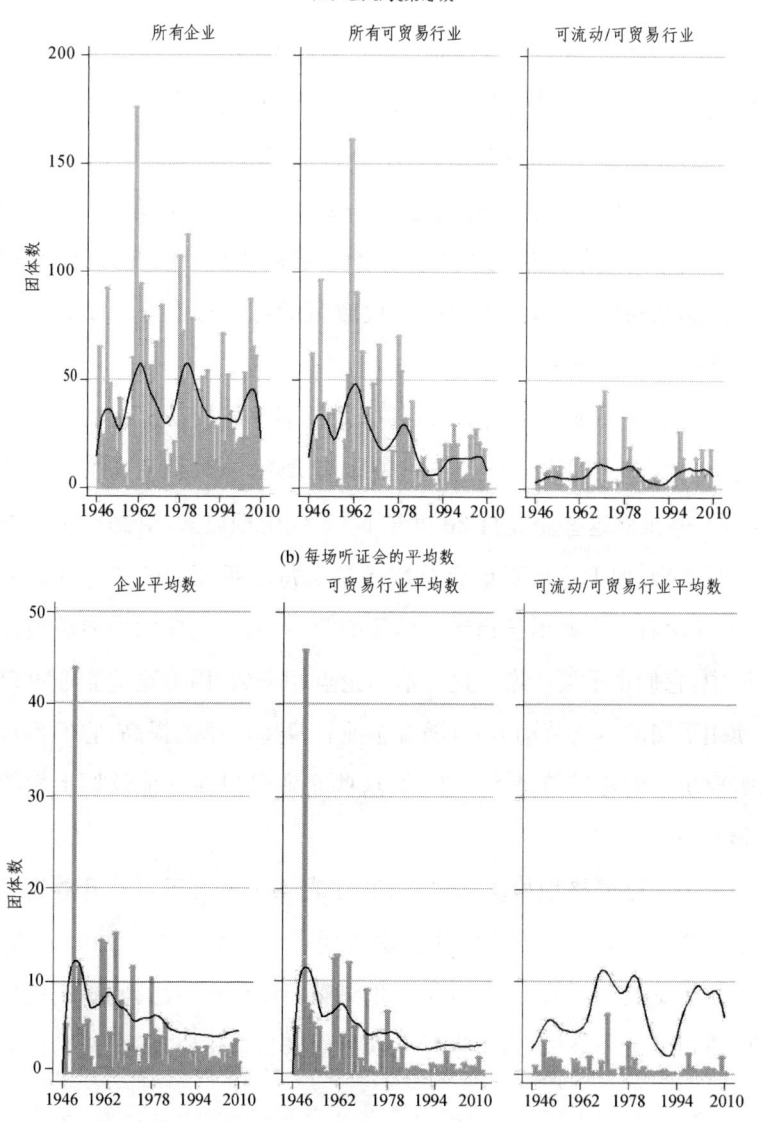

图 4.2　商界代表作证或在记录中提交议案的次数

注：条形分别显示团体作证或在记录中提交议案的总次数和平均次数。趋势线为局部加权回归平滑（loess-smoothed）线（带宽为 0.25）。何种团体作证的数据由作者收集并编码。可贸易行业包括所有制造业、采矿业和农业。可流动/可贸易行业包括所有制造业，但不包括采矿业和农业。

革期间,可贸易和可流动型企业作证或提案的次数依然下降:与20世纪60年代中期的《移民和国籍法案》改革相比,在20世纪80年代初的《移民改革和控制法》(IRCA)讨论期间,来自可交易/可流动部门参与作证的企业总数仍有所减少;在2006年和2007年,围绕全面移民改革辩论而参与作证的企业就更少。因此,即使在现状受到威胁的时候,志在影响移民政策的可贸易或可流动型企业较之从前也少很多。

与可贸易或可流动部门不同,低技能不可贸易部门在移民议题上一直参与作证,并且在可能改变现状的时期更加活跃(图4.3)。①虽然这些企业自20世纪60年代中期以来,更踊跃参与国会听证会,但无论从听证会总数还是从每场听证会的参与次数来看,并没有呈大幅增长趋势。尽管如此,在移民议题的商界游说团体中,它们占重要一席。这与本书论点相一致,因为这些企业可以使用下岗的本土劳动力,且随着企业自身生产率的提高,它们不再需要更多的移民劳动力。不过,这些企业可以在其他议题上发挥影响力。

为了更严格地检验这一点,我在表4.1中对于贸易开放度和生产率水平对不同行业的作证次数所产生的影响作了回归分析。为了衡量贸易开放度,我采纳了伯纳德(Bernard)及其同事们使用的进口渗透率指标,这一指标可以衡量来自低工资国家、来自所有

---

① 低技能不可贸易部门包括建筑业、酒店业、娱乐业、零售业、低技能服务业、旅游业、公用事业及批发行业中的企业和行业协会。

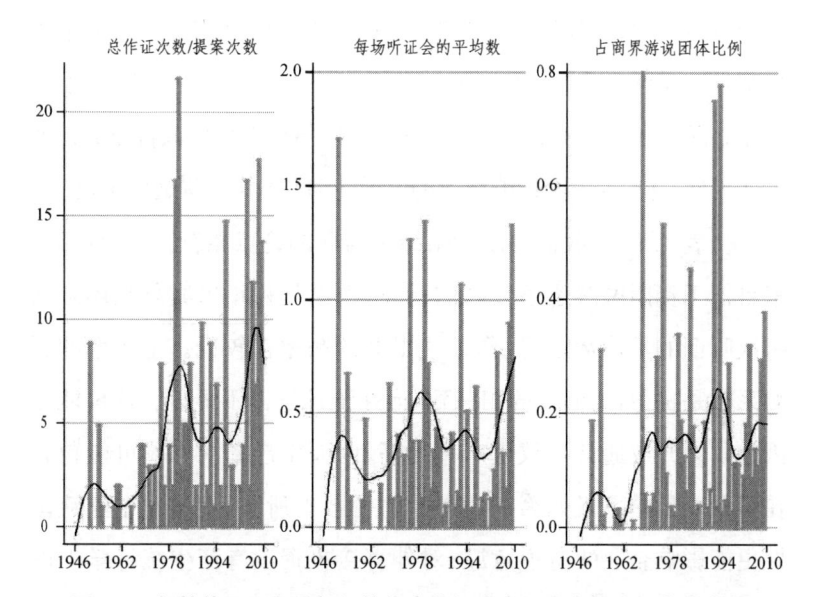

图 4.3　低技能不可贸易部门的代表作证或在记录中提交议案的次数

注：条形分别显示团体作为证人或在记录中提案的总次数和平均次数。趋势线是局部加权回归平滑（loess-smoothed）的线（带宽为 0.25）。何种团体作证的数据由作者收集并编码。低技能不可贸易部门包括建筑业、酒店业、娱乐业、零售业、低技能服务业、旅游业、公用事业及批发行业。

国家的关税、非关税壁垒和其他贸易成本所产生的影响。[①] 伯纳德等人发现，随着来自低工资国家的某一行业贸易的增加，该行业中将会出现更多的工厂关闭、产能下降和就业率下降。[②] 此外，幸存的工厂更有可能转向资本密集型生产线。[③] 随着来自低工资国家的贸易和总进口渗透率的增加，某一行业中将有更多工厂倒闭或转向资本密集型生产线，因而对开放性移民政策的支持也随之减少。

[①] 数据来源于 Bernard，Jensen，and Schott（2006）。结果与来自中国的进口渗透率相似，但不具有统计学意义。

[②][③] Bernard，Jensen，and Schott（2006）.

为测量生产率,我加入了每个工人的实际附加值变量。[1] 这两个指标都是三年滞后指标,因为贸易和生产率的变化带来的影响不一定能立即显现。我还加入了行业固定效应指标以反应该行业的任何不变因素,这些因素会影响行业的游说活动和与国会沟通的渠道。

从表4.1中,我们可以看出结果与我的论点相符。一般而言,来自低工资国家渗透率较高的行业,无论从每年出庭总数还是从每次听证的平均数来看,作证或提案的频率都较低。生产率的影响系数是负值,与假设的相一致,但在统计学上不显著。这可能是因为贸易开放通常导致生产率提高,因而生产率的影响可能包含在贸易变量中。正如第五章中的跨国数据所示,贸易比企业流动性更能影响企业的游说意愿;对外直接投资没有产生统计学上的显著影响。[2] 一方面,倾向于对外直接投资的行业规模较大,因此更有可能参与作证或在记录中提交议案,导致两者间的关系呈正相关。另一方面,更多的外商直接投资可能导致国内对移民的支持减少。这两种效应交织在一起可能互为抵消。尽管如此,政府开放贸易的优先选择导致了进口渗透率提高,对开放移民的支持减少。

表4.1 贸易开放和生产率对团体参与国会听证会的影响

因变量:	作证或提交议案的总次数	每场听证会平均作证次数
低工资国家进口渗透率（三年滞后）	−3.05* (1.24)	—	−0.15* (0.06)

---

[1] 数据来源于Bartelsman and Gray (2013)。
[2] 回归表参阅在线附录C。

续表

因变量：	作证或提交议案的总次数		每场听证会平均作证次数	
进口渗透率 （三年滞后）	—	−0.59*** (0.09)		−0.03*** (0.00)
附加值 （三年滞后）	−0.30 (0.32)	−0.29 (0.32)	−0.04 (0.04)	−0.04 (0.04)
常量	2.55 (1.50)	2.53 (1.52)	0.28 (0.19)	0.28 (0.19)
观测数据	360	360	360	360
R^2	0.025	0.032	0.035	0.038

注：所有模型都包括行业固定效应。括号中显示的是稳健标准误差。+p＜0.10，*p＜0.05，**p＜0.01，***p＜0.001。**低工资进口渗透率**（*Low-wage import penetration*）（三年滞后）指来自低工资国家对每个行业的进口渗透率，**进口渗透率**（*import penetration*）（三年滞后）是总进口渗透率；两者都体现三年滞后影响，都来源于Bernard, Jensen, and Schott（2006）。**增加值**（*value added*）（三年滞后）指的是每个工人（有记录的）的实际增加值，数据来源于Bartelsman and Gray（2013）。

有了国会的作证数据，我们还可以检验文献中的其他一些理论假设。劳工影响论提出以下假设：随着工会越来越强大，移民限制应该越来越多。但作证数据显示，在过去的半个世纪里，劳工组织的权力已大幅削弱，这与主流观点对美国劳工组织的看法一致（图4.4）。如上所述，这一假设不太可能发生，因为劳工组织对现状感到满意；不过，在移民政策的重大改革时期，比如在1986年左右的《移民改革和控制法》或2006和2007年左右的全面移民改革期间，劳工组织本应积极参与作证，但实际上，我们发现随着移民限制增加，美国劳工组织参与度反而减弱；这表明，至少在美国，劳工影响论的解释力相对有限。

总作证次数/提交议案次数　　每场听证会平均作证次数

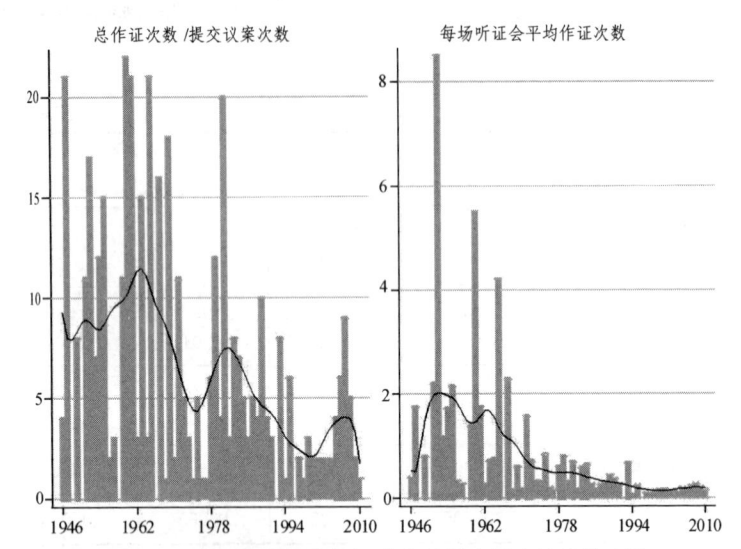

图 4.4　劳工组织代表作证或在记录中提交议案的次数

注：条形分别显示团体作为证人或在记录中提交议案的总次数和平均次数。趋势线为局部加权回归平滑(loess-smoothed)线(带宽为 0.25)。何种团体作证的数据由作者收集并编码。劳工组织包括所有私有部门的工会。

总作证次数/提交议案次数　　每场听证会平均作证次数

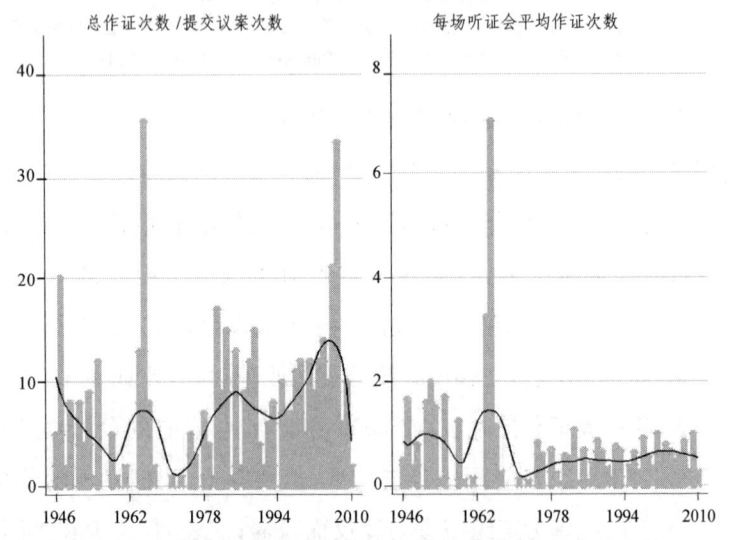

图 4.5　右翼团体代表担任证人或在记录中提交议案的次数

注：条形分别显示团体作为证人或在记录中提交议案的总次数和平均次数。趋势线为局部加权回归平滑(loess-smoothed)线(带宽为 0.25)。何种团体作证的数据由作者收集并编码。右翼团体包括所有明确表态反对移民及单一议题的本土主义团体。

文献中的另一个假设是，随着本土主义势头增长，移民政策将变得更加严格。衡量本土主义的一种方法是，考察那些明确反对移民的右翼团体作证或在记录中提交议案的次数。右翼组织并不一定每年都在国会前作证或向国会提交议案，但在对移民政策改革进行讨论的年份，它们很活跃（图4.5）。虽然这些数据清楚地显示本土主义团体与国会有重要的联络途径，但没有明确显示本土主义势力的增长。虽然来自右翼团体的证人和提案总数有所增加，但这在很大程度上是听证次数增加的产物；自20世纪70年代末以来，每场听证会平均有一个右翼团体作证。

文献中的最后一个可检验的理论假设是，如果代表移民或世界主义者的组织（通常是左翼、亲移民团体）拥有相对更大权力，那么移民政策将更加开放。在移民政策的重要辩论期，左翼团体更加活跃（图4.6）。但是，除了2006—2007年左右参与全面移民改革辩论之外，左翼团体参与每次听证会的平均作证人次却逐年下降。所有这些都表明，来自非商界的亲移民团体的影响力正在逐年减弱，这也能解释移民限制之所以逐渐增多的原因。

本书论点的一个可观测的推论是，虽然对低技能移民的支持可能已经减少，但高技术部门的扩张应该会促使高技术企业加大相关游说力度。作证数据正好证明了这一点（图4.7）。从20世纪80年代开始，诸如咨询、信息技术和金融等行业的高技术企业在听证会总数和每场听证会参与的平均作证次数上都有所增加。尽管如此，在21世纪的前十年，这些企业仅占作证或提案团体总数的13%，这一参与度显然不够高，这可以解释为什么截至2015年美国仍未通过大规模高技术移民计划。

(a) 总作证次数/提交议案次数

左翼团体　　　　　移民/少数民族团体　　　　宗教团体

(b) 每场听证会作证的平均场次

左翼团体　　　　　移民/少数民族团体　　　　宗教团体

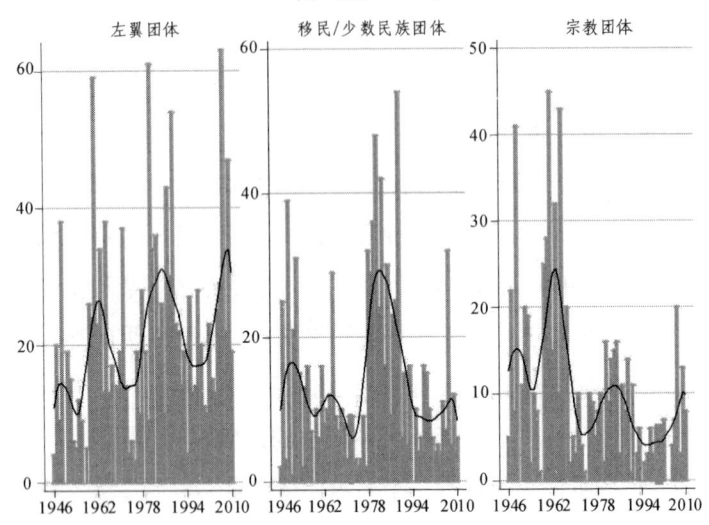

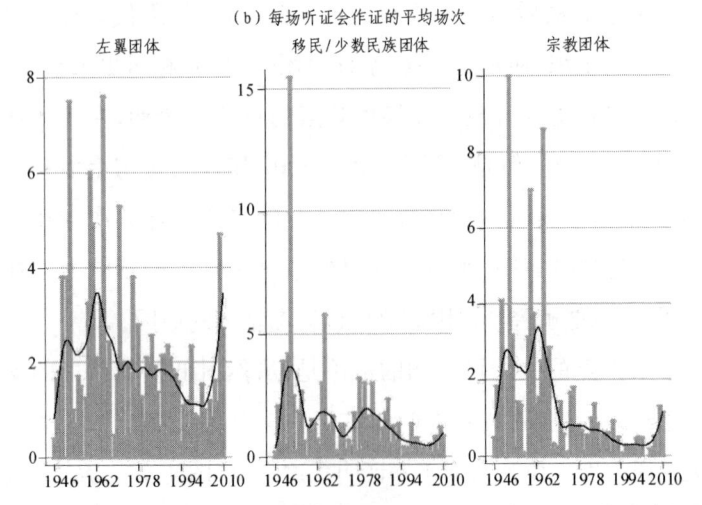

图 4.6　来自左翼、移民/少数民族和宗教团体的代表担任证人或在记录中提交议案的次数

注：条形分别显示团体作为证人或在记录中提交议案的总次数和平均次数。趋势线为局部加权回归平滑（loess-smoothed）线（带宽为 0.25）。何种团体作证的数据由作者收集并编码。左翼团体包括人权团体、儿童权利团体、难民单一问题团体、亲移民单一问题团体、与移民或少数团体没有明确联系的民权团体、援助和救济团体以及和平主义团体。移民和少数民族团体包括代表单一族裔或少数群体的所有团体；如果有些群体既代表某单一议题或宗教团体，又代表一个族裔团体，他们就被编码为移民/少数团体。宗教团体指那些有明确宗教信仰的团体，但不包括与宗教相关的医疗保健系统。

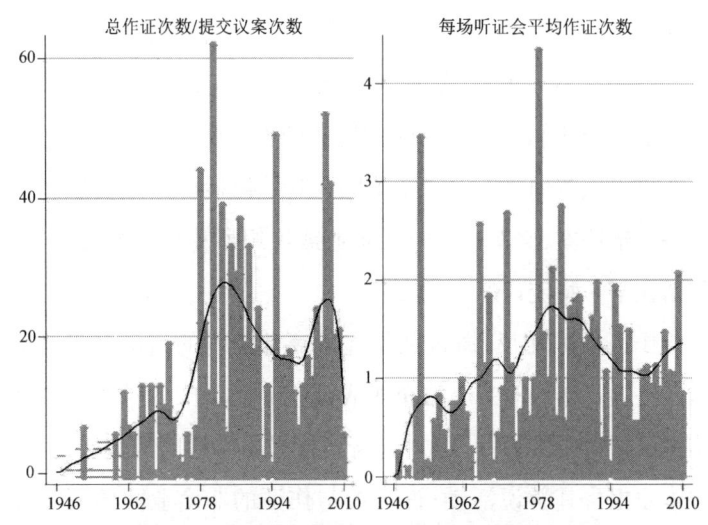

图 4.7　高科技专业服务企业作证或提案次数

注：条形分别显示团体作为证人或在记录中提交议案的总次数和平均次数。趋势线为局部加权回归平滑（loess-smoothed）线（带宽为 0.25）。何种团体作证的数据由作者收集并编码。高科技专业服务包括咨询、信息技术、金融、保险、房地产、电信、法律等高技术行业。

（三）谁开展游说？

现在来看一下关于哪些团体曾就移民议题向国会展开过游说的数据。[①] 1995 年《游说披露法》（Lobbying Disclosure Act, LDA）被通过，所以自 1998 年始，游说活动的记录都得以保存，相关数据可获得。依据《游说披露法》的规定，只要游说者与被涉及的个人有一次以上的接触，就必须提出申请，被涉及的个人包括国会议员及其工作人员和部分行政部门成员。部分行政部门成员包括国土

---

① 美国响应性政治中心（Center for Responsive Politics，CRP）提供了 1998—2011 年间企业游说的数据。美国响应性政治中心（未注明日期）。有关数据编码的更详细信息，请参见在线附录 E。

安全部部长、海关和边境保护局专员以及公民及移民服务局局长。团体可以进行小规模游说,而不必登记。登记门槛使数据偏向于考察大中型企业和行业协会的游说活动。这些登记的文案数据包括企业或组织就何种议题进行游说,但不包括游说人赞成还是反对某一特定法案;文案数据包括企业或组织所花费的游说总额,但不包括在某一特定议题上的开销。

与作证数据相反,游说数据显示商业组织的活动多于非商业团体。平均每年约有561家企业或行业协会、约269个非商业团体就移民议题进行游说。[①] 这种差异可能是由游说门槛造成的,即哪些群体须报告其游说活动;许多参与作证的非商业团体属于非营利组织或宗教组织,它们可能达不到登记门槛要求。

关于贸易、企业流动性和生产率对移民支持的影响,我的论点中有三个推论可用这些数据加以检验。首先,在第二章中,我假设除了移民议题之外,企业还可能关心其他议题。如果移民议题对行业不再重要,或者反移民情绪高涨,那么企业可能会转向能让其获利的其他游说议题。这一假设得到证实,移民确实不是企业游说的唯一议题;为移民游说的企业和行业协会平均每年还就其他7.15个议题进行游说。即使是为农业或季节性低技能移民进行游说的企业和行业协会,每年平均还就其他7.38个议题展开游说。

关于第二个推论,鉴于可获取的游说数据只涵盖自1998年至今的数据,而且1998年时,关税已相当低且企业流动性和生产率已相当高,所以我们预测,相对于来自服务业、不可流动性行业或

[①] 我对企业、行业协会和其他利益团体的分类与国会证词数据的分类相同。

生产率较低的行业的企业,来自可贸易行业、流动性更强的行业或生产率更高的行业的企业在移民议题上展开的游说更少。衡量移民游说力度的一个指标是调查某一行业中,企业/组织就低技能移民议题展开的游说数量占游说总数的比例。如果考察均值差(difference of means),我们发现不可贸易/不可流动型企业就移民议题展开的游说占其游说总数的15%,相比之下,可贸易/可流动型企业就移民议题展开的游说仅占总数的4%(双尾测试,$p<0.001$)。① 只有当可贸易企业认为现状可能改变时,它们才有可能展开游说。然而,如果我们只考察2006—2007年间的数据,即全面移民改革迫在眉睫时的数据,那么会发现,在游说数据上可贸易和不可贸易部门之间存在显著差距;不可贸易企业就移民议题展开的游说次数占总数的15%,比可贸易企业的占比(3%)高12%(双尾检验$p<0.001$)。因此,与不可贸易部门相比,可贸易部门游说移民的可能性要小得多。

贸易开放度的增加也对可贸易部门产生影响。随着关税降低,这些可贸易行业中的企业和贸易协会更不大可能开展游说。为检验这一假设,我采用稳健标准误差,对行业的关税水平(自变量)对低技能移民议题的游说数量占总数的百分比(因变量)进行了单一回归分析,用以检验关税和游说之间是否存在统计上的显著关系。关税滞后五年的系数为0.47,在通常水平上具有统计意义($p<0.01$)。② 之所以考察关税水平滞后五年的系数,正如前文

---

① 所有服务业、建筑业、交通运输业、政府、公用事业、批发零售业、酒店业、娱乐业和卫生保健业都被归为不可贸易/不可流动性行业。
② 关税数据来源于Schott(2010)。回归表请参阅在线附录C。

所述，在短时间内贸易协会或企业还感受不到关税水平变化所带来的影响。实质上，从无关税（最低关税水平）到11.2%的关税（最高关税），意味着企业和行业协会为移民议题增加5%的游说总量；鉴于中位水平的企业就移民议题开展的游说数占其总游说量的8%，这样一对比，就能看出关税对移民的影响之大。

进口渗透率对可贸易部门的游说也会产生影响，但这种影响比关税壁垒更快被感受到。我采用稳健标准误差，建立了类似的回归模型来检验进口渗透率（自变量）对低技能移民议题的游说数量占总数的百分比（因变量）的影响。来自低工资国家的进口渗透率滞后两年的回归系数为-0.02，在常规水平上具有统计显著性（$p<0.05$）。[1] 如果进口渗透率从最低水平（约0%）增加到最高水平78%，低技能移民议题的比例下降近2%。鉴于中位企业的移民游说占游说问题总数的8%，来自低工资国家的贸易的影响虽然比不上关税，但对企业游说有重要影响。因此，随着贸易开放度的提高——无论是由于关税降低，还是进口渗透率提高——企业为低技能移民展开的游说都随之减少。

如同跨国数据和国会作证数据显示的一样，贸易对企业的移民游说意愿产生的影响大于企业流动性；对外直接投资（outward FDI）没有统计上的显著影响。[2] 对外直接投资较多的行业一般规模较大，参与游说的频率更高，这可能会导致两者之间的正相关，

---

[1] 如果我们使用来自中国的进口渗透率作为解释变量或一般变量，并且将这些变量中的任何一个变量滞后一至四年，结果基本相同。数据来自 Bernard, Jensen, and Schott (2006)。低工资进口渗透率与关税率高度相关，因此两者不能被放在同一回归中。回归表参见在线附录 C。

[2] 回归表参见在线附录 C。

但更多的外商直接投资同时会导致国内对移民的支持减少。这两种效应交织在一起可能导致零效应。

生产率较高的行业也不太可能为低技能移民游说。与对贸易和外商直接投资这些变量所作的处理类似,我采用稳健标准误差,对部门生产率滞后三年的指数(自变量)对低技能移民议题的游说数量占总数的百分比(因变量)进行了单一回归分析。[1] 与我的论点一致,生产率指数的影响系数为-0.08($p<0.01$)。如果生产率从百分位 25 提升到 75,低技能移民游说占比大约从 4% 下降到大约 3%,对于中位水平的企业来说,这种变化虽小,却是实质性的变化。因此,数据证实了这一论点:对于那些关税较低、进口渗透率较高和/或生产率较高的部门,为移民游说的可能性不大。[2]

有了这些数据,我们还可以对文献中的其他论点及其可观测的推论加以检验。自 2006 年全面移民改革成为一项重要议题以来,通常反对移民的工会加大了对移民的游说力度。2006 年之前,每年平均有 28 家工会及其附属组织就移民议题进行游说,而 2006 年之后,数字上升到 83 家(在双尾检验中,具有显著差异,$p<0.001$)。在工会关心的议题中,移民议题的重要性相对增加;2006 年前,移民议题的平均游说量占工会总游说量的 8.5%,但 2006 年后占 10.5%。工会的游说数据与国会作证数据相矛盾;因此,虽然工会加大了对移民议题的游说力度,但从作证数据来看,工会在这

---

[1] 数据来自巴特尔斯曼和格雷(Bartelsman and Gray)(2013)。生产率、外国直接投资、关税和进口渗透率正如预期的那样高度相关,因此不能包含在单一回归中。这里我使用五因素指数;将五因素指数、四因素指数及每个工人的记录附加值进行不同时段的滞后,结果仍然相似。回归表见在线附录 C。
[2] 企业游说行为还受其他部门影响;参见在线附录 C。

个问题上的影响力似乎并不大。因此,很难说移民限制的增加是工会活动的结果。

自1998年以来,右翼团体,即本土主义者和反税收团体,就移民议题的游说几乎没有多少起伏。在全面移民改革前后,参与游说的右翼团体数量略有上升(2006年前后的均值差为13.75,$p<0.05$),但移民议题占各种游说总量的百分比在此期间并无显著变化(差距不到5%,$p=0.3$)。结合国会作证数据,这提示本土主义的游说活动一直四平八稳。

文献中的第三个不同论点主要关注左翼团体——世界主义/人权团体、族裔团体和宗教团体,这些团体通常是亲移民团体,是移民开放的代理人(图4.8)。与工会的情况相似,全面移民改革提出以来,这些左翼团体,特别是世界主义和宗教团体的游说活动有所增加,但从国会作证数据来看,他们参与国会作证的次数却有所减少。因此,公众组织似乎并没有青睐本土主义;甚至正相反,从1998年至2010年,公众组织在移民议题上更倾向于左翼,只不过,即使在民主党掌控国会期间,左翼团体的影响力也呈式微态势。

我的论点的最后一个可检验推论是,随着高技术部门的扩张,该部门将增加对移民议题的游说。① 自1998年以来,代表高技术专业服务部门的企业和行业协会的数量大幅增加,特别是自2006年全面移民改革首次在国会投票以来,数量更是激增(图4.9)。2006年之前,该部门中平均有150家企业和行业协会就移民议题进行游说,而2006年之后,平均数量增加了一倍多,达到359家(在

---

① 高技术部门包括咨询、信息技术、金融、保险、房地产、电信和法律等高技术领域。

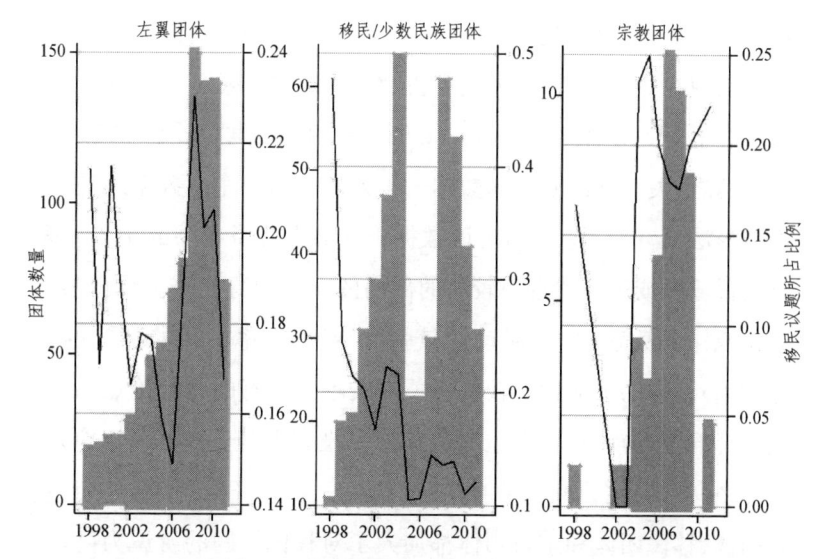

图 4.8　左翼团体就移民议题展开的游说次数及占游说总量的比例

注:关于何种团体游说的数据来源于美国响应性政治中心(未注明日期),由作者编码。

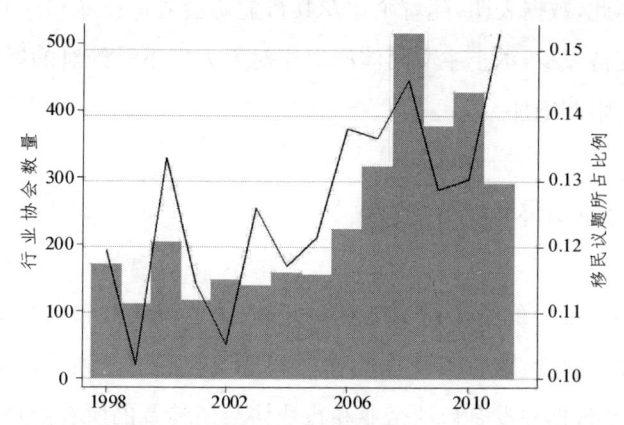

图 4.9　高科技职业服务团体就移民议题展开的游说次数及占游说总次数的比例

注:关于何种团体曾游说的数据来自响应性政治中心(未注明日期),由作者编码。高科技职业服务包括咨询、信息技术、金融、保险、房地产、电信和法律等高技术专业领域。

双尾检验中提示统计上的显著差异,$p<0.001$)。当前,移民议题游说次数在企业总游说次数中占比有所增加,从 2006 年前平均 11.7% 上升到 2006 年后平均 13.9%(在双尾测试中 $p<0.01$)。

总之,关于部门游说的数据——无论是国会作证数据还是《游说披露法案》中所定义的游说数据——都支持了本书的论点。来自关税较低或进口渗透率较高的部门的企业和行业协会较少参与游说或作证活动;来自流动性较强和/或生产率更高的部门的企业,参与游说的可能性也较低。关于文献中现有的其他论点,目前能支持的证据较少:本土主义势头似乎没有上升——更确切地说,世界主义倾向在公众组织中有所增加。自 1998 年以来,工会、左翼团体、移民团体和宗教团体都加大了对移民议题的游说力度,但无论是哪个政党控制国会,他们参与国会听证会的机会都没有增加。因此,数据表明,随着企业及其行业协会对低技能移民开放政策的支持减少,本土主义团体产生相对更大但不是绝对的影响,导致移民限制增加。

四、行业团体偏好的改变

不同部门的游说意愿随贸易开放、企业流动性和生产率的变化而发生改变,这一点从国会作证和游说数据中得到了证实。然而,这些数据并没有包括企业和行业协会所涉及的所有游说活动,例如参与基层竞选或与行政部门其他人员接触。此外,当我们检验游说数据时,还要考虑是否游说的问题:企业和行业协会首先必须决定,花费时间去游说是否值得。他们不参与游说,往往并非他们对此事无动于衷，而是出于对现状的满足，或者依据他们推测，即使游说也于事无补，还不如放弃。为克服这些局限，我直接对行业协会的文字记录展开研究，以了解它们在移民议题上不断变化的倾向；这些数据让我们得以区分企业在什么情况下无动于衷，什么情况下安于现状，什么情况下迫于反对势力太强而主动放弃。

当贸易开放之初，行业协会对移民或多或少是支持的，或者有意见分歧。随后，行业中的有些企业，在条件允许情况下，会采纳先进技术提高生产率；有些企业搬迁至海外；有些企业选择关门以保住剩余资本；还有一些企业别无选择，为了继续生存下去只能争取更开放的移民政策。对于那些运用技术或迁至海外的企业来说，移民不会或者小幅度降低其成本，它们可能就其他议题另行游说。行业协会依据行业特点——是否能够采纳技术或是否能够转移生产，来判断是立即放弃对低技能移民的支持，还是鉴于低技能移民是唯一生存之道而继续支持低技能移民。但是，随着时间的推移，贸易开放水平越来越高，更多的企业选择关闭、运用技术或迁至海外，行业协会对移民的支持日趋减少。

为检验这些假设，我考察了三家行业协会：纺织业中的美国全国纺织协会（National Textile Association，NTA）、钢铁业中的美国钢铁协会（American Iron and Steel Institute，AISI）和劳动密集型的特种农作物行业中的西部种植者协会（Western Growers Association，WGA）。虽然20世纪90年代中期以前的游说数据无法获得，但我们有理由相信，这些行业曾在某个历史时刻支持过低技能移民；20世纪初，纺织业和金属业（包括钢铁行业），按劳动力占比计算，分别是第三和第四大移民雇主，农业在20世纪80年代才进入前十雇主排名。①

虽然这三种行业在某个历史时期都是低技能劳动力的主要雇主,但它们在可贸易性、流动性和技术运用能力方面参差不齐。日益增加的贸易开放和国际竞争在不同时期对这些行业造成了冲击。纺织品从来都是可贸易的,早期的一些纺织品从英国大量进口到美国。在美国纺织业的发轫期,货币低估首先撑起了一把保护伞,因为直到 1879 年,美国一直实行货币复本位标准(bimetallic standard),之后高关税率担当了盾牌。② 然而,到 20 世纪初,纺织品开始面临日益激烈的竞争,日本、南美和美国南部等劳动力成本较低的地区涌现新兴纺织品生产商。在此期间,美国全国纺织协会(NTA)的基地主要在北方。虽然关税抵御了**国外**生产者,但却无法阻挡**南方**生产商的攻势。因此在竞争日益激烈的背景下,北方纺织业也必须做出反应,从以下选项中做选择:将生产转移到美国南部;采用新技术来提高生产率;通过游说来增加移民;或是停业。

直到 20 世纪中叶,美国的钢铁业都没有贸易竞争压力或国际竞争忧患。在 20 世纪初,美国钢铁公司在技术上处于世界领先地位,在价格上完全可以与欧洲钢铁相媲美。20 世纪中叶以后,随着美元高估,来自欧洲和日本的竞争加剧,钢铁行业面临着 50 年前纺织业所面临的类似困境和选择:将生产转移到海外(而不是南方);提升技术以提高生产力;通过游说来增加移民;或者选择

---

① Ruggles et al. (2010).
② Frieden (2014).

关闭。

　　直到20世纪末、21世纪初，劳动密集型农业才感受到巨大的贸易压力或国际竞争，部分原因在于技术障碍。对于易腐商品，长途运输困难重重。同时，对于许多劳动密集型农作物，各种关税及非关税壁垒使得海外生产更加举步维艰。随着《北美自由贸易协定》(North American Free Trade Agreement, NAFTA)的通过，对这些商品的贸易保护又生巨变。这一协议允许墨西哥生产商——美国商人的劲敌，有更多机会进入美国市场。此外，美国与其他拉美国家签订自由贸易协定，以及中国加入世界贸易组织，使竞争进一步白热化。面对此种情形，劳动密集型农业的日子并没有纺织业和钢铁业那样好过，因为选择的余地甚少：许多作物生产还没有实现机械化；流动性虽然在近些年有所改观，但仍然受限制。因此，大多数农民们要么就移民议题进行游说，要么面临破产。

　　鉴于贸易冲击的时间点不同，来自不同行业的企业有不同的选择，我预计在上述三个行业协会中，全国纺织协会(NTA)将率先放弃对低技能移民的关注，其次是钢铁业，最后可能才是农业。在贸易对这些不同的行业产生冲击的初始时期，纺织业和钢铁业有可能会更加关注移民，也有可能将兴趣转移到其他选择，如提高生产率或迁至海外。但对农业来说，其他选择都难以实现，所以我预计贸易冲击将导致农业更加支持开放性移民政策。

　　为了测量各组织如何看待国际竞争和贸易开放所引发的巨变以及所做出的反应，我考察了各组织的行业出版物。对于全国纺织协会和美国钢铁协会，我还查阅了两家协会半年或一年一次的会议记录。西部种植者协会发行一本与农民问题密切相关的月刊,既包括年度会议报告,也包括其他文章,我从该杂志中随机抽取了文章样本,并进行了编码。总共有 186 篇文章来自全国纺织协会,147 篇来自美国钢铁协会,660 篇文章来自西部种植者协会(从总共 998 篇涉及贸易、移民、外商直接投资和技术的文章中随机抽取)。可获取的会议记录包括全国纺织协会 1906—1941 年间、美国钢铁协会 1910—1971 年间以及西部种植者协会 1931—2012 年间的数据。为体现各组织如何看待国家和全球经济的变化及如何做出反应,每篇文章都按变量编码。变量包括贸易开放度(一般贸易、进口、出口、国际竞争和国内竞争)、企业流动型(美国国内和国际企业流动性)、生产率提升(人力资本和技术提升)以及移民(包括普通、低技能和高技术移民和移民执法情况)。[1]

(一) 全国纺织协会

全国纺织协会,作为美国全国纺织团体协会(National Council of Textile Organizations)的组成部分,是现存最悠久的纺织组织。全国纺织协会于 1854 年在马萨诸塞州成立,主要是基于东北地区的纺织制造商协会。从 20 世纪初开始,它也吸收少量南方成员;但这些成员中的大多数同时也是美国棉业协会(American Cotton Manufacturers Association)的成员。

纵观历史,全国纺织协会一直面临着贸易竞争的威胁,即使是纺织品高关税期也是如此。到 19 世纪末,全国纺织协会面临着来

---

[1] 选篇作者们偶尔会讨论其他两国间的贸易,这些信息没有被编码。同样没有编码的还有那些与贸易、竞争、移民或企业流动性无关的生产率(技术或人力资本)方面的文章。有关编码过程的更多细节,参见在线附录 F 中的码本。

自欧洲、日本和南美生产商的日益激烈的国际竞争。这种竞争在他们的会议记录中有所体现。图4.10中的前两个图显示了全国纺织协会如何看待进口等方面的国际竞争。图的上方显示了全国纺织协会每年平均感受到的进口和国际竞争的变化;图下方显示了每年提及该变量的文章数量。在图的上方,大于零的分值意味着全国纺织协会认为进口或国际竞争正在增加;小于零的分值意味着减少;等于零的时候,协会认为没有变化,或积极变化与消极变化相抵消,或该变量只是被提及。直到大萧条之前,进口和国际竞争在很多文章中被提及,在大多数年份里,协会认为国际竞争如同进口一样不断增长,只是增长幅度不如进口那么大。

此外,全国纺织协会还要应对来自美国南部生产商的激烈竞争。内战后,美国南方开始发展纺织厂,而大规模扩张始于1881年亚特兰大国际棉花博览会。[1] 相较于北方纺织厂,南方纺织厂具有多重优势。首先,南方的薪酬比北方低得多。1900年,南卡罗来纳州的纺织厂工资水平只相当于马萨诸塞州的1/3到1/2,而马萨诸塞州是全国纺织协会的众多成员聚集地。[2] 虽然南北方工资水平差距越来越缩小,到1920年,南方的工资水平只达到马萨诸塞州的75%到80%,但自1920年后,南北方的工资又拉开差距,到1924至1926年,南方仅为北方的50%到60%。[3] 不仅如此,南方较少受劳动法规约束,劳动力成本也相对降低。对于北方企业,童工和夜班的限制越来越苛刻,但南方许多州对童工没有任何限制,

---

[1] Andrews (1987, 11).
[2][3] Smith (1944, 89).

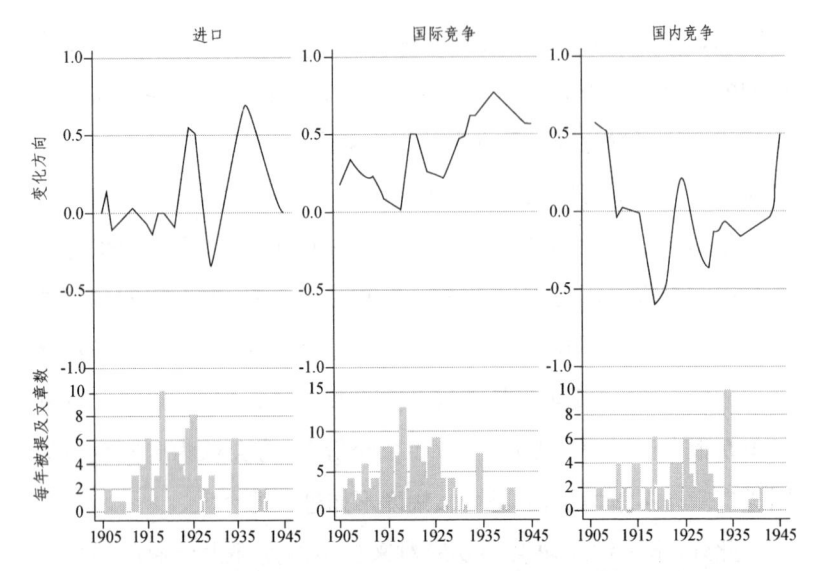

图 4.10　全国纺织协会(NTA)关于进口、国际竞争和国内竞争的观点

注：图上方的趋势线是协会关于变量的观点的平均变化，用局部加权回归平滑线（带宽为 0.25）表示。分值大于零，意味着平均来看，协会认为该变量在增长；小于零意味着该变量在减少；等于零时，表示没有变化，积极与消极变化相抵消，或该变量仅仅被提及。图的下方是该变量每年被提及的文章数。数据由作者编码；详见在线附录 F 中的码本。

即使有些州有法规限制，执法也不严厉，而且对夜班几乎没有限制。① 最后，南方不仅工资成本较低，而且生产率通常更高。南方工厂比较新，许多工厂采用了最新技术。② 例如，许多南方纺织厂率先安装节省劳力的自动织机——诺斯罗普织机。③

南方的纺织厂首先威胁北方的最低技能密集型企业。南方纺织厂起先生产的是质量最差的纱线和布料，这种生产无需什么技

---

① Friedman (2000), Smith (1944), and Wright (1981).
② Feller (1974, 576) and Galenson (1985, 39–42).
③ Smith (1944, 102).

术,然后开始生产质量较高的纱线和布料,这种生产对技术水平要求较高。① 因此,受到波及的首先是全国纺织协会中最低技能密集型成员,其次是较高技术密集型企业。

全国纺织协会所代表的各家企业对来自南方工厂的威胁都感到忧心忡忡,这是有据可循的。如图 4.10 所示,全国纺织协会认为第一次世界大战前,来自国内的竞争持续增加。在战争期间,随着联邦政府为确保战争物资的供应而进行了干预,国内竞争有所减少。一战后国内竞争再次加剧。大萧条开始后,联邦政府再次介入,对生产进行监管,包括实施国家劳工法和最低工资标准。②

全国纺织协会讨论了保持竞争力的三个潜在战略(图 4.11):将生产转移到南方或海外;通过技术或人力资本提高生产率;或增加移民。图的上方显示对这些策略的观点取向:得分大于零,表明数据集中包含的文章,平均来说对这个问题持肯定态度;得分小于零,表明持否定态度;零分表示肯定和否定意见相抵消或没有意见。③ 图的下方显示对每个潜在策略提及的文章数。

---

① Galenson(1985,4).
② Smith(1944,150).
③ 对平均观点进行编码,我首先用每篇文章中的观点乘以每个变量的变化方向。如果变量的增加(减少)是积极的(消极的),那么对该变量的观点得分为 1;如果变量的增加(减少)是消极的(积极的),则得分为 −1。如果文章没有提及方向,但被看作是积极的(消极的),该变量也取 1(−1)分值。在没有观点被讨论的情况下,变量取值为0。各篇文章的分值随后取年平均值。

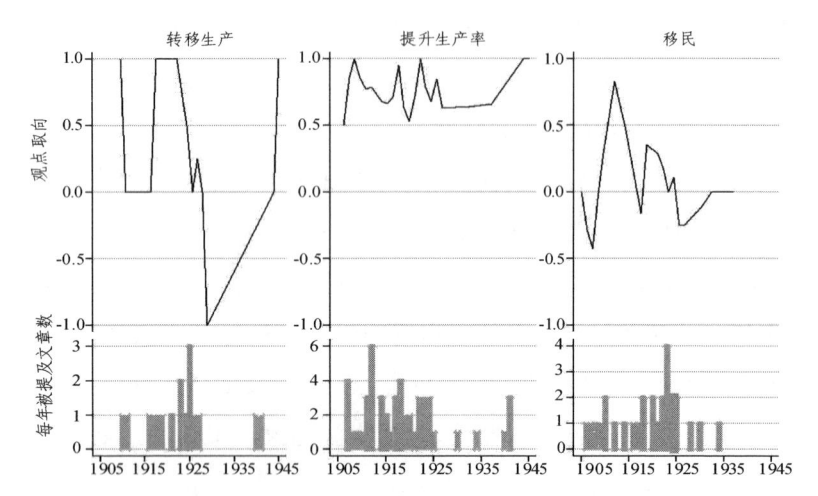

图 4.11　全国纺织协会对转移生产、提升生产率和增加移民的观点

注:图上方的趋势线是协会关于该变量的平均观点,用局部加权回归平滑线(带宽为0.25)表示。分值大于零,意味着平均来看,协会持肯定态度;小于零意味着持否定态度;等于零时,表示没有变化,肯定观点与否定观点相持平,或该变量仅仅被提及。图的下方是该变量每年被提及的文章数。数据由作者编码;详见在线附录F中的码本。

提升生产率在应对贸易竞争的策略中最常被提到,且总是正面反馈。在近19%的提到进口、国际竞争或国内竞争的文章中,同时提到生产率。例如,为了应对来自南方日益激烈的国内竞争,波士顿昆西市市长在1896年对新英格兰棉花制造商协会(New England Cotton Manufacturers' Association)的讲话中指出:

> 有些区域更靠近燃料供应发源地,因此它们在某些方面能获得更廉价的劳动力,这些区域的企业进入市场并占领制造业,就像南方广泛的做法一样。在我看来,那些在新英格兰从事制造业的人必须认清这样一个事实:为了保持制高点,他们必须在这一地区的制造业中投入更多的智力、技能

和教育。①

有些企业通过增加熟练技术劳动力来提高生产率，从而降低劳动力总成本。② 依据一位年会发言人的说法，提升技术通常意味着雇佣更多的本地劳动力、更少的国外劳动力："我一再指出的一个事实是，无论刚到纺织厂工作的某个家庭看起来多么像土包子，与来自外国的农工相比，将他们培训成熟练技术工人，要少花 1/4 到 1/2 的时间。"③

将生产转移到其他地方也是一种潜在解决方案，但可能性比提升生产率要小得多。部分原因在于，作为区域性组织，全国纺织协会担心，如果企业迁往海外或南方，就会失去会员。20 世纪 20 年代，甚至在此之前，新英格兰相当多的企业为了降低劳动力成本而将生产转移到南方。④ 例如，1924 年，博登（Borden）公司宣布将关闭马萨诸塞州福尔里弗（Fall River）的两家工厂，将其转移到田纳西州的金斯波特（Kingsport）。当时这两家工厂是主要的纺织中心，曾拥有 10 万多个纱锭，2000 多台织机，雇佣员工达 1000 人。同样，联合商业公司（the United Merchants Company）因 1929 年股市崩盘遭受重大损失后，于 1933 年将其纺织印刷机从位于福尔里弗的纺织厂转移到南卡罗来纳州的工厂，并于 1934 年在阿根廷拓展新业务。⑤

---

① Quincy (1896, 66).
② Atkinson (1891, 109).
③ Wilbur (1898, 160).
④ Galenson (1985, 3).
⑤ Smith (1944, 124, 145).

全国纺织协会还讨论了通过增加移民以应对危机的可能性。总的来说，全国纺织协会在移民议题上持肯定态度多于否定态度（平均观点为0.3），但看起来仍有分歧。从前面引文中也能看出，1898年的时候，移民的地位比工人低一等。但是到1904年，移民成为国家发展的一个必要条件："最不能容忍的事情就是因本地劳动力的匮乏而浪费肥沃的土地资源……据我们所知，来自南欧的移民可以缓解这一状况。"①到1908年，遭逢1907年的经济衰退之后，移民再次受到冷落："然而，对我们国家来说，移民不再像拓荒时期那样必不可少了。"②

1925年之后，移民很少被提及，这可能与全国纺织协会当时所面临的大环境有关。考虑到政策对移民的限制——首先是1917年的《全国扫盲法》，然后是1921年和1924年的移民配额法案——全国纺织协会可能会觉得即使为移民议题游说也于事无补。例如，1922年，在全国纺织协会10月份的例会上，有一位发言人将自己对国外竞争的担忧与生产率、与移民联系起来："[纺织制造业]如何应对国外竞争？"③他的回答是，"对北方来说，移民限制有可能让纺织厂在招聘工人时，像过去半个世纪一样非常被动。这意味着，我们要与其他行业争抢劳动力，同时要比以往更广泛地运用劳力节省技术。"④鉴于反移民势力已经在移民议题上取得了决定性胜利，如1921年的《移民配额法》的通过，在此情况下，有人认为北

---

① Walmsley (1904, 105).
② Clews (1908, 257).
③ Copeland (1922, 68).
④ Copeland (1922, 71).

方的纺织企业必须转向技术革新。

因此,全国纺织协会在应对日益激烈的竞争时,首先主张提高生产率,其次是支持移民,然后是转移生产。有趣的是,数据显示,全国纺织协会在1925年后对这几种措施的讨论有所减少。这可能与北方的纺织业大幅衰退、许多企业纷纷关闭有关。到20世纪20年代末,南方拥有的纱锭比北方还多,且扩展到门类更全的商品,1929年南方生产的印花布占全国产量的89%。① 与此同时,北方的就业率下降:1923至1924年间,在马萨诸塞州福尔里弗,棉纺厂的平均就业率下降了1/3,在随后的15年里,福尔里弗又有73家棉纺厂被清算。② 由于北方处于竞争劣势,到1952年,南方已拥有全国81%的活跃棉纺锭,与1880年只占5%的情景不可同日而语。③

在有些案例中,关闭工厂是管理层的一种鲜明策略。费勒(Feller)指出,对于北方的纺织厂经理来说,不再进一步扩大生产机械化,而"继续使用淘汰的设备来经营,直到被迫关闭,是大家都心知肚明的一种选择"。④ 例如,1925年,新罕布什尔州曼彻斯特的阿莫斯凯格纺织厂的管理层,选择将所得利润不再投资到纺织厂,并在1927年开始有意对工厂疏于管理,希望加速其死亡。⑤ 工厂最终在1936年被清算。⑥ 另一个例证来源于史密斯,他在20世纪40年代初采访了福尔里弗当地许多棉纺厂经理。他认为:

① Smith (1944, 86).
② Smith (1944, 124).
③ Morris (1953, 66).
④⑥ Feller (1974, 580).
⑤ Sweezy (1938, 501).

这些以及其他公司,似乎已经做出决定,尽可能地维持经营,但不进行实质性的改造,获利后要么转行,要么清算。一般来说,最后清算可能是唯一的选择。当然,如果仅仅拥有福尔里弗的企业数据,而没有其他企业内部运作的更详细资料的话,这一动机很难在实际操作中被证明。不过,今天福尔里弗的商人都心知肚明,这曾是惯例。当然,有这种动机的,在新英格兰其他纺织厂中大有人在。①

许多纺织厂经理似乎已经决定,不再通过提升生产率或游说移民来维持经营——尽管有些工厂确实通过游说而获得了减税——而是选择在工厂还能盈利的时候,从中攫取尽可能多的资本。

北方大量工厂倒闭意味着二战后的纺织业格局与之前相比发生了巨大变化。大多数纺织品生产已经从北方转移到南方,南方和北方幸存的纺织厂都耗资致力于提升新的劳力节省技术。② 但好景不长,这些刚提升过生产率的企业很快就丧失了优势。早在20世纪40年代,美国纺织业的贸易顺差额就开始下滑,到1968年变成贸易赤字。③ 为了应对这一情景,美国政府签订多个双边协议并于1974年签订《多边纤维协定》(Multi-Fiber Arrangement, MFA),对纺织品加以配额限制。《多边纤维协定》最后于2005年被取消④,事实证明该协定只是权宜之计。甚至在该协定被取消之

---

① Smith (1944, 133 – 134).
② Morris (1953, 77) and Smith (1944, 149).
③ Feller (1974, 591).
④ Knney and Florida (2004, 31, 33) and Mittelhauser (1997).

前,纺织品就已经面临着越来越激烈的国际竞争:1970 年至 1995 年间,美国纺织业失去了约 30%的劳动力①,相比之下,所有制造业的劳动力总共才下降了 8%。② 随着《多边纤维协定》的终结,美国制造的服装所占市场份额从其巅峰时期的 56.2%下降到 2.5%。③ 迫于形势,有些纺织企业迁至海外,与 70 年前北方企业南迁如出一辙;④其他企业的生产率大幅提高,有些企业只需要 1980 年不到 1/10 的劳动力就能达到同样的产量;⑤还有另一些企业关门大吉。⑥

由于这些变化,美国纺织业所需的工人比 30 年前少得多,更不用说一个世纪以前了。⑦ 这导致的结果就是纺织业为移民游说和作证的次数也锐减(图 4.12)。纺织企业和行业协会在 20 世纪 50、60 年代就移民议题作证的次数比后期要多得多,这与我的论点相符。自《北美自由贸易协定》签订之后,来自纺织部门的团体参与作证或向国会提案的次数只有六次,而自 2005 年配额限制取消后,次数更少,2006 年作证或提案次数仅为一次。1998 至 2011 年间的移民游说数据也说明了类似的状况,其间只有四个纺织部门曾就移民议题游说,游说活动经费多年加起来也只有 26 万美元。

美国纺织业的历史多方面证实了我的论点。20 世纪初,东北部的纺织企业面临着来自国内外的双重激烈竞争。迫于形势,有些企业提升技术水平;有些向南方或海外搬迁;还有很多企业选择

---

① Minchin (2009, 288).
② Mittelhauser (1997, 24).
③⑤ Clifford (2013).
④ Bureau of Economic Analysis (2012).
⑥ Mittelhauser (1997, 24, 27).
⑦ Clifford (2013).

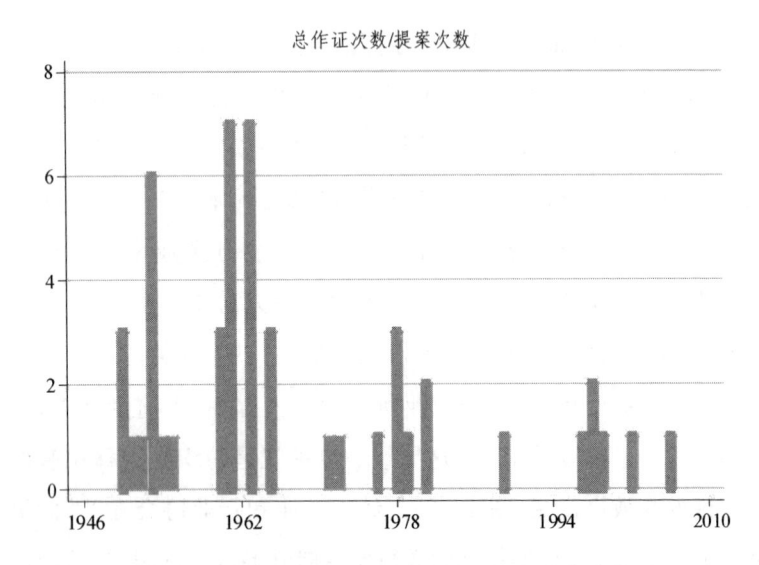

图 4.12 纺织企业和行业协会作证和提案的次数

注：数据由作者编码。

关闭。无论选择这三种策略中的哪一种，企业对低技能劳动力的需求及移民的需求都减少了；因此，在过去的 15 年里，纺织行业几乎没再为移民作证或游说也就不足为奇了。

（二）美国钢铁协会

美国钢铁工业协会成立于 1855 年，旨在为钢铁生产商"谋求利益"，大多数成员位于东北部和大西洋中部。① 美国钢铁协会现有 22 家企业成员，包括 AK 钢铁控股（前身为 Armco 钢铁公司）和美国钢铁公司等大公司，以及 125 个包括钢铁工业供应商或客户

---

① American Iron and Steel Institute (2014a).

在内的准成员。① 美国钢铁协会代表的各企业加起来控制着北美80%的钢铁生产能力。② 为了解国际经济的变化如何影响其在移民议题上的立场,我查阅了美国钢铁协会从1910至1971年间的年鉴。③ 总共有147篇文章提及了以下至少一项变量:贸易、国际竞争、国内竞争、外商直接投资、移民和/或技术或人力资本变化。

在二战之前,美国钢铁业可谓高枕无忧,不像纺织业那样面临国际竞争和贸易压力。在钢铁工业的初创时期,钢铁产品通常不是国际贸易商品,这使美国钢铁厂免受国际竞争的威胁。在19世纪80年代,明尼苏达州的铁矿区(Iron Range)高速发展,其生产的高质量铁矿石为美国钢铁工业赢得了竞争优势。结合1875年从英国引进的新平炉生产技术,美国钢铁厂可以用这种铁矿石生产出相对成本较低的高质量钢铁产品④,使美国在1893年成为钢铁净出口国⑤。整个二战前期,美国钢铁厂享誉国际市场,产能最高,生产成本最低。

与纺织业不同,美国钢铁业没有产生更多的国内竞争,而是创造了更多合作机遇,部分原因应归功于行业内合并。美国钢铁(US Steel),作为最大的钢铁生产商之一,是由卡内基钢铁公司(Carnegie Steel Company)(本身也是合并产物)、联邦钢铁公司(Federal Steel Company)和国家钢铁公司(National Steel Company)于1901年合并而成的。1907年,它收购了它的最大竞

---

①② American Iron and Steel Institute (2014b).
③ 年份跨度的选择依据年鉴的可供性。
④ Rogers (2009,20).
⑤ Rogers (2009,51-52) and Hall (1997,179).

争对手——田纳西煤铁和铁路公司(Tennessee Coal, Iron, and Railroad Company),该公司是美国南部的主要生产商,其总部设在亚拉巴马州的伯明翰市。此外,钢铁公司还通过收购煤、矿供应公司和钢材产品制造公司实现纵向合并。① 因此,美国钢铁业在其发轫期几无竞争压力。

美国钢铁业于20世纪50年代末和60年代初丧失了主导地位。导致竞争力丧失的原因有以下几个。首先,二战后,欧洲和日本新建一批钢铁厂以取代那些在战争中被摧毁的工厂,这批工厂比美国工厂的生产效率更高,甚至比美国更新换代后的工厂效率还要高。② 其次,相对于日元和许多欧洲货币来说,美元币值高估无形中抬高了美国钢铁价格。最后,运输成本下降使得贸易更加开放。③ 随着进口的增加,美国钢铁协会在1966年为加征关税而游说;然而,当时的约翰逊政府并没有同意,部分原因是因为加征关税违反了美国在关贸总协定中的承诺。④ 尽管如此,美国在1969年说服了日本和欧洲生产商同意遵循自愿出口限制(voluntary export restraints, VERs)。⑤

20世纪70和80年代,美国钢铁行业持续面临日益激烈的国际竞争。1974年自愿出口限制到期,但1984至1992年间又被恢复。从1977年到1981年间,触发价格机制被采纳,这意味着如果进口商品以低于正常价格出售,那么该机制将用反倾销税加以威

---

① Rogers (2009, 27 - 28).
②③ Rogers (2009, 51 - 52).
④⑤ Hall (1997, 51 - 53).

胁。然而,这一政策也起到反作用,更高的价格反而吸引了外国公司。① 即使有自愿出口限制和其他非关税壁垒,美国钢铁业的进口渗透率也从 1963 年的 5% 增长到 2002 年的 30%。

如果我们查阅美国钢铁协会在其(半)年会上的发言,就会明显感受到协会对进口和国际竞争的担忧。图 4.13 中的前两个图显示了美国钢铁协会关于进口和国际竞争的观点,编码方式与全国纺织协会的案例完全相同。二战后,尤其是在 20 世纪 50 年代末至 70 年代初期间,提及进口的文章数量大幅上升,进口量也被认为持续增长。在此期间,国际竞争被提及的文章数也有所增加,同时协会认为国际竞争也在加剧。国内竞争被提及的较少;直到 20 世纪 60 年代初,协会即使提及国内竞争,绝大多数时候也认为国内竞争趋于缓和。而随着国际竞争的加剧,协会认为美国生产商之间的国内竞争也在加剧。

图 4.14 显示美国钢铁协会关于以下三种旨在维持竞争力的潜在策略的讨论及观点:将生产转移到海外;通过技术或人力资本提高生产率;或增加移民。编码方式如前。提高生产率是应对日益加剧的国际和贸易竞争最常被提及的策略。从图 4.14 中可以看出,美国钢铁工业协会很少提到转移生产,但在 20 世纪 60 年代提及的次数较多,并且在总体上持肯定态度。尽管美国钢铁工业协会可能对外商直接投资也持肯定态度,但并没有多少实质性的参与。20 世纪 60 年代,美国钢铁企业确实在墨西哥、拉丁美洲以及意大利和西班牙进行了一些投资,但当该行业在七八十年代陷

---

① Hall (1997, 113 – 114).

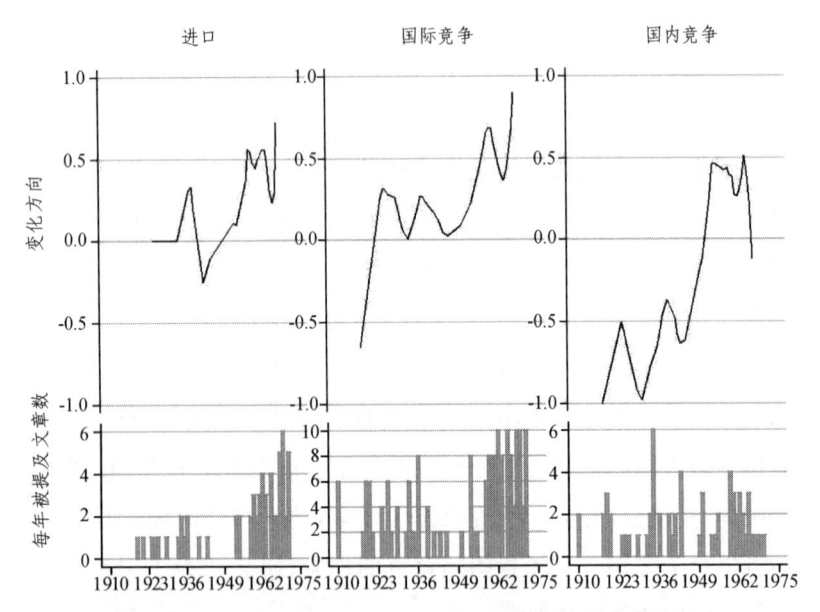

图 4.13　美国钢铁协会关于进口、国际竞争和国内竞争的观点

注：图上方的趋势线为局部加权回归平滑线（带宽为 0.25），表示协会对该变量的平均观点。分值大于零，意味着平均来看，协会认为该变量在增长；小于零意味着该变量在减少；等于零时，表示没有变化，积极与消极变化相抵平，或该变量仅仅被提及。图的下方是每年该变量被提及的文章数。数据由作者编码；详见在线附录 F 中的码本。

入困境时，许多企业又撤出了资本。[1] 事实上，自 20 世纪七八十年代以来，随着欧洲、加拿大和亚洲的一些企业收购美国的企业，对内外商直接投资（inward FDI）反而大量涌现。[2] 近年来，美国钢铁产业扩大了对外直接投资（outward FDI），投资额从 1982 年的 6.62 亿美元增长到 2013 年的 70 亿美元。[3]

---

[1] Hall (1997, 181-182).
[2] Hall (1997, 202, 206).
[3] 美国经济分析局（Bureau of Economic Analysis）(2012)。

同样，一旦国际竞争变得激烈，美国钢铁协会就不再在移民议题上多费唇舌；1945年以后，只有一次提到移民议题。而在钢铁业大肆扩张的20世纪初，移民议题的重要性更加凸显。在1921年《移民配额法》通过以前，美国钢铁协会就移民议题讨论最多的就是如何让大批外国劳动力"美国化"。

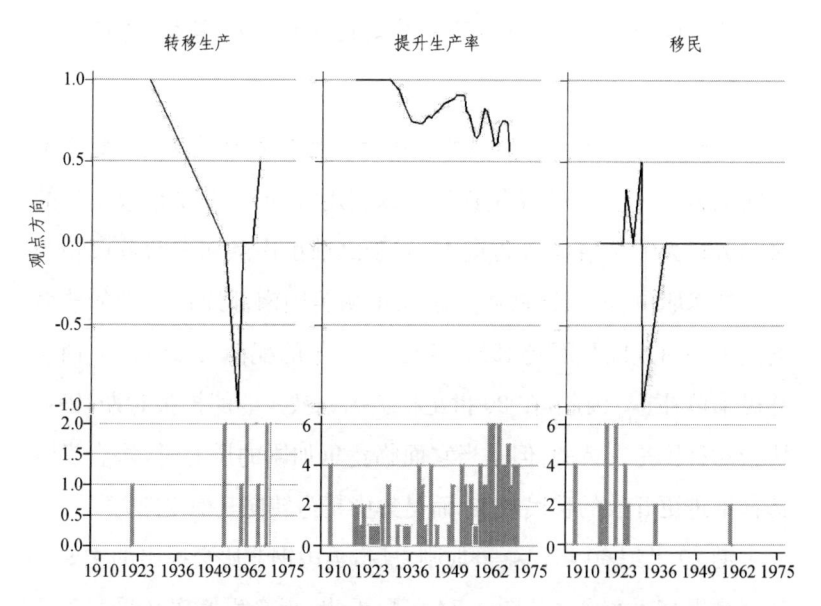

图4.14　美国钢铁协会关于转移生产、提升生产率和移民的观点

注：图上方的趋势线是协会关于提高生产率以及转移生产和移民的平均观点（后两个变量只是偶尔被提及），为局部加权回归平滑线（带宽为0.25）。分值大于零，意味着平均来看协会持肯定观点；小于零意味着持否定观点；等于零时，表示没有观点，或肯定观点与否定观点相持平。图的下半部分是每年提及该变量的文章数。数据由作者编码；详见在线附录F中的码本。

有好几位发言人认为外籍工人的教育和技术提升至关重要。但是《移民配额法》通过之后，美国钢铁协会这边开始担心钢铁生产能力可能受到的影响。例如，1923年，美国钢铁协会的主席埃尔

135

伯特·加里(Elbert Gary)就主张：

>保障就业率也是美国国会的部分责任，而移民对就业率产生冲击。诚然，我们不能允许太多的移民，特别是决不能允许危险或不法分子入境；但是也要保证有足够多的移民来维持食品行业、金属行业和制造业的生产，以满足大众消费的需求；也要有足够多的移民来满足国家繁荣的需求，包括出口贸易。①

然而到了1927年，移民的减少对美国钢铁协会而言，似乎不构成威胁，部分原因在于钢铁厂可以利用"从旧工业中释放出来的过剩劳动力"。② 在某种程度上，对于之前由南欧和东欧移民担当的非技术职位，美国钢铁协会现在用从美国南部迁移过来的非裔美国人和白人以及不受1921年或1924年的配额法限制的墨西哥移民来填补。③ 因此，在20世纪初美国钢铁工业的扩张时期，钢铁协会对移民是支持的；但是当它面临竞争加剧的压力时，协会没有选择推进更开放的移民政策，而是集中精力转向其他出路。

继20世纪60年代竞争加剧之后，美国钢业协会提出的主要策略就是提高生产率。从图4.14可以看出，提高生产率几乎一直是协会的法宝，也经常被采纳：从1962年到2005年，每个工人的产出增长了五倍。④ 小型工厂的崛起大大推动了生产率的提升，这些工厂只回收钢铁，并不通过加工铁矿石来炼钢。起初，它们仅仅生产

---

① Gary (1923, 14).
② Jordan (1927, 509).
③ Rogers (2009, 48, 65).
④ Collard-Wexler and De Loecker (2013, 2).

低质量的产品,但之后它们产品质量越来越过硬。① 小型钢厂的发展导致钢铁市场中的相关部门竞争越来越激烈,迫使生产率最低的传统综合钢厂宣布破产。② 其余的综合钢厂也提高了生产率。③ 生产率的大幅提高意味着钢铁装运量已恢复到 20 世纪 60 年代初的水平,④但是雇佣人数却从 1970 年的 500 多万人急剧下降到 2010 年的 150 万人。⑤

考虑进口渗透率、外商直接投资和生产率提升这些因素以及结合本书论点,再回看钢铁公司在过去 60 年里没有就移民议题进行频繁游说这一现象,就不足为奇了。自 1946 年以来,钢铁企业不曾在国会作证,也没有提交在案的文件记录。⑥ 同样,钢铁企业也没有就移民议题展开过多游说。从 1998 年到 2011 年,共有 31 家企业或行业协会在其披露表中提到了移民议题;移民在所列议题中占比不到 20%;移民议题游说的总开销不足 70 万美元。⑦ 相比之下,钢铁行业在其他议题上依然很活跃;从 1998 年到 2014 年间,该行业每年平均花费至少 500 万美元开展各项游说活动。⑧

总之,钢铁产业在 20 世纪初的发轫期,通常倾向于雇佣低技能移民,移民在该产业中占据了大量非技术职位。从 20 世纪 60 年代至今,钢铁产业受到国际竞争的威胁,大多数企业选择集中精力

---

①②③ Collard-Wexler and De Loecker (2013, 17).
④ Collard-Wexler and De Loecker (2013, 2).
⑤ 人口普查数据来源于拉格尔斯等人(Ruggles et al.) (2010)。
⑥ 1978 年有一位铁矿工人作证。
⑦⑧ 美国响应性政治中心(未注明日期)。

提升生产率或者选择关闭。生产率的提高和工厂的关闭意味着该产业不再是低技能移民的积极支持者。

(三) 西部种植者协会

我们一想到企业对低技能移民的支持,通常就会联想到农业。农业倾向于低技能劳动密集型生产,农业在历史上一直吸引外来移民工。然而,并不是所有的农业生产者都如从前那样需要大量劳动力。谷物生产的机械化相对较早实现,早在19世纪中叶,农民就可以用相对较少的劳动力生产大量的谷物。同样,棉花生产在20世纪五六十年代实现全面机械化。然而,许多农产品,特别是新鲜水果和蔬菜,还不能实现机械化。在本案例研究中,我将重点讨论最后一个类别,即易腐烂的水果和蔬菜,被统称为**特种作物**(*specialty crops*)。

西部种植者协会是加利福尼亚州和亚利桑那州特种作物种植者的主要贸易组织,占加州农产量的一半以上,以美元计,2010年产值达375亿美元。加利福尼亚州和亚利桑那州的农民在过去的80年里在以下两种能力上有大幅提升:开展贸易的能力和将产品运输至海外的能力。西部种植者协会于1926年成立,当时长距离运输新鲜水果和蔬菜仍然很棘手。例如,协会月刊《西部种植者和托运者》(*Western Grower and Shipper*, WGS)在早期刊发的文章中就讨论,如果要把新鲜蔬菜运输到美国东部和加拿大市场,该怎样冷冻效果最佳。那时还没有关于将货物运往欧洲或亚洲的讨论。随着技术进步,向海外运输货物和农作物的能力也显著增强。现在,加州农产品出口的十大目的地远及欧盟、中国、日本、阿联酋、印度和澳大利亚等地。① 同样,美国农产品进口的前十个国家包括中国、巴西、印度尼西亚、智利和泰国等。②

为了考察西部种植者协会如何看待和回应贸易开放和国际竞争,我查阅了《西部种植者和托运者》的存档。图 4.15 中的前两幅图显示了西部种植者协会关于进口和国际竞争的观点,第三幅图是协会关于国内竞争的观点,编码方式与全国纺织协会的案例相同。在 20 世纪 30 年代,国内竞争不容小觑,当时西部种植者协会正在与东部生产商争夺市场,但在此后的日子里,国内竞争很少被提及。相比之下,从 20 世纪 80 年代开始,进口和国际竞争的威胁日益凸显。协会认为从 80 年代开始到 2008 年的大衰退(the Great Recession)期间,进口和国际竞争一直持续增长,对农业产生了巨大影响,而且对洋葱产业造成毁灭性打击。③

西部种植者协会重点关注墨西哥和中国这两大竞争对手。自 20 世纪六七十年代以来,墨西哥一直被视为竞争对手,但将墨西哥农业视为心腹之患始于 90 年代,即北美自由贸易协定(the North American Free Trade Agreement,NAFTA)签订之后。西部种植者协会的担心不是空穴来风,随着对墨西哥开放程度越来越高,协会在美国和加拿大市场所占份额越来越少。在墨西哥的竞争之忧还未解除的同时,对自 1978 年实施经济改革以来的中国的担忧更是如鲠在喉,对墨西哥进口产品的担忧相形见绌。尽管中国产品

---

① 加利福尼亚食品和农业部(2012)。
② 美国人口调查局(US Census Bureau)(2012)。虽然不是所有这些国家都出口新鲜的水果和蔬菜,但是这样的国家确实有很多。
③ Nassif (2006a)。

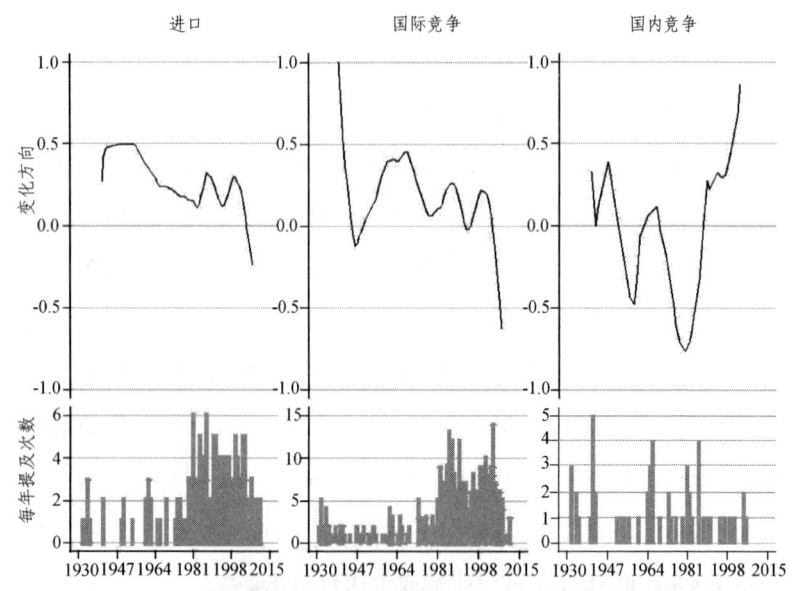

图 4.15　西部种植者协会关于进口、国际竞争和国内竞争的观点

注：图上方的趋势线是协会对变量的平均观点，用局部加权回归平滑线(带宽为 0.25)表示。分值大于零，意味着平均看来，协会认为该变量在增长；小于零意味着该变量在减少；等于零时，表示没有变化，积极变化与消极变化相持平，或该变量仅仅被提及。图的下方是每年该变量被提及的文章数。数据由作者编码；详见在线附录 F 中的码本。

与西部种植者协会产品之间产生的竞争相对有限，但是，中国"就像一列来势汹汹的货运列车一样，[协会成员]无法与之抗衡。中国生产商的劳动力成本只占[美国的]3％"[①]。

应对海外激烈竞争的一种策略是，让国内农民加入海外竞争对手的行列。对转移生产的兴趣最早始于 20 世纪 60 年代初，即"布拉塞洛计划"(Bracero Program)——与墨西哥签订的双边农业

---

① *Nassif Takes on Dobbs*, transcript (2005).

外来务工人员计划——结束之后(图 4.16)。当时,对农民来说,转移生产很困难,因为包括墨西哥在内的许多国家不允许外国人拥有农田。但是到了 1992 年,这一情形有所改观,墨西哥经过土地改革后允许外国公司拥有和租赁土地,并增加了外国人所能持有的土地面积。[①] 自那时起,西部种植者协会的一些成员就开始将至少部分生产转移到别国,尤其是转移到墨西哥。[②] 虽然协会成员已开始相信,要么需要将业务转移到海外,"要么死路一条",[③] 但是,转移生产至海外毕竟困难重重,因此在几种策略中最少被提及。

西部种植者协会经常提到要通过改进技术来提高生产率,以此应对劳动力短缺和日益加剧的竞争问题(图 4.16),尤其是"布拉塞洛计划"在 20 世纪 60 年代初即将结束之际,提升技术更是迫在眉睫。但此后,协会较少提到提高生产率,这很可能是对技术越来越失望的结果:"对于大多数水果和蔬菜种植者来说,机械化方案还不具有广泛操作性和适用性。"[④]

鉴于转移生产和技术运用对其大多数成员来说尚不具有可操作性,西部种植者协会将增加移民作为在日益全球化的部门中保持竞争力的主要手段(图 4.16)。西部种植者协会一直高度重视且正面评价移民。虽说如此,有几个时期,协会对移民议题特别关注。一是 20 世纪 30 年代初,当时来自墨西哥和菲律宾的移民工与来自美国数个干旱尘暴区所在州的新移民之间发生冲突;二是第二次世界大战期间,即"布拉塞洛计划"启动期;三是从 20 世纪 50

[①] Key and Runsten (1999).
[②][③] Nassif (2006a).
[④] Resnick(2006).

141

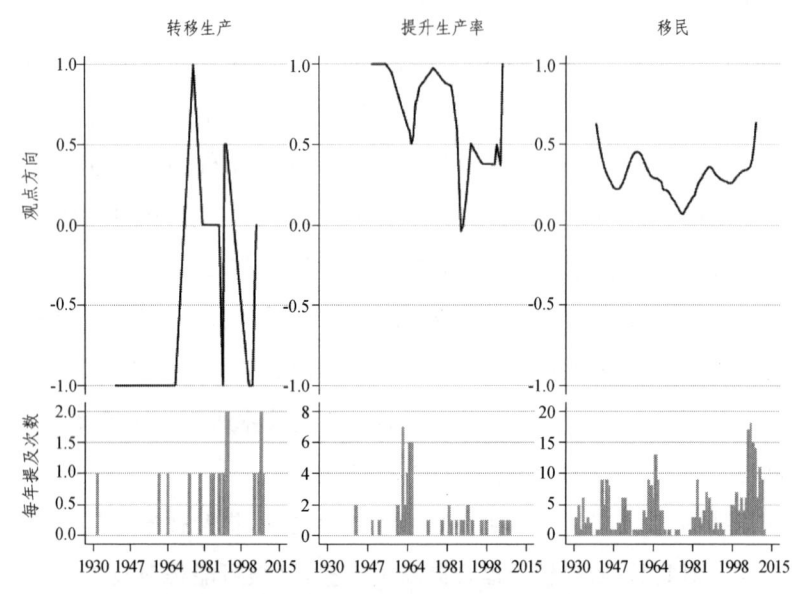

图 4.16　西部种植者协会关于转移生产、提升生产率和移民的观点

注：图上方的趋势线是协会对提高生产率以及转移生产和移民的平均观点（后两个变量只是偶尔被提及），用局部加权回归平滑线（带宽为 0.25）表示。分值大于零，意味着平均来看协会持肯定观点；小于零意味着持否定观点；等于零时，表示没有观点，或肯定观点与否定观点相持平。图的下方是每年提及该变量的文章数。数据由作者编码；详见在线附录 F 中的码本。

年代末到 60 年代中期，即"布拉塞洛计划"终结期；四是 80 年代的《移民改革和控制法》实施的前后时期。但自 90 年代末以来，移民议题变得越来越重要。

西部种植者协会对移民越来越重视，这是特种作物部门面临的国际竞争加剧的结果。很显然，协会的领导层清楚地知道贸易开放和国际竞争与移民之间的关系。例如，2004 年，协会通过游说希望通过《特种作物竞争力法案》(Specialty Crops Competitiveness Act)，以帮助美国农业"获得公平竞争的机会，与其他国家在同等

条件下公平竞争"①。该法案包括一项"有效的外来务工人员计划"②,但没有被通过。同样,西部种植者协会辩称:

> 政客和政策制定者不理解我们的处境多么岌岌可危。移民纷争、失衡的政府财政支援、贸易冲击、持续监管、城市侵蚀、水权和其他问题叠加在一起,让任何一个想在加州和亚利桑那州继续做生意的人望而生畏。③

此外,西部种植者协会的领导层也明白,机械化能有效降低劳动力成本,而移民不能;协会主席汤姆·纳西夫(Tom Nassif)认为:"华盛顿特区的反移民改革立法者是时候该认识到,技术和创新程度越高,对外国劳动力的需求就越低。"④

随着来自海外的竞争压力越来越大,而机械化生产仍无法突破,协会加大了对低技能移民的游说力度。自20世纪90年代末以来,西部种植者协会就一直游说国会,希望通过一项关于农业外来务工人员的法案,以便更好地与国外农业竞争。然而,国会没有对这一游说做出回应,部分原因是农业没有得到其他行业的协助。⑤

鉴于食品供应日益全球化,特种作物机械化生产又难以实现,加上农业移民工计划也无法在国会获得通过,结果很可能是,美国的特种作物产业将在更多领域的竞争中败下阵来。如前所述,许多国内大蒜生产商被迫停业。⑥ 西部种植者协会认为,政策制定者

---

①②《立法报告》(*Legislative Report*)(2004)。
③ Nassif (2006a)。
④ Nassif (2006b)。
⑤ Nassif (2005)。
⑥ Simonds (2007)。

权衡的结果是由国外劳动力来生产美国人消费的众多食品;"他们要么在美国境内生产、在境内供应,要么在境外生产,然后从国外向我们运送粮食。"①

最后,鉴于西部种植者协会中 80% 的劳动力是无证移民工,所以该协会的案例也可以用来检验以下主流观点:企业为了能剥削无证移民工,会力荐低技能移民限制政策。② 如果主流观念是正确的,那么考虑到执法本身就不严,而且当下的执法行动对农民并无大碍,那么协会应该会漠视执法问题。然而,如图 4.17 所示,协会却越来越重视执法问题。从 20 世纪 40 年代到 60 年代,即"布拉塞洛计划"执行期间,协会就好几次提到执法。在《移民控制和改革法》通过后,提及的次数更加频繁,因为该法案首次将雇用无证工人定为犯罪行为;而自 90 年代末以来,至少协会认为,执法力度大幅加强,执法被提及的次数也随之激增。

此外,如果主流观点是正确的,即如果农民对边境限制和执法现状感到满意,他们应该不会支持合法的移民计划。但实际上,近二十年来,同样这批农民一直在推动移民改革,以获得合法劳动力。

这些农民一直为通过一项合法的农业务工计划而奔走游说,因为他们如果使用无证劳工,就会面临两种风险。其一,农民如果雇佣无证工人将面临潜在的法律制裁,导致巨额罚款。这一要求给农民带来了额外的文书工作和法律负担。例如,为了保护自

---

① Linden (2006).
② Caldwell (2011).

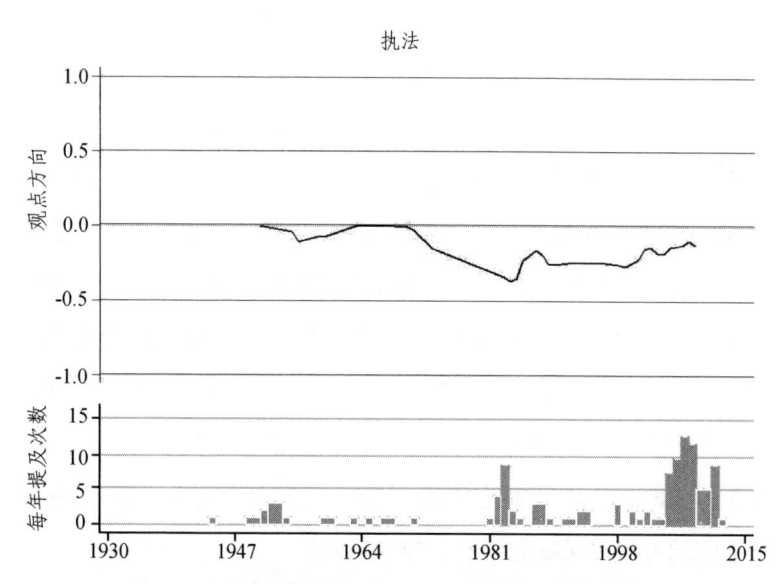

图 4.17 西部种植者协会关于移民法执法情况的观点

注：图上方的趋势线是协会对该变量的平均观点（后两个变量只是偶尔被提及），用局部加权回归平滑线（带宽为 0.25）表示。分值大于零，意味着平均来看协会持肯定观点；小于零意味着持否定观点；等于零时，表示没有观点，或肯定观点与否定观点相持平。图的下方是每年该变量被提及的文章数。数据由作者编码；详见在线附录 F 中的码本。

己，西部种植者协会向他们的农民建议："严格遵守雇佣资格审查政策（I-9 policy），在美国移民局（INS）来审查之前，审计好你的雇佣资格审查记录，不要留下污点……管好你们的工头，确保没人给你介绍来路不明的员工再从中赚一笔。这样最能避免麻烦。"[1]因此，即使农民很少因使用非法劳工而被罚款，即便是阳奉阴违，为了确保符合形式上的法律条文，他们也要比之前花费更大一笔开销。

---

[1] Linden (1997).

其二,农民如果雇佣无证工人,将面临潜在的**误工风险**(hold-up problem)。移民与海关执法局(Immigration and Customs Enforcement Agency)有权搜查农民的田地,并有可能在生产过程的关键时刻,例如收获季节,检查移民身份。如果发现工人是非法入境,移民与海关执法局可以拘留他们,让农民在节骨眼上失去劳动力。例如,1999年,移民局突袭了华盛顿州的水果包装厂。农民们开始担心他们也会遭到突袭:"我们不喜欢这种如履薄冰的感觉……在农作物收割的关键期,一旦耽搁了,就有可能损失好几英亩农作物。"[1]即使农场没有遭到突击检查,农民也担心他们的雇员会在工作地之外被逮捕或拘留,导致他们失去劳动力。因此,使用非法劳动力的农民提心吊胆,看政府脸色。

早在1983年国会讨论雇主制裁时,误工问题就被视作寻求合法劳动力的一个重要原因被提出来。之所以需要一个稳定的合法的劳动力大军,是因为国际竞争使然。"突然中断墨西哥劳工来源对柑橘产业的打击将是毁灭性的。柑橘产业的海外竞争越来越激烈,如果因劳动力短缺突然中断丰收季的采摘,那么有可能损失部分国外市场。"[2]有人指出,柑橘种植者应该像文图拉县(Ventura County)的农民在"布拉塞洛计划"终止时的做法那样,努力将劳动力"稳定"下来。那些"前布拉塞洛计划的外来务工人员成了拿到合法'绿卡'的移民,种植者鼓励他们举家移民来美国,承诺发放给养老金和健康保险等福利"[3]。

---

[1] Linden (1999).
[2][3] Mines and Martin (1983, 36).

因此，只要使用无证工人，农民就有可能面临罚款、额外的法律开销和政府移民审查引发的误工问题。为了避免这些问题，加州、亚利桑那州以及美国其他各州的农民已经向政府游说，建议通过一项合法的农业务工计划。虽然有些农民可能愿意继续利用无证工人，但仍有很多农民支持合法的农工移民计划，并为这一游说活动赞助资金。

西部种植者协会及其代表的农民在诸多方面都推翻了关于企业为了利用无证移民而支持低技能移民限制政策的这一主流观点。从20世纪40至60年代，特种作物行业不断扩张，而劳动力非常稀缺，移民是用以维持劳动力成本竞争力的重要途径。随着国际竞争加剧、贸易越来越开放，协会确实通过以下三种策略来维持竞争力：迁至海外、机械化生产或增加移民。由于前两种选择被证明难以实施，协会就把重点放在第三种策略上——增加移民。然而，关注移民并不是出于利用无证移民的动机，尽管他们的大多数工人可能是无证移民，事实恰恰相反：协会担心执法会给农民带来高额的法律成本以及更为严重的误工问题，因此竞相为合法的农业务工计划而游说。

五、小结

在本章中，我研究了贸易开放、国际竞争、企业流动性和生产率的变化如何影响企业为移民游说的意愿，这是我在第二章中所描述的因果链中的第一步。通过考察自二战以来曾在国会前就移民议题作证的团体数据以及自1998年以来曾就移民议题进行游说的团体数据，本章表明，贸易程度更高、生产率提高更有成效以及参与更多外商直接投资的行业，参与上述任何一种游说活动的可能性较小，这与我的论点相一致。这些群体对移民的支持大幅减少，以至于即使低技能移民政策获得低技能密集型不可贸易部门的鼎力支持，也于事无补。

通过对纺织业、钢铁业和劳动密集型农业的案例研究，本章揭示了这些行业如何应对日益加剧的竞争。纺织业在多数情况下，要么将生产转移到劳动力成本较低的地区——在这种情况下，首先转移到美国南部，然后转移到海外——要么选择关闭；还有一些企业志在提高生产率。不管这些企业作何选择，它们都不再支持低技能移民，这一点与我的论点相符。正如第二章所预测的那样，钢铁业重在提高生产率，这对移民不利。最后，农业难以转移生产或实现机械化生产。直到近年来，农业才面临着贸易扩大开放和国际竞争的威胁，所以该产业一直就移民议题不间断地展开游说。

此外，本章所提供的数据并没有支持文献中的其他理论解释。尽管近年来劳工组织就移民议题更频繁地展开游说，但其影响力已经式微，这一点可以从国会作证次数上看出，因此那种因工会反对导致移民限制的说法站不住脚。同样，近年来世界主义者和移民团体的游说也有所增加，但其影响力一直不大，即使是在民主党控制国会期间也是如此。本土主义团体似乎确实是移民支持者的重要抗衡者，但无证据显示本土主义的规模扩大。本土主义势力看似更强大，其实只是由于企业界对移民的支持在总体上减弱引起的。最后，农业案例研究表明，即使是使用大量无证劳动力的农业，也因担心遭受误工风险而呼吁通过一项合法的移民计划。

第五章 美国政策制定者对企业的回应

主流观点认为美国长期对移民持开放态度,但是历史真相却是另一回事。美国建国伊始,对移民没什么限制,这一情况相对持续到内战结束(图5.1)。然后从1875年到1924年间,美国通过了系列法律,对移民关上了大门。接着从1965年到1990年间,美国又进行了系列政策调整,在一定限度内对移民重新开放。最近,美国再次启动一项针对移民的闭门计划。在本章,我通过美国参议院的投票表决来剖析美国移民政策的变化,以此来检验我的因果关系论:正是贸易开放度、企业流动性和生产率的提高,而非其他因素,导致低技能移民支持减少,移民限制增多。

我从次国家层面对我的论点三个可检验的推论进行检验。当各州产业受贸易影响越来越大、流动性增强、生产更高效时,参议员在面对移民限制或移民开放的抉择时,其投票更可能倾向于限制性政策。在本章中,我没有直接衡量企业游说,而是从参议员的

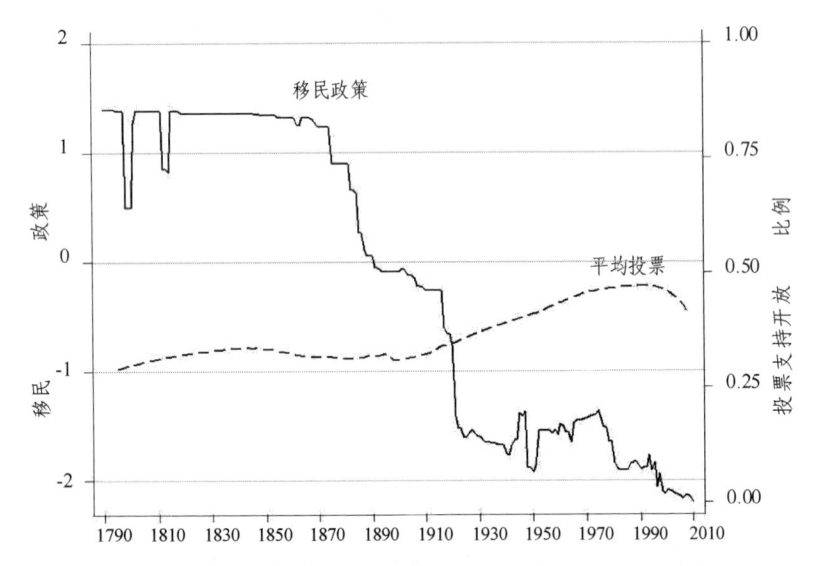

图 5.1 美国移民政策与参议员就移民议题的投票(1790—2010)

注:移民政策数据由作者编码,见第三章。投票是在某一特定年份里美国参议院所有投票的局部加权回归(loess)平滑趋势线(带宽 0.5)。编码见下文。投票数据来源于 Poole 和 Lewis(2009),Poole 和 McCarty(2009)。最初发表于 Peters(2014b),经许可后使用。

投票行为来推断。我也会检验其他理论解释:基于直接选举方式的转变和州工会的规模来分析劳工影响论;基于州福利项目的发展来分析财政负担论;基于国外出生人口的规模来分析本土主义论和移民利益团体论。在主要分析过程中,我自始至终都包括了参议员固定效应来控制意识形态。在分析结束时,我表明我的论点能够解释移民政策上的政党差异——即二战后,共和党越来越反对移民,而民主党越来越支持移民。

我截取 1865—1945 年间和 1945—2008 年间这两个不同时间段,来检验我的论点的推论,因为这两个时期影响企业的变化因素不受美国参议员控制。这样做是为了确保参议员们所感受到的移民变化不会干扰他们对贸易、企业流动性和技术方面的法案的投票决定,这些决定能进一步影响企业对移民政策的游说。在第一时段,移民政策不受全球化影响,但受美国经济的"美国一体化"(Americanization)的影响,这一点参议员们无力改变。在内战末期,美国经济依然是区域经济,企业受到各区域的"贸易保护",跨区域流动性相对薄弱。随着运输和通信技术的发展,企业很容易开展区域间"贸易",同时更有能力远离总部设厂。区域间贸易的增长使得东北部和中西部的企业受到来自其他区域,特别是来自南部区域的竞争威胁,前者主要雇佣移民劳工,而后者拥有更低的劳动力成本。有些企业无力参与竞争而选择关门,另一些企业则迁到南部以便利用当地廉价劳动力,还有一些企业通过采用劳力节省技术来提高生产率。这些变化都减少了对开放性移民政策的支持。

现代社会中,全球化导致企业的偏好发生改变,进而导致移民政策趋于限制性。全球化的推进很难在美国参议院的掌控之内。《互惠贸易协定法》(Reciprocal Trade Agreements Act, RTAA)出台后,国会在制定关税政策时,不能再放开手脚。关税及贸易总协定(GATT)和世贸组织(WTO)等国际协议的签订和机构的成立,也给贸易开放注入了持久活力,远非美国参议院的影响力所能及。这一时期,美国企业的海外迁移能力也大大提升,这主要得益于其他国家决定向外商直接投资(FDI)开放国内市场。此外,技术进步助力企业,让企业节省劳力而事半功倍。

总而言之,数据支持了我的论点。我发现贸易开放度、企业流动性和生产率的提高对参议员的投票表决产生了实质性影响。我还发现,对参议员进行直接选举会提升本土劳工的影响力,也会导致移民开放政策的支持力度下降。其他理论解释也获得了部分支持:有证据表明本土主义、国外出生人口的权力和福利国家的兴起都会影响参议员对移民政策的投票。

一、唱名投票

参议院唱名投票表明,参议院对移民政策的取向随着选民和赞助者对移民政策立场的变化而变化。在投票时,参议员会权衡意识形态立场、选民的偏好和政党领袖的意愿。总体上,参议员的投票行为应该和所在州的倾向保持一致,因为参议员要考虑所在州选民的偏好来稳固自己的地位[1]。

虽然总的来说参议员的投票会折射各自选区的民意,但未必每次投票都反映民意。因为任何一次特定投票都有其异质性,所以我将特定年份里关于移民政策的所有投票汇总,将支持开放移民的投票比例作为因变量。如果没有基于选民的因素来影响参议员的所有投票抉择的话,那将是个问题。其中一个潜在因素就是政党。正如李(Lee)认为,政党不仅希望通过对己有利的政策,还希望为自身谋取政治利益。[2] 因此,政党会利用一切制度性权力来控制议题,唱名投票议题大都是在政党之间而不是在政党内部产生分歧的议题。这一过程使唱名表决比意识形态标准理论所能预

---

[1] Canes-Wrone, Brady, and Cogan (2002), Clinton (2006), and Levitt (1996).
[2] Lee(2009).

测的更具有党派性。在参议院,议程控制及其对唱名投票模式的影响没有众议院那么明显:参议员提出修正案的能力较少受到限制,参议院还有程序性投票——如冗长辩论——可以让少数党对议案有更大的控制权。参议院对议程的控制有严格限制,分析两院投票时,众议院的党派影响力,与参议院的相比,会被明显高估。① 正因为参议院的党派分歧更小,所以更适合作为研究对象来揭示企业倾向的转变如何影响移民政策。

研究参议员投票也可以让我们检验劳工影响论这个推论。参议员是被直接选举的,而不是由州议会任命的,直接选举意味着参议员更能反映选民的意愿,而不受商业利益左右或成为政党机器。② 当各州摈弃直接任命,采用直接选举的方式后,我们预测,随着反移民的民众呼声越来越高,参议员应越来越倾向于反移民政策。

我统计了从1795年(第一次对移民提案进行投票)到2008年间所有关于移民议题的投票。③ 如同处理跨国数据一样,我涵盖了相关法规的投票,涉及以下维度:入境、执法、移民权力、入籍和难民。每年平均有1.86个法案、6.13次投票。尽管最高法院在1849年"乘客系列案"(Passenger Cases)中裁决,移民控制完全是联邦

---

① Hartog and Monroe (2011), Irwin and Kroszner (1996), and Lee (2009).
② Bernhard and Sala (2008), Crook and Hibbing (1997), Gailmark and Jenkins (2006), Lapinski (2004), and Meinke (2008).
③ 选票数据来自《投票视角》(Vote View)。Poole (2009), Poole and Lewis (2009)和 Poole and McCarty (2009)。为了确保获得所有选票,我参考了哈钦森(Hutchinson)关于1789—1965年间移民议题投票的开创性研究。Hutchinson (1981)。1965年之后的投票,我参考了 Baumgartner and Jones (2009) 和《国会季刊》相关研究 (Congressional Quarterly) (2003, 2005, 2006a, b)。

政府的权限,但是在19世纪70年代以前,国会在移民政策调控上并无大的作为(图5.2)。相比之下,从1870年到1930年,参议院几乎每年都对移民提案进行投票。出乎意料的是,国会在大萧条时期和二战期间并不关注移民问题,这或许是因为移民政策已经相对趋于限制性。从20世纪50年代开始,国会几乎每年都讨论移民法案。2008年的最后一次投票是关于加强边境安全和执法程序的。

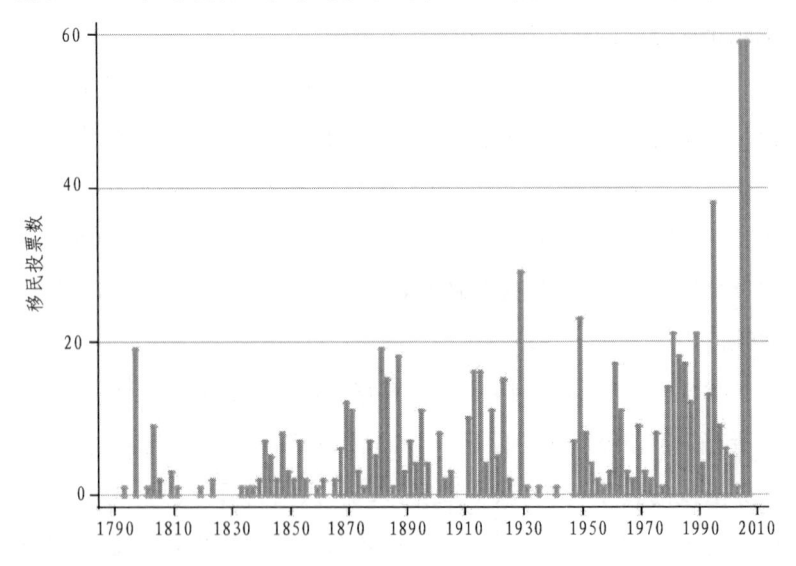

表5.2 参议院移民投票直方图

注:投票数据来源于Poole(2009),Poole和Lewis(2009)以及Poole和McCarty(2009)。

我对每一次投票,无论是修正案、程序性投票、终结辩论还是最终议案,按其性质——限制性或扩张性来编码。[①] 在对每一次投

[①] 程序性投票和终结辩论投票也被包括在内,因为这两种投票在参议院常被用来扼杀修正案或法案。限制移民的投票得分为0,支持开放移民的投票得分为1。更多关于投票的编码,参阅Peters(2014b)。

票按性质编码后,我给每个参议员的投票打分:0 或 1 分。0 分表示该参议员的投票取向是限制移民——对限制性移民法案投赞同票或对扩张性移民提案投反对票。1 表示该参议员投票支持开放移民——对扩张性移民法案投赞同票或对限制性移民提案投反对票。①

二、美国经济的"美国一体化"与移民:1790—1945

我通过考察美国经济的"美国一体化"来获得实证数据支撑,因为经济的变化在很大程度上不受参议员们的控制。这一分析的主要问题在于,参议员是否能控制美国国内贸易量、企业流动性或生产率变化。如果答案是肯定的话,那么参议员会增加国内贸易额和企业流动性来应对越来越严格的移民限制,而非现在的状况;或许还有其他变量促使参议员投票以同时支持限制性移民政策、国内贸易和企业流动性。我在下文会进一步论述,美国国内贸易和企业流动性的变化主要受技术变革驱动,以更好地帮我们厘清贸易开放、企业流动和技术发展与低技能移民政策之间的因果关系。

美国经济在这一时期的一大变化是,物资能在不同区域间实现廉价运输。尽管收费公路和隧道大大改善了运输,19世纪交通最

---

① 弃权票(或不投票)和"出席"投票,因无法确定投票人在该场合下的立场,因此不统计在内。

重要的发展却是铁路。从1830年到1920年,美国铁路从零起点发展到跨越40万公里。从1860年开始,铁路的铺设里程大幅增加,铁路干线也采用了标准轨距。[①]一旦某个地区连通铁路网,该区域就可以利用多样化渠道进入市场:唐纳森(Donaldson)和霍贝克(Hombeck)认为,没有铁路,美国1890年的国民生产总值会降低3.4个百分点。[②] 因为火车跑得更快,所以运输成本在20世纪初持续下降,货运量也不断增加。[③]

市场扩大使得商品价格趋于统一。[④] 一旦铁路网覆盖到某地,过去在地方市场垄断的小企业会被挤出市场。[⑤] 例如,横贯美国的铁路竣工后,加利福尼亚州的制造业不得不大幅裁员,因为加州的制造商无法和东部的对手竞争。[⑥] 铁路对肉类加工业也产生了类似的效应,这一产业在其发展史上曾雇佣大批移民工人。随着铁路冷藏货运车的发展,Swift & Company 将肉类加工业转移到了临近中西部的养牛区域以削减成本,活牛不再被运输到东海岸或西海岸去屠宰,而是现场屠宰,需要运输的是最终的加工品。[⑦] Swift & Company 利用铁路实现肉类加工业的集中化管理,致使

[①] Kim(1995,885).

[②] 国民生产总值之所以较低,是因为农业用地价值较低。没有铁路网,有些地区需要多支付很多运费将货物输送到市场;在另一些地区,农业根本无利可图。Donaldson and Hornbeck(2013,24).他们的估计与 Fogel 的观点基本一致,即如果没有铁路,那么国民生产总值将损失三个百分点。Fogel(1994).

[③] Kim(1995).

[④] Kim(1995,886).

[⑤] Engerman and Sokoloff(2000).

[⑥] Saxton(1971).

[⑦] Lamoreaux(2000,422-423).

数以百计的小型肉类加工企业因为丧失价格竞争优势而纷纷破产。① 因此国内贸易的增加引发生产率较低的小型企业相继倒闭,这也会导致对移民开放政策的支持减少。

尽管美国联邦政府支持铁路网的建设,但铁路网的规模不是任何一名参议员所能控制的。这一时期的许多铁路由私人融资。② 还有一些铁路获得国际融资,特别是来自英国的建设资金,这一资金被用作美国联邦政府的土地出让金(collateral land grants)。③ 尽管参议院对土地出让进行全体投票——反对或赞成票,但除了个别特别有影响力的委员会委员或担任领导职位的议员,普通参议员几乎不能按个人意愿叫停或发起某个铁路项目。更何况,许多州也参建自己的铁路网,来自其他州的参议员很难去阻止。所以国家铁路网以及各州的铁路网的连结,基本不受美国参议员们的掌控。

除了19世纪美国国内贸易的增加,美国国内企业流动性也随着技术进步而加强。电报以及后来电话的发明,使得企业内在各地的分支机构得以方便快捷地相互传递信息。打字机的发明也使书面交流更加便捷,使管理人员可以更好地管理员工、监察生产流程。④ 这些技术和管理变革让企业得以迅速扩张,并远离总部在境外设厂。

这一时期美国银行和金融业的变革也影响了企业流动性。在

---

① Lamoreaux (2000, 423).
② Eichengreen (1995, 79).
③ Eichengreen (1995, 87).
④ Yates(1993).

内战前,多数企业不得不自行融资进行设备改造,包括新建工厂。① 内战后,银行业的结构发生改变,商业票据市场和股票市场发展迅猛,企业无论在规模上还是地域上都得以扩张。② 同时,银行资本流动性限制被解除或放宽,银行间的竞争更加激烈。③ 在资本短缺的区域,银行开始面向全国发放存单,以吸引资本相对充裕的东部资金,从而能够向企业发放贷款。④ 总之,资本能轻松在全美范围内流动,企业无论位于何地都能获得短期借贷,企业得以在一个市场内为另一个市场生产物资。

在美国经济中改变企业对移民支持倾向的另一个重要因素是基于技术进步之上的不断提升的生产率。生产率的提升,在农业上尤为明显。从19世纪50年代开始,机械化耕犁、播种机和打谷机使小麦和其他谷物的生产率大幅增长。⑤ 例如,在1855年每英亩玉米所需的人工工时为109.25小时,到了1894年利用机器劳动仅需17.9工时;每英亩小麦由1829年的53.75人工耗时降至1894年的2.45机器耗时。⑥ 随着蒸汽拖拉机的应用,生产率进一步提高。1925年(即对拖拉机收集数据的农业普查第

---

① Engerman and Sokoloff (2000).
② Davis (1965,372) and Engerman and Sokoloff (2000).
③ James (1976).
④ Davis (1965,370).
⑤ 机械化收割机和耕犁在19世纪30、40年代开始出现,直到50年代它们价格下降、小麦价格上涨才开始被采用。David (1975) and Atack, Bateman, and Parker (2000).
⑥ 美国劳工部专员(1899)计算的数据,引自阿塔克等人的论文。Atack, Bateman, and Parker (2000,269).

一年),每个州平均有 10325 台拖拉机;到了 1950 年这一数据上升到约 71000 台。① 尽管农业的其他领域并非都和谷物种植一样实行机械化,如机械采棉机和摇树机直到 20 世纪中叶才面世,并且许多特种农作物至今仍以手工采摘为主,但是农业机械化的确释放了大量劳动力。1870 年美国的农业人口占比高达 16%,到 1925 年则不足 10%,在 1950 年更是下降到 6% 以下。② 生产谷物的农民不太可能再雇佣劳力,对移民劳工的需求更是减少,同时农民的子女更可能离开农场而去工厂务工,也降低了企业对移民劳工的需求。

技术进步提升了劳动生产率,影响了制造业对熟练劳动力的需求。19 世纪 30 年代到 80 年代,从手工作坊发展到工厂和装配流水线,第一次产业转型大大增加了对非熟练劳工的需求,包括妇女、儿童和移民,这可能加大了对移民开放政策的支持。19 世纪 90 年代开始,第二次产业转型从工厂转向了不间断的批量生产,对熟练劳工的需求激增,非熟练工人逐渐被淘汰。③ 即使是继续使用装配线生产的企业,随着自动化程度的提高和管理方法的改进,生产率也大幅提升:制造业中每家工厂创造的价值从 1850 年的平均 199.83 美元上升至 1939 年的平均 614.96 美元。④

---

① Data from Haines, Fishback, and Rhode (2014).
② Calculated from Ruggles et al. (2010).
③ Goldin and Katz (1998)。
④ 产值的数据和持薪工人数量来自人口普查局(不同年份 b),CPI 数据来自 Officer and Williamson (2015)。

(一) 检验"美国一体化"效应

表5.1检验了区域市场的"美国一体化"、生产率的提高以及参议员选举方式的改变如何影响了参议员对移民议题的投票。因变量是某特定年份赞成开放移民的投票比例。这一变量表现了参议员在某一特定年份对移民的总体支持情况。考虑到各政党在这一时期的意识形态变化以及民主党中南方保守派和北方劳工派奇特组合,我使用参议员固定效应而不是政党固定效应来控制参议员的意识形态。参议员固定效应的使用也意味着:数据结果可以评估某位参议员任期内所发生的变化如何影响他(她)对移民提案的投票,而不是评估参议员之间的差异如何影响其投票行为,后者更难检验。同时被包括进去的还有年份固定效应,用以控制影响整个美国的年度冲击,以及线性时间趋势,用以控制时间趋势。因为多数观测结果都在[0,1]区间,我使用普通最小二乘法(OLS)回归。

正如我在第三章中指出的,贸易开放、企业流动性和生产率的变化效应,并非即刻而是要隔段时间才能体现。在第三章,我通过检验滞后变量来探讨这一问题。在本章,许多变量数据只有在人口普查年份才能获得。我使用的数据是上一次人口普查年的数据,这样在某种意义上可以将时间滞后效应融入回归分析。[1]

---

[1] 由于部分数据缺失,我没有使用多重估算,因为产生的预测会出现很大的标准误差。

表 5.1 州际贸易和企业流动性对参议员移民政策倾向的影响

因变量：支持移民开放的投票比例	(1) 1850—1936	(2) 1850—1936	(3) 1870—1914	(4) 1882—1914	(5) 1882—1936	(6) 1882—1936	(7) 1882—1914	(8) 1882—1936	(9) 1882—1936
美国铁路	−0.01* (0.01)	−0.01+ (0.01)	—	−0.02 (0.02)	−0.00 (0.01)	−0.00 (0.01)	−0.02 (0.02)	−0.01 (0.01)	−0.01 (0.01)
州铁路	−0.60 (1.71)	−0.43 (1.63)	—	0.91 (3.56)	1.70 (2.34)	1.72 (2.28)	0.27 (3.50)	1.14 (2.50)	1.16 (2.45)
美国铁路与州铁路的交互效应	0.02 (0.03)	0.02 (0.03)	—	−0.01 (0.03)	0.01 (0.03)	0.01 (0.03)	−0.01 (0.03)	0.00 (0.03)	0.00 (0.03)
南方与美国铁路的交互效应	0.00 (0.01)	0.01 (0.01)	—	0.00 (0.02)	−0.00 (0.02)	−0.00 (0.02)	0.00 (0.02)	−0.01 (0.02)	−0.01 (0.02)
西部山区与美国铁路的交互效应	0.03*** (0.00)	0.03*** (0.00)	—	0.03* (0.01)	0.04*** (0.01)	0.04*** (0.01)	0.03* (0.01)	0.04*** (0.01)	0.04*** (0.01)
西部与美国铁路的交互效应	−0.00 (0.01)	0.00 (0.01)	—	−0.01 (0.03)	−0.00 (0.02)	−0.00 (0.02)	−0.01 (0.03)	−0.00 (0.02)	−0.00 (0.02)
南方与州铁路的交互效应	−7.06 (4.79)	−6.84 (4.93)	—	−7.44 (5.78)	−13.53* (5.96)	−13.53* (5.93)	−6.63 (5.30)	−12.76* (5.81)	−12.76* (5.78)
西部山区与州铁路的交互效应	51.83*** (12.12)	51.91*** (11.87)	—	53.30* (19.82)	83.83** (26.08)	86.14** (24.38)	54.31** (19.09)	84.49** (26.44)	86.80** (24.73)
西部与州铁路的交互效应	−47.06** (14.13)	−44.95** (14.38)	—	−139.93*** (35.46)	−127.65*** (29.21)	−127.33*** (29.61)	−140.90*** (36.46)	−125.66*** (28.61)	−125.37*** (29.01)

161

续表

因变量：支持移民开放的投票比例	(1) 1850—1936	(2) 1850—1936	(3) 1870—1914	(4) 1882—1914	(5) 1882—1936	(6) 1882—1936	(7) 1882—1914	(8) 1882—1936	(9) 1882—1936
南方、美国铁路与州的投票的交互效应	0.06 (0.11)	0.04 (0.12)	—	0.03 (0.04)	0.19 (0.16)	0.19 (0.16)	0.03 (0.05)	0.20 (0.16)	0.20 (0.16)
西部山区、美国铁路与铁路与州的交互效应	−1.62*** (0.20)	−1.62*** (0.19)	—	−1.90*** (0.33)	−2.47*** (0.42)	−2.48*** (0.40)	−1.89*** (0.32)	−2.49*** (0.45)	−2.50*** (0.43)
西部、美国铁路与州的投票的交互效应	0.76* (0.34)	0.65+ (0.36)	—	2.34*** (0.48)	2.07*** (0.59)	2.06** (0.59)	2.35*** (0.49)	2.05** (0.57)	2.04** (0.56)
直接选举	—	−0.08** (0.03)	0.10 (0.19)	−0.07*** (0.01)	−0.09*** (0.02)	−0.09*** (0.01)	−0.07*** (0.01)	−0.09*** (0.02)	−0.08*** (0.02)
金融一体化	—	—	−0.32 (0.26)	−0.10 (0.23)	—	—	−0.10 (0.23)	—	—
南方与金融一体化的交互效应	—	—	0.41** (0.11)	0.88*** (0.13)	—	—	0.89*** (0.13)	—	—
西部山区金融一体化的交互效应	—	—			—	—		—	—

续表

因变量:支持移民开放的投票比例	(1) 1850—1936	(2) 1850—1936	(3) 1870—1914	(4) 1882—1914	(5) 1882—1936	(6) 1882—1936	(7) 1882—1914	(8) 1882—1936	(9) 1882—1936
西部与金融一体化的交互效应	—	—	0.11 (0.27)	0.06 (0.33)	—	—	0.06 (0.33)	—	—
南方与金融一体化(est)的交互效应	—	—	—	—	—	−0.11 (0.23)	—	—	−0.12 (0.22)
西部山区与金融一体化(est)的交互效应	—	—	—	—	—	0.84*** (0.15)	—	—	0.84*** (0.15)
西部与金融一体化(est)的交互效应	—	—	—	—	—	0.03 (0.31)	—	—	0.03 (0.31)
农业技术(马和骡)	—	—	—	—	−0.16+ (0.08)	−0.16+ (0.08)	—	—	—
%谷物	—	—	—	−0.38 (2.63)	−4.60* (1.97)	−4.57* (1.92)	−0.95 (1.15)	−1.89* (0.69)	−1.91* (0.69)
附加值	—	—	—	—	—	—	−0.35 (3.04)	−4.13+ (2.42)	−4.10+ (2.33)

163

续表

因变量:支持移民开放的投票比例	(1) 1850—1936	(2) 1850—1936	(3) 1870—1914	(4) 1882—1914	(5) 1882—1936	(6) 1882—1936	(7) 1882—1914	(8) 1882—1936	(9) 1882—1936
加权关税	—	—	—	3.06 (2.09)	4.68** (1.65)	4.71** (1.61)	3.08 (1.99)	4.55** (1.39)	4.58** (1.35)
%国外出生人口	—	—	—	−3.39+ (1.88)	0.90 (1.19)	0.83 (1.20)	−1.82 (3.26)	1.20 (1.03)	1.13 (1.03)
%国外出生人口^2	—	—	—	6.50 (3.04)	−1.27 (2.62)	−1.11 (2.66)	3.96 (5.15)	−1.55 (2.16)	−1.39 (2.17)
观测数据	3866	3866	2362	1564	3168	3168	1564	3168	3168
决定系数 R^2	0.121	0.122	0.006	0.148	0.124	0.126	0.148	0.124	0.126

注:包括但未显示:线性时间趋势、常量。所有模型都包括参议员国定效应、年份固定效应。除了列(3),健标准误差(Robust standard errors clustered by Congress)。+ $p<0.10$,* $p<0.05$,** $p<0.01$,*** $p<0.001$。括号中显示的是国会聚类稳铁路里程数(10000公里)除以州的大小(数据来源于Carter et al.,2006),数据来源于Comin and Hobijn(2009)。州铁路指该州内铁路里程数(数据未源于Lapinski(2004)。美国铁路指美国全部份 d])除以州的大小(数据来源于Carter et al.,2006),数据来源于Comin and Hobijn(2009)。州铁路指该州内铁路里程数(数据未源于Lapinski(2004)。金融一体化(finacial integration)指利率变异系数(coefficient of variation)的平均值。直接选举指直接选举指标,数据未源于Davis(1965),而金融一体化(est)用1910—1914年过五年的平均值来表示两年间每一年的值。加权关税(weighted tariff)指该州就业加权的关税率,数据未源于Haines,Fishback,and Rhode(2014)。农业技术(马和骡),指马和骡每个人口(以百万计),%合物指该州生产的源于Ruggles et al.(2010).%国外出生人口(% foreign-born)和%国外出生人口^2(% foreign-born^2)分别指该州的国外出生人口占比及其平方,数据未源于Ruggles et al.(2010)。南方(South)与美国人口普查局的定义一致,西部山区(Mt. West)就业数据和西部(West)逐循校际政治和社会研究联盟数据档案(ICPSR)的定义,州的大小、马和骡、%谷物,附加值和州就业按行业划分,国外出生人口数据依据上一个人口普查年的数据。

164

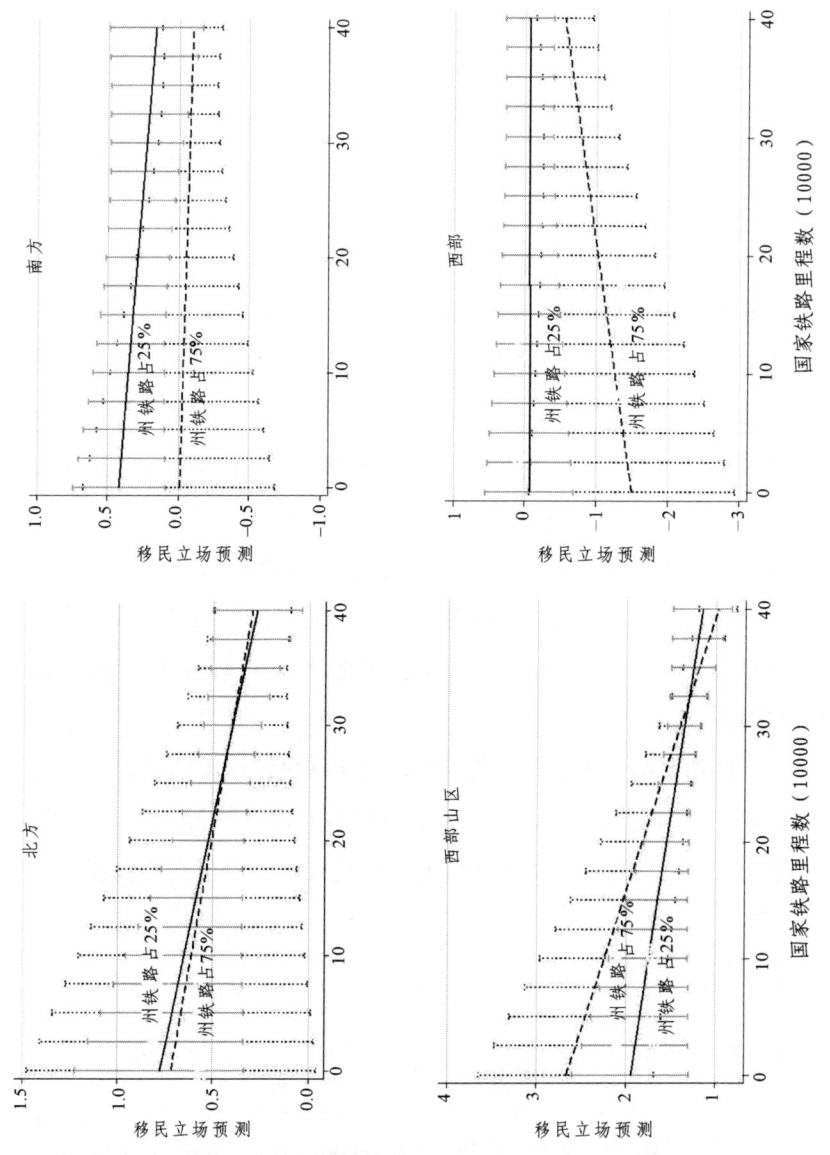

图 5.3　美国铁路网和州铁路网对移民支持的影响

注：模型 1 所预测的移民支持。实线是州铁路在该区域第 25 个百分位时的影响，虚线是第 75 个百分位时的影响。条形代表 95% 的置信区间，虚条形（dashed bars）代表第 75 个百分位的置信区间。年份的变量设置在 1912 年，该年份的固定效应接近 0，时间趋势变量设在区域的中位数。由于年份固定效应的约束，预测结果并非都在 0 和 1 之间。

1. 美国国内贸易对移民支持的影响

我认为美国国内区域间贸易发挥着类似于国际贸易的作用，国内贸易增长造成低技能劳动密集型企业关闭，随之导致移民开放政策失去重要的支持力量。为了检测贸易能力，我考察了美国全美铁路网与各州铁路网的覆盖里程的交互效应。美国铁路网规模越大，意味着国内各地区的铁路连接越密集，贸易也变得更容易。[1] 当然，贸易增长对某个州带来影响的前提是，某个州必须连接到铁路网络。为了衡量某个州与全国铁路网的连接程度，我用某个州内的铁路总里程数除以全国铁路总里程数。[2] 然后我考察了美国铁路网的规模和州铁路网的规模的交互效应。此外，分析显示，北方铁路网产生的影响和南方、西部山区、西部铁路网产生的影响并不相同，所以这些地区交互效应项也被包括在内。[3]

铁路网络的扩张对于美国参议员在移民议题上的投票有预测作用。因为很难解释一个三方交互效应项，所以图5.3用模型1显示美国铁路规模的变化如何影响不同地区的参议员在移民议题上

---

[1] 全美铁路里程数数据来自 Comin and Hobijn (2009)。
[2] 州铁路数据来源于人口普查局（不同年份 d），州面积来源于 Carter et al. (2006)。我使用的是上一个普查年的州面积；这一时期的大多数州已经有固定的边界。
[3] 南方按美国人口普查局的定义，包括以下一些州：特拉华州(DE)、马里兰州(MD)、弗吉尼亚州(VA)、西弗吉尼亚州(WV)、肯塔基州(KY)、北卡罗来纳州(NC)、南卡罗来纳州(SC)、田纳西州(TN)、佐治亚州(GA)、佛罗里达州(FL)、亚拉巴马州(AL)、密西西比州(MS)、阿肯色州(AR)、路易斯安那州(LA)、得克萨斯州(TX)和俄克拉荷马州(OK)；西部山区各州按 ICPSR 的定义，包括亚利桑那州(AZ)、科罗拉多州(CO)、爱达荷州(ID)、蒙大拿州(MT)、内华达州(NV)、新墨西哥州(NM)、犹他州(UT)和怀俄明州(WY)；西部各州按 ICPSR 的定义，包括加利福尼亚州(CA)、俄勒冈州(OR)和华盛顿州(WA)(阿拉斯加/AK 和夏威夷/HI 当时还不是州)。

的投票。所有九个模型即使包括其他变量,也都显示了相似效应。对北方来说,美国全美铁路网要比州铁路网的建设产生更大的负面效应。这可能是因为北方较早建设铁路,北方要和其他地区连接的话,必须要等其他地区都建成自己的铁路网。对南方来说,我们发现州铁路网的建设对移民支持产生很大的负面效应,因为铁路覆盖率在第75个百分位时,参议员为开放性移民政策投票的可能性极低。南方铁路建设起步较晚,多数铁路为1885年以后建成,那时全美一半以上的铁路已被建成,这意味着州铁路与全国铁路网联通的意义比铁路网络的总规模要重要得多。西部山区铁路建设也相对较晚,出于同样的原因,如果州铁路网规模较大,与全国铁路网连接意义更重大。最后是西部,和南方一样,州铁路规模越大,对移民支持投票产生影响越大,但随着全国铁路网规模的扩大,这种影响被削弱,部分原因是受到加州的影响。正如我将在下文中详细论述的那样,1869年横贯大陆的铁路相对较早地竣工,这却对移民开放的支持者造成了沉重打击,因为旧金山的许多企业纷纷倒闭。美国西部的铁路网在此期间规模还很小,这可能加剧了负面效应。

2. 普通选民权利增加对移民支持的影响

接下来我用模型2来检验对参议员的直接选举方式是否对参议员的移民开放支持产生影响。直接选举参议员意味着要收回商业利益集团的权力,转而交给普通选民。鉴于普通选民往往反对移民,这一选举方式的改变意味着,参议员为迎合选民会更频繁地投移民限制票。为了检验这一点,我设置了一个编码值为

1 的指示变量,代表该州采纳普遍控制机制的年份及随后的所有年份。① 在 1913 年《第十七修正案》(Seventeenth Amendment)批准之前,所有没有采用普遍控制机制的州编码为 0,而 1913 年采纳之后编码都为 1。20 世纪的头十年,西部、中西部和南部已经采纳其中大部分措施。东北部大部分地区直到《第十七修正案》正式出台之后,才被迫采纳这些措施。

我发现直接选举往往促使参议员的投票偏向限制性移民政策,但是选举方式的改变并没有改变铁路网的影响(系数在大小和显著性上大体未变)。直接选举参议员之所以成为可能,部分原因归功于进步运动(Progressive movement)的努力,但进步运动是反移民的。因此,直接选举和移民议题投票之间的关系可能具有欺骗性——直接选举仅仅是进步运动力量强大的标志。为了检验这一点,我只对那些在《第十七修正案》颁布后转而采纳直接选举的州再次进行了同样的回归分析。如果直接选举的影响仅仅体现进步运动的力量,鉴于进步运动不足以强大到改变这些州的选举,那么这些州的直接选举和移民议题投票应呈现正相关关系。但结果显示,这些州的直接选举与参议员对移民议题的投票呈负相关关系。在模型 9 的回归分析中,我特别加入直接选举的编码,指标系数为 -0.10,$p<0.1$。② 这表明,直接选举赋予选民更大的权力,促使参议员的投票更多地倾向限制性移民政策。

3. 美国国内企业流动性增加对移民支持的影响

第三,我检验企业流动性的加强是否会促使参议员在投票时

---

① 这一点与 Lapinski (2004)的编码相似。
② 参见在线附录 C 的回归表。

更多地倾向限制性移民政策(模型3)。理想情况下,我们有一个类似于第三章中的指标,该指标能测量其他国家对外商直接投资(FDI)的限制;然而,法律不允许各州限制企业在美国境内的流动性;而且我们也没有办法测量促进企业流动性的技术手段。所以我使用金融市场一体化作为替代手段。当一体化程度更高时,企业更容易在工厂和总部之间跨州转移资金,也更容易为不同地点的工厂融资。

为了衡量金融市场的一体化程度,我用银行利润的变异系数来衡量区域资本市场的一体化程度。① 变异系数是银行利润的标准差除以平均利润。如果资本在全美完全流动,所有银行都应该获得相同的利润,因为资本会从利润较低的地区流动到利润较高的地区。② 因此,资本在较低水平的变异系数上流动性更强,在较高水平上流动性更弱;为了便于解释,我将变量重新设置为1减去变异系数,这样分值越高表示一体化程度越深。③ 因为变异系数在全美是相同的,在模型3中,我去除了年份固定效应(与变量共线)。因为只能获取从1870年到1914年间银行资本的数据,所以为了在模型6和模型9中获得更长的时间跨度,我使用1910—1914年的五年平均值作为随后每一年的值。我假设一旦一个全国

---

① 因为变量系数只能在国家层面上测量,所以这一变量只能历时变化,而不能跨州变化。
② 这一实证策略和Hiscox(2002)测量资本是否在行业间流动的方法相似。
③ 为了设置这一变量,我使用了加权的美国非储备城市银行的银行业务区域净利润数据,数据来源于Davis(1965)。数据被各区域银行有收益资产加权,降低了区域大城市银行的重要性。大城市的银行利润比整个美国的银行利润来得要快,因为资本更可能流向大城市。同样,储备银行的城市利润比非储备银行的城市利润要来得快。最后为控制跨区域的不同风险水平,我使用的是净利润而不是毛利润。

金融市场建立起来,除两次世界大战期间,一体化程度并不会减少(太多)。

我发现金融市场一体化因地区不同而产生不同的影响,这也与对金融一体化的预测相似。金融一体化对北方几乎没有影响;北方拥有最活跃的金融市场,成为评价其他市场的标准,因此系数为零。对南方而言,影响系数为负数(银行资本系数和交互效应之和为-0.21,$p<0.05$);随着资本一体化程度加深,南方参议员更加反对移民。企业流动性对南方的影响有些反常,因为北方许多低技能劳动密集型企业,被南方的相对低工资水平所吸引,于是利用新获得的流动性向南方转移。我认为,南方政客之所以倾向于投票限制移民,目的是要保住南方的低工资优势。正如第四章中纺织企业的例子所示,增加移民会降低北方的企业成本,但对南方企业影响不大,因为移民很少选择去南方。①

对于西部山区,影响系数是正数(0.51,$p<0.05$)。西部山区的制造企业伴随着金融一体化的加深获得了发展,②移民数量也随之增加。③与南部不同,西部山区的参议员们有支持移民的动机,因为更多低技能劳动密集型企业迁往他们所在的各州,会使当地的企业具有竞争优势。最后,金融一体化对西部没有影响。与我们在第三章和第四章中看到的结果相似,企业流动性的影响似乎小于贸易开放的影响。可能是因为这一指标衡量的结果与企业的实际流动性相差甚远,也有可能是因为贸易开放会波及所有企业,而

---

①③ Ruggles et al. (2010)。
② 人口普查局(各年份 b)。

通常只有大企业才有能力转移生产。

4. 生产率的提高对移民支持的影响

我认为技术运用和生产率的提高也会减少对移民的支持。测量农业的生产率，我使用了两种指标，测量制造业使用了一种指标。农业的第一个指标是该州的马和/或骡的数量（以百万计）（模型 4、5 和 6）。[1] 在这段时期的大部分时间里，多数农民依靠马和/或骡拉运农业机械，包括犁、割草机和收割机。[2] 第一台商用汽油拖拉机直到 1902 年才出售（农业普查直到 1925 年才开始计算拖拉机）。[3] 因此，马和骡子取代了手工劳动，提供了大部分的马力（名副其实的马力）。马和骡数量越多就意味着生产率水平越高，对劳动力的需求越少。第二个衡量标准是该州生产的谷物数量与全国生产总量占比（模型 7、8 和 9）。[4] 谷物是主要依靠机械化生产的第一大类商品。因此，大量生产谷物的州应该比大量生产劳动密集型农作物的州需要更少的劳动力。

对于制造业，我使用了一种更直接的测量生产率方法，即载入记录的每名工人的实际增加值。[5] 我们可以获得从 19 世纪 80 年代中期至今的生产率变化数据，这使我们能够检验生产方式的转

---

[1] 数据来源于 Haines, Fishback, and Rhode (2014)。
[2][3] White(2008).
[4] 数据来源于 Haines, Fishback, and Rhode (2014)。谷物包括所有草本植物类的商品，包括玉米，可以用机械收割机轻松收割；各类小麦、玉米、燕麦、黑麦、野草、苜蓿和三叶草都是谷物，但大米不包括在内。谷物占比与马和骡子的数量高度共线，因为役畜在生产中被大量使用，因此不包括在同一模型中。
[5] 增加值的数据来自《制造商普查》和人口普查局（各年份 b），CPI 数据来自 Officer and Williamson (2015)，使用的是上一个普查年的数据。

变——从工厂转向持续的批量加工——所产生的影响,即制造业企业会减少对低技能移民的支持。

生产率的提高对参议员的移民投票产生负面影响。在农业方面,模型 5 显示,马和骡的数量从第 25 个百分位(大约 10 万只)增加到第 75 个百分位(大约 60 万只)时,对开放移民的支持减少 0.08($p<0.1$),而在模型 8 中谷物的百分比从第 25 百分位(0.4%)增加到第 75 百分位(3.3%)将导致对移民的支持下降 0.06($p<0.05$)。在工业方面,模型 5 中每个工人附加值(相当于 1982—1984 年间的 1000 美元)的一个标准差的变化导致对移民的支持下降 0.02($p<0.05$)。生产率的提升削弱了贸易开放对北方各州的影响。由于东北部和中西部的企业通常最先采用新技术,这些结果表明北方企业通过提高生产率来应对来自其他地区的越来越激烈的竞争。

5. 国际贸易开放程度提高的影响

"美国化"进程并不是这一时期仅有的一体化进程;还有大量的国际贸易。日益开放的国际贸易,与日益繁荣的国内贸易一样,产生类似的效应:企业倒闭,伴随着企业对移民开放的支持也化为乌有。为了衡量企业和农业在每个州得到的贸易保护程度,我设置一个加权关税变量,按该州某行业的就业数量对行业关税数据加权。[1] 如果我们计入这时期的最后几年——即"美国化"即将完成、国际因素可能发挥更大影响力的阶段——我发现,来自关税较

---

[1] 关税数据来自人口普查局(不同年份 e),就业数据来源于 Ruggles et al. (2010),由作者计算得出。

高的州的参议员比来自贸易保护较少的州的参议员更有可能支持移民开放,这与我的论点一致。

6. 对其他理论的支持

最后,我来检验移民政策其他两种理论解释:本土主义论和移民利益团体论。我用州移民比例来检验这些论点。一方面,在这段时间里,欧洲移民很容易成为美国公民。因此,即使参议员所在州的国外出生人口并非都是美国公民,他们也被视为潜在选民。那么,移民比例越高,参议员应更加支持移民。另一方面,移民增多可能会引起本土主义者的强烈反对,也有可能会让参议员减少移民支持。哪种效应占主导地位还需要实证数据来考证。我把国外出生人口占比及其平方都算在内,以解释数据中出现的非线性。[1] 模型 4 显示,国外出生人口具有统计学上的显著效应。总的来说,国外出生的人口越多,对投票产生的负面效应越大,这与本土主义论的观点基本一致。而在较高水平上,移民增加所产生的边际效应下降;如果外国出生人数达到人口的 50%(超出数据范围),国外出生人口将产生积极的影响。这种较小的边际效应与另一种观点相一致,即移民本身可以助推移民的开放程度,但这种情况发生的前提是移民在总人口中的占比较大。在其他参数模型中,国外出生人口占比呈现类似的模式,但不具有统计学显著意义。这表明本土主义者和移民都影响参议员的表决。

---

[1] 数据来源于 Ruggles et. al. (2010)。由于没有足够的数据来进行多重归因,因此使用了上一个人口普查年度的数据。1890 年人口普查没有数据,因此采用了 1880 年和 1900 年的平均值;1891—1899 年使用 1900 年的数字。

7. 为什么企业没有大规模迁移至南方？

企业流动性的加强使企业能够利用南方低廉的劳动力成本。有趣的是，为了不让北方企业获得更廉价的移民劳动力，南方减少对移民开放的支持，以此希望保护南方企业的竞争力来对抗北方企业；然而，1917年至1924年间苛刻的移民限制政策导致另一个后果：南方工人最终选择在二战期间及二战后从南方迁移到北方，这反而削弱了南方的低工资优势，南方等于搬石头砸了自己的脚。当然，20世纪初的南方政客们似乎并没意料到越来越严格的移民限制会导致从南到北的美国国内大迁移。

早在第一次世界大战期间，南方人口就开始外迁，战争因素减缓了这一进程，但南方政客们万万没想到，有一天南方会出现如此大规模的劳动力北迁。重要的是，20世纪初，非裔美国人在北方工厂遭受歧视和低工资待遇，因此南方非裔在那时也不想外迁。[①] 与这一时期中西部的农场家庭不同，南方农场上，非裔农户的孩子们仍需要在农场帮忙；南方的主要经济作物——棉花，与谷物的情况相似，还没有实现机械化；另一方面，由于资本市场的歧视，非裔美国农民很难通过贷款来提升劳力节省技术。直到第二次世界大战后，这一情形才有所改观。大萧条时期的农业政策和机械采棉机的应用取代了佃农，[②]国家颁布反歧视法，这使得在北方很容易找到工作[③]，这一系列变化激励大批非裔美国人离开南方。由于导致这些变化的都是南方政客们难以预料到的外在因素，所以在20世

[①][③] Collins(2003).
[②] Whatley(1983).

纪初或 20 年代,南方政客们认为不可能出现工人大规模外流也是情有可原的。因此,南方参议员投票反对移民是合情合理的:他们阻碍北方获得移民劳工,以保住南方企业的低工资优势。

总的来说,美国全国市场的建立对美国参议员的移民投票所产生的影响,类似于全球化对各国低技能移民政策所产生的影响。随着美国市场一体化加深,尤其等铁路建设促进了国内贸易之后,贸易和企业流动性对许多州产生了深刻的影响,来自这些州的参议员们越来越不支持移民开放。生产率的变化很难在跨国层面上衡量,这也是参议员们不太支持移民开放的一个重要因素。来自在国际竞争中更加受益于贸易保护政策的各州的参议员,在更大程度上支持开放移民。最后,本土主义和移民游说也会影响参议员的投票表决,这一点在本研究中也获得了数据支撑:来自移民较多的州的参议员比来自移民较少的州的参议员更反对移民开放,但这种效应随着移民的大幅增加又开始减弱。

(二) 排华和横贯大陆铁路

尽管我的论点有数据支持,即美国区域市场一体化导致了对低技能移民的限制,但对于有些法案的通过,本土主义显然发挥了作用,其中一项就是《排华法案》。该法案通过的主要原因是本土工人日益高涨的反华情绪。[①] 然而,本土主义的反华情绪早在《排华法案》通过之前就已出现苗头:1852—1854 年爆发矿工暴动,直指在金矿工作的中国移民;1867—1869 年间,白人矿工再次袭击中

---

① 可参阅 Boswell (1986) and Saxton (1971)。

国矿工;1876—1882年间,白人工人和小企业主与民主党联手起草了《排华法案》。① 为什么早期的仇外浪潮没有导致立法,而最后一波却办到了?

1869年横贯大陆铁路建成,将东部和中西部工业区与西部连接起来。铁路的建成对加州的经济产生了两大影响。首先,铁路竣工导致华人和白人劳工被大规模裁员,工资水平下降。② 其次,它导致加州经济衰退,因为加州生产商竞争不过东部生产商,后者生产效率往往更高,劳动力成本更低。相比之下,加州的华人工资仅略低于东部的白人劳工,而加州白人劳工的工资往往是东部劳工的两倍。③ 这场竞争迫使加州的制造商提高生产率,有些企业通过机械化来提高生产率,有些干脆关闭工厂。工厂关闭导致工资水平下降。我认为,横贯大陆铁路建成以后,需要中国移民的企业越来越少,而对其他企业来说,对新移民的需求也越来越少,因为这些企业可以利用下岗的白人和华人劳工。

为了检验这一假设,我对该州的华人移民的占比对参议员的投票行为的影响进行回归分析,同时设置了时间周期指标,并考察了中国移民占比与该指标对投票行为的交互效应。鉴于中国移民起初受到欢迎(或至少没有被禁止),这个检验旨在考察从何时开始,该州的大量华人移民从造福社会的有力工具沦为受到排挤的累赘负担。如前面一样,我使用了OLS回归分析;参议员固定效应、年份固定效应和线性时间趋势都包括在内;此外还包括国会聚

---

① Boswell (1986, 356).
② Boswell (1986) and Saxton (1971).
③ Boswell (1986, 363).

类标准差。我把时间划分为横贯大陆铁路建成前后阶段(1869年或1870年建成,因为直到1869年11月铁路才修达奥克兰)和几个对照期,包括铁路建成前后的几年;1881年是《排华法案》首次通过的前一年;1897年是随机选择的一年;1914年是第一次世界大战起始年。所有的回归分析都包括了这一时期内所有年份的数据,而不仅仅是关系断裂前后的年份。① 如果我的论点是正确的,我们应该发现基于国外出生的华人占比对移民支持政策的影响会出现结构性断裂,而这一断裂一定发生在铁路建成时,而不是对照期。在铁路建成之前,华人的影响系数应该是正数,因为华人移民受到雇用劳动力的企业的支持。之后系数应该变成负数,因为大多数中国移民所在的西部企业可能会使用下岗工人,导致对开放移民的需求减少。

  图5.4显示了各州华人移民占比的影响系数和交互效应项。在铁路建成之前(1869年和1870年都有断裂),华人移民的效应是正数,具有统计上的显著性;华人移民较为密集的州——美国西部各州——总体上更支持移民,包括支持涉及中国移民的法案。1869年或1870年以后,华人占比对参议员投票行为没有影响或(当加入占比平方项的话)略显负面影响。从图5.4中可以看出,这种断裂只发生在铁路完工的那一年和下一年。如果我们按铁路建成之前或之后很长时间之后的某个节点来划分的话,都不会发现同样的结果。邹检验(Chow test)进一步表明,只有发生在1869年和1870年的结构性断裂具有统计学显著意义。

---

① 回归表可参阅在线附录C。

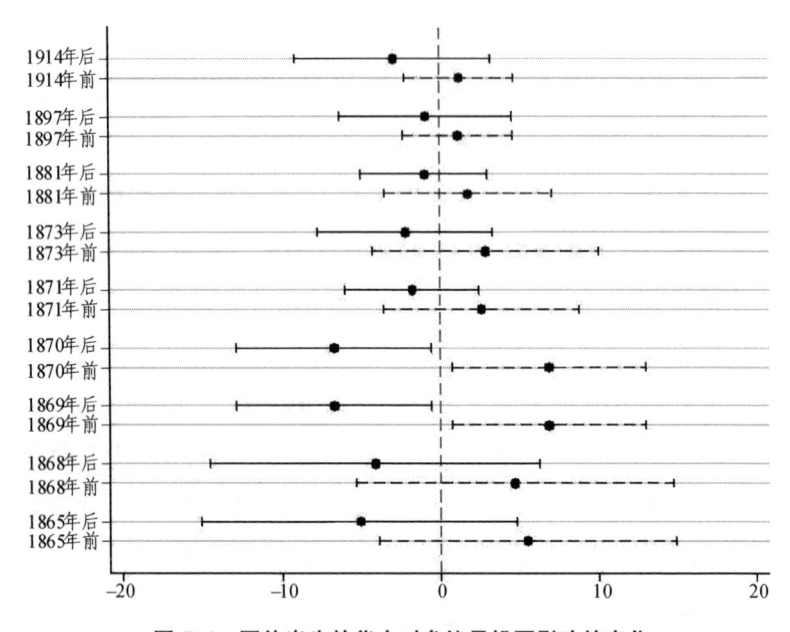

图 5.4　国外出生的华人对参议员投票影响的变化

注：国外出生的华人占比对开放移民政策的投票比例的最小二乘法（OLS）回归系数与时间段指标的交互效应和 95% 置信区间。**前期阶段**（Pre-time period）是华人占比的影响系数（虚线 95% 置信区间），**后期阶段**（Post-time period）是华人占比与时期指标的交互效应（实线 95% 置信区间）。回归中包括所有年份的数据，此外包括参议员固定效应、年份固定效应和线性时间趋势。

因此 1869 年或 1870 年发生的事件导致华人移民数量对参议员的移民投票产生了影响。与我的观点一致，在铁路建成之前，由于运输成本高，西部企业反而受到了保护。生产规模的扩大相应增加了对劳动力和移民的需求。铁路建成后，这种保护不复存在，面临的竞争越来越激烈，最终引发部分企业倒闭。这一时期与 1890 年之后的时期不同，大企业没有实现生产机械化，意味着企业还不能经常使用高技术劳工来取代低技能移民、童工或女工。小企业通常缺乏资本来实现机械化，只能被迫使用旧技术生产，需要雇用更昂贵的白人男性劳工。① 小企业主认为，如果他们能消除大企业利用移民劳动力的优势，就能重拾竞争力。② 事实上，大企业主根本不需要引进更多移民劳动力——由于铁路裁员和其他企业倒闭，劳动力成本已经下降，因此大企业主可以选择就其他议题展开游说或根本不游说，任由反华移民法案通过。

三、现代全球化和移民(1950—2008)

对于参议员的投票行为，在现代社会中我们可以进行实证追踪研究。1950年后的美国进入一个贸易开放、企业流动性增强和移民限制日益增多的时代。与前章一样，确定因果关系的主要障碍在于，要判定是因为贸易开放度或企业流动性增加而导致参议员们加大移民限制，还是存在其他变量导致参议员们选择了政策组合拳，同时开放贸易、增强企业流动和限制移民。我认为，贸易开放和企业流动性在这一时期很大程度上不受参议员控制，这让我们能够确定因果关系。

随着1934年《互惠贸易协定法》(RTAA)的通过，国会在关税政策上受到更大的束缚。《互惠贸易协定法》及其后继措施——贸易促进授权(Trade Promotion Authority)或快行道程序(Fast Track)，允许总统与其他愿意降低关税的国家协商签订互惠贸易协定，1974年后，也可以协商非关税壁垒(NTBs)。对于这些协定，国会只能投赞成或反对票，不能修改协定。《互惠贸易协定法》和

---

①② Boswell (1986).

快行道程序意味着,对于关税和后来的非关税壁垒,参议员在批准谈判授权或条约时,只能选择维持现有的关税率和非关税壁垒,或选择新的更低关税率和更少的非关税壁垒。在整个时期,参议员无法投票来提高关税,鉴于越来越严格的移民限制,如果参议员能够对企业游说做出回应,其回应就是降低关税,这符合我们的预期。

此外,参议员选择维持现状,实际上在许多情况下等同于选择降低关税,因为具体的关税被通胀抵消了。欧文(Irwin)估计,从1932年到1954年,只有29%的关税下降缘于关税削减,其余归因于通货膨胀。[1] 国会本可以根据通货膨胀调整关税,但这会违反美国签署的互惠协议。[2]

最后,这说明国会在《互惠贸易协定法》签订之后没有再增加关税,之前则在大型综合关税法案中设定关税税率。贝利(Bailey)、戈德斯坦(Goldstein)和温格斯特(Weingast)认为,《互惠贸易协定法》的持久性是由于该法案对出口商和进口竞争型企业构成内生效应,内生效应也是我的论点构建的基础。[3] 因此,《互惠贸易协定法》通过后,关税水平和非关税壁垒在很大程度上不受参议员的控制。

贸易政策的变化并不是出于对移民政策的担忧。民主党认为关税削减要基于双边协议,如果其他国家继续维持贸易壁垒,那么

---

[1] Irwin (1998, 347).
[2] 国会在某些情况下增加了非关税壁垒来保护行业,但是从价关税税率(ad valorem tariff rates)并不包括这些举措。此外,国会在1974年将决定非关税壁垒的权利授予总统。
[3] Bailey, Goldstein, and Weingast (1997).

单边关税削减不会发挥作用;他们想要一个持久的削减关税的方案,所以在 1934 年以《互惠贸易协定法》的形式削减关税。① 从罗斯福 1933 年第一任期开始到第二次世界大战爆发,国会只通过了两项无足轻重的移民法。② 二战后,贸易重新开放,因为美国领导人认为大萧条时期的贸易战加剧了冲突,最终导致第二次世界大战;他们想融合西方;想通过促进经济增长这一堡垒来抵御共产主义。③ 考察这一时期的贸易开放度,我们运用了税率指标(降低关税意味着开放贸易),按未征税进口商品的百分比或 1 减去从价关税率④来计算,因为参议员们无法直接控制这一指标,所以我们更能确定增加移民限制不会导致关税越来越低。

从 70 年代以后,我还使用了伯纳德和他的同事们使用的测量方法——行业低工资贸易渗透,按各州在该行业的就业率进行加权。低工资国家的行业贸易增加,导致更多企业关闭或转向资本密集型生产线⑤,这进一步导致对开放移民的支持下降。低工资国家的进口渗透率在很大程度上也不受参议员控制,它受到关税和非关税壁垒的影响,而后两者分别于 1934 年和 1974 年不再受参议员们的控制。此外,进口渗透率还取决于低工资国家自己是否决定开放市场,而不是延续进口替代工业化的老路。虽然来自低工

---

① Bailey, Goldstein, and Weingast (1997) and Irwin (1998).
② 1935 年,国会撤销一项法律,该法自动授予美国军舰服役人员公民身份;1937 年,国会投票驱逐那些为结婚而移民但尚未结婚的人口,允许政府将人员驱逐到他们国籍之外的第三国。
③ Barton et al. (2006), Hull (1948), Ikenberry (2001), and Irwin (1998).
④ Clemens and Williamson (2004). 这一测量方法使用全国税率,因为人口普查局在 1959—1989 年期间停止发布行业关税数据。
⑤ Bernard, Jensen, and Schott (2006).

资国家的贸易增长对美国参议员来说可能是外源性的,但这些行业的就业水平(用来给数据加权)反映了该行业的规模和潜在实力。面临来自低工资国家日益激烈的竞争,大型产业除非关闭或改变产品结构,否则只能通过更多游说来推进移民开放。为了控制这种潜在的内生性原因,我将这一指标滞后一年。①

如第二章所述,越来越严格的限制性移民政策可能会促使企业通过游说来争取有助于提高企业流动性的政策。从移民限制政策中受损的企业可以通过将生产转移到海外来提高利润。然而,对大多数美国企业来说,境外生产的障碍不是来自本国政府,而来自外国政府。在美国几乎没有资本管制,那么问题是,要实现海外生产,企业需要找到合法的海外投资目的地。② 为了衡量海外投资能力,我使用了两个测量指标:潘迪亚(Pandya)对英语国家 FDI(外商直接投资)入境限制的测量指标和世界其他地区的 Chinn-Ito 资本平均开放度指数。③ 在第三章中,我重新编码了 FDI 入境限制指标,数字越高意味着限制越少。限制越少,外商直接投资就越容易,流出美国和流入这些国家的 FDI 就随之增长。④ 同样,企业需要将资本转移到另一个国家,总的来说,资本流动壁垒越少,资本转移就越容易。资本开放的世界平均水平也暗含资本被征用的风险。冯斯坦(von Stein)认为,各国如果签署了鼓励资本开放的国

---

① 如果我将该指标滞后两年、三年、四年以至五年,或者我使用所有国家加权的进口渗透率,或仅使用中国加权的进口渗透率、加权的贸易逆差或加权的关税(只有 1989—2008 年间的数据),结果都相似。回归表参见在线附录 C。
② 美国的确在 20 世纪 60 年代末和 70 年代初强制实施了几年的资本管控。
③ Chinn and Ito (2008) and Pandya (2014).
④ von Stein (2005).

际货币基金组织(IMF)第八条款,就是对外商直接投资友好的信号。

对美国参议员来说,无论是世界平均资本管制水平,还是其他国家对 FDI 的入境限制,都是外源性的。1947 年,美国给英国施压,要求减少资本管制,结果导致了英镑危机。[①] 吸取这一教训之后,美国不再督促其他国家开放资本市场。自布雷顿森林体系终结后,有人呼吁通过国际货币基金组织的贷款条件协议来取消资本管制。虽然美国能影响这些协议,但参议员个人和作为整体的参议院却无能为力。关于 FDI 限制,潘迪亚指出,自 20 世纪 70 年代以来,对 FDI 的限制减少是因为许多国家在此期间走向民主化。[②] 虽然美国的外交政策可能发挥了一定作用,但导致这些国家民主化的大部分因素对美国参议员来说是仍是外源性的,因此我们可以确信参议员在此期间无法控制企业流动性。

最后,二战后初期的政治表明贸易和资本政策被置于首位,对移民政策产生路径依赖效应。在战争结束前,美国政策制定者就已开始制定和平计划。这些计划包括开放贸易(最终成立了关贸总协定和世贸组织),并通过国际货币基金组织重建自由的国际金融秩序。这些政策连同马歇尔计划和允许企业进行海外投资的自由资本政策,旨在重建欧洲和日本,防止共产主义进一步蔓延,并

---

① Obstfeld and Taylor (2004).
② Pandya (2014). 发展中的民主国家领导人希望提高资本流动性来促进就业,帮助他们(或所在政党)继续留任,而专制国家领导人希望继续获得上层精英支持,上层精英通常拥有不得不和外国资本竞争的企业,因此更有可能限制外国直接投资。Pandya (2014, 89).

联合欧洲国家防范另一场战争。①

然而,移民议题的重点是,如何在应对战争难民带来的问题的同时维持现状。罗斯福认识到,难民、欧洲和亚洲的"过剩"人口和"地缘政治问题儿童",即传统上因为政治目的而被利用的未成年人,对稳定的世界体系是潜在威胁。② 他提议将这些人口重新安置在北非和拉丁美洲这些不发达地区,而不是在美国,理由是:在美国这些人几乎得不到国会或民众的支持。③

美国和其他欧洲及新世界国家没能像签订《互惠贸易协定法》一样缔结移民总协定,而是成立了政府间欧洲移民委员会,帮助移民从欧洲移居到新世界而非美国。于是在第二次世界大战结束后,美国决定开放贸易,允许企业流动,但维持原有的移民政策。虽然这些政策有利于倾向于海外投资的出口商和企业,但美国制定这些政策主要是出于国家安全考虑,而非企业游说。④

在全球经济风云变幻的同时,生产率也有极大提高。在农业方面,20世纪50年代和60年代拖拉机的广泛使用以及采棉机的开发提高了生产率。例如,直到第二次世界大战,每英亩棉花采摘仍然需要大约100个工时。⑤ 虽然南方机械采棉机的应用步伐缓慢——在20世纪60年代早期,阿肯色州只有大约一半的棉花由机器采摘,而加州棉花种植者几乎完全使用机械化⑥——在这一时

---

① 例如,Barton et al.(2006),Hull(1948),Ikenberry(2001)和 Irwin(1998)。
②③ Holborn(1965,347)。
④ 例如,Irwin(1998)。
⑤ Census Bureau(1975)。
⑥ Holley(2000,131)。

期,每英亩棉花所需工时数仍下降了一半,不到50个工时,而到1970年又下降了一半至24个工时。虽然小麦生产没有类似的进展,但也见证了生产率的提高,到1970年生产一英亩(约4047平方米)小麦所需的工时降至不到3小时。① 生产率的提高使农业就业比例从1950年占总人口的6%下降到1960年的2.6%和今天的不到0.5%,这使得曾经从事农业工作的人或出生在农业家庭里的人,转向从事其他行业。②

在过去的65年里,工业生产率也大幅提高。1950年每名工人每年生产的附加值中位数(按1982—1984年间的美元实际值)略低于3.3万美元,但到2008年已经上升到近11.2万美元。生产率的提升也会导致对开放移民的支持减少,因为企业现在需要的工人比过去要少。③

(一) 检验战后全球化对移民支持的影响

表5.2检验贸易开放度、企业流动性和生产率的提高如何影响参议员在移民议题上的投票行为。和之前一样,每个模型都会用普通最小二乘法进行回归分析,因变量是特定年份的移民开放政策投票比例,自变量为美国贸易开放度、企业流动性和技术/生产率增长变化等指标。④ 此外,我还加入一些变量来检验其他关于

---

① 人口普查局(Census Bureau)(1975)。
② Holley(2000)and White(2008)。
③ 现如今他们也可能需要更多的高技术劳动力。Helpman, Itskhoki and Redding (2009)。
④ 因为大多数观测值都在0—1之间,OLS和tobit模型产生了类似的结果,参见Peters (2014b)。

影响移民政策制定的理论,包括国外出生人口数量、福利项目规模和工会规模,这些考察都落实在州层面。我还加入了各州的GDP增长,以考察经济状况是否产生影响。我再次加入参议员固定效应来体现每个参议员的意识形态,因为这一时期的移民议题经常在政党内部产生分歧,而不致造成两党分裂。此外,参议员的固定效应意味着我们评估的是参议员任期内该州发生的变化如何影响他/她的投票。我加入线性时间趋势,但不包括年份固定效应,因为它们与美国关税水平和FDI入境限制变量共线。[①] 国会聚类稳健标准误差可能并不独立于某一届国会。由于并非所有变量适用所有年份,模型1是最基本的模型,检验了所有年份的数据(1950—2008年);模型2增加了农业部门的规模、福利情况和GDP增长,并检验了20世纪60年代以后的情况;模型3至6增加了企业流动性和加权低工资进口渗透率指标,考察了70年代以后的情况。对于并非所有年份都可用的变量,我使用上一次人口普查年的数据。然而,这意味着即使我们可能认为这些影响不是即时的,也不能经常使用滞后变量。

表5.2　国际自由贸易和企业流动性对参议员移民倾向的影响

因变量:移民开放投票比例	(1) 1950—2008	(2) 1963—2008	(3) 1970—2000	(4) 1970—2008	(5) 1970—1996	(6) 1970—2008
1-关税税率	−3.98* (1.62)	−11.78*** (1.80)	−21.70*** (5.35)	−15.99*** (2.70)	—	—
加权的低工资进口渗透率(滞后一年)	—	—	—	—	−3.43*** (0.79)	−0.17*** (0.04)

---

① Peters(2014b)在第一个差异模型中检验了这些变化,得出类似的结果。

续表

因变量:移民开放投票比例	(1) 1950—2008	(2) 1963—2008	(3) 1970—2000	(4) 1970—2008	(5) 1970—1996	(6) 1970—2008
农业部门	—	0.11** (0.04)	0.02 (0.04)	0.08* (0.03)	0.08+ (0.04)	0.13*** (0.03)
FDI限制(对外)	—	—	−1.05** (0.28)	—	−0.18 (0.35)	—
世界平均资本开放度	—	—	—	−0.06 (0.03)	—	−0.11** (0.04)
附加值	−0.01 (0.01)	−0.02*** (0.00)	−0.02*** (0.00)	−0.02*** (0.00)	−0.01** (0.00)	−0.01* (0.00)
农业设备值	—	—	−0.04 (0.02)	−0.01 (0.01)	0.00 (0.01)	0.01 (0.01)
国外出生人口%	1.15*** (0.18)	−1.56** (0.43)	−1.45*** (0.35)	−1.33** (0.37)	−0.29 (1.25)	−1.76*** (0.43)
工会%	0.00 (0.00)	0.01*** (0.00)	0.01*** (0.00)	0.01*** (0.00)	0.00 (0.01)	0.01*** (0.00)
人均福利	—	0.01	−0.05*	0.00	−0.03	−0.02*
GDP增长	—	0.54+ (0.28)	−0.03 (0.29)	0.32 (0.24)	0.32 (0.46)	—
线性时间趋势	0.00 (0.00)	0.02*** (0.00)	0.03*** (0.01)	0.02*** (0.00)	0.01 (0.00)	0.01*** (0.00)
常数	3.61** (1.16)	5.72*** (1.44)	15.96** (4.79)	9.80*** (2.26)	−2.17* (0.81)	−4.27*** (0.72)
观察数据	4804	3690	2704	3414	2042	3054
R^2	0.013	0.057	0.111	0.074	0.009	0.028

注:所有模型都包括参议员固定效应。括号中显示的是国会聚类稳健标准差。+ $p<0.10$,* $p<0.05$,** $p<0.01$,** $p<0.001$。1-**关税税率**是1减去进入美国的所有货物的平均关税(数据来源于Clemens and Williamson, 2004)。**加权低工资进口渗透率(滞后1年)**是低工资国家每个行业的进口渗透率(数据来源于Bernard, Jensen, and Schott [2006]),由参议员所在州的该行业的就业百分比加权(数据来源于Ruggles et al. [2010])。**农业部门**指该州农业的实际价值,数据来源于经济分析局(2009)。**外商直接投资限制**是1减去潘迪亚(2014)的英语国家外商直接投资平均限制水平。**平均世界资本开放度**的数据来源于Chinn和Ito(2008)。**增加值**指每个工人的实际增加值,数据来源于人口普查局(不同年份b)。**农业设备值**是实际值,数据来源于Haines, Fishback, and Rhode (2014)。**国外出生人口**%指该州国外出生人口的占比,数据来源于Adler(2009年)和Ruggles等人(2010)。国外出生人口%²这一指标没有包括在内,因为它没有统计学意义,也不能提高模型拟合度。%**工会**指工会代表的工人百分比,数据来源于Adler(2009)和人口普查局(不同年份a)。**人均福利**指按州的人均实际现金福利支出,数据来源于人口普查局(不同年份a)。**GDP增长**数据来源于经济分析局(2009年)。农业部门、增加值、农业设备值、州行业就业率、%工会和国外出生人口数据都来源于上一个人口普查年数据。

1. 贸易开放对移民支持的影响

贸易开放导致低技能劳动密集型企业关闭,对移民开放的支持减少,并导致参议员更有可能投票限制开放移民。这些数据证明了这一点:贸易开放度(按整个美国所有商品的平均关税率来衡量或按该州就业水平加权的低工资国家进口渗透率),对参议员在移民议题上的投票有着统计上和实质上的重大负面影响。从模型1到4中,贸易开放度从25个百分位上升到75个百分位会导致—0.11到—0.26($p<0.001$)之间的变化,相当于对投票行为变量的标准产生1/3到2/3变化。随着该州的行业低工资进口渗透率增加,尽管其影响较小,还是会降低对移民开放的支持。

2. 企业流动性对移民支持的影响

虽然企业流动性效应并非如贸易开放一样始终不变,但流动性增加确实会减少对移民开放的支持。通过关注流动性相对较低的部门——农业,我们可以考察企业流动性的影响。在这一时期的大部分时间里,农业因为无法长途船运农产品而保持低流动性。在模型2、4、5和6中,农业部门规模越大(实际记录值),对移民开放的支持就越多。[1] 例如,在模型6中,如果农业部门的规模从平均值(约为2013年的20亿美元)扩大到2008年加州农业部门的规模(约为2013年的266亿美元),对开放移民的支持将增加0.34($p<0.001$)。FDI限制和世界平均资本开放水平即使影响没那么大,也有类似效应。在模型3中,如果FDI限制从第75个

---

[1] 数据来源于经济分析局(2009)。

百分位降到第 25 个百分位,对开放移民的支持将减少 0.07(p<0.001)。① 世界平均资本开放水平的变化具有类似的规模效应,在模型 6 中,从 25 个百分位上升到 75 个百分位的变化导致对开放移民的支持下降 0.06(p<0.05)。

3. 生产率对移民支持的效应

随着生产率的提高,企业需要的工人减少,也不太可能支持移民,因此参议员也应更支持移民限制。数据显示,生产率的提高已经产生了这种效应:除了模型 1 之外,其他模型中每个工人的附加值系数(实际值记录)都具有统计显著性。② 在模型 3 中,以设备的总价值(实际记录值)来衡量,农业技术使用的增多也产生了影响。③

4. 其他理论的支持情况

其他理论可以解释这一时期的移民投票吗?国外出生人口效应——体现本土主义论或移民团体利益论——在不同时期对参议员投票有不同影响。④ 20 世纪 60 年代中期,州出生的国外人口占比与投票之间的关系似乎出现了结构断裂。在 60 年代中期之前,国外出生人口占比和投票率之间呈正相关;⑤在 20 世纪 50 年代,仍然有一些州出现高比例欧洲出生人口,他们可能在东北部有一

---

① 与第三章一样,对 FDI 限制水平重新测值,这样更高值表示更少的限制。
② 数据来自人口普查局(不同年份 b)。
③ 数据来源于 Haines, Fishback, and Rhode (2014)。
④ 数据来源于 Adler (2009) and Ruggles et al. (2010)、上一个人口普查年数据或美国社区调查。Goldin(1994)和 Timmer and Williamson (1998)也使用国外出生人口占比来检验本土主义。
⑤ 邹检验(Chow test)发现 1964 年的断裂,当 $p<0.001$ 时仍具有统计显著性,1963、1966 和 1967 年的断裂当 $p<0.05$ 时也具有统计显著性。

定的影响力。1965年《移民和国籍法》颁布后,移民群体转向边缘化,国外出生人口的增长相应产生了负效应。财政负担论也得到一些支持。正如我们预测的,增加福利项目规模也会影响移民投票。①

对劳工影响论的数据支持较少。劳工影响论认为工会对移民政策有重要影响,可与之相反,伴随工会的壮大,移民开放政策却得到更多支持。② 这种效应可能与公共部门的工会兴起以及工会成员结构发生变化有关。公共部门雇员通常不与移民竞争,反而可能为移民服务;因此,移民的增加可能会导致公共部门就业机会增加。此外,私营部门的工会中有越来越多的有组织的移民工人加入;因此这些工会,例如服务雇员国际工会(SEIU),可能发挥了移民权利组织的功能。经济解释论也没有多少支持数据,每个州GDP增长率只有在模型2中,当$p<0.1$时才具有显著性。这表明,如同跨国数据所显示的,参议员无论年头好坏都反对移民。

(二) 游说和参议员投票之间的关联

鉴于贸易开放、企业流动、生产率和技术采用程度的提高导致参议员更多地投移民限制票,我检验了将这些变化联系在一起的机制是不是游说机制。为此,我使用第四章中的行业游说数据,并按行业就业比例,将各行业在移民议题上的游说量(在其披露表上所列移民议题数占议题总数的比例)分配到各州。然后,我使用一

---

① 数据来源于人口普查局(不同年份 a)。
② Briggs(1984,2001)。联合数据来源于 Adler(2009)和人口普查局(不同年份 C)。米尔纳和廷利发现工会政治行动委员会(PAC)对众议院移民投票产生了积极而显著的影响。这一结果也与学者们的预测相反。

个结构方程模型,首先考察贸易、企业流动性和生产率如何影响游说,然后考察游说如何影响投票行为,旨在通过加入游说机制重估表5.3中的模型5和模型6。在结构方程模型中,我首先使用贸易、企业流动性和生产率变化来预测游说量,然后在第二个方程式中使用游说量来预测投票行为。该模型的前提假设是:贸易、企业流动性和生产率产生的影响仅仅通过被披露出来的游说数据产生影响,然后才能对投票行为产生影响。考虑到游说数据的诸多局限性,这在第四章中有所讨论,情况可能与假设有所出入。

结果表明,游说确实在贸易、企业流动性、生产率和投票行为之间发挥了一种机制作用(表5.3)。每个模型的第一列给出了决定投票行为的方程式结果;第二列给出游说方程式结果;第三列给出了通过游说,贸易、企业流动性和生产率对投票行为的总体影响。当贸易更加开放时,游说减少。农业部门规模较大的州开展更多的游说活动,但当农业资本密集型程度加强时,游说活动就会减少。资本开放和附加值的结果与我的预测相反。平均资本开放程度与游说增多相关。这一结果可能与时间维度相关:在这段时间里,游说力度和资本开放都在加强;附加值的增加也与游说活动增多有关;这可能说明:较大的企业开展的游说活动更多,且通常有更高的附加值。

当企业在移民议题上游说增多时,参议员对移民的支持也增多,尽管这种相关性并不总是具有统计显著性。这可能源于游说测量手段中有干扰因素。游说指标测量的不是该州参议员被游说的程度——个人游说数据也很难获得;也不是参议员所在州的企业开展了多少游说活动——游说数据中确实列出了企业地址,但通常都是企业总部地址,而不是企业生产地;游说指标测量的是参议员所在州各部门就业情况加权后的部门游说量。

表5.3 自由贸易和企业流动性通过对游说机制的影响而对参议员移民政策倾向产生的影响(1998—2008)

因变量：	(1) 参议员投票	(1) 移民游说%	(1) 总效应：参议员投票	(2) 参议员投票	(2) 移民游说%	(2) 总效应：参议员投票
移民游说(加权)%	0.01 (0.01)	—	—	0.01 (0.01)	—	—
1-关税率	—	−81.99* (35.64)	−0.94*** (0.23)	—	—	—
加权的低工资进口渗透率(滞后1年)	—	—	—	—	−0.58** (0.22)	−0.003 (0.004)
世界平均资本开放度	—	9.09* (3.99)	0.10*** (0.03)	—	5.16** (1.97)	0.029 (0.032)
附加值	—	0.02*** (0.01)	0.00 (0.00)	—	0.01** (0.00)	0.00 (0.00)
农业部门	—	0.14*** (0.04)	0.002+ (0.001)	—	0.16** (0.05)	0.001 (0.001)
农业设备值	—	−0.16* (0.07)	−0.002* (0.001)	—	−0.19* (0.08)	−0.001 (0.001)
国外出生人口%	0.49*** (0.11)	—	—	0.40*** (0.09)	—	—
工会%	0.00*** (0.00)	—	—	0.00*** (0.00)	—	—
人均福利	0.02* (0.01)	—	—	0.02* (0.01)	—	—
GDP增长	0.62* (0.26)	—	—	0.70* (0.32)	—	—
线性时间趋势	−0.00 (0.00)	—	—	0.00 (0.00)	—	—
共和党	−0.03 (0.02)	—	—	−0.03 (0.02)	—	—

续表

因变量:	(1)			(2)		
	参议员投票	移民游说%	总效应：参议员投票	参议员投票	移民游说%	总效应：参议员投票
常量	0.93*** (0.20)	64.84* (29.25)	—	0.47* (0.23)	−9.14** (3.14)	—
观测数据	5150	5150	5150	5150	5150	5150

注：括号中显示的是国会聚类稳健标准误差。$^+p<0.10$, $^*p<0.05$, $^{**}p<0.01$, $^{***}p<0.001$。**移民游说(加权)**%是各部门移民议题游说占所有议题总量的比例(依据第四章的数据)，按参议员所在州该行业的就业百分比加权(数据来源于 Ruggles et al.［2010］)。1-**关税税率**是1减去进入美国的所有货物的平均关税(数据来源于 Clemens and Williamson［2004］)。**加权低工资进口渗透率(滞后1年)**是低工资国家每个行业的进口渗透率(数据来源于 Bernard, Jensen, and Schott［2006］)，由参议员所在州该行业的就业百分比加权(数据来源于 Ruggles et al.［2010］)。**农业部门**指该州的农业的实际价值，数据来源于经济分析局(2009)。**外商直接投资限制**是1减去潘迪亚(2014)的英语国家外商直接投资平均限制水平。**平均世界资本开放度**数据来源于 Chinn 和 Ito(2008)。**增加值**指每个工人的实际增加值，数据来源于人口普查局(不同年份b)。**农业设备值**是实际值，数据来源于 Haines, Fishback, and Rhode (2014)。**国外出生人口**%指该州国外出生人口的占比，数据来源于 Adler (2009)和 Ruggles et al. (2010)。国外出生人口$\%^2$这一指标没有包括在内，因为它没有统计学意义，也不能提高模型拟合度。**工会**%指工会代表的工人百分比，数据来源于 Adler(2009)和人口普查局(不同年份a)。**人均福利**指按州的人均实际现金福利支出，数据来源于人口普查局(不同年份a)。GDP **增长**数据来源于经济分析局(2009)。农业部门、增加值、农业设备值、州行业就业率、%工会和国外出生人口数据都来源于上一个人口普查年数据。

最后，我们看到在模型1中，贸易、企业流动性和生产率这些我们感兴趣的变量的总效应与表5.3中的模型5的效应大体上是一致的。模型2中的结果与模型1相似，但没有后者的显著性强。因此，即使使用了纯净度不高的游说数据，也表明，贸易、企业流动性和生产率通过企业游说对参议员的投票行为产生影响。

(三) 农业和移民支持

从上面的结果来看，某个州农业部门的规模明显对该州参议员在移民议题上的投票方式产生很大的积极影响,但农业各部门所需要的劳动力数量并不相同。特别像谷物和大豆这些作物不需要大量劳动力。在表 5.4 中,我研究了对劳动力需求较少的不同类型作物以及棉花的机械化如何影响参议员在移民议题上的投票。我预测,如果参议员来自劳动密集型农业产业较少的州,支持移民开放的可能性更小。与前面一致,我加入了参议员固定效应,用以控制意识形并研究该州发生的变化如何影响参议员的投票行为;还加入了时间趋势,用以控制时间变量。如表 5.2 所示,国外出生的人口百分比及工会百分比也包括在内。由于无法获得整个时间段的州级别的 GDP 数据,我还加入了失业率变量,用以控制经济状况。

在模型 1 中,我考察了谷物和大豆产量增加所产生的影响。这两种作物很容易适应技术进步,如拖拉机以及化肥、高产种子等生产投入,从而促进解放的农业劳动力向工业转行。模型 1 显示,如果参议员来自大豆和谷物产量占比例较大的州,那么该议员支持开放移民的可能性不大,与我的论点一致。模型 2 探究了棉花生产技术的变化如何影响来自棉花生产州的参议员的投票方式。随着棉花采摘的机械化程度提高,棉农需要的劳动力减少,参议员投票赞成移民开放的频率随之降低。[1] 棉花机械化解放了农业工人,导致了第二波非裔美国人从南到北的大迁徙。[2]

---

[1] 棉花收割数据来自人口普查局(1975)。
[2] Alston and Ferrie (1999) 和 Holley (2000)。

美国没有像西欧国家那样制订大规模的外来劳工项目,农业机械化可能发挥了重要作用。美国和西欧都经历了战后繁荣和低失业率,由于企业流动性相对较低,贸易壁垒相对较高,雇主本应需要更多的移民劳动力。① 然而,美国并没有出现大规模的外来劳工计划,也没有认真地讨论过此事。这是因为,谷物和大豆等作物在20世纪50和60年代初就进一步实现了机械化,国内出现了新的劳动力来源——曾经的农民及其家人,这使企业可以利用国内劳工,而不用寻求新的移民。

表5.4 农业机械化对参议员移民偏向的影响

因变量:开放移民的投票比例	(1) 1950—2008	(2) 1950—1970
大豆和谷物%	−0.79*** (0.18)	—
棉花机械化%	—	−0.67*** (0.13)
农业部门	0.12* (0.05)	—
国外出生人口%	−2.53** (0.75)	0.77*** (0.08)
工会%	0.01* (0.00)	−0.00 (0.01)
失业率	2.64** (0.77)	0.13 (2.21)
线性时间趋势	0.00 (0.00)	0.03** (0.01)
常量	−2.66* (1.00)	−4.52** (1.26)

---

① 美国边境在这一时期对商品更为开放,或许也是没有外来劳工项目的一个因素。

续表

因变量:开放移民的投票比例	(1) 1950—2008	(2) 1950—1970
观测数据	2821	537
决定系数 R^2	0.026	0.048

注:所有模型都包括参议员固定效应。括号中显示的是国会聚类稳健标准误差。+ $p<0.10$, * $p<0.05$, ** $p<0.01$, *** $p<0.001$。**大豆和谷物**%是指种植的所有大豆和谷物占美国总产量的百分比,数据来源于 Haines, Fishback, and Rhode (2014)。**棉花机械化**%指用机械收割机收获的棉花占该州棉花总产量的百分比,数据来源于人口普查局(1975)。**农业部门**指州农业的真实价值,数据来源于经济分析局(2009)。**国外出生人口**%指该州的国外出生人口占该州总人口的比例,数据来源于 Adler (2009) 和 Ruggles et al. (2010)。国外出生人口%^{2} 指标不包括在内,因为没有统计学意义,也不能提高模型的拟合度。**工会**%指工会代表所占工人总数的比例,数据来源于 Adler (2009)和人口普查局(不同年份 c)。**失业率**数据来源于 Adler (2009)和人口普查局(不同年份 c)。

此外,农业机械化,尤其是美国西部棉花的机械化,可能导致 1964 年美国的外来劳工计划——"布拉塞洛计划"的终结。其中一个解释是,该计划涉及大量虐待劳工事件,引起相关劳工组织的愤怒。[1] 然而该计划的虐待劳工现象,至少早在 20 世纪 50 年代初就被引为典型案例。到 60 年代初,真正发生变化的是对劳动力的需求,尤其是西部棉花种植场的需求发生了变化。到 1964 年,全国 85%的棉花生产已实现了机械化,西部各州棉花机械化的比例更高,得克萨斯州为 90%,而加利福尼亚州和亚利桑那州高达 98%。随着机械化程度的提高,即使是很少参与"布拉塞洛计划"的南方棉农,也趋于限制移民。"布拉塞洛计划"确保西南部农民不会从南方招募农工,从而保护了南方的农工供应。然而随着机械化在整个南方的推广,南方农民也不再需要这种保护,对低技能移民的

---

[1] Calavita(2010).

支持逐渐式微。① 随着棉农不再为移民开放而游说，参议员们也不再迫于压力而要维持"布拉塞洛计划"。

四、移民议题的党派支持变化

到目前为止，我已经通过参议员固定效应解释了参议员的意识形态和党派性。这些固定效应让我们能够看到参议员任期内所在州发生的变化如何影响他/她在移民议题上的投票，但鲜能说明政党立场在移民议题上的变化。

图5.5显示了共和党和民主党参议员平均每年对移民的支持。这些数据证实了两党对移民的态度与主流看法一致。19世纪50—80年代，共和党人比民主党人更反对移民。共和党在早期获得了一些小党派的支持，如反天主教和反移民的一无所知党（Know-Nothings）。内战后，支持开放移民以降低劳动力成本的东北部制造商开始主导共和党；与此同时，民主党越来越多地代表劳工，而劳工倾向于反移民。20世纪70年代，两党再次改变立场，民主党反而比共和党更支持移民。

为了解释20世纪70年代两党立场的变化，图5.5重复了图5.2的分析，但删除了固定效应，加上了一个与共和党有关的指标以及与所有关键变量的交互效应。在此期间，民主党人之所以越来越支持开放移民，似乎受他们所在州国外出生人口占比和福利

---

① Alston 和 Ferrie 关于机械化对南方支持布拉塞洛计划影响，有类似的分析。也可参见 Grove(1996)。

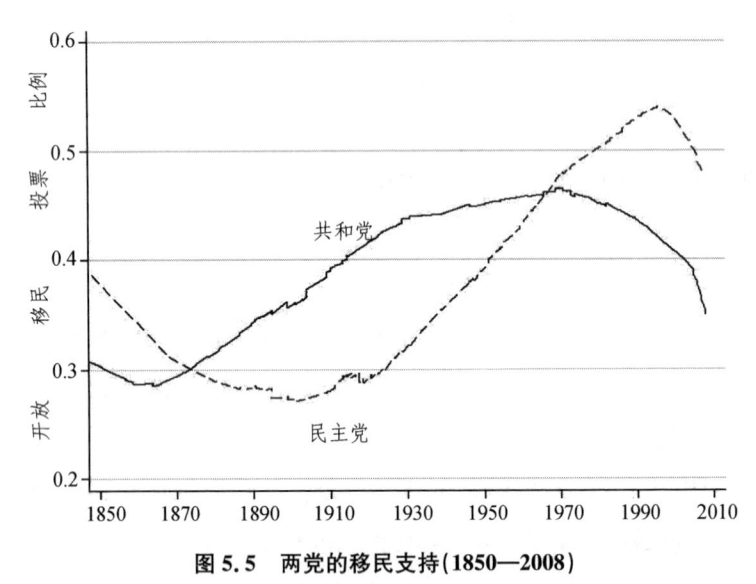

图 5.5 两党的移民支持(1850—2008)

注:投票行为用局部加权回归(loess)平滑线,带宽为 0.5。投票数据来源于 Poole (2009),Poole 和 Lewis(2009)以及 Poole 和 McCarty(2009),由作者编码。

规模这两个因素影响。长期以来,民主党一直是移民党,因此自 1965 年取消非歧视性配额后,国外出生人口比例增加,民主党更加支持移民也就不足为奇了。此外,1970—1996 年期间,国外出生人口的影响达到顶峰,在此期间我们看到民主党人对开放移民的支持大幅增加。在此期间,福利制度的规模似乎也对民主党产生了积极影响。这与内嵌自由主义假设(embedded liberalism hypothesis)是一致的:作为对世界经济扩大开放的回应,各国扩大福利制度的规模以保护因为开放而受损的对象。①

---

① Ruggie(1982).

第五章 美国政策制定者对企业的回应

表5.5 移民政策的党派变化

因变量:开放移民的投票比例	(1) 1950—2008	(2) 1963—2008	(3) 1970—2000	(4) 1970—2008	(5) 1970—1996	(6) 1970—2008
民主党							
1-关税税率	−1.91 (1.82)	−8.03*** (1.25)	−19.14*** (5.00)	−16.66*** (1.45)		
加权的低工资进口渗透率(滞后1年)					−0.42 (1.39)	−0.12 (0.09)
农业部门		0.01 (0.00)	0.01 (0.02)	0.00 (0.01)	−0.03 (0.03)	−0.01 (0.01)
FDI限制(对外)			−0.99** (0.35)		−0.16 (0.39)	
世界平均资本开放度				0.12*** (0.03)		0.01 (0.02)
附加值	−0.00 (0.01)	−0.02* (0.01)	−0.02*** (0.01)	−0.02* (0.01)	−0.01** (0.00)	−0.01 (0.01)
农业设备值			−0.02 (0.02)	0.00 (0.01)	0.03* (0.01)	0.02*** (0.01)
国外出生人口%	0.50** (0.15)	0.05 (0.19)	0.14 (0.34)	0.04 (0.14)	1.15*** (0.31)	0.04 (0.17)
工会%	0.00* (0.00)	0.00+ (0.00)	0.00+ (0.00)	0.00* (0.00)	0.00 (0.00)	0.00 (0.00)
人均福利		0.04* (0.02)	0.01 (0.03)	0.04** (0.01)	−0.01 (0.05)	0.05+ (0.02)
GDP增长		0.68* (0.31)	−0.32 (0.33)	0.32 (0.24)	0.49+ (0.28)	
共和党							
共和党	1.29+ (0.76)	−0.90 (0.85)	1.13 (2.37)	−4.24 (3.01)	−0.45 (0.69)	−1.15*** (0.17)

199

续表

因变量:开放移民的投票比例	(1) 1950—2008	(2) 1963—2008	(3) 1970—2000	(4) 1970—2008	(5) 1970—1996	(6) 1970—2008
1-关税税率	−1.25+ (0.73)	0.25 (0.89)	−2.65 (2.19)	3.44 (3.21)		
加权的低工资进口渗透率(滞后1年)					−5.83* (2.66)	0.04 (0.07)
农业部门		0.01 (0.01)	0.06*** (0.01)	0.05*** (0.01)	0.08*** (0.01)	0.05*** (0.01)
FDI限制(对外)			−0.09 (0.24)		−0.01 (0.26)	
世界平均资本开放				−0.24*** (0.06)		−0.10*** (0.03)
附加值	−0.02+ (0.01)	−0.00 (0.01)	−0.00 (0.00)	0.01 (0.01)	−0.00 (0.00)	0.01 (0.01)
农业设备值			−0.04*** (0.01)	−0.04*** (0.01)	−0.06*** (0.01)	−0.05*** (0.01)
国外出生人口%	−0.02 (0.17)	−0.60+ (0.35)	−0.11 (0.74)	−0.31 (0.23)	−0.91* (0.45)	−0.19 (0.34)
工会%	0.00 (0.00)	0.01*** (0.00)	0.01*** (0.00)	0.00+ (0.00)	0.00+ (0.00)	0.01* (0.00)
人均福利		−0.03 (0.03)	−0.07 (0.08)	−0.06 (0.02)	0.04 (0.06)	−0.06* (0.03)
GDP增长		−0.30 (0.27)	0.41 (0.31)	−0.06 (0.27)	−0.46* (0.22)	
线性时间趋势	0.00 (0.00)	0.01*** (0.00)	0.03*** (0.01)	0.02*** (0.00)	0.01 (0.00)	0.00 (0.00)
常量	1.60 (1.43)	5.84*** (0.98)	14.12*** (3.21)	13.08*** (1.20)	−0.49 (1.47)	0.12 (0.71)

续表

因变量:开放移民的投票比例	(1) 1950—2008	(2) 1963—2008	(3) 1970—2000	(4) 1970—2008	(5) 1970—1996	(6) 1970—2008
观测数据	4790	3676	2699	3400	2039	3042
R^2	0.028	0.064	0.138	0.112	0.110	0.060

注:所有模型包括参议员固定效应。括号中显示的是国会聚类稳健标准误差。$^+ p < 0.10$, $^* p < 0.05$, $^{**} p < 0.01$, $^{***} p < 0.001$。表中上半部分数据是民主党的影响系数,下半部分数据是与共和党的交互效应。共和党的整体效应是两个系数之和。所有变量和表5.2相同。

然而,即使在国外出生人口和福利规模增长的情况下,仍然没有出现民主党普遍支持移民的现象。贸易开放、企业流动性和生产率的提高似乎削弱了民主党对开放移民的支持。模型2至4显示,平均贸易开放水平的影响系数与参议员的开放移民投票比例呈现显著负相关;在模型3中,FDI限制影响系数也与移民投票呈现显著负相关;在模型2至5中,每名工人的附加值影响系数也为负数。

在这段时间里,由于企业对移民开放的支持力度减少,共和党人的支持也相应减弱。在所有模型中,贸易开放的总效应是负值,至少在10%的水平上才具有统计显著性;总效应按基本项的线性组合来测量,包括1减去国家关税税率、加权的低工资进口渗透率以及与共和党指标的交互效应。同样,企业流动性的增加导致共和党对移民开放的支持减少。在所有模型中,如果所在州的农业规模庞大,共和党参议员更有可能支持开放移民(农业部门两个系数的线性组合为正数,具有统计显著性);世界平均资本流动水平上升对所有共和党参议员都有负面影响(线性组合系数为负,且有统计显著性);FDI限制的影响系数也是负数(两个系数的线性组合是负值,在模型3中具有统计显著性)。此外,工业和农业生产率的提高也导致共和党人对开放移民的支持减少:在大多数模型中,附加值系数和农业设备值系数的线性组合是负数,具有统计显著性。

本土主义,或许还有移民的财政效应,也对共和党人的投票行为产生了一些影响。在模型2中,州内国外出生人口占比对共和党投票产生负面效应;从模型3至6,国外出生人口的影响减弱到零。与民主党相反,福利体系规模的扩大并没有引起共和党人加大移民开放支持;在所有模型中,人均福利的两个系数的线性组合在统计上与零无异。

因此,共和党参议员对开放移民的支持减少,主要还是因为贸易开放程度提高、企业境外生产转移能力增强以及生产率提高导致企业对移民的需求发生了变化。也有一些证据表明,由于国外出生人口的增长或福利规模的扩大,共和党越来越多地响应选民的本土主义倾向。这些变化,从历史的角度来看,与支持两党的选民基础不断发生变化有关。20世纪中期,共和党依然代表北方工业利益,民主党则代表着北方劳工和南方白人。随着民权运动后政党的重组和北方的去工业化,共和党失去了北方工业利益的支持,但获得了南方白人的支持。民主党赢得了北方和少数民族选民,包括移民在内,但失去了南方白人的支持。尽管共和党仍然被认为代表着企业利益,但企业倾向的改变最终改变了他们在移民议题上的立场,使其在这个问题上的声音变弱。

五、结论

在本章,作为第三章跨国数据和第四章游说数据结果的补充,我考察了参议员在移民议题上的投票。第三章显示,两百多年来,在许多不同国家或经济体,贸易开放和企业游说都对移民政策产生了显著的负面效应。第四章指出,贸易开放、企业流动性增加和技术运用都减少了企业为低技能移民的游说活动。本章和下一章将之前的研究结果关联起来,表明美国国内和国际贸易开放、企业流动性和技术加强不受美国参议员控制,是这些因素而非其他因素,导致了限制性移民政策。次国家层面的考察同时能让我们对生产率变量进行检验,而国际层面的生产率变化数据则无法获得。

这些数据表明,二战前美国国内市场的不断一体化和二战后世界市场的一体化,对移民开放政策的支持产生了影响,证实了之前的假设。在二战前,随着美国市场的一体化,雇佣移民最多的东北部和中西部企业面临着来自美国其他地方商品越来越激烈的竞争,而来自南部的竞争尤为激烈,因为南方劳动力成本更低,还有可能因为南方的劳动法更少且对工会加以限制。面对南方的威胁,东北部和中西部的企业要么选择关门大吉,要么提高生产率或搬到南方。美国国内的贸易开放和企业流动性的变化,加上工业和农业生产率的提高,共同解释了这一时期参议员的投票行为。参议员的投票行为同时还受到参议员所在州的国外出生人口比例和直接选举方式的改变等因素的影响。

美国国内贸易的繁荣也有助于解释该时期最仇外的移民法之

一《排华法案》的出台。横贯大陆铁路建成之前,虽有反华插曲穿插其中,但是随着各州华裔人口的增加,参议员对移民政策的支持加大。然而铁路竣工后,这一关系发生了转变。正如我指出的,企业不再如从前那样支持移民开放政策,美国西部的许多企业纷纷倒闭,没有倒闭的企业可以利用铁路和企业下岗的白人和华人劳工。因此,面对排外情绪的升温,这些企业决定改变生产策略或关闭工厂,而不再继续游说政府开放移民。

二战后,通过加大移民限制来应对贸易开放、企业流动性和生产率的提升的这种模式再度上演。二战后美国的移民政策略有开放,取消了种族主义国别限制政策,取而代之的是基于各国平等的国籍来源限制政策。但是,贸易开放、企业流动性和生产率提升大大削弱了参议院乃至整个美国对移民开放的支持。随着企业对移民开放的支持减少,反移民团体对移民政策的影响扩大,造成移民限制日益增多。全球经济变革也能解释在移民政策上党派支持的变化。自20世纪70年代以来,共和党对移民开放的支持总体上低于民主党;贸易开放、企业流动性和农业生产率的提升能解释这一变化。鉴于在国际和国内两种不同的语境下,我的论点都被证实,而且贸易开放、企业流动性和生产率变化基本不受政策制定者控制,我的论点更具有说服力。

第六章　小国移民政策：以新加坡和荷兰为例

在这一章，我考察二战后新加坡和荷兰这两个小经济体的移民政策演变，用以证明是贸易开放、企业流动性和生产率的提高这些因素而非其他因素，导致了限制性移民政策，由此来解决反向因果关系问题。作为小国，新加坡和荷兰对全球经济没有多少控制力，这些国家中的许多企业为了出口市场而生产，而不是针对国内市场。在本章，我关注其他国家的行为如何影响了新加坡和荷兰企业在出口市场中的竞争力。

除了用以解决**反向因果**关系问题，运用新加坡和荷兰的案例还可以论证我的论点适用于不同国家。在这两个国家，企业和政府的关系与美国的情况不同。在荷兰，社会经济委员会（Social and Economic Council，SER）代表企业的利益，为雇主组织、工会和第三方专家提供一个制度化论坛，让他们在制定政策方面有发言权。荷兰企业因为在委员会中有自己的代表，所以不需要像美国企业那样游说政府,而美国不存在类似的制度化联络机构。

新加坡体现了另一种企业-政府关系。表面上,新加坡有与荷兰相似的社团体制,而且的确有制度化论坛让企业对草案进行评议。但是新加坡企业和政府间的非正式联系或许更加凸显。新加坡政府在许多经济领域投资,政府和私营企业之间有一个旋转门(revolving door)现象。这种联系赋予企业影响政策的能力,是任何追求利润最大化的企业都觊觎的能力。

除了政企关系不同,两国政府与社会其他各阶层的关系也与美国的截然不同。作为民选的一党专制,新加坡人民行动党(the People's Action Party,PAP)对民众担负的责任没有民主国家的官员那么多,然而新加坡的政策不能过于偏离民意,否则人民行动党会失去合法性和民众支持。荷兰实行比例代表制(PR),议会民主制建立在政府的社团体制上。比例代表制让更多的小团体在更多的极端问题上有更大发言权。此外,工会在社会经济委员会占有1/3的席位,这赋予劳工组织在政策上更大的影响力。因此,在新加坡,我们预期社会其他阶层在政策制定方面的影响力不如美国;在荷兰,社会其他阶层,尤其是工会在政策制定方面相对有更大的影响力。如果我的论点在体制不同的国家都能成立,那么有理由相信它对许多不同的国家都有解释力。

一、研究方法和预期

在本章,我运用过程追踪来证明我的论点是确定无疑的因果关系(不受反向因果关系干扰或存在被忽略的变量),且具有普适

第六章 小国移民政策:以新加坡和荷兰为例

性。正如本尼特(Bennet)所解释的,过程追踪通过检验一个假设的因果过程中的干预步骤,对不同的论点进行评价。[①] 正如美国的例证一样,新加坡和荷兰被西赖特(Seawright)和吉尔林(Gerring)称作典型案例,即能证明假设关系成立的案例。[②] 我们在第三章看到,贸易开放(特别是按汇率价值来衡量的贸易开放)和企业流动性与移民政策呈负相关。本章旨在证明这种关系是因果关系,也就是说,伴随着贸易开放和企业流动性的加强,这两个国家的企业对移民支持下降,而且政策制定者的回应是制定限制移民政策。接下来我要证明,企业支持的改变不是影响移民政策的唯一因素,但却是一个主要因素,而且是能解释这些国家整个二战后移民史的唯一因素。

我从访谈和一手及二手资料中获得论据,来证明我的观点。在这两个案例中,访谈是2013年夏天开展的。在新加坡,我对负责移民政策的机构高层公务员进行了访谈,他们来自:人力部(the Ministry of Manpower, MOM)、贸易与工业部(the Ministry of Trade and Industry, MTI)、国家人口及人才署(the National Population and Talent Division, NPTD)。我也采访了来自人力部下属机构标准生产力与创新局(SPRING)的一位高官,他负责帮助中小企业(SMEs)成长,总体上代表了中小企业的利益。这位官员也在许多企业董事会任职,从他的角度陈述了对移民的观点。此外,我还访问了新加坡较大的反对党新加坡民主党(SDP)的一位领

[①] Bennett(2010).
[②] Seawright and Gerring (2008).

207

导人。

然而访谈并不能勾勒全貌。我未能见到两大主要反对党工人党和国民团结党的官员以及国会无党派议员。对于未谋面的这些人,我参阅了他们公开的竞选材料来判断他们对移民的看法。我也未能见到在经济中占重要地位的政府持股的大企业中的官员。理想情况下,这些访谈能帮助我更好地了解企业对移民的态度以及企业如何影响政府政策;但事实是,我还是依赖了一手和二手资料。

这些数据的主要不足是没有直接信息能反映企业倾向和他们游说政府的能力。后文我会讨论到,新加坡政府涉足了经济中的许多领域,但是涉足的程度到底有多大不得而知,也无法确定到底是政府影响企业行为,还是企业影响政府行为。这主要是因为政府希望其扮演的经济角色低调行事。由于这一信息不足,我们会很难发现企业倾向和政策之间的联系。

在荷兰的案例研究中,我联系了所有的主要政党、雇主组织、工会、监督移民政策和执法的部门以及好几家学术机构。我收到了积极的回应,他们包括一位议员、两家大型雇主组织、一家大型工会、安全司法部(监督移民实施)和好几所学术机构。和新加坡案例一样,这些访谈提供的信息不全面,我用一手和二手资料来补充。

依据我的论点,这两个国家会遵循如下的因果链:不受新加坡和荷兰政策制定者影响的全球经济变化,造成两国低技能劳动密集型企业在出口市场中竞争力受挫,进而可能导致国内市场竞争力下降。竞争力下降会促使企业提高生产率,或加强生产过程的

第六章 小国移民政策：以新加坡和荷兰为例

技术含量，或将生产转移到成本较低的国家，或选择关门。所有这些行为都使得企业不再如以往一样支持低技能移民，甚至倾向于限制低技能移民。因此，我的论点预测了事件发生的特定顺序：全球经济的变化会导致企业结构发生变化，进而引起政策变化。

如后文所示，新加坡案例并没有严格遵循这一顺序，却意外证实了这一顺序。伴随全球经济变化、特别是伴随着中国的崛起，新加坡的低技能密集型企业逐渐失去了竞争力。然而企业游说的减少并不总是发生在移民限制政策之前，有时政府先出台移民限制政策，其目的是迫使低技能密集型企业提高生产率，转向资本/技术密集型生产线，或在新加坡保留总部的同时将生产转移到海外。政府甚至愿意为了促进新加坡技术密集型生产的发展（他们称之为**技术升级**），而宁可眼睁睁地看着企业倒闭。因此在新加坡，全球经济变化直接导致企业和政府双方都减少对移民开放的支持。

解释移民政策的其他主要理论有不同的因果链。如果移民政策受劳工角色驱动，那么我们预期，劳工权利的扩大会先于更严格的移民限制政策；劳工权利的减弱会先于更开放的移民政策。如果财政负担论驱动移民政策，那么我们估计福利支出增加或预算危机应该先于移民限制政策。至于本土主义假说，我们估计越来越浓厚的本土主义情绪会出现在更严格的限制性移民政策之前。在前面几章讨论过，这些假说并非相互排斥。如果政体中有厌恶移民的团体出现，那么贸易开放和资本开放会导致移民限制，否则移民政策在贸易和资本开放后会维持不变。同样，只要这一团体——企业——想要移民，那么本土主义情绪不高涨、劳工影响力小和社会福利规模小就会造成移民开放政策。

借鉴范·埃弗拉(Van Evera)的理论,我运用相关数据做了四种不同测试。① 最容易通过的测试是**预兆测试**(*straw in the wind tests*),它只提供暗示性证据来表明某个假设正确,但既不必要也不充分。② **环式检验**(*Hoop tests*)提供必要但不充分的证据;这些类型的数据能证伪但不能证实某个假设。③ 本研究中呈现的很多证据都是环式检验,证据提示:每个假设主张的条件理应先于移民政策变化,而这些条件,实际上,确实出现,或重要的是,没有出现。第三种检验方法是**确凿证据检验**(*smoking gun tests*),如果通过这一检验的话,就能确认假设,但是即使检验失败也不能排除这一假设。④ 这里呈现的有些证据,特别是官员的言论属于这一类。这些言论证实了论点,但是假如有一个官员没有发表过该言论,论点也不能被排除。最后一种检验是**双重决定式检验**(*doubly decisive tests*),这一检验肯定某个单一假设而排除其他假设。⑤ 埃弗拉指出双重决定式检验在社会科学中很少使用,但是环式检验和确凿证据检验的组合能实现同一目标。⑥ 以下大多数证据属于前三类检验之一,但是累积起来能支持我的论点。

二、新加坡

2011年,新加坡选民主要出于对移民政策的不满而强烈指责

---

① Van Evera (1997).
②③④⑤ Bennett (2010).
⑥ Van Evera (1997, 32).

第六章 小国移民政策：以新加坡和荷兰为例

人民行动党,该年度人民行动党的表现堪称自独立以来史上最糟。① 次年,华人移民公交车司机未经工会允许,因不满与马来西亚移民司机的薪酬差异而爆发罢工,激起广泛的仇视移民的情绪。② 2013年,人民行动党的移民政策遭到进一步反对,起因是人民行动党宣布到2030年拟定的人口目标是690万,而其中只有55%的人口会是本土出生的新加坡人。这一目标一宣布,引发了一场空前的四千人的大规模游行示威活动,抗议这一政策。③国会进行了五天的辩论,这也是新加坡历史上最长的辩论之一,之后政府被迫取消这一政策。④ 自那时起,政府对低技能和高技术移民都实施了一套新的限制政策。

大众对移民政策的反对迫使新加坡政府限制低技能移民,根据现有其他移民政策的相关理论,这一事实难以解释。劳工组织力量特别薄弱,政府控制了工会。关于移民占用社会福利的论点也不能解释这一现象;低技能移民(指的是外国劳工而非移民)没有资格享受社会福利。最后,如果有哪个国家的雇主能在移民政策上有发言权,那么非新加坡莫属,因为政府在许多企业里持有大量股份。

那么新加坡怎么会出现这种情况？我会在本章中指出人民行动党的移民政策重在两相权衡,一方面让新加坡企业在竞争日渐激烈的国际市场中保持竞争力,另一方面控制人民行动党的反对力量。人民行动党之所以能长期执政,在很大程度上是因为它实

---

① Brown (2011).
②③ Barr (2014).
④ Chen (2013).

211

现了以出口为导向的经济增长。然而它使经济保持增长的能力随着其他亚洲国家的发展而受到挑战。首先,为了应对竞争力下降,政府对外国工人扩大开放。然而,开放引发了恐惧,本土人担心被替代,传统的族裔平衡会被打破。同时,为了应对关于新加坡正在失去竞争力以及移民可能引发激进反应的担忧,政府鼓励企业提高生产率,以及/或将低技能生产线转移到海外,但同时政府又希望外迁企业在新加坡开展研发,并将总部职能保留在新加坡。注重竞争力的提升,降低了企业对低技能工人的需求,在制造业中体现得尤为明显,这也推动了政府实施政策来限制低技能移民,这迫使企业提高生产率。

(一) 新加坡移民政策结构

新加坡的移民政策与大多数国家不同,由低到高细分成几类单独的技术移民政策。当前主要有三种移民类别:低技能移民,属于工作许可证(Work Permit)类别;中等技术移民,属于 SP 准证(S-Pass)类别;高技术移民,属于就业准证(Employment Pass)类别。家庭团聚移民(只限于本土的家庭成员和高技术移民),不包括在内。

在工作许可证一类中,每年准许入境的移民数量要受以下限制:国籍限制意味着只允许一些亚洲国家的低技能移民申请;依赖比例[①]上限决定了某一特定企业中外籍工人(包括 S-Pass 持有者)

---

① "dependency ratio",原指非劳动年龄人口数量与劳动年龄人口数量的比例,经常被译为抚养比,又称抚养系数;在本研究中指某一特定企业中对外籍工人的依赖程度,即外籍工人与本土工人的比例,译为"依赖比例"。——译者注

与本土工人的比例;此外,政府按月、按雇用移民数向企业征收雇用税。政府如果想要改变入境的低技能移民数量,会使用上述的一种或所有政策工具。政府可以修改允许申请工作许可证的来源国籍;可以调整并针对不同行业分别制定依赖比例;还可以增加每月的雇用外国劳工税率并将之与依赖比例挂钩。[1]

永久居住权和公民身份也部分取决于技术水平。新加坡在授予永久居住权和公民身份时采取"综合考量",考察的指标包括在新加坡是否有亲属、经济贡献、资质、年龄,以及申请人融入新加坡的能力和愿意与该国维持关系的意向。[2] 除了公民和永久居民的配偶和子女,这些标准使低技能移民不可能获得永久居住权和公民身份。

(二) 新加坡的企业游说

企业游说,在像新加坡这样的非民主国家,"看"起来与美国大相径庭。首先,新加坡企业和其他团体可以通过官方渠道来影响政策,有些类似于美国的"通告和评论"规章制定程序。为了获得公众对议题的看法,新加坡政府通过有组织对话(structred dialogue)向股东征求意见。[3] 例如,在发表 2013 年人口白皮书之前,政府先发布了人口议题通报,征求公众意见。[4] 据一位来自国家人口及人才署的公职人员说,政府在发布新政策前会不断征求

---

[1] 国家人口及人才署(National Population and Talent Division)(2012,34)。
[2] 国家人口及人才署(National Population and Talent Division)(2012,33)。
[3] Chong (2007,954)。
[4] 国家人口及人才署(National Population and Talent Division)(2012)。

反馈意见。

> 我们会见工会、企业领导、社交媒体、年轻人、学生、志愿组织、社区领导……我们也组织了一些大型促进讨论会,会见众多民众。七月份随着议题通报的发布,我们还在互联网开通一个可供评论的微型网站,公众通过这一网站发表个人观点,并就人口相关的具体议题提出反馈意见。我们在起草人口政策时,会把这些都考虑进去,最后形成了(人口)白皮书。这一年几乎都在忙碌……我们基本上都采取这种方法。①

企业通过移民政策(及其他议题)的官方会谈,可以向政府表达自己的意向,这些意向在最终制定政策时会被考虑进去。

其次,新加坡企业可能会通过政治关系影响移民政策。新加坡政府通过两大类组织与企业保持联系:法定机构(statutory boards)和国联企业(government-linked corporations,GLCs)。大多数法定机构是咨询机构或慈善机构,也负责国家关键性基础设施,包括多数住房、工业园开发和机场建设。② 法定机构的例子有经济发展局,它帮助吸引和资助新加坡的外商直接投资;再如裕廊集团(Jurong Town Corporation),它是工业园的主要开发商和管理商。这些机构的董事会由总理任命并向总理汇报,通常是来自相关部门的公务人员。此外,这些机构的预算由国会批准,由财政部批准额外的拨款要求。③

第二类组织为国联企业,政府在这类企业中拥有股份。国联

---

① 国家人口及人才署公务员,个人访谈,2013 年 6 月 4 日。
②③ Gómez and Bok (2005).

企业中的大多数股份被某一家政府控股企业持有,最大的政府控股企业就是淡马锡控股企业(Temasek)。淡马锡完全由财政部控股,是负责投资国内企业的主要机构。① 也有些国联企业不是由淡马锡企业控股的,有一些投资通过中央公积金(Central Provident Fund)和财政盈余。② 1996年,政府成立了"标准生产力和创新局"(SPRING),来投资中小型企业。其他控股企业包括国防部所属的"胜利控股"(Sheng-Li Holdings),主要投资国防工业以及与全国职工总会(National Trade Union Council)有关联的控股企业,包括出租车公司、超市和房地产开发企业。③

新加坡政府在经济中的控股规模到底是多少不得而知,但是可以肯定的是,政府对经济中的大多数行业都有投资兴趣。④ 在1993年,美国大使馆预测新加坡的国联企业占国家GDP的60%左右,尽管新加坡政府对此持有异议。⑤ 在1998年,由淡马锡控股企业持有的上市企业市场总值达到882亿新加坡元,占新加坡股市总值的25%。据统计局2001年报告,1998年政府持股达到或超过20%的一线国联企业占新加坡GDP的13%。⑥ 最近(2008—2013年),国联企业占新加坡证券交易所上市企业的37%,在房地

---

① Low(2003,135).
② Low (2003,136).
③ Gómez and Bok (2005).
④ 新加坡政府表示,公布政府国内外的确切投资额会引起对新加坡元的投机性攻击。当时担任政府投资企业首脑的李光耀如是说:"我们是一个特别的投资基金。最终的股东是选民。公布我们的资产和年收益的细节不利于人民,不利于国家。"Rodan (2004, 483).
⑤ Low (2003, 140).
⑥ Low (2003, 141).

产投资信托行业占比达到54%。

国联企业在经济的许多领域一直都很活跃。过去,淡马锡持有股份的行业涉及食品加工、电子、化工、纺织和旅游业。[1] 淡马锡发现低技能劳动密集型产业走下坡路后,如食品加工和纺织业,就开始与之相剥离。正如我在下面更详细地论证的,这一情况表明政府宁愿让没有竞争力的低技能劳动密集型部门倒闭,也不会通过淡马锡补贴或通过低技能移民来让其重整旗鼓。就2014年而言,淡马锡控股企业持有的投资组合占金融业的30%,其中电信业投资占其总投资的23%,交通和工业占20%,生命科学、消费品和房地产占14%,能源和资源占6%,其余投资分布在其他产业。[2] 所以国联企业在新加坡经济和多数行业中占有很大份额。

新加坡国联企业和世界其他企业的一个主要区别是,前者以管理完善而著称。在2002年的财政预算案演词(Budget Speech)中,政府声明"不会给国联企业以特殊待遇和隐性补贴"或"给企业强加非经济的'国家服务'责任";相反,国联企业要与其他私营企业"在公平的环境中角逐"。[3] 淡马锡允许相关企业按市场价格雇用自己的职业经理人,很少干预企业的日常运行。[4] 但是,它还会定期和企业碰头"让对方知晓其感受"[5]。

尽管许多观察人士相信国联企业管理非常完善,但企业(尤其是国联企业)与政府间的"旋转门"也功不可没。罗丹(Rodan)认为

---

[1] Low (2003, 142-143).
[2]《主要投资》(*Major Investments*, 2015)。
[3] 转引自Sim, Thomsen, and Yeong (2014, 27)。
[4][5]《从国有企业到国联企业:中国领导者向新加坡学习投资组合管理经验》(2013)。

国联企业提供了政治奖励与回报的途径。① 官员们及其亲属圈左右着利益诱人的董事会席位,支付具有国际竞争力的利率,并提供股票期权。② 据 2002 年一则作者化名为"Tan Boon Seng"并在国际新闻界和互联网广为流传的报道,董事会席位可作为对党员忠心耿耿的奖励。例如,总理李显龙(当时为副总理)的妻子是"特许半导体有限公司""新加坡科技工程有限公司""ST 资本"和电信运营商星和(StarHub)的总裁、新加坡技术集团的副总裁以及淡马锡控股企业和新加坡胜科工业集团(SembCorp)的董事。李显龙的弟弟和好几个叔叔、侄子及姻亲都有类似的高管职位。③ 现任和前任政府官员和国会议员同样在各种企业中担任要职;如前国防部长林金山是新加坡报业控股的集团主席。在 2003 年,西海岸集选区的内阁议员符致镜是新加坡航空的高级副总裁;来自武吉知马选区的议员王家园曾经是康福集团、康福运输和康福汽车服务的董事。④

现任及前任公务员和国会议员也有在非国联企业董事会任职的。2012 年,新加坡证券交易所公开交易的非国联企业中,有 19.54% 的董事会成员有政治人脉。⑤ 这一数据虽然比国联企业的比例(42.26%)低,但仍然反映了非国联企业和政府之间千丝万缕的联系。⑥

---

① Rodan (2004).
② 关于政企之间的旋转门,还可以参阅 Shih (2009)。
③④ Tan(2002).
⑤⑥ Sim,Thomsen and Yeong (2014).

除了给忠心耿耿的公务员和党员提供额外收入来源,国联企业还成了议员和部长的重要孵化器。那些在企业事业有成的人,无论是在国联企业还是私人企业,经常会被邀请加入人民行动党、竞选议员或去某个部门任职。① 新加坡第二任总理吴作栋曾是东方海皇集团———一家集装箱海运和物流公司的常务董事;同样,担任人力部部长的李文献曾是初级产业企业———一家兽医设备和用品生产商的高级经理。②

因此国联企业不仅是新加坡经济的中流砥柱,而且与政府关系密切。鉴于政企"旋转门"的存在,汉密尔顿-哈特(Hamilton-Hart)认为我们很难将政府官员与私营企业家分开来,并且两者都有着共同的利益。③ 尽管政府会辩称它不干预企业运行,这些企业却极有可能影响政府政策。引用一位新加坡民主党(反对党)官员的话说:"(政府领导人)是雇主,他们不仅仅是最大的雇主……我说的甚至不是(行政部门);我说的是私营企业。"④因此,政府制定对企业有利的政策。⑤

(三) 其他团体如何游说

游行示威在新加坡或多或少是违法的,因此游行示威在新加坡很罕见。新加坡人影响政府政策的渠道有好几种。首先,普通人可以利用选举在一定程度上约束执政党。最近的例子是 2013

---

① Hamilton-Hart (2000).
② Tan (2002).
③ Hamilton-Hart (2000).
④⑤ 新加坡民主党官员,个人访谈,2013 年 6 月 7 日。

年的补选,人民行动党失利,这让工人党获得一个国会议席,人民行动党挫败的部分原因应归咎于民众对移民问题的担忧。[①] 其次,如上所述,政府与利益相关者就主要政策议题召开听证会,听证会包括代表普通新加坡人的工会组织和其他团体。再者,人民行动党为了牢牢维护而不失去权力也不愿意过分违背民意。通过这些渠道,反移民情绪得以传达给政府,并被政府纳入考量因素。

(四)新加坡经济和移民政策变革(1965—2014)

图 6.1 显示新加坡移民、贸易和资本政策以及自独立以来货币的升值和贬值情况。作为一个小型的开放经济体,新加坡自独立以来,其历史上的关税水平一直很低。自 20 世纪 70 年代末以来,它的货币政策也相对开放。但是,新加坡主要针对出口市场,它的竞争力在很大程度上受汇率及其他主要出口市场如美国、日本和欧洲等地的贸易政策影响。如图所示,1990 年以前,新加坡元几乎一直在贬值(价值低于 0),之后有大幅提升。移民政策的变化在很大程度上可以追踪汇率的轨迹,新加坡元贬值,移民则开放;新加坡元升值,移民则受限(相关系数为 -0.43, $p<0.05$)。为了便于分析,我把新加坡分为三个历史时期:后殖民时代初期(1965—1971 年),劳动密集型经济时期(1972—1978 年)和技术升级与生产外迁时期(1979—2014 年)。

[①] Lim (2013).

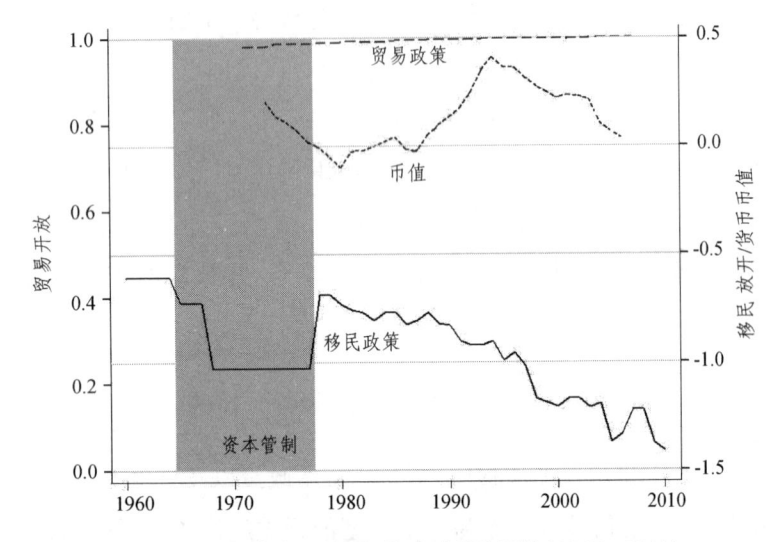

图 6.1　新加坡移民、贸易、资本政策和币值(1965—2010)

注：阴影区代表的是资本管制时期,数据来源于 Bordo 等人(2001)。贸易政策是进口免税产品所占的百分比(或 1 减去关税率),数值越大预示着开放程度越高。贸易数据来自 Clemens 和 Williamson(2004)。移民政策在第三章有详细描述,取值越高显示开放度越大。币值数据来源于 Steinberg 和 Malhortra(2014),是实际汇率和预测汇率之间的差异。

1. 后殖民时代初期(1965—1971)

整个殖民时期新加坡的移民政策很开放。当地马来工人以及来自东印度殖民地的移民在港口务工。华人移民通过早期的贸易网络来到新加坡经商或务工。截至 19 世纪 30 年代,华人成为新加坡的主要民族。[1]

在整个殖民时代,新加坡经济主要依赖于转口贸易及为英国提供军工产品。但这两种产业相对依赖低技能劳工,对经济的发

---

[1] Nasir and Turner (2014, 17).

展助力甚微。尽管新加坡独立后港口将成为经济发展的主要动力,但是这一时期崛起的关键却是公务员制度的形成,正是在公务员制度基础上建立了人民行动党和技术官僚政府。

独立与加入马来西亚联邦开启了新加坡经济发展和移民政策的新时代。马来西亚联邦政府实行进口替代工业化(ISI)政策来发展经济,新加坡也参与其中。联邦之间的人口流动完全开放。然而从联邦成立伊始,问题就出现在种族结构上。新加坡以华人为主,而当时执政马来西亚的党政联盟(Alliance)由马来人构成。随着华人和马来人的种族冲突加剧,特别是1963年华人和马来人之间的种族暴动,让人民行动党决定脱离马来西亚。

对种族紧张关系的担忧一直影响着新加坡的移民政策,这也可能是人民行动党党内党外反移民压力的主要源头。新加坡第一任、同时也是任期最长的总理李光耀(Lee Kuan Yew)非常担心新加坡的种族冲突。种族间的暴动在20世纪50年代和60年代早期威胁到国家的存亡。在1985年的一次演讲中,李光耀说起这些暴动:"群体暴动。我们再一次为生存而战。这是为什么依然健在的并清晰记得1965年事件的那一代人,一定会知道整个联邦创建是多么脆弱,不堪一击。"①因此移民政策的制定一直都着眼于保持种族平衡。

新加坡脱离马来西亚联邦对新加坡经济产生了直接影响。作为一个城市型小国,新加坡的发展不能套用进口替代工业化(ISI),因为国内市场太小。它采纳了联合国开发署的建议(也称作温斯

---

① 转引自 Kuhn(2015)。

敏计划,Winsemius plan)①——以出口为主导的、在一定程度上由跨国公司(multinational corporations,MNCs)驱动的发展战略。联合国开发署的该计划呼吁政府成立一个为地方工业化融资并促进跨国公司投资的部门。② 1961 年政府成立了经济发展局(EDB),1968 年经济发展局将投资的融资职能转给了新加坡开发银行,将工业开发职能转给了裕廊集团。③ 跨国公司和外商直接投资在新加坡经济中一直发挥着重要作用。在 60 年代,大多数跨国公司被新加坡的战略位置和廉价劳力所吸引。经济发展局吸引的外国企业有从事低技能劳动密集型的产业,如服装、纺织和玩具,也有来自较高技术产业如石化和钢铁行业的投资。如下文所示,随着其他亚洲国家崛起,新加坡的竞争力逐渐式微,自 70 年代的半导体行业开始,政府开始寻求在高技术行业中引进外商直接投资。

  新加坡的独立对移民政策也产生了直接影响。马来西亚人不能再自由进入新加坡,移民反而受到了严格控制。这一时期的经济发展依靠本土未就业或未充分就业的劳工以及劳工压制,企业对移民需求不大。1966 年人民行动党通过了《工会法(修正)》,规定工会在组织罢工前必须组织秘密投票;后来的修正案又规定主要服务业罢工和同情罢工(sympathy strikes)为非法行为。1968 年的《就业法》为了增强生产率和降低劳动成本,延长了工作日,减

---

① Soon and Stoever (1996,319).
② Low (1998).
③ Low (1998,38).

少附加福利。①《1968年工业关系法(修正案)》将权力制衡的职能转给了管理层,使管理层有权雇用和解雇工人、阻止工会利用他们的劳工权利来达成比"先锋产业"(即政府力求发展的行业)给予的条件更好的合约。②尽管没有确凿证据表明企业对移民的低需求会导致限制政策,但我的论点确实通过了环式检验,因为劳工压制降低了企业对移民的需求。

其他理论能解释这一时期的移民政策吗?劳工影响论和财政负担论不能通过环式检验,说明两者都不可能在移民政策的形成中发挥重要作用。劳工的影响力在这一时期特别薄弱,就像1969年,当时主要的工会组织——全国职工总会(NTUC)正式成为政府机构,而且社会福利体系覆盖面也不够广。相比之下,本土主义有可能在移民限制政策中发挥了部分作用,虽然缺乏确凿证据,却能通过环式检验。新加坡政府一直寻求保持种族平衡,特别是确保华人的主导地位;允许众多马来人移民新加坡会打破这一平衡。

2. 劳动密集型经济时期(1972—1978)

新加坡从后布雷顿森林时代初期开始失去经济优势,因为国内劳动力开始变得相对不足,而其他国家和地区如中国台湾、中国香港和韩国发展迅猛。政府采取了三项政策来提高竞争力,形成了大规模的低技能劳动密集型经济。70年代初期,政府首先使货币贬值。货币贬值使低技能行业产能增加,然而本地不再有充足的未就业和未充分就业劳动力能满足需求,移民呼声渐高;其次政

---

① Loh (2011, 205).
② Loh (2011, 206).

府对受威胁产业进行了补助[1],进一步增加了对劳动力的需求;最后,1972年政府实施了工资抑制政策,人为地维持低薪以提升企业在国际市场中的竞争力。[2] 由于工资人为地维持在低位,企业主愿意维持劳动密集型生产,甚至从资本密集型生产转移到劳动密集型生产,从而进一步刺激了对劳动力的需求。

为了应对不断增长的劳动力需求,政府放宽了对低技能移民的限制。1975年,政府允许低技能工人在新加坡务工超过一年。[3] 1978年,政府甚至允许招募来自马来西亚以外国家的工人,包括印度、孟加拉国、斯里兰卡、菲律宾和泰国,即使这么做可能会威胁种族平衡。政府甚至还向马来西亚工人发放一日通行证,以方便他们住在马来西亚却在新加坡务工,这一举措增加了在马来西亚居住而在新加坡务工的人员比例。[4]

在当时背景下,扩大移民和限制工资似乎维持了新加坡的竞争力,但是这些政策带来的意外后果是:企业保留甚至研发了更低效的生产方式,使生产率下降了6%,导致新加坡的竞争力进一步下降。[5] 后来新加坡领导人总喜欢将这一时期引为反面教材,来阐明为什么通过增加移民来保持竞争力并非良策。我的论点同样通过了这一时期的环式检验——即货币贬值引起低技能行业扩张,进一步引发移民开放,但同样没有通过确凿证据检验。

---

[1] Low (1998, 45).
[2] 如下文所述,荷兰在20世纪40年代末和50年代初也实施了工资抑制政策。
[3] Kaur (2006) and Wong (1996).
[4] Hui (1998).
[5] Low (1998,45).

其他移民理论是否能解释这一时期的政策变化？这一时期的本土劳工势力一直相对较弱，而移民开放加强符合劳工影响论；低技能移民无法获得社会福利，也会促进移民开放，这一点与财政负担论观点一致；最后，本土主义情绪在这一时期似乎低落，很少有抗议或种族冲突爆发。因此这三种其他解释都通过了环式检验，这一时期实行移民开放政策是确定无疑的。

3. 技术升级和生产外迁时期(1979—2014)

20世纪70年代末和80年代初，全球性经济衰退充分暴露了新加坡发展战略的弊端。新加坡依赖外部市场，所以遭受了来自其他亚洲国家和地区的激烈竞争。亚洲的其他发展中国家，特别是泰国、马来西亚和菲律宾，开始工业化，在出口市场中与新加坡展开角逐。① 新加坡元也开始变得坚挺，部分原因是政府希望新加坡成为金融中心，这进一步削弱了它的竞争力。

对此，人民行动党不再选择开放移民，而是鼓励新加坡企业通过提高生产率和/或将低技能产品线迁至海外来实现技术升级。从1979年开始，新加坡在实施技术升级政策的同时，"矫正"原有工资政策，通过大幅增薪来鼓励企业朝资本密集型而不是劳动密集型方向发展。② 人民行动党希望通过限制移民来迫使企业提升生产率或转移低技能生产线。③ 1982年，人民行动党通知企业"来自非传统国家的工作许可证持有者进入新加坡只是权宜之计"且

---

① Rigg (1988, 342 - 343) and Toh (1989, 300).
② Lim (1983, 757).
③ Toh (1989, 300).

截至1984年会被取消。[①] 因此,可以作为我论点确凿证据的是:"(制造商)必须进一步实现机械化、自动化、计算机化,并通过优化管理来裁汰冗员,否则必须要转移工厂。"[②] 为了减少企业对低技能外国工人的依赖,政府向引进外国劳工的企业征收外国劳工税。

除了工资政策调整和征收外国劳工税,新加坡经济发展局给予高技术制造业更多投资补贴,这些行业包括计算机零部件、外围设备、软件和硅片制造业。[③] 对于想要通过机器人租赁计划(Robot Leasing Scheme)实现自动化生产的企业,经济发展局给它们提供低成本融资和技术支持来推动技术升级和自动化。[④]

新加坡政府旨在提升生产率并使企业技术升级的政策,相对来说是成功的。20世纪80年代,每名工人的附加值平均增加了4.7%。[⑤] 低技能劳动密集型产业,像食品饮料、纺织服装和木材加工业从60年代初期占制造业产出的45%下降到80年代的15%,到1990年更是降到5%。[⑥]

企业间争夺市场份额的区域竞争,直到20世纪90年代和21世纪之初才愈演愈烈。中国的对外开放从根本上改变了全球外商直接投资的模式,使新加坡的全球竞争力评级下降。[⑦] 政府担心新加坡的经济地位随着亚洲其他经济体、特别是中国的崛起而不再巩固,这一点在政府文件中随处可见。举例来说,在贸易及工业部

[①②] Fong and Lim (1982).
[③④] 新加坡经济发展局(2015)。
[⑤] 数据来源于新加坡统计局和经济发展局(未标明日期),引自Wong(1998,117)。
[⑥] Wong (1998,116).
[⑦] Low (2003,137).

的一份报告中,政府指出:"新加坡位于经济快速增长地区,这既给我们带来了更多的经济机遇,也给我们带了更激烈的竞争。我们要谨慎制定我们的政策来维持竞争力,同时保持一个可持续的增长速度,让所有的新加坡人感受到生活质量的提高。"[1]对新加坡竞争力减弱的担忧,在 2013 年臭名昭著的、引发对移民政策诟病的《人口政策白皮书》中,也被刻画得淋漓尽致:"许多亚洲城市正在快速实现现代化,正迎头赶上我们。新加坡必须保持发展势头,通过升级改造来维持我们在全球城市网络中的关键地位,让新加坡成为一个能创造就业、充满机遇和活力的地方。"[2]鉴于持续的经济增长对巩固人民行动党的地位至关重要,政府高度重视经济威胁也就不足为奇了。

区域竞争促使新加坡政府加快了技术升级的步伐,侧重发展"知识经济"。政府鼓励私营企业提高生产率或退出低技能劳动密集型生产。政府同时引导国有企业转向高技术产业,包括国防和半导体晶片制造业。[3] 20 世纪 80 年代,新加坡在技术升级进程中,不仅关注国内企业活动,也注重将外商直接投资吸引到国家鼓励的产业类型。经济发展局在 90 年代再次将重心从制造业转移到高技术和资本密集型产业,诸如化工、电子、工程和生物医学[4]。

除了提升现有企业和寻求在新加坡投资的企业的生产率,新加坡在 20 世纪 80 年代末和 90 年代还开始了区域化政策。区域化

---

[1] 贸易与工业部(2012,2)。
[2] 国家人口及人才署(2013,2)。
[3] Wong (1998, 121)。
[4] 新加坡经济发展局(2015)。

的目的是让企业将其区域或国际总部、研发项目和其他高技术密集型生产活动留在新加坡,而将制造业和低技能劳动密集型生产分散到整个区域。① 正如在 2010 年的政府报告中指出的:"企业必须**去海外扩张,抓住新的发展机会,从而在新加坡发展高附加值产业**。海外扩张通常意味着要将低成本活动转移到海外,但同时为新加坡创造并保留了更多的好工作——高附加值生产、区域管理和市场运营、产品开发和设计,以及贸易、金融和企业服务。"②

作为这个战略的一部分,新加坡政府帮助企业跨过新加坡海峡在印度尼西亚的巴淡岛、跨越堤道在马来西亚柔佛州建立离岸中心,包括协商共建"印度尼西亚—马来西亚—新加坡成长三角区"自由贸易区。区域化也带动新加坡通过经济发展局和国联企业向中国进行外商直接投资。曾经在新加坡境内为跨国公司生产低技能劳动密集型产品的新加坡企业,现在依然为同样的跨国公司(以及其他企业)生产同样的产品,只是生产地点挪到了离岸中心。③ 而留在新加坡的多是高技术总部中心和研发部门。

20 世纪 90 年代,新加坡政府相对成功地提升了生产率。从 1990 年到 1995 年,每名工人附加值平均增长 5.7%。④ 因为技术升级和区域化策略,新加坡经济也摆脱了许多剩余的低技能劳动密集型制造产业:1995 年,来自食品饮料、纺织服装、木材家具和造纸印刷的产出总占比下降到 8%。⑤

---

① Low(2003,137).
② 经济战略委员会(2010,6).黑体为原文所加。
③ Wong(1998,120).
④ 数据来源于新加坡统计局和经济发展局,引自 Wong(1998,117)。
⑤ Wong(1998,116,118).

尽管技术升级威胁了低技能劳动密集型企业,但政府不为所动。实际上,政府毫不留情地告诉这些企业,如果它们不减少对外国劳工的依赖,就要被淘汰出局。新加坡财政部长说过:"考虑到我们的劳动力市场紧缺,有些产业结构必须要转变。整合是结构调整的重要组成部分。只有高效的企业和树立品牌的企业才会发展,而另一些最终会萎缩,要么转向新行业,要么将部分生产转移至国外。不能仅仅指望个别企业创新升级,而是要释放产业空间给更具有活力的企业,让这些企业获得充足的员工并成长壮大,许多发达经济体就是这样来提升生产率的。"[1]此外,一位来自贸易和工业部的职员说:"我认为在新加坡,我们的确认识到,要不断地在价值链上攀升,考虑到我们土地面积非常有限,所以在我们前进过程中,是的,有些产业要移出新加坡,让位给高附加值产业。所以我认为境外迁移,当然不是全部外迁,是结构重组过程中的一部分,所以产业外迁的阻力不太大,不像西方国家那么强烈。"[2]他接着说:"总有这样一个过程,产品刚开始生产时,有一个学习曲线,当学习曲线成熟,对,它的价值就会下降,这时你需要……这些加工在新加坡成本太高,我们需要把它移出去。所以我认为,对于绝大多数产品而言,都是如此,当一个产品成熟,你必须认识到或许这个地方并不是最佳的生产地,你开始转向其他高附加值产品。我想……这就是新加坡的发展史。"[3]

除了制造业升级,政府还努力提高不可贸易部门的生产率,例

---

[1] Shanmugaratnam (2013, 19).
[2][3] 商业和工业部公务员,个人访谈,2013 年 6 月 4 日。

如建筑业和食品业。新加坡的建筑业高度依赖低技能工人,包括大量外国劳工。① 在20世纪90年代中期,新加坡建筑业发展局制定了提高生产率的十年计划,包括严格筛选外国劳工,只允许技术水平较高的劳工入境,让私企建立培训中心,对外国劳工进行入境前培训,同时加强培训国内工人和管理者。② 政府还通过法律,规定建筑企业必须使用更多的预制构件,以此减少竣工所需劳力。③ 最后,政府改变移民政策迫使企业提升生产率。向雇用非技术外国工人的企业征收更高的外国劳工税;向雇用熟练外国工人的企业征收较少的外国劳工税。④最近,政府拿出20亿新加坡元来帮助不可贸易部门的中小企业提高生产率,⑤并于2010年成立"国家生产力与继续教育理事会"来研究提高生产率的方法;同时给企业,尤其是中小企业拨款,帮助它们来提高生产率。

由于大多数低技能产业已被移出新加坡,不可贸易部门也被迫提高生产率,企业对低技能移民的需求自然就下降了,政府于是限制低技能移民。然而新加坡与许多其他国家做法不同,政府明确通过限制低技能移民来迫使企业加强竞争力,这为我的论点提供了确凿证据。2010年,经济战略委员会指出:"如果获得劳动力太容易,企业在提高生产率上就会不思进取,这不利于我们技术升级和提高新加坡低收入人群的工资水平。"⑥在2013年的财政预算案演讲中,新加坡财政部长说:"现在的基本状况是,**对外国劳工依**

---

① Toh (1998,143,161).
② Toh (1998, 164).
③④ Toh (1998,165).
⑤ 商业和工业部公务员,个人访谈,2013年6月4日。
⑥ 经济战略委员会(2010,6)。

赖最强的部门也是**最落后于国际生产率标准的部门**,也是在总体经济运行中拖后腿的部门。"①这种担忧也在对公务员的采访中有所反映:

> 另一方面,我认为轻易得到外国劳动力会使企业没有上进心去改善生产,去提高劳动效率,所以如果有渠道可以实现的话,企业会希望利用外国劳工来发展企业,而不是改变生产方式……所以迫使企业提高生产率的部分原因,这也一直是我们在做的……就是提高雇用外国劳工的成本,这样他们才有动力去改进生产方式。②

最近,为了促使企业提高生产率、减少对外国劳工的利用,2014—2015年度,对生产率水平最低的行业额外征收的外国劳工税额度将创历史新高。③

从多方面来看,政府最新的移民政策不过是三十年来移民政策的延续。"在经济层面上,(我们)极大地减缓了劳动人口(增长),而不是不惜一切代价地促进其增长。我们讨论过如何激励新加坡工人,通过培训来提升自己,以担任要求更高的新职位,如何为更多的新加坡人创造良好的环境,让他们加入劳动力大军,提高就业率和劳动参与程度。补充一些外国劳工,帮助企业重组,转向生产效率更高的经营模式。"④目前,新加坡政府仍然允许高技术移民迁入成为永久居民和公民。此外,政府允许低技能工人临时入

---

① Shanmugaratnam (2013, 18). 黑体为原文所加。
② 公务员,个人访谈,2013年6月12日。
③ Shanmugaratnam (2013, 20).
④ 国家人口及人才署公务员,个人访谈,2013年6月4日。

境,在低技能的服务业就业,如医疗辅助、家政和建筑行业,这样有利于"企业在转型升级期灵活应对,同时防止在经济低迷时期新加坡工人出现失业情况"[①]。

企业对于低技能工人的需求驱动了移民政策,我的这一观点既通过了环式检验:贸易竞争加剧、企业流动性加强和生产率提高造成企业降低对移民的需求;也通过了确凿证据检验:政策制定者明确表示,为了促使企业提高生产率,他们正在减少移民,那些没有移民劳动力就没有竞争力的企业应该关闭、外迁或提高生产率。相比之下,劳工影响论和财政负担论未能通过环式检验。如前文所述,工会由政府控制,所以不可能成为移民限制的原因。低技能移民因为没有被授予公民身份,所以没有资格享受社会福利,相反,一旦他们陷入经济拮据,就很容易会被驱逐出境。

然而,本土主义论却能帮助解释移民限制政策。人民行动党日益担忧移民太多会造成公众抵触。这种抵触有两种形式:一是大量移民会造成拥堵,一个岛屿到底能容纳多少人口令人担忧;二是担心移民太多会改变新加坡的民族性。

对于移民过多的担忧,可以引用一句新加坡人老生常谈的抱怨:新加坡岛根本没有更多的空间来容纳移民。每当道路、地铁和公交拥堵时,或住房紧缺时,或其他基础设施缺乏时,人们就会这样抱怨。[②] "一方面要确保雇主能有足够的劳动力,这样能推动经济强劲增长,因为经济增长也能为新加坡人带来工作;另一方面,

---

[①] 国家人口及人才署(2013,40)。
[②] Nasir and Turner (2014,105).

新加坡面临外部条件约束,如基础设施和空间限制。所以为了平衡这两个方面,我们采取了一些措施。"①反对党也认为移民是导致城市拥堵和生活水平下降的原因,将之归咎为人民行动党的政策失误。在新加坡民主党(SDP)的政策宣言中就指出:"公共交通过度拥挤,公寓住房的等候期延长,公共物资价格被操控,学校选址竞争加剧,休闲和消费设施的空间不足,这些都使我们岛上所有居民生活质量下降。"②人民行动党对于这些担忧也给予认可:"这些担忧源于快速的人口增长。我们正面临交通拥堵和市场房价居高不下的困境。配套的基础设施开发没有跟上人口增长的速度。"③对于这一点有些公务员也指出:"某种意义上,许多基础设施正在兴建,部分拥堵会得到及时缓解;但是就目前而言,我们虽在奋力追赶,还是有些落后;因此有些地区还很拥堵,有些抱怨就来自这些地区。"④

自从新加坡退出马来西亚联邦,人民行动党一直致力于维持人口种族平衡,以应对人们对种族暴动会影响国家稳定的担忧。如一位总理办公室的部长说:"我们认识到,新加坡要维持人口种族平衡来维护社会稳定,为确保这一平衡,我们在吸纳移民的节奏和姿态上都非常审慎。"⑤但是对于社会凝聚力和新移民的担忧一直存在。国家人口人才局的公务员说道:"(在论及人口政策时)这

---

① 公务员,个人访谈,2013年6月12日。
② 新加坡民主党(2013,8)。
③ 国家人口及人才署(2012,6)。
④ 国家人口及人才署公务员,个人访谈,2013年6月4日。
⑤ Grace Fu,总理办公室大臣,2013年2月6日,《新报》,转引自Nasir and Turner (2014,25)。

些社会约束会被提起,人们会说,随着越来越多的移民进入新加坡,社会结构变了,凝聚力变了,民族认同感也变了。"①反对党指出:"许多移民和流动工人聚集在一起形成自己的飞地,不利于社会融合"②,并强调移民"触发民族认同危机"③。人民行动党在2012年起草人口政策时承认这些担忧:"新加坡人与一些外国人和新移民之间也有零星的摩擦,部分应归咎于文化差异……(新加坡人)担心我们的社会凝聚力会被削弱。"④针对这些担忧,政府表示:"我们已采取措施控制移民流。我们坚持严格的移民标准来确保我们接纳的新移民更能融入新加坡,适应我们的风俗和文化。"⑤

在我们的模型中,从很多方面来看,人民行动党都是理性的政策制定者。它没有(过多的)意识形态目标,志在维系权力。为了巩固执政地位,人民行动党要保持经济强劲增长,控制民意不满情绪。作为一个特别小的开放经济体的执政党,人民行动党不得不遵循以出口为导向的发展战略。随着周边邻国尤其是中国的崛起,新加坡在关键市场中面临越来越激烈的竞争。

面对这一情形,新加坡作为一个专制政体可以通过开放移民来保持低劳动力成本,并压制一切反对声音。事实上,新加坡在20世纪70年代确实这样做了。但是开放的低技能移民政策在新加坡没有持续太久,因为它造成民怨沸腾——除造成拥堵,还威胁种族平衡——这一点政府在2011年和2013年都看出了端倪。对此

---

① 国家人口及人才署公务员,个人访谈,2013年6月4日。
② 新加坡民主党(2013,27)。
③ 新加坡民主党(2013,11)。
④ 国家人口及人才署(2012,6)。
⑤ 国家人口及人才署(2012,21)。

政府寻求产业技术升级:提高生产率,在将低技能劳动密集型产业迁至海外的同时,将企业总部和研发中心留在新加坡。随着技术密集型生产发展壮大,对低技能劳动力的需求缩减,政府得以限制低技能移民。政府也希望通过限制低技能移民来迫使企业调整结构。虽然新加坡的低技能移民数量仍然相对较高,但是如果新加坡没有采取移民限制政策,这一数字可能会高[①]得多。

三、荷兰

在2002年荷兰议会选举中,极右翼反移民政党富图恩名单党(List Pim Fortuyn,LPF)一举赢得26个席位,并以第二大党身份加入内阁政府,在荷兰政界引起轰动。这是荷兰下院历史上一个新政党所取得的最大胜利;上一个记录是1967年六六民主党(D66)创下的。然而富图恩名单党联合执政不久旋即分崩离析——它的领导人皮姆·富图恩在议会选举前被刺杀,致使该党群龙无首;然而这却极大鼓舞了包括基尔特·威尔德斯(Geert Wilders)领导的民主党(PVV)在内的其他极右翼政党,并迫使包括自由党(VVD)和基督教民主联盟党(CDA)在内的其他荷兰政党在移民议题上向右倾斜。

在20世纪五六十年代,荷兰对外来工人持欢迎态度,在80年代更是多元文化的主要倡导者,可是为何它却抵挡不住席卷欧洲的反移民浪潮?在这一章,我会通过企业对移民态度的变化来解

[①] 英文原书为"低",应是有误。——译者注

释这一变化。战后初期,荷兰采用了相对被低估的货币和资本管制政策,在日益开放的欧洲市场中成为低薪国家。由于货币低估带来的保护作用和因资本管制带来的生产流动性限制,低技能生产规模扩大,移民支持力度加大。但是到了 70 年代,货币高估和通货膨胀削弱了荷兰企业的竞争力,导致许多企业倒闭,或是提高生产率(或转向高技术生产行业),或是向国外转移生产。这一过程持续至今,使企业对移民开放的支持减弱。这一变化也让本土主义团体在移民政策上有更多的发言权,从而形成更苛刻的移民限制政策。

(一) 荷兰的企业如何游说

与新加坡案例一样,荷兰企业和美国企业游说政府的方式也大相径庭。荷兰企业有更为正规的渠道来影响政策,即通过社会与经济理事会(Social and Economic Council,SER)。社会与经济理事会成立于 1950 年,经授权向政府提供社会经济方面的建议以促进经济平衡发展、社会可持续发展、充分就业和收入公平分配。社会与经济理事会对所有重大社会经济问题发表意见,包括中期的社会经济发展、监管问题、社会保障、劳工产业法、农业政策、欧洲政策以及其他政策议题。①

社会与经济理事会有 33 个成员,11 名来自雇主组织,11 名来自工会,还有 11 名为社会经济政策方面的独立咨询专家。11 名来自雇主组织的成员中,有 7 名代表来自最大的雇主组织荷兰工业

---

① Sociaal-Economische Raad (2013, 12).

和雇主联盟(VNO-NCW),3 名成员来自荷兰中小企业协会(MKB),代表中小企业雇主,剩下一名代表来自农业和园艺组织(LTO),代表农业和园艺业雇主。大部分雇主(大约 80%)都由上述的某一个行业组织来代表,由 VNO-NCW 代表的企业雇用了私营行业中 90% 的员工。①

社会与经济理事会应政府要求或自发提供建议。通常情况下,部长、副部长或国会议员发起咨询请求。草案报告会发放给所有的组织成员,理事会征求反馈意见后给出咨询建议。政府未必一定会采纳理事会的建议,但必须在三月内给出回应,并给出不予采纳的理由。

除了社会与经济理事会,1945 年民间组织劳动基金会(the Labour Foundation)成立,其主要任务是联合雇工组织和工会,但它每年也向政府提供两次咨询。所以企业可以通过两个官方渠道——社会与经济理事会和劳动基金会——来影响政策。这两个组织的意见都受到劳工组织的制衡,而社会与经济理事会还受到独立咨询专家代表的影响。这些建议往往是一致的,这意味着企业能够让政策朝着自己理想的状态发展,如果没有建议权,就很难做到这一点。企业很少向政策制定者正式游说,但是通过这些组织能向政府表达它们的立场。

企业也与好几个政党保持长期关系。正如利法特(Lijphart)指出的,一直以来荷兰政治都有一个特点——"支柱化"

---

① Sociaal-Economische Raad (2013). 在欧盟中雇主代表平均百分比是 55%;只有奥地利的企业代表百分比较高。

(pillarization)。① 每个社会团体都有自己的政党,其他组织都有自己的支柱。天主教徒和新教徒都有自己的工会、雇主协会和政党,政党分别是天主教人民党(KVP)/基督教民主联盟党(CDA)、荷兰反革命党(ARP)和基督教历史同盟党(CHU)/基督教民主联盟党(CDA)。世俗派的工人有自己的工会并为世俗的党派工党(PvdA)投票。世俗派雇主有自己的协会,与世俗派的中产阶级一起为世俗的自由党(VVD)投票。虽然从60年代开始"支柱"逐渐式微,但其却改变了企业影响政治的方式。② 因为支柱内的紧密联系,雇主协会在支柱内部已经和政党融为一体,所以政党已经内化了企业的需求。

除了这些更为正式的渠道,企业也会通过非正式渠道来影响政策。官方的咨询过程也使政府高官和雇主协会(和工会)召开更多的非正式会谈,雇主协会和工会有相对容易的渠道接近内阁部长、公务人员和议员。③

(二) 二战后的荷兰移民政策史

图6.2显示战后时期的荷兰移民、贸易和资本政策。战后时期可以分为三个阶段:二战后初期至20世纪70年代初期;80年代中期至今;前两个阶段之间的过渡期。第一个阶段被称为荷兰经济发展的现代黄金时期,得益于高就业率和快速经济增长,这一时期限制资本流动。在法律上货物入境几乎没有障碍,荷兰流亡政

---

① Lijphart (1975).
② 参见 Van Kessel (2011)关于去支柱化的评论。
③ Visser and Hemerijck (1997, 90).

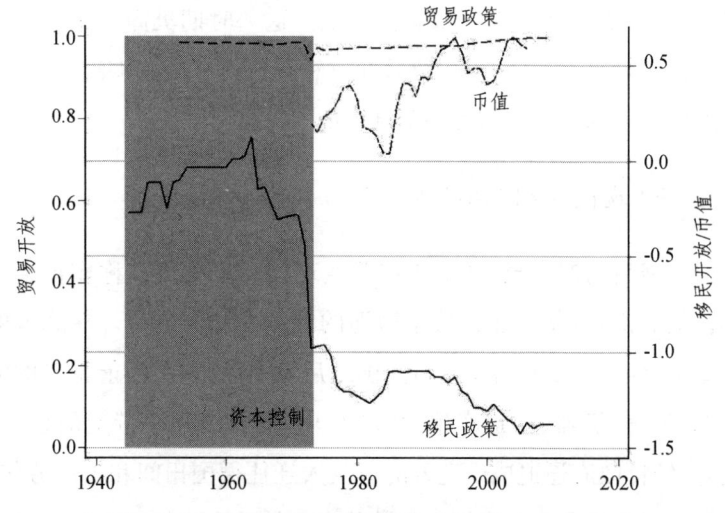

图 6.2　荷兰移民、贸易和资本政策(1945—2010)

注:阴影区代表的是资本管制时期,数据来源于 Bordo 等人(2001)。贸易政策是进口免税产品的占比(或 1 减去关税率),币值越大预示着越开放。贸易数据来源于 Clemens 和 Williamson (2004)。移民政策在第三章有详细论述;数值越高显示移民开放程度越高。币值数据来源于 Steinberg 和 Malhortra(2014),是实际汇率和预测汇率之间的差异。

府于 1944 年重新加入了金本位制,荷兰盾兑美元贬值了 30%,到 1949 年兑美元再次贬值了 30%,相当于实施了事实上的关税和出口补贴。这一时期移民政策相对开放,随着好几个外国劳工协议的签署,移民进一步开放。[①] 第二阶段,我称之为过渡期,随着资本市场的开放,政策趋势发生了转变;国际贸易竞争加剧,1961 年荷兰盾升值了 5%,到 1971 年布雷顿森林货币体系终结,荷兰盾升值已成事实;政府实施更加严格的移民政策,首当其冲的是,于 1973 年取消了外国劳工项目。第三个阶段——鉴于服务业的经济地位

---

① 然而荷兰的移民政策并不像 19 世纪时那样开放。见第三章。

日益突显,我称之为服务型经济时期。这一时期巩固了布雷顿森林货币体系终结后的趋势,贸易开放和欧盟内外的资本流动增强,对欧盟以外的低技能移民的限制也增多。

(三) 现代黄金时期:1945—1971

二战后初期直至 1971 年在荷兰现代经济史上被称作黄金时期。战后伊始,荷兰在二战中遭遇的蹂躏为欧洲之最。在战争即将结束之际,特别是盟军侵占法国之后,纳粹窃取了所能带走的资源储备——机器、铁道车辆、机动车辆,摧毁了无法带走的设备。此外,纳粹政府逼迫成千上万的荷兰人迁往德国田间和工厂劳作,并杀害了数千名荷兰犹太人和其他人。纳粹和协约国之间的战争进一步摧毁了荷兰的基础设施,造成了更为惨重的伤亡。此外,德国采取的是较高水平的货币通胀政策,造成荷兰多项成本比战前更高。战争结束后,荷兰经济已经千疮百孔,需要数百万美元的援助。由于工业资源被纳粹窃取,工业产能低下;由于前几十年的人口高速增长,荷兰生产率也很低;此外由于德国的通货膨胀,荷兰劳动力成本和投入成本都居高不下。①

荷兰政府采取四种主要措施来恢复经济增长,提升国际竞争力。首先,它实行了货币改革,用贬值的荷兰盾来支付国家的重建开销,恢复经济竞争力。作为货币改革的一部分,所有荷兰人必须将储蓄放入被冻结的银行账户,从这些账号中征收的税款用以支付国家重建费用;反过来,荷兰人还要接受贬值的新货币。政府减

---

① van Zanden (1998,124).

少了大约2/3的货币供应。① 为确保居民缴纳税款以及货币成功贬值,政府实行了严格的资本管制。② 第二,荷兰政府从马歇尔计划中获得了大量援助,从而能够从国外购买资本设备,开展大规模的基础设施项目。第三,荷兰雇主、工会和政府达成一致,实行指导工资(guided wage)政策。这一政策从战后集体谈判协议中发展而来,它允许政府干预工资谈判并批准所有工资协议。③ 在1945年,雇主、工会和政府一致通过相对低薪政策,随着每年的生活成本上升,工资却没有实质性增长,通过低工资水平来提高国际竞争力。最后,荷兰政府与其他欧洲国家展开更广泛合作,首先,在战争结束前就建立了"比荷卢区域"(Benelux area),然后于1949年与西德签订新的贸易协定,1951年加入新成立的欧洲煤炭钢铁共同体(ECSC)。这些举措使荷兰成为日益开放的欧洲中一个成本相对较低的制造商,劳动力成本是其欧洲主要经济对手的80%。④

战后初期实行的经济政策——特别是贬值的荷兰盾所带来的保护,很快使经济走上了以出口为导向的高水平增长。从1948年到1973年间,荷兰每年的经济增长接近5%。⑤ 出口增长是经济的主要增长点:1951—1963年间出口年平均增长8.3%,1964—1973年间达到10.4%。⑥ 截至1963年,加快的经济增长也带来就业率攀升,除农业和能源之外其他各部门就业率都有所上升。1963年

---

① Eichengreen (2007, 97).
② van Zanden (1998, 126).
③ van Zanden (1998, 79).
④ Eichengreen (2007, 98). 还可以参阅 van Rijckeghem (1982)。
⑤ van Zanden (1998, 134).
⑥ 根据 van Zanden(1998, 135)所引荷兰中央统计局(1958—1995)数据计算得出。

之后,就业率在大多数行业中下降①,但失业率很快降至2%以下,之后的整个60年代,对劳动力都处于刚需状态。②

如果本书的论点是正确的,那么我们可以得出以下推测:以货币贬值和资本管制形式呈现的贸易保护引发了劳动力需求的增长,将会进一步引发对移民劳动力需求的增长。二战末期至1949年印度尼西亚独立这一期间,随着荷属东印度殖民地的三万荷兰移民纷纷返回国内,国内劳动力需求得到部分缓解。③ 然而早在1948年,雇主就需要更多的劳力,因此与意大利签署了第一份外来劳工协议,以招募矿工。④ 这种移民工人协议,主要是满足那些流动性差且日趋衰落的产业需要,与本书的观点一致。荷兰矿业不得不与其他发展中产业竞争劳动力,面临着工资不断上涨的压力。此外,随着法国和德国的煤矿业迅速恢复生产,荷兰的矿业面临着越来越激烈的竞争,导致收入减少。荷兰煤矿面临的选择是:减少成本,特别是劳动力成本;获得补贴;或者关门,因为它们无法转移生产。⑤ 面对煤矿产业的衰退,政府选择帮助它们渡过难关,方法是通过招募移民工人来降低劳动力成本。然而随着60年代初煤矿业竞争力进一步下滑,政府在1965年制定了计划开始逐步关闭所有煤矿,并将国家煤矿企业(DSM)改造成一家化工企业。⑥

整个50年代劳动力市场持续紧张,促使政策向移民开放,尤

---

① 根据 van Zanden(1998,136)所引荷兰中央统计局(1986)数据计算得出。
② van Zanden (1998,134).
③ Eichengreen (2007, 87).
④《关于意大利工人为荷兰煤矿地下作业的就业协议》(1948)。
⑤ 虽然有可能转移采矿技术,但是不可能将一整座矿转移走。
⑥ van Zanden (1998, 144).

第六章 小国移民政策:以新加坡和荷兰为例

其是向来自殖民地的移民开放。政府赋予荷属苏里南、阿鲁巴和安的列斯群岛的居民公民身份和自由迁移权利。[1] 再者,因为比荷卢协议的签订和欧洲煤炭钢铁共同体(ECSC)的成立,来自其他欧洲国家的人口移动也有所增加,但并不显著。尽管巴黎协定第69条产生了欧洲煤钢共同体,允许煤炭钢铁业的各国民工自由流动,但是巴黎协定签署后的六年,即1957年,劳动力自由流动协定才获批,而且只覆盖到20%—25%的劳动力。[2]

正如我在第二章中指出的,劳动力市场的紧张也会导致工资上涨的压力,并削弱国际竞争力,荷兰的情况正是如此。1959年,指导性工资政策无法再维持。随着有些产业的扩张,特别是金属和建筑业的扩张,雇主抱怨招不到工人,要求依据生产率的提升相应地涨工资。[3] 政府同意金属行业工资增长5%,在当时是较高的涨幅。[4] 其他行业的工人也强烈要求加薪,这导致大多数其他行业为了留住工人而纷纷涨薪。工资上涨使荷兰劳动密集型产业在国际市场中的竞争力下滑。尽管如此,1960年荷兰的工资仍然比比利时和德国大约要低20%。[5]

继1961年德国马克和荷兰盾升值之后,荷兰商品的竞争力进一步被削弱。当时德国和荷兰都面临着通胀压力和国际收支顺差问题。为了解决国际收支顺差问题,德国重估币值。因为德国与

---

[1] 印度尼西亚在1949年获得独立,因此未受这些变化影响。大多数以前移居印尼的人在这一时期已经回国。
[2] Geddes and Money (2011, 33).
[3] van Zanden (1998, 82-83).
[4] van Zanden (1998, 83).
[5] Eichengreen (2007, 98).

荷兰经济关系密切,荷兰央行随之重估了本国货币价值,导致荷兰盾升值。

一开始,荷兰政府通过补贴等政策来提升荷兰企业,特别是造船、纺织、皮革和采矿业企业的竞争力,直接降低这些企业的成本。此外政府还通过制定移民政策来帮助这些企业降低成本。整个60年代政府不断与其他国家签订外来劳工协议,1961年和西班牙、1963年和葡萄牙、1964年和摩洛哥、1965年和土耳其、1966年和希腊、1970年和南斯拉夫以及1971年和突尼斯分别签订协议。和意大利矿工一样,许多外来工人加入的产业往往也都是夕阳产业,从而提供廉价劳动力,降低劳动力成本。① 也有另外一些劳工来自欧洲经济共同体。依据《罗马协议》(1957年签署),公共服务业以外的所有工人可以在共同体内自由流动,季节工和边境工人更早进入劳动力市场。② 此外,政府推动并资助夕阳产业合并,希望利用规模经济效应来降低间接费用。最后政府推动一些企业从夕阳产业中转型走向多元化,荷兰矿业就是一个例子。

因此荷兰战后经济发展史的第一个时期所提供的证据通过了环式检验。贸易限制——以货币贬值和资本管制相结合的方式,促进了经济增长并扩大了劳动力需求。为满足这一需求,政府允许更大程度的移民开放。随着经济进一步发展,工资上涨压力随之加剧。工资上涨加上1961年的荷兰盾升值,使荷兰的竞争力在不断深入的经济全球化中走向衰弱。为此,政府加大补贴帮助企

---

① 泰塞尔杰·德兰格(Tesseltje de Lange),阿姆斯特丹大学法学院的助理教授,研究领域为行政法和移民法,移民事务咨询委员会的成员。个人访谈,2013年7月1日。
② Geddes and Money (2011, 34-35).

业重组,并且增加了移民。

其他主要理论在这一时期较少有说服力。如果是劳工的影响力在此期间推动了移民政策,那么考虑到移民政策在此期间相对开放,劳工力量应相对薄弱。然而,事实是,战后初期直到1971年,工会的力量特别强大,这一点可以从工资谈判中得到证实。此外,工党(PvdA)在1946年到1958年间是联合执政党之一。同样,如果移民政策受财政负担影响,即因纳税人担心移民对社会福利体系造成负担而影响移民政策,那么我们应看到社会福利在此期间规模较小或在收缩,而实际上福利开支在这一时期的荷兰出现井喷。社会福利在1950年占GDP的6.6%,1960年增长到11.7%,而1970年则达到了22.5%。①

最后,依据本土主义论,因为政府实施的是开放性移民政策,那么本土主义的影响力应处于低谷,而事实确实如此。二战后,极右翼势力因为与纳粹的瓜葛而声名扫地,民众支持率一直很低。比如,极右翼势力中最重要的政党农民党(Farmers's Party)在1966年的选举中赢得6%的选票,这一比例已经是该党的最好成绩。② 因此,鉴于劳工影响论和财政负担假说未能通过环式检验,看起来这一时期的移民开放是源于企业对低技能劳动力的需求增长,这主要得益于贸易保护政策及企业外迁的流动性受限;还有一个因素就是极右翼反移民群体势单力薄,反对无力。

---

① van Zanden (1998,57).

② Voerman and Lucardie (1992,37).

(四)黄金时期向服务经济过渡期:1971—1985

从60年代末开始,国际竞争加剧,荷兰经济开始恶化,随之而来的是去工业化和服务型经济的兴起。两次外部冲击降低了荷兰企业的竞争力,尤其是劳动密集型企业。第一次冲击是1971年布雷顿森林体系的瓦解。瓦解后,荷兰盾兑美元立即升值,荷兰企业的竞争力随之下降。1972年,荷兰和欧共体的其他政府建立了替代金本位制的"蛇"形浮动(snake float)体制,新体制内货币之间的汇价浮动被控制在一个非常小的区间内。尽管荷兰、德国和比利时能够适应蛇形体制,包括英国、法国和意大利的其他几个国家却不能,这些都是荷兰的主要贸易伙伴;因此英镑、法郎和里拉贬值后,荷兰盾升值,竞争力减弱。到了1979年,荷兰盾的有效汇率增加了30%—40%。[①] 1983年荷兰盾再次升值后,与德国马克汇率持平,这一相对被高估的状况一直持续到1999年欧元的诞生。[②]

对荷兰经济的第二次大的冲击是1973年和1979年的两次石油危机。虽然荷兰是石油和天然气净出口国,荷兰企业和消费者依然高价购买进口物资。因为多数工资集体协议都和通胀挂钩,工资也快速上涨,造成恶性通胀,使荷兰企业的竞争力再度受损。石油天然气价格上涨对货币升值也起到了推波助澜的作用。由于荷兰产业竞争力下降,制造业出口量减少,这本应给荷兰盾经济带来下行压力,最终应使企业竞争力上升,然而石油天然气的出口带

---

① van Zanden (1998, 164).
② Watson et al. (1999, 16).

来国际收支顺差,从而使荷兰盾保持坚挺。被高估的荷兰盾因此进一步侵蚀了企业竞争力,导致了众所周知的"荷兰病"(Dutch disease)。

在这些冲击的共同作用下,荷兰的现代黄金时期终结,好几个行业也被迫停产。许多劳动密集型产业如造船、纺织、皮革和采矿业几乎彻底消失。如上文所述,荷兰矿业关门,国家矿业企业转型为化工企业。纺织、服装和制鞋业的就业人数从1970年到1984年减少了约70%。[①] 到80年代早期,失业率高达两位数。[②]

20世纪60年代,工资涨幅带来的压力,再加上贸易保护和资本管制,促使政府开放移民以维持低工资水平。而这一过渡时期移民政策出现逆转,政府在贸易逐渐开放的趋势下,大力限制移民。1973年,荷兰政府限制雇佣欧洲经济区(EEA)以外的移民(被称之为**第三国国民**,*third-country nationals*/TCNs)就业,除非雇主能够证明自己无法在欧洲经济区内找到雇工,这一措施有效阻止了所有第三国国民入境。[③] 来自欧洲经济区的劳工很少是低技能劳工,因为欧洲经济区的国民在这一时期大多生活富足,且接受过高等教育。[④] 家庭团聚移民被允许入境,但只允许15岁以下的未成年子女和找到工作的配偶入境。[⑤] 1975年,苏里南获得独立,苏里南人随之失去荷兰公民身份,尽管当时实施了一个过渡计划,

---

① van Zanden (1998,162).
② Eichengreen (2007,293).
③ Roodenburg, Euwals 和 Rele (2003, 34-35).
④ 爱尔兰和希腊移民是例外;然而,对于来自希腊的移民来说,有一个过渡期。Geddes and Money(2011).
⑤ Zorlu and Hartog (2002,124).

允许苏里南人在1980年前自由出入荷兰。1979年,为了打击非法移民,荷兰政府开始要求来自"高倾向移民来源国",如土耳其、摩洛哥和苏里南的国民须持签证才能入境。

这一时期政府没有通过移民开放政策,而是通过补贴来帮助失去竞争力的企业维持经营。但是到了80年代初,荷兰政府因为巨额财政赤字,无力再补贴这些企业。补贴取消后,大批企业在80年代初走向绝境:2.7万家企业破产,15万工人失业。[①]

政府之所以使用补贴而不是开放移民政策,可能是因为经济发展对低技能劳动力的需求不高。这一需求的下降,部分源于一些劳动密集型企业倒闭,如纺织、采矿、造船和其他产业,部分源于生产率的提高。从1960年到1973年间,农业生产率年平均提高了7.8%,工业生产率提高了7.1%。[②] 在这一时期,这两个行业的产能都在增长,而就业率有所下降。[③] 因此企业可以雇用较少的员工而保持高产的效能,对劳动力需求有所减少。另一方面,企业需要高技术工人,这种情况在企业生产率得以提高时经常发生,这有可能是因为企业生产所需要的技术需要高技术人才,也有可能只是因为企业将教育看成一种信号装置。[④] 这也降低了对移民劳动力的需求。

传统上雇用大量移民劳动力的农业,成为企业以更少工人生产更多产品的突出例子。在经济大萧条时期,农业是少数获得政

[①] van Zanden (1998, 171).
[②] 根据 van Zanden (1998, 136)所引荷兰中央统计局(1986)数据计算得出。
[③] 数据来自荷兰中央统计局(1986),转引自 van Zanden (1998, 136)。
[④] Helpman, Itskhoki and Redding (2009).

府以价格支持形式补助的产业之一。① 1936 年荷兰盾贬值后,政府价格补助及出口增长,使农业收入提高、就业率增加,而同时生产率也开始下降。农业生产率从 1900 年到 1950 年,年均增长率只有 2%。② 二战后,政府努力实现农业现代化,提高劳动生产率。一方面,工业的薪酬更高,吸引劳动力从农业流向工业;另一方面,政府鼓励小农场合并,给予合并的农场补贴,并通过马歇尔计划补贴农业机械化。此外,政府还通过补贴研究、教育和推广服务,提高了劳动生产率。③ 从 1950 年到 1973 年间,农业生产率平均提高了 6%,自 1973 年后年增长率在 5% 左右。④ 与此同时,农业就业率在 1953—1963 年间年均下降 2.9%,在 1963—1973 年间年均下降 3.3%。⑤

我的论点在这一时期也通过环式检验。移民政策从相对开放过渡到 70 年代和 80 年代初的相对封闭,这一转变部分原因是由劳动密集型企业的衰退而引起的。1971 年荷兰盾的升值实际上抵消了贸易保护,让许多过去受保护的企业面临更大的国际竞争。结果是,有些企业倒闭,尤其是 80 年代初政府取消补贴政策之后,情况更为惨烈;有些企业,如采矿企业,转行到不需要太多工人的产业或提高生产率;还有一些企业在 70 年代初的资本管制结束后将生产转移到海外。总而言之,布雷顿森林体系的瓦解和 1973 年、1979 年的石油危机,作为外因进一步冲击了荷兰的国际竞争力,减

---

① van Zanden (1998,116).
②④ Berend (2006,245).
③ van Zanden (1998,141).
⑤ 根据 van Zanden (1998,136)所引荷兰中央统计局(1986)数据计算得出。

少了对移民开放的支持。

与之前一样,我们还要看看其他移民政策理论是否能解释这一时期的移民限制趋势。如果劳工影响论是正确的,我们可以预测这一时期劳工相对强势,然而这一时期的工会在总人口中的占比从1963年的42.1%下降到1975年的38.0%,到1990年又跌至24.0%。[①] 工会力量式微,尤其是最"激进"的荷兰工会联盟(FNV),从1980到1985年间,损失了近20万名会员。[②] 劳工力量的削弱,从1982年工会接受限制工资的《瓦森纳协定》(Wassenaar Accord)这一事件中可见一斑。但是工会在1973—1977年间的影响力依然不可小觑,因为工党(PvdA)在联合政府中出任首相职位。因此劳工影响论至少可以提供部分"预兆检验"证据。

如前文所述,福利体系的规模至少因对企业产生影响进而对移民政策产生间接影响。在20世纪80年代初,政府被迫削减预算,选择不再补贴在激烈的竞争中失利的企业,结果这些企业有的倒闭,有的迁移到海外,有的提高生产率,因此对移民工人的需求下降。福利体系是否直接产生影响,还不清楚。在1973年外来劳工计划终止之前,仍存在大量被雇佣的移民工人,也并没有占用多少社会服务。而在1973年之后,相当多的移民反而能享受社会福利制度。[③] 随着财政赤字加大,移民能享用社会福利成为反移民运动的导火索。因此财政负担论有可能通过环式检验。

[①] Crouch (1993).
[②] van Zanden (1998,88).
[③] van Amersfoort and Penninx (1994). 泰塞尔杰·德兰格(Tesseltje de Lange),阿姆斯特丹大学法学院的助理教授,研究领域为行政法和移民法,移民事务咨询委员会的成员,个人访谈,2013年7月1日。

最后,很少有证据能证明本土主义在这一时期对移民政策产生影响。尽管反移民情绪可能会增长,但是没有出现极右翼反移民政党在选举中获胜的案例。农民党依然是这一时期最出名的极右翼政党之一,虽然直到 1981 年一直拥有几个议席,但无法与 1966 年的选举辉煌相媲美。① 荷兰人民党(NVU)在 1971 年成立时打着明确的反移民旗号,但即使是在其鼎盛的 1977 年,所获选票比例也只有 0.4%。② 同样,这一时期的另一个新成立的极右翼党中央党,得到的选票也很低,1981 年为 0.1%,1982 年为 0.8%,在 1985 年欧洲议会的选举中得票率为 2.5%。③ 所以,本土主义情绪不太有可能在这一时期对移民限制产生深刻影响。

(五) 服务型经济时期:1985—至今

经历 1979—1985 年的经济萧条后,荷兰经济开始以年平均近 3% 的速度增长。④ 许多观察家指出 1982 年的《瓦森纳协议》是荷兰经济增长的源头。《瓦森纳协议》是政府和雇主协会以及工会之间缔结的一项新的工资调控协议。自 20 世纪 50 年代末和 60 年代初的战后工资调控协议瓦解后,工资一直与通胀挂钩,使已有的局势更加恶化。《瓦森纳协议》停止了将工资与通胀挂钩的做法,同时通过减少劳动税来弥补工资损失。福利开支也因政府税收收入减少而降低。《瓦森纳协议》的影响是,荷兰 1983 至 1995

---

① Voerman and Lucardie (1992,37).
② Voerman and Lucardie (1992, 39).
③ Voerman and Lucardie (1992, 39). 因为出席率相对较低,欧洲议会选举中占投票额较大的通常为极端政党。
④ GDP 增长由 Maddison(2011)统计。

年间的单位劳动力成本并没有上涨,而法国和德国分别上涨了2%和2.6%。①

与20世纪七八十年代相比,这时期快速的经济增长,本应预示着对移民的更大需求。从70年代的新加坡案例中,我们可以推测,随着《瓦森纳协议》推行的工资限制,更多企业会启动劳动密集型生产,对移民的需求也应变得旺盛。可事实与之相反,荷兰政府对移民实行了严厉打击。在这一时期,许多低技能"第三国国民"(TCNs)以避难或家庭团聚为由申请进入荷兰。与西欧其他国家一样,荷兰政府日益担忧申请避难者以此为幌子,而实质是经济移民,因此对谁可以入境申请避难加大了限制,并加强了对潜在避难申请者的监管。家庭团聚移民也越发困难。1998年,配偶须在境外等待移民许可;从2000年开始,政府规定,境外配偶入境之前,国内担保者必须有最低限度的收入并处于就业状态。为防止低技能"第三国国民"入境,荷兰政府除了严控难民申请和家庭团聚移民申请这两种主要渠道,对内也加强了执法,加大对雇主的制裁等管制,并加强了欧盟境内的边境执法。荷兰政府也尽可能设法限制低技能欧洲移民,直到2007年才允许后加入欧盟的东欧八国(Accession Eight,A8)国民入境荷兰,直到2014年才允许罗马尼亚人和保加利亚人入境。所以这一时期荷兰政府自始至终都在限制欧盟以外的低技能移民,并最大限度地减少来自欧盟内部的穷国移民。

欧盟劳动力市场的一体化,特别是随着A8国家、罗马尼亚和

---

① Visser and Hemerijck (1997,27).

第六章 小国移民政策:以新加坡和荷兰为例

保加利亚的加入,对于第三国国民移民劳动力的需求产生了一定影响,这与美国国内市场一体化的建立有异曲同工之处。在第五章中谈到,19世纪末20世纪初,由于交通和通信技术的迅猛发展,美国企业得以放眼全美市场,并在全国各地生产,而不是囿于地区进行生产。美国境内的人口流动也增强。由于某个区域内的制造商不再受到"贸易保护",来自其他地区的竞争日益激烈,特别要面对来自低工资地区,如南方的更强竞争。因为企业可以在境内流动,他们便将生产"外迁"到了南方这样的低工资地区。最终,不可流动性企业——主要来自农业和服务业,只有依赖国内移民。欧盟的一体化具有相似的效应:在欧盟内部,荷兰企业很少得到贸易保护,无法免于来自欧盟内企业的竞争;荷兰企业很容易将生产转移到欧盟内低成本地区;那些不能转移生产的企业能够使用欧盟的流动劳动力。所以欧盟一体化导致了"移民转移"(migrant diversion),不可流动产业能够依赖欧盟内的移民而不是第三国国民。

经济增长并未带来移民开放,因为国际竞争加剧,境外生产的机会增多,荷兰企业不像在五六十年代那样需要移民劳动力。而且荷兰企业提高了生产率,加大了对高技术劳动力的需求,这些都造成了企业对低技能劳动力的整体需求下降。

对国会议员、雇主组织领导和工会进行的关于移民议题的访谈,为我的论点提供了更多证据。据一位从事移民相关工作的议员所说,雇主组织依然是对移民议题施压的主要群体,但是它们的需求已经改变。虽然雇主组织曾经想要低技能移民,但现在主要寻求高技术移民,尽管有些产业如农业和一些服务业对低技能移民仍有需求。在很大程度上,低技能移民的需求下降缘于低技能劳动密集型产业向国外转移。根据这位议员的观点,低技能密集型产业,如纺织业多数转移到了亚洲。其他低技能密集型企业,如农业和建筑业,对来自东欧八国(A8)、保加利亚及罗马尼亚的移民工人的使用有所增长。① 这位国会议员的访谈提供的"确凿的证据",证实企业对移民需求的下降,缓解了要求移民开放的压力。

对雇主协会和工会代表的访谈呼应了这些主题。比如布拉邦(Brabant)和泽兰省(Zeeland)的雇主组织"布拉邦-泽兰雇主协会"(BZW)的秘书处负责人也说到移民需求呈两极分化:"比如,(需求在增长的是)高科技企业,目前在寻求高技术工人……另一面(是)农业部门,需要来自波兰、保加利亚的工人在田地里工作,直白地说,就是低技能工作。"② 可流动性产业对低技能移民的需求减少,这也为我的论点提供了确凿证据;他还指出:"越来越多的企业将生产单位转移到其他国家,(在)他国设厂,意味着你在本地不需要工人。"③ 在不可流动性产业,对移民劳动力的需求被那些来自东欧的劳动力所替代。④

另一家大型雇主组织的国际部负责人表达了同样的观点。他也提到信息技术(IT)行业需要高技术移民,而不可流动的行业,如农业和医疗保健业需要低技能工人。⑤ 他还指出,在外来劳工计划时期的移民工人雇主企业已不复存在。"比如之前我们的造船业

---

① 国会议员,电话访谈,2013年6月19日。
②③④ "布拉邦-泽兰雇主协会"秘书处负责人,电话访谈,2013年6月25日。
⑤ 国际部负责人,雇主协会,个人访谈,2013年6月26日。

很了不起……它们消失了,说明(这)在荷兰造船很艰难……在那时(外来劳工计划时期)我们有采矿业,但是几乎都关门了,农业部门的工业化也是一部分原因。"①从七八十年代的经济下滑中幸存下来的企业,越来越多地将生产转移到境外。"我认为除了一些小企业,荷兰的公司没有不在国外设子公司的。"②工会官员也注意到许多产业对移民的需求下降,而对移民有需求的产业主要集中在农业、建筑业和高技术产业。按照工会官员的说法:"最支持移民产业的是农业和温室产业。"③

第三时期也证实了我的论点所做出的预测,既通过了环式检验,也通过了确凿证据检验。随着欧盟东扩,国际竞争加剧,将生产转移至海外的机遇也更多。此外,随着贸易和通信技术的进步以及亚洲经济的开放,尤其是中国的开放,拥有低劳动力成本的国家加剧了国际竞争。因此原先在荷兰的低技能生产现在大部分都转移到了海外。保留下来的为数不多的使用低技能工人的行业都是流动性相对较低的行业,如建筑业、服务业和农业。然而这些行业不足以形成对移民劳动力的大规模需求,这些需求大多能在欧盟成员国内部解决。所以在这一时期,荷兰针对第三国国民的移民政策,尤其是难民政策,越来越趋于限制性。

关于非法移民的主流观点认为,低技能劳动密集型产业只是用非法的移民工人取代合法移民工人,而事实并非如此。事实上,当今雇主协会和工会都希望移民是有组织的,移民工人的雇佣规

---

①② 国际部负责人,雇主协会,个人访谈,2013年6月26日。
③ 荷兰工会官员,个人访谈,2013年6月28日。

章能够透明公正。① 正如在第二章中所讨论的,大雇主希望严格执行移民限制措施,使竞争更加公平。据一家大型的雇主协会的国际部负责人所言:"当然不应该允许非法劳工入境,因为这会破坏公平竞争。"②同样,工会官员也看出有些企业使用非法劳工导致不公平竞争:"因为(非法劳工),(雇用合法工人的雇主)也有损失。"③

为了对抗不正当使用移民分包商(subcontractors)的企业,经济理事会中的雇主团体与工会联合起来,推动了监管分包商的新法规。依据欧盟规定,来自某国以外的企业可以雇用来自母国的"临时调派"工人或借调工人。重要的是,外国企业(包括临时雇佣企业)可以雇用来自母国的工人在东道国工作。在《雇佣条件(跨境工作)法》(WAGA)通过前,借调工人不受行业内集体工资谈判协议约束,他们的工资待遇通常按本国的正常水平。这意味着企业可以通过分包商以较低的工作水平来雇用借调工人。雇佣法要求雇用借调工人也要遵守集体谈判协定,使借调工人的工资水平和荷兰工人的水平相当。尽管如此,支付借调工人的社会保障费用是按东道国标准而非荷兰标准,使用借调工人的成本还是要低一些。④

借调工人的使用为企业提供了竞争优势。不使用借调工人的大企业却不希望有企业借此获利。据荷兰一位工会官员所说:

> 雇主组织正设法阻止(使用非法工人),因为这损害了集

---

① 国会议员,电话访谈,2013 年 6 月 19 日。
② 国际部负责人,雇主协会,个人访谈,2013 年 6 月 26 日。
③ 荷兰工会官员,个人访谈,2013 年 6 月 28 日。
④ Kremer and Schrijvars (2014,9)。

体工资协定和现存的体制,因为遵守集体协定的企业也变得越来越无法再与这些耍手段的企业竞争。所以特别是在建筑行业和运输行业中,人们采取一种通用的方法来阻止这种行为。①

因为雇主无法和使用借调工人的企业竞争,在这种背景下,雇主组织和工会联合起来倡导制定新法规来打击使用这些半合法工人的现象。荷兰雇主组织和工会联合起来力量相当强大,所以它们达到了重立新规的目的(WAGA 修正案)。因此,有确凿证据表明:大企业希望加强移民法的执行来阻止小企业使用非法劳工来获得竞争优势。

移民政策的其他理论在这一时期获得的支持参半。劳工影响论没有通过这一时期的环式检验。如上文指出,随着 20 世纪 70 年代产业衰落,工会影响力开始下降,这一衰落趋势一直延续至今。和美国案例相似,工会试图联合外国工人,这造成了它们对移民两极分化的态度,一方面它们想要为外国工人争取更多权利,另一方面又希望减少外籍工人总数,并对欧盟内部移民加以限制。② 而且工党任首相之位只有七年(1994—2002),因此劳工的影响力不太可能解释这一时期的移民政策。继富图恩名单党(LPF)于 2002 年大获全胜后,工党原先支持多元文化的大旗突然急转向右,来抗衡富图恩名单党和后来居上的民主党(PVV),后两者获得了工人阶

---

① 荷兰工会官员,个人访谈,2013 年 6 月 28 日。
② 国会议员,电话访谈,2013 年 6 月 19 日;荷兰工会官员,个人访谈,2013 年 6 月 28 日。

层选民的支持。①

同样,财政负担论的解释力也乏善可陈,且不能通过环式检验。在这一阶段的大部分时间,荷兰由基督教民主联盟党(CDA)统治,该党赞成小规模的社会福利制度,这是它提倡的"共同责任"的一部分。因此,基督教民主联盟党一直努力控制福利规模。1986—1987年,荷兰对失业保险制度进行了改革,削减了收入替代比,并将青年失业的待业补贴从30个月减至6个月。伤残险也被缩减,最高受益额降低,且伤残标准更苛刻。此外,局部伤残工人还被要求去找工作。② 在90年代初,政府对残疾制度进行了进一步改革。

相比之下,荷兰这一时期本土主义的兴起倒是可以解释该时期的移民政策。至少从20世纪90年代中期开始,荷兰的本土主义就有所抬头,对80年代启动的多元文化政策持反对意见者逐渐超过了60%。③ 移民问题也日益突出。④

本土主义在2002选年达到了巅峰,富图恩名单党在这一年的大选中一举赢得了17%的选票和26个议席。⑤ 尽管反移民政党的选举支持率有所下降——2006年民主党(PVV)只获得了5.9%的

---

① Van Kessel(2011,78).

② Eichengreen(2007,389-390).

③ Koopmans and Muis(2009,646).

④ Van Kessel(2011,79).

⑤ 关于是什么导致了极右翼政党的爆发,目前存在争议。荷兰社会的去支柱化可能产生了影响,导致主要政党支持率下降,并为基于主要政党没有解决的问题(如移民问题)提出的新诉求提供了空间。Pellikaan, de Lange, and Van der Meer(2007), Van Kersbergen and Krouwel(2008), and Van Kessel(2001).

选票和9个议席,本土主义情绪在今天的荷兰依然高涨。根据"布拉邦-泽兰雇主协会"秘书处负责人所言,关于移民政策,现如今最重要的议题之一是本土主义。"首先,我们有一个普遍的倾向,我认为这始于大约十年前,我们很不情愿接受难民,或家庭团聚移民来这儿……荷兰现在普遍的文化心态是,对其他文化、对来自其他文化的人特别戒备。"①因此本土主义论在这一时期通过环式检验。

本土主义情绪高涨除了为极右翼政党打开通道,还造成资深政党在移民议题上右倾。如上文指出的,继富图恩名单党大举获胜之后,工党从原先的多元文化主义立场急转向右。基督教民主联盟党(CDA),作为中右翼的一个主要大党也向右倾斜。② 自由党(VVD)在90年代就已经开始批评文化多元主义(且批评范围扩大到移民)。③

自由党的右倾在某些方面比工党和基督教民主联盟党更令人惊讶。工党一直代表工会以及世俗左派,虽然赞同一体化,但通常基于经济考量反对移民。基督教民主联盟党历来代表虔诚的基督徒,在2002年获得了66%的天主教教徒选票,53%的荷兰归正会(Dutch Reformed Church)教徒选票和43%的加尔文教徒选票。基督教民主联盟党在社会问题,包括在有宗教信仰的少数民族的移民议题上更加保守。自由党历来代表的则是自由资产阶级和雇主,对经济政策包括移民政策,持自由放任立场,在移民议题上之前一直比较克制,防止过于右倾以致动摇自己的根基。④

---

① "布拉邦—泽兰雇主协会"秘书处负责人,电话访谈,2013年6月25日。
②③ Van Kessel (2011,78).
④ Van Kersbergen and Krouwel (2008,402).

可是依据我的论点,至少从90年代开始,自由党不再克制,即使在移民议题上朝右倾的方向越走越远,也不担心雇主大规模倒戈。这是因为,雇主们已经另择他路,例如将工厂转移到低工资水平国家或提高生产率,对于是否再维持移民开放政策,已经不放在心上。假如与此相反,雇主们还倾向于支持移民,自由党可能不会转向极右翼,否则可能因此而丧失大批雇主的支持。

因此从政治立场上来看,本土主义不可能促使移民政策更加开放。没有雇主对移民开放的支持,这意味着本土主义在政治上获得更多的立足之地。反移民情绪从被排斥的边缘化观点,逐渐演变成为自由党、工党和基督教民主联盟党这样的大党或多或少公然讨论的议题。[①] 因此,荷兰政府虽然对于东欧成员国国民进入欧盟劳动力市场的权利扩大无能为力,但是对第三国国民(TCNs)却严加控制,限制来自欧盟以外的家庭团聚移民、避难和就业移民。

四、结论

新加坡和荷兰的战后发展史进一步支持了我的论点。新加坡在许多方面是能反证规律的例外(the exception that proves the rule)。自80年代中期,新加坡人民行动党认为,低技能移民政策危及了其执政地位,移民不仅会阻止企业向价值链上游移动,妨碍

[①] 早在1997年,中央民主党党魁汉斯·詹玛特(Hans Janmaat)因为煽动种族歧视而被定罪,他扬言一旦他的政党掌权,他打算废除多元文化。Van Kersbergen and Krouwel(2008,404).

本土人口从事高薪高技术工作,还可能激发本土主义的激进反应。于是新加坡政府一直积极支持企业提高生产率、将低技能劳动密集型生产转移到海外,有时甚至让企业倒闭,而不会通过增加移民来扶持它们。

相比之下,荷兰政府一直针对企业不断变化的需求做出应变。在现代黄金时期,荷兰的行业因为荷兰盾的贬值而在面对国内外竞争中得到保护。贸易保护使行业部门扩大生产规模,相应促进了全行业的经济增长,也导致了劳动力市场的紧缺。随着工资增长,企业,尤其是低技能劳动密集型行业,如造船和纺织业力求维持竞争力。政府通过境外劳工协议开放移民,同时向这些企业提供补贴。随着荷兰盾升值以及20世纪70年代两次石油危机的冲击,荷兰竞争力逐步下滑,曾过于依赖移民劳动力的企业选择提高生产率或者停产。有些企业利用新开放的资本市场向海外转移生产。这些经济领域的变化使企业对移民劳动力需求减少,移民也受到了限制。即使后来经济恢复,企业对移民的支持也一直很弱,移民政策越来越趋于限制性。

这两个案例对于移民政策的三种主要假说提供了部分支持,但没有一个案例支持全部论点。新加坡案例几乎没有为劳工影响论和财政负担论提供支持,因为新加坡的劳工没多少权利,低技能移民连小幅的社会福利也享受不到,但却支持了本土主义论:即使在一个政权稳定的专制国家,因为本土主义势力强大,也很难实施开放的低技能移民政策。荷兰案例能给其他理论解释提供更多证据。从黄金时期向服务型经济过渡时期,工会在荷兰政治中有一些影响,部分归功于工党的强大地位,工会对移民的反对可能助推

261

了限制性移民政策的实施。同样在这一时期,荷兰不得不精兵简政,终止企业补贴,随后导致众多企业倒闭,这间接导致了更多的移民限制;反对移民享受社会福利则直接导致移民限制。最后,20世纪五六十年代本土主义式微,这可以解释为什么企业相对容易获得它们想要的移民开放政策,到了20世纪90年代和21世纪初期,本土主义情绪高涨,使企业越发难以争取到移民开放政策,面临越加激烈的国际竞争,企业改变了策略:提升生产率或转移生产。然而在过渡时期,荷兰实施了重要的移民限制政策,而本土主义的势力却相对衰弱。

第七章　移民政策的其他解释：反移民情绪论和无证移民剥削论

在前几章，我提出并检验了一个政治困境论：即低技能移民开放与贸易开放和企业流动性的对峙。我认为贸易、企业流动性和生产率通过对企业的影响，成为低技能移民政策的主要驱动力。企业不仅仅是为数众多的利益群体之一，而且是最重要的利益群体。数据显示，贸易开放、企业流动性和生产率的提高降低了企业对移民开放的支持力度，使政策制定者更加重视其他利益群体，从而对低技能移民加以限制。

至于其他旨在把反移民情绪看作是移民限制政策的根源的理论，结论如何呢？从第四到第六章，我剖析了其他解释因素如何影响美国、新加坡和荷兰的移民政策。在上述案例中，其他理论可以辅助我们构建以企业为驱动的移民政策的制定过程全貌，但是这些理论却不能独立构建一幅完整的画面。也许有人会说，美国、新加坡和荷兰是特殊案例。那么在这一章，我将重返低技能移民政策的跨国数据,来检验其他理论是否能更好地解释跨国政策差异。

首先,我来检验基于国家宏观政治和宏观经济状况的理论是否有数据支撑;随后,我会检验其他利益团体论;最后,我再用数据检验以下主流观点:边境限制措施越来越严,而执法却很宽松,这样就能充分利用和剥削无证移民。

一、宏观政治和宏观经济解释:民主化、增长、战争和国家身份

有假设认为,影响移民政策的一个主要政治变化是民主化。自波兰尼(Polanyi)之后,学者们认为,大众拥有选举权会让政策制定者选择有利于普通公民的政策。[①] 民主化和选举权的扩大会导致更大的移民限制,其中涉及改变中间选民身份的问题。[②] 当中间选民变穷,他/她更可能与移民在劳动力市场竞争,因此更有可能反对移民。如果这一论点正确,我们应该能看到当国家民主化或当选举权扩大到包括穷人的全体国民时,移民应该会受到限制。

在第五章,我发现直接选举参议员加强了中间选民的影响力,导致对移民的更大限制。但是这一假说是否更有普适性呢?表3.2,这里作为表7.1被重新发表,利用政体第四代指数(Polity IV)

---

① Polanyi (1944).

② Hatton and Williamson (1998).

数据库中的民主得分来检验这一假说。正如我们在该表中所看到的,以政体指标来表示的政权类型对移民政策不产生显著影响。这表明民主化在其他地区并没有像在美国一样产生类似的影响。

结果没有呈现统计显著性可能是由于用政体来对民主进行的编码方式欠妥,因为政体注重程序民主而不是选举权。为了进一步检验这一论点,我使用普泽沃斯基(Przeworski)及其同事的选举权测量方法,对表3.2中的模型进行重新模拟(表7.2)。① 我对普泽沃斯基等人的数据进行了重新编码,包含了选举权两个指标。第一个指标衡量选举权是否因财产所有权、收入、教育或职业而受到限制,它反映选举权是否局限于技术水平相对较高和/或收入较高的本土人。

第二个指标衡量是否存在选举权限制。没有投票权的国家被排除在外。我把非常专制(在−10到10的取值范围内,政体得分低于−3)但有立法机构的国家包括在内,因为这些立法机构对政策的影响甚微。贸易开放按照没有关税来衡量,在大多数模型中仍然是负值,具有统计上的显著性。然而,选举权扩大的影响与民主化论所预测的方向相反。多年来,无论选举权有限制或无限制,其影响系数都是正值,两者之间的差异在统计上几乎与零无异。重要的是,这种影响在19世纪的全球化时代和两次世界大战期间仍然存在,当时大多数移民国家和欧洲自由民主国家都扩大了选举权。总之,扩大选举权或民主化似乎没有带来更多的跨国移民限制。

---

① Przeworski et al. (2013).

表 7.1　各时期贸易政策对移民政策的回归

因变量：移民政策	所有年份	前全球化时代	19世纪全球化时代	两次世界大战期间	布雷顿森林体系	后布雷顿森林体系	后布雷顿森林体系，不包括阿根廷
贸易开放度	−3.04** (0.89)	−1.81* (0.67)	−1.68* (0.58)	−3.27+ (1.66)	−1.25* (0.55)	−1.33 (1.21)	−3.61** (1.13)
线性时间趋势	−0.02*** (0.00)	−0.00 (0.01)	−0.02*** (0.00)	−0.03** (0.01)	0.01 (0.01)	−0.01*** (0.00)	−0.01** (0.00)
政体	0.01 (0.01)	0.06* (0.02)	0.15 (0.09)	0.02 (0.02)	0.02+ (0.01)	0.01+ (0.00)	0.01 (0.01)
GDP 增长	0.17 (0.16)	0.18 (0.16)	0.19 (0.12)	−0.15 (0.33)	0.05 (0.34)	0.16 (0.18)	0.01 (0.16)
战争	0.17 (0.12)	0.96 (0.52)	0.00 (0.05)	0.20 (0.21)	−0.00 (0.10)	−0.03 (0.04)	−0.03 (0.04)
常量	4.32*** (0.89)	2.07* (0.81)	2.79*** (0.52)	6.04* (1.95)	−1.98 (1.45)	1.78 (1.21)	3.75*** (0.92)
观测数据	1577	77	297	298	325	580	548
决定系数 R^2	0.77	0.64	0.53	0.56	0.30	0.36	0.48

注：数据还包括国家和年份固定效应。括号中为稳健标准误差。+ $p<0.10$，* $p<0.05$，** $p<0.01$，*** $p<0.001$。**贸易开放度**为 1 减去关税税率，数据源于 Clemens and Williamson（2004），并由作者更新。**GDP 增长**数据来源于 Maddison（2011）。**政体**为对政权类型的衡量，数据来源于 Marshall, Gurr, and Jaggers（2011）。**战争**因素相关数据源于 Sarkees and Wayman（2010），是战争的指标变量。**线性时间趋势**代表各国的时间趋势。最初发表于 Peters（2015），经许可后使用。

表 7.2　各时期贸易政策对移民政策的回归

因变量：移民政策	所有年份	前全球化时代	19世纪全球化时代	两次世界大战期间	布雷顿森林体系	后布雷顿森林体系	后布雷顿森林体系，不包括阿根廷
贸易开放度	−3.05* (1.17)	−1.15 (1.99)	−1.67* (0.68)	−3.35* (1.21)	−0.95 (0.67)	−2.14* (0.99)	−4.02** (1.21)

续表

因变量：移民政策	所有年份	前全球化时代	19世纪全球化时代	两次世界大战期间	布雷顿森林体系	后布雷顿森林体系	后布雷顿森林体系，不包括阿根廷
有限选举权	0.50** (0.15)	—	0.76 (0.51)	0.93 (0.55)	0.48*** (0.09)	0.09 (0.08)	0.19+ (0.10)
无限选举权	0.38* (0.15)	0.41 (0.33)	0.76 (0.51)	0.66+ (0.32)	−0.03 (0.05)	0.06 (0.07)	0.08 (0.09)
线性时间趋势	−0.01*** (0.00)	−0.01 (0.01)	−0.02*** (0.00)	−0.02** (0.01)	0.01 (0.01)	−0.01*** (0.00)	−0.01** (0.00)
GDP增长	−0.01 (0.23)	0.33 (0.49)	0.25* (0.10)	−0.45 (0.35)	0.09 (0.31)	0.11 (0.14)	0.07 (0.13)
战争	0.14 (0.11)	0.51 (0.60)	0.03 (0.02)	0.06 (0.13)	0.03 (0.09)	−0.06 (0.07)	−0.09 (0.06)
常量	3.74** (1.05)	1.98 (1.37)	2.38** (0.64)	4.50** (1.43)	−1.14 (1.04)	2.32* (1.04)	3.96** (1.13)
观测数据	1380	57	249	300	316	458	433
R^2	0.73	0.41	0.53	0.65	0.23	0.36	0.44

注：数据还包括国家和年份固定效应。括号中为稳健标准误差。+ $p<0.10$，* $p<0.05$，** $p<0.01$，*** $p<0.001$。**贸易开放度**为1-关税税率，数据来源于Clemens and Williamson (2004)，并由作者更新。**有限选举权**指至少有一部分人能够参加投票的指标，**无限选举权**是指国内所有成年人都可以投票，两者都来自Przeworski等人(2013)。被排除类别，即没有选举权，指无人可以投票的国家，或者指有选举但非常专制的国家(政体得分低于−3)。GDP增长数据来源于Maddison (2011)。**战争**因素相关数据来源于Sarkees and Wayman (2010)，是战争的指标变量。**线性时间趋势**代表各国的时间趋势。

接下来，我来检验GDP增长对移民政策的影响。在前几章和本章的分析中，很少有证据提示GDP增长对移民政策产生影响。尽管如此，在多数情况下，经济困难时期会出现移民限制。有两个值得注意的例子，一是20世纪的经济大萧条时期，这时期移民国和欧洲自由民主国家都实施了限制性移民政策；另一个是布雷顿森林体系终结和第一次石油危机时期,许多欧洲国家开始限制移民,部分体现在终结了外国劳工计划。然而,在经济繁荣时期,移民也经常受到限制。1924年的《配额法》是在美国经济繁荣期通过的,1986年的《移民改革和控制法案》和1996年的《非法移民改革和移民责任法案》也是如此。因此,虽然经济困难往往是移民限制的催化剂,但这种限制也会在经济好的时候出现,这就造成了零效应。

战争也没有对移民政策产生任何影响。有些理论认为战争对移民政策有两种影响。一方面,战争可能导致更多移民限制。许多国家在战争期间限制所谓的敌国移民,担心这些移民会以某种方式帮助敌军。另一方面,战争,尤其是大规模战争,可能会增加对劳动力的需求。例如,美国于1942年启动了布拉塞洛计划,以应对第二次世界大战造成的劳动力市场紧张状况。这两种效应的结合会造成战争对移民政策的零效应。

正如我在第二章中所讨论的,还有一些理论基于社会身份加以解释,认为各社会群体视自己为移民或非移民国家/经济体,这种身份认同影响了在政治层面对边境管控的讨论。[①] 检验这种身份的一种方法是,在表3.2回归分析中加入国家/经济体固定效应变量(即在没有常量的情况下重新检测)。固定效应本身意义相对较小,重要的是效应的相对大小。所有固定效应都是正值,具有统计显著性,并且具有相似的量值;然而,它们的大小和等级顺序不同(表7.3)。为了便于解释,新加坡可以作为参考类别;中国台湾

---

① 参阅 Freeman (1995),Hansen (2002)和 Zolberg (1989)。

地区对移民的基准偏好(baseline preference)与新加坡相似,其他国家/经济体的基准偏好都体现更大的开放程度。这些模式与现有的关于不同身份为何存在的假设并不明显相符,即东亚和波斯湾国家/经济体的基准偏向比移民国家/经济体低,但欧洲国家固定效应的大小几乎没有模式。因此,尽管各国对移民显然有基准偏好,但我们并不清楚这些基准的成因。

表7.3 国家/经济体的固定效应(由低到高)

国家/经济体	系数	标准差
新加坡	2.63***	(0.21)
中国台湾	2.64***	(0.19)
韩国	2.79***	(0.20)
科威特	2.99***	(0.21)
德国	3.00***	(0.19)
日本	3.24***	(0.20)
瑞士	3.58***	(0.19)
美国	3.65***	(0.20)
南非	4.13***	(0.20)
巴西	4.15***	(0.18)
新西兰	4.20***	(0.19)
荷兰	4.35***	(0.20)
阿根廷	4.40***	(0.20)
加拿大	4.45***	(0.20)
法国	4.59***	(0.21)
澳大利亚	4.72***	(0.19)
英国	4.85***	(0.20)

注:直线表示系数在统计上是否有不同。+$p<0.10$,*$p<0.05$,**$p<0.01$,***$p<0.001$。模型的操作没有常量,因此所有固定效应都能显示。沙特阿拉伯和中国香港因为缺乏贸易数据故不在此列。最初发表于Peters(2015),经许可后使用。

二、关于移民政策的其他利益团体论

关于大众对移民支持和/或其他利益团体对移民的作用,还有其他四种解释变量:劳工的作用、移民对福利体制的影响、本土主义,以及移民自身的影响。强调劳工及其利益团体(即工会)作用的大多数观点认为,低技能移民的增多会导致更低的工资,因此劳工应该反对移民。[1] 如果这一论点是正确的,我们应该会看到随着工会规模的扩大,工会的政治权力也将随之扩大,那么移民将受到限制。尽管如此,还是有一些工会,如世界国际工人组织、产业工会联合会和服务业雇员国际工会,一直支持移民,帮助移民组织起来,而不是仇视移民。因此,工会对移民开放通常是有积极影响还是消极影响,是一个开放的实证问题。为了检验这一论点,我用戈尔登(Golden)及其同事实验的净工会密度(net union density)指标对我的移民政策指标进行了回归。[2]

劳工影响论的第二种形式着重讨论不平等。哈顿(Hatton)和威廉森(Williamson)认为,选民不喜欢不平等,当不平等加剧时,他们可能会推动移民限制。我用衡量收入离散程度的基尼系数来检验不平等是否有预期效应。如果这个观点是正确的,那么不平等加剧(基尼系数更大)应该与更严格的移民政策联系在一起。

学者们还认为,移民造成的财政负担会影响移民政策。财政

---

[1] Briggs (2001).
[2] Golden, Lange, and Wallerstein (2009). 我使用净工会密度测量方法,因为它能跨国比较,并涵盖很多年份和国家。

负担论认为国民之所以反对移民,是因为他们认为移民因享受政府服务而占用的资源超出纳税款应支付的比例。① 随着福利体系规模扩大,为削减移民所占成本,移民政策会越来越趋于限制性。我用库萨克的福利税指标(即社会福利支出占总税收的百分比)来检验这一假设。②

移民也改变了民族文化,威胁到本土主义者。虽然本土主义论试图解释本土主义何时以及为什么会出现,但并没有明确阐述本土主义力量在何种条件下影响政策,也没有明确阐述如何衡量本土主义。③ 我通过考察执政党的意识形态作为近似值来衡量本土主义,因为本土主义者倾向于加入右翼政党。因此,如果本土主义假设是正确的,那么移民在右翼政党执政下应受更多限制。④

移民不仅改变民族文化,在许多国家他们还是选民。因为移民通常支持更开放的移民政策——这样他们的朋友和家人就能团聚,移民更有宾至如归的安全感——所以移民人数越庞大,移民政策应越开放。另一方面,如果更多的移民导致本土主义的强烈抵制,那么移民增多会造成更严格的移民限制。为了测量移民数量,我使用了菲茨杰拉德(Fitzgerald)及其同事使用的滞后五年的移民总流量。⑤

表7.4 运用普通最小二乘法(OLS)检验了这些假设,研究数

---

① Hanson, Scheve, and Slaughter (2007), Hatton and Williamson (2008), Money (1999) and Neuman (1993).
② Cusack(2000*b*).
③ 例如,Castro(1999)和 Olzak(1989)。
④ 数据来源于库萨克(2000*a*)。
⑤ Fitzgerald, Leblang, and Teets (2014).

据涵盖1972年至1995年间的经合组织国家,回归模型的因变量是移民政策,自变量包括上述指标及贸易政策和企业流动性指标。时间跨度和国家或地区的选择取决于是否能获得相关数据。模型1和模型2仅包括贸易政策;模型3和模型4包括企业流动性指标,但不包括能检验所有国家样本的固定效应(国家聚类标准误差);模型5和6包括固定效应。偶数模型包括移民流量指标;即使滞后五年,移民流量也是移民政策的内在因素。移民政策不会经常改变,所以五年前产生移民流的政策至今依然存在,所以移民流量指标可作为移民政策的近似指标。

首先,我们发现,即使加入这些额外变量,贸易开放和企业流动性的影响也相对不变。加入移民流量指标除外。在模型4和模型6中,贸易政策在10%的水平上几乎都具有统计显著性,这表明在贸易更开放的国家,移民政策也更开放,但是国内贸易开放程度更高却会导致更多的移民限制。

其次,工会变量在含有固定效应指标的模型中(模型1、2、5和6)中对移民政策产生负面影响,但在没有固定效应的模型中(模型3和4)产生积极影响。这表明,一旦工会获得权势,它们会力争移民限制政策,但工会密集的国家通常会推行更开放的移民政策。此外,左翼政党更有可能限制移民,这一结果提示左翼政党这样做是为了安抚劳工,进一步证明工会尽力限制移民。虽然基尼系数在具有固定效应的模型中是负值,但它在统计上并不一直显著,所以对关于收入不平等影响移民政策等论点支持力度较小。同样,也没有证实财政负担论的观点;福利税系数为负值,但在统计上并不显著。最后,本土主义的观点得到了部分支持:五年前移民流量的增加与五年后移民限制的增加相关联。移民流效应表明,大规模移民流会导致对移民的强烈抵制。然而,经常代表本土主义团体的中间党派和右翼党派更有可能开放移民,表明本土主义的作用较小。

表7.4 贸易、资本政策以及其他解释对移民政策的回归(1972—1995)

因变量:移民政策	(1)	(2)	(3)	(4)	(5)	(6)
贸易开放	−6.64* (2.08)	−4.46* (1.59)	−4.91+ (2.65)	3.58 (2.98)	−5.08* (1.93)	−2.26 (1.20)
资本开放度			0.27* (0.11)	−0.04 (0.20)	0.67*** (0.07)	0.45** (0.09)
无限制入境			−0.04 (0.63)	0.27 (0.92)	0.45 (0.32)	0.38 (0.33)
资本开放度与无限制入境的交互效应			−0.30* (0.12)	−0.07 (0.20)	−0.76*** (0.08)	−0.57*** (0.08)
工会密度	−2.04+ (0.93)	−2.15+ (1.03)	4.92*** (1.46)	3.61* (1.48)	−2.67* (0.89)	−1.77+ (0.73)
基尼系数	−0.00 (0.00)	−0.00 (0.00)	0.01 (0.02)	0.02 (0.02)	−0.01* (0.00)	−0.00 (0.00)
福利税	−0.02 (0.01)	−0.02 (0.02)	0.03 (0.04)	−0.05 (0.04)	−0.01 (0.03)	−0.04 (0.04)
当权的中间党派	0.05+ (0.03)	0.06* (0.03)	0.15 (0.11)	0.22+ (0.13)	0.05 (0.04)	0.09* (0.03)
当权的右翼党派	0.08* (0.03)	0.07* (0.03)	0.12 (0.10)	0.12 (0.08)	0.04 (0.04)	0.06+ (0.03)
滞后的移民总流量(100000s)		−0.03*** (0.01)		−0.05** (0.02)		−0.02** (0.00)
线性时间趋势	−0.01 (0.01)	−0.03*** (0.00)	0.00 (0.00)	−0.01 (0.01)	−0.02+ (0.01)	−0.02 (0.01)
政体	−0.21*** (0.04)		−0.23+ (0.13)	−0.86+ (0.45)	−0.31*** (0.03)	

续表

因变量:移民政策	(1)	(2)	(3)	(4)	(5)	(6)
GDP 增长	1.47 (0.85)	1.22 (0.72)	1.98 (1.55)	−0.31 (1.62)	1.62** (0.36)	0.92 (0.66)
战争	0.06 (0.06)	0.01 (0.09)	0.07 (0.13)	−0.12 (0.16)	0.06 (0.06)	−0.04 (0.11)
常量	10.32** (2.18)	8.56** (2.43)	3.34 (2.55)	4.37 (7.30)	10.64** (2.27)	4.79 (2.58)
观察数据	154	122	117	99	117	99
决定系数 R^2	0.62	0.80	0.86	0.92	0.81	0.88

注：数据还包括年份固定效应。括号中为标准误差。$^+ p<0.10$，$^* p<0.05$，$^{**} p<0.01$，$^{***} p<0.001$。**贸易开放度**为 1−关税税率，数据来源于 Clemens and Williamson(2004)，由作者更新。**资本开放度**衡量资本流入和流出一个国家的自由程度，数据来源于 Chinn and Ito(2008)。**无限制入境**指外国人可以直接投资于同语言的发展中国家的所有制造业和服务业的平均占比，数据来源于 Pandya(2014)。**工会密度**指净工会密度，数据来源于 Golden, Lange 和 Wallerstein(2009)。**基尼系数**是世界银行集团(2012)的基尼系数。**福利税**指社会支出占税收的百分比，数据来源于 Cusack(2000b)。**中间党派**是执政的中间政党的指标，而**右翼党派**是执政的右翼政党的指标（左翼政党是被排除的类别），数据来源于 Cusack(2000a)。**滞后的移民总流量**(100000s)是五年前进入该国的移民人数，数据来源于 Fitzgerald, Leblang 和 Teets(2014)。**线性时间趋势**是每个国家的时间趋势。**政体**是对政体类型的度量，数据来源于 Marshall, Gurr, and Jaggers(2011)。**GDP 增长**数据来源于 Maddison(2011)。**战争**是战争指标变量，数据来源于 Sarkees and Wayman(2010)。

三、移民政策与关于企业和无证移民的主流观点

最后，我来考察主流观点视域下关于企业和无证移民的可检验推论。在第二章中，我讨论过有些学者认为，企业可以从严格的边境管制和宽松的执法中获益。① 其依据是，因为企业几乎不用担心无证移民佣工会举报雇主，所以支付给无证移民的工资比支付

---

① 例如，可参阅 Joppke (1998)和 Motomura(2014)。

第七章 移民政策的其他解释:反移民情绪论和无证移民剥削论

给合法工人的少,甚至会违背劳动法。因此,通过剥削无证移民,企业获得了竞争优势。

可是正如我在第二章中所阐述的,事实并非如此,基于企业对稳定劳动力的需求和企业规模,企业对无证移民的使用会有不同偏好。这些不同偏好会让有些企业为加强执法而游说,而另一些企业可能为开放更多合法移民而游说;在第四章和第六章的案例研究中,我检验了相关数据支撑。在此,我将检验主流看法中的三个可观测推论是否正确。首先,如果企业倾向于无证移民,那么它们应该支持更多的边境限制和相对宽松的执法力度,我们预计这两个变量之间存在负相关。可与此相反,边境的入境和执法条例呈正相关($\rho=0.54, p<0.001$)。边境更加开放的国家往往边境执法力度较小,对移民入境有更大限制的国家往往执法力度更大。

主流观点的第二个推论是,各国将增加边境入境限制,并通过不断补充驱逐条例来加强针对无证移民的执法力度。驱逐条例的增多意味着,一旦无证移民被抓,就更有可能被驱逐出境。如果依据相关法规,无证移民很容易被驱逐,那么他们即使被雇主剥削,也不大可能去投诉。因此,按此推测,边境的入境限制在增加的同时,驱逐条例应随之增加。

图7.1显示了所有19个国家/经济体在所有年份中边境入境和驱逐限制之间的关系。这两项政策相互对照,并有一条局部加权回归平滑线来显示两者之间的关系。同样,两者的关系并没有证实雇主们力图利用无证移民工人而推动限制政策的观点。边境非常开放的国家/经济体往往对驱逐出境不加以过多限制。另一方面,边境限制多的国家往往对驱逐限制的执法力度也很强,而不

是主流观点所推测的那样:企业想利用无证工人,驱逐的执法力度就宽松。这些国家/经济体通过司法程序,对驱逐出境进行监督和遏制,同时限制雇主肆意剥削无证移民工人。

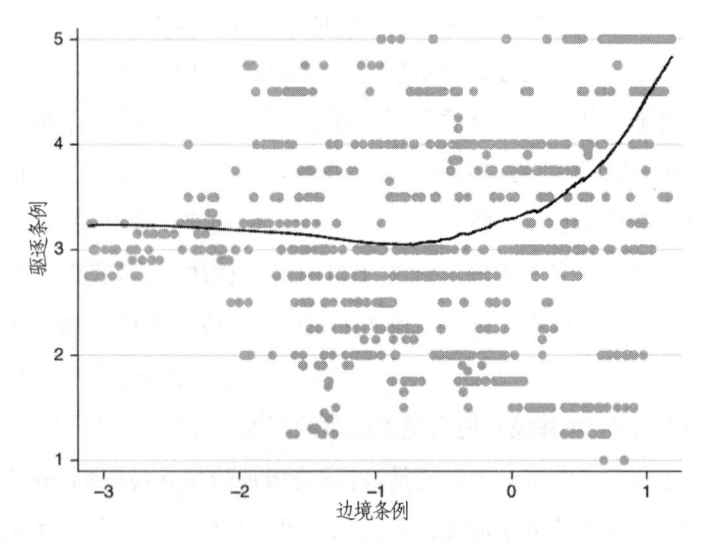

图 7.1　边境条例和驱逐条例

注:边境入境和驱逐出境条例的分值越低,分别意味着入境限制越多,驱逐出境也越容易。局部加权回归(loess)平滑线显示了这两种变量之间的关系。数据由作者编码,详见附录 A。

最后,如果企业更倾向使用无证移民的论点是正确的,那么在劳动法更完备的国家,劳动法与无证移民间的关联性理应更强。有些国家,如沙特阿拉伯和科威特,几乎没有限定最低工资或最低工人待遇的法律,那么企业应不会倾向于使用无证移民,因为没有必要这么做。在这些国家,无论是有证还是无证移民,企业都付给他们相同的(低)工资,并对他们一视同仁。相比之下,在劳动法名目繁多的国家,使用无证移民占更大优势。为了

第七章 移民政策的其他解释：反移民情绪论和无证移民剥削论

使劳动法的检验具有可操作性，我从以下两方面来处理：首先考察民主国家与专制国家之间的关系；其次考察民主国家中的工会力量强弱（以净工会密度来衡量）。民主国家因工人有选举权而通常颁布更多劳动法，鉴于工会力争更多的保护措施，工会强大的民主国家理应有更完备的劳工保护措施。考虑到许多工人保护条例是在两次世界大战期间实施的，我将样本进一步限制在1945年之后。

图7.2考察了专制和民主国家的边境入境条例与执法以及边境入境与驱逐出境之间的关系。同样，我们发现鲜有证据支持主流观点。在民主国家，工人受到更多的保护，因此更多的雇主将从使用非法工人中受益，边境限制与执法或驱逐出境的力度之间没有相关性。边境管制和专制国家的执法之间也几乎没有相关性，在驱逐出境问题上，我们发现结果没有证实雇主为使用非法劳工而游说的论点，反而与主流观点预期的背道而驰：入境条例最开放的专制国家在驱逐出境法的执行上也最严格。

接下来，我们通过考察工会的力量是否影响边境入境条例与执法和驱逐出境之间的关系来考察民主国家内部关系（图7.3）。按照主流观点，在工会势力更强的国家（以工会密度衡量），劳工保护措施应更完备，工资水平应更高，因此企业理应更倾向于剥削无证移民。同样，数据似乎并不支持主流观点，因为无论在工会密度低或高的国家，边境入境条例与执法或驱逐出境之间都没有相关性。在工会密度高的国家，执法力度并没有减弱，驱逐出境的执法也没有放宽。因此，说企业利用无证移民的偏好驱动移民政策并不成立。

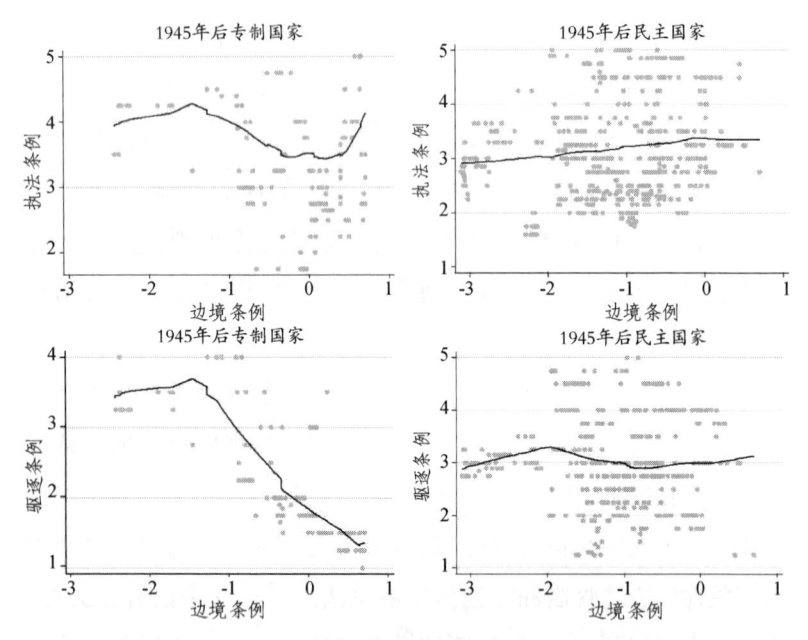

图 7.2 边境入境、执法和驱逐出境条例：专制政体与民主政体

注：民主国家指政体在−10 到 10 分值区间得分达到 7 分及以上的国家。入境、执法和驱逐出境条例的值越低，分别意味着限制更大、执法更严和驱逐更容易。局部加权回归的平滑线显示了两个变量之间的关系。数据由作者编码，详见附录 A。

四、结论

在前三章中，我发现对移民政策的其他解释，有的支持，有的不支持。在本章，我运用跨国/经济体数据，系统地分析了这些理论支撑。基于宏观政治或宏观经济现象的论点几乎无法解释移民政策的演变。基于民主化或选举权扩大的论点也站不住脚，至少在美国以外是如此。经济状况似乎也不能解释移民政策，无论国家经济好坏，都实施了限制性移民政策。各国似乎对移民有不同

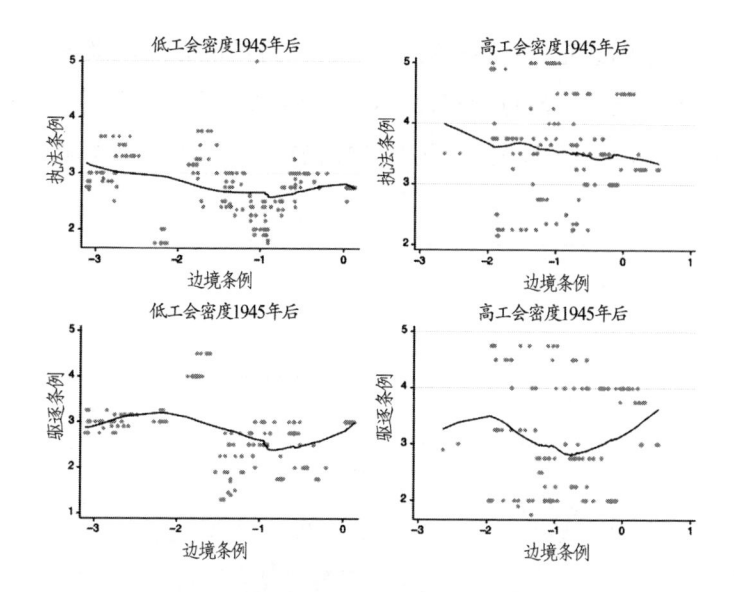

图 7.3 边境、执法和驱逐条例：工会密度低与高的民主国家

注：工会密度高的国家指工会密度至少达到中位水平（31.6%）的国家。边境、执法和驱逐条例的值越低分别意味着限制更大、执法更严和驱逐更容易。局部加权回归的平滑线显示了两个变量之间的关系。数据由作者编码，详见附录A。

的基准偏好，但解释这些基准的原因尚不清楚。

说企业将赌注压在移民政策上似乎也不符合事实。尽管确实有一些不择手段的雇主剥削无证移民，但总的来说，企业似乎并没有积极游说政府实施严格的入境限制政策同时放松执法。无证移民并不是企业与政府共谋的结果，而是他们向发达国家迁移的愿望所驱使的产物：一方面进入发达国家的合法途径较少，另一方面政府不愿意花费高昂的代价来彻底阻击无证移民流。

综合起来，这些数据支持了基于利益团体的移民政策论。企业是最重要的利益团体；它们不是与其他利益团体同等重要，而是比其他利益团体都重要。如果企业作为低技能密集型企业在贸易

279

竞争中倒闭,或企业获得将生产转移到境外的能力,那么对移民开放的支持就会下降,进而移民限制就会增加。当工会获得更多权力时,或因大量移民涌入而引起国内强烈反对时,移民限制也会增加。

第八章　日益全球化背景下的移民

　　每当移民作为政治议题出现,在列举移民的诸多不是时,有些观点总是被反复提起。有人说移民抢了本土人的饭碗,但又没有多少确凿的证据。① 有人说移民最终要靠福利救济,这种担心在19世纪演变成了系列法案(其中许多沿用至今),用以限制那些可能依靠公共救济的人入境。② 2015年,共和党总统候选人唐纳德·特朗普指责墨西哥移民是罪犯,③这种论调自殖民时代以来就屡见不鲜,当时英国确实将罪犯运送到现如今的美国。欧洲政客担心恐怖分子可能窝藏在叙利亚难民队伍中,这种常见的论调在18世纪90年代导致当时的联邦党出于对激进的雅各宾派

---

① Ottaviano and Peri (2012).
② Neuman (1993) and Zolberg (2006).
③ Ye Hee Lee (2015).

(Jacobins)的恐惧而制定了美国历史上最严厉的驱逐法之一①,至此经久不衰。最后,关于对欧洲的叙利亚难民文化融合的担忧将引起本杰明·富兰克林的共鸣,早在18世纪50年代,他就曾说过,"黝黑"的日耳曼人②不可能融入美洲殖民地。③

尽管这些关于移民议题的争执充斥着整个近现代史,但是围绕这些争议引发的运动并不总能成功地限制移民。在19世纪和20世纪初,移民只要足够富裕,就可以相对自由而合法地移居到世界上任何其他国家;那些负担不起的人也经常得到交通补助得以移居。可如今,大多数富裕国家却或多或少地限制低技能移民。为什么反移民运动在当今更能成功地影响政策制定呢?

19世纪与当今的经济的一大不同之处就是企业和人员的流动性。19世纪及20世纪初,人员的流动相对便捷,但是对于生产来说,鉴于通信和运输技术的匮乏,加上贸易壁垒高筑,生产从一个国家转移到另一个国家则困难重重。现如今,企业流动越来越不受限制,可以转移到任何一个能给它们提供最好待遇的国家。

---

① 1798年美国出台了《外国人与煽动叛乱法》(Alien and Sedition Acts),由当政的联邦党(the Federalist)发起,这项法律使总统有权驱逐任何他认为对美国的和平与安全构成威胁的非美国公民。——译者注

② 本杰明·富兰克林曾称欧洲的西班牙人、意大利人、法国人、俄国人和瑞典人的皮肤通常都"黝黑"(swarthy complexion),日耳曼人也是如此,世界上的纯种白人比例少之又少,而美国人(除外来人口之外)就是纯种白人。——译者注

③ Franklin (1755).

在本书中我已阐明这些问题是相互关联的。政策制定者在决策是否对外开放边境时,面临两难困境:要么开放低技能移民但限制贸易和企业流动性,要么开放贸易和/或企业流动性但限制低技能移民。他们之所以面临这一困境,是由于贸易和企业流动性对在其境内生产的企业产生了影响。使用低技能劳动力的企业一直是扩大移民开放的主要支持者。移民有助于降低企业成本,使企业在国内外更具竞争力。然而,随着贸易壁垒拆除,发展中国家经济迅速崛起,国际竞争随之加剧,这导致富裕国家的许多低技能密集型企业倒闭。面对激烈的国际竞争,有能力外迁的企业还有一种选择:如果不能击败竞争对手,那就加入竞争对手的行列。最后,生产率的提高允许那些落后的企业精简员工,事半功倍。总之,国际经济形势的变换在国内削弱了企业对移民的支持,变相地助长了反移民团体的话语权,造成移民政策越来越收紧。

现代全球化所呈现的模式与以往相反:之前人口可以流动,商品和企业受限,而如今商品和企业可以流动,但人口的流动受限。各国在经历经济大萧条和二战之后,在重建全球经济的过程中,本可以在恢复金本位制的同时恢复人口的自由流动,然而各国却优先选择了贸易开放,然后是资本流动。各国选择对商品开放边境,允许企业自由流动,这一政治选择导致了低技能移民限制日趋增多。虽然各国在制定上述政策时往往没有考虑到移民政策,但实际上却对跨境人口流动以及国内外政治产生了深远的影响。对于其中一些影响,下文中将有所探讨,包括对国际政治经济研究的启示,对全球范围内的移民的启示,以及对国际体系和外交政策制定的启示。

一、移民对国际政治经济学研究的启示

(一) 认真对待开放经济政治中的"开放"成分

开放经济政治学(OEP)已经成为美国国际政治经济学中的主流学派。莱克(Lake)认为开放经济政治学包括三个分支：基于自身物质利益的个人、企业或团体对某些政策有所偏好的溯源研究；关于各机构如何汇聚这些偏好的研究；有关政策议题的国际协商研究。[①] 学者们认为这些偏好通常在小型开放的经济体中构建。

本书遵循了开放经济政治学范式：企业对移民的兴趣来源于自身的物质利益诉求，然后通过机构汇聚。[②] 我的研究的不同之处在于考察经济开放的不同形式如何相互影响，以此来认真对待"开放"问题。开放经济政治学的学者们往往只研究单纯一种流动——贸易流动、资本流动或偶尔研究的移民流动——而不注重几种不同的流动之间的相互作用。[③] 而正如本书所示，某个领域的开放会对其他领域产生重要影响。因此，研究贸易和资本流动的学者应该将移民政策纳入考量。

(二) 企业异质性

自从梅里兹(Melitz)关于产业内贸易的开创之作问世以来，企

[①] Lake (2009).
[②] 鉴于关于移民议题的国际协商研究很少，我没有将之包括在内。Peters (2014a)。
[③] Copelovitch and Pevehouse (2013),Leblang (2010)和Singer (2010)等人的研究例外。

业异质性已成为一种思考贸易和企业普遍关系的越来越重要的路径。① 在梅里兹模型及其派生模型中，企业生产率水平的差异影响企业开展贸易和海外投资能力。本书从两方面拓展了这一思路。首先，这些模型作为贸易模型，必然关注可贸易部门的企业。然而，我们可以把该逻辑扩展到不可贸易领域，去思考其他问题领域，包括生产率水平不同的企业可能有不同的偏好。其次，即使在可贸易部门内部，有些行业的投入特别大，因此有些生产率最高的最大的企业可能不会选择外商直接投资，相对来说就不具流动性。在这方面农业的例子很突出。尽管美国加州或法国的大型葡萄酒生产商可以轻易地将生产转移到国外，但许多生产商并不这么做，原因就是为了保证某一特殊的投入——土壤或风土（terroir）。其他行业也有可能因为某项投入极其特殊而不愿意迁移，或者如果能从某一投入中获得租金，那么企业也不愿意迁移。学者们应考虑到使企业具有独特性的其他维度是否也会对企业偏好产生重要影响。

（三）国内政策和逐底竞争

研究企业的战略变化——企业生产什么、在何地生产以及怎样生产——如何影响他们的政策偏好，可能不仅有助于解释低技能移民政策，还有其他启发。企业的生产战略变化也可能影响其他政策领域。在19世纪和20世纪初的全球化时代，与现时代全球化相比，企业面临的国际竞争少，海外迁移能力也弱。这意味着19

---

① Melitz（2003）.

世纪和20世纪初的工业结构完全不同于今天。环境政策也有可能对移民政策产生影响。如第六章所述,20世纪五六十年代,荷兰境内还生产煤炭和其他矿产,但随着荷兰经济开放,这些矿井变得无利可图只能关闭。没有了这些对环境有害的采矿业,可能意味着荷兰更能大刀阔斧地实施环境法:再也没有"污染"企业会去游说反对这项法案。同样,更激烈的国际竞争意味着,发达国家的许多污染行业要么已经关闭,要么将生产转移到了海外,要么通过采用生产率更高的技术转变成了非污染行业,这些都可能使发达国家顺利通过环境法。然而,在发展中国家情况则有所不同,发达国家的污染行业已转到发展中国家,环境法可能较难通过。另一相似的领域是劳动、健康和安全法规;一旦曾依赖廉价劳动力的企业关闭、转移或提高了生产率,这些法规的通过可能会变得更加容易。

  本书的论点有助于解释为什么学者们在检验逐底竞争的论点时会得出自相矛盾的结果。逐底竞争的支持者认为,各国要不遗余力地将企业留在国内,包括降低企业税、修订社会和环境政策。其他学者认为逐底竞争还没有发生。迄今为止,各种证据都有,支持与反驳参半。如移民议题一样,当这些企业初次面对国际竞争时,或刚有能力转移生产时,他们加大游说力度,要求降低税收,放松监管,而政府有时也会给企业一些补贴。然而,随着国际经济进一步开放,海外生产转移的机会增加,企业仍旧获得补贴的可能性在政治上变得不可持续,促使这些企业关闭、境外转移或提高生产率。总之,这些趋势减轻了减税和/或监管的压力,甚至允许政府增加税收和/或监管。

此外，本书证明，政府并不受企业羁绊。有关逐底竞争的文献认为政府会竭尽全力留住企业。然而，至少在低技能移民的案例中，政府——甚至像新加坡人民行动党这样在许多企业中持有股份的专制政府，宁愿让企业倒闭或迁移至海外，也不愿推行不受欢迎的移民政策。由于贸易和资本开放程度的提高，随着许多企业转移生产或关闭，政府通常拒绝补贴企业或改变政策来挽留企业。值得进一步去研究的一个问题是：为什么政策制定者愿意在某些问题上对企业的要求做出让步，而在另一些问题上却不为所动。

二、对移民的启示

（一）展望未来的移民政策

全球化减少了企业对开放移民的支持已成事实，对于更开放的移民政策拥护者来说，前景并不乐观。在美国这样的富裕国家，今天很少有企业和行业愿意把钱和政治资本投入在移民议题上。随着企业阵营减少对开放移民的支持，反移民阵营获得了更大的发言权。因此，截至2016年全面移民改革仍未能通过就不足为奇了。鉴于这些趋势，任何旨在扩大低技能移民开放的全面移民改革法案都难以通过。

此外，整个西方的反移民阵营在移民安全化问题上更是火药味十足。移民安全化并不是新议题；两次世界大战期间美国都制定了反对德国移民的法律，二战期间美国拘留日本公民事件，都是历史的见证。然而，自9·11事件以来，担心恐怖分子化作移民的恐惧进一步蔓延。袭击美国的恐怖分子在美国持有的是学生签证,2015年的巴黎恐怖袭击和2016年的布鲁塞尔恐怖袭击中,疑似涉及第一代和第二代移民。这些恐怖袭击是发达国家不大可能向移民开放边境的另一个原因。

即使富裕国家加高贸易壁垒,或政客们通过激励措施挽留企业,由于技术进步,低技能移民也不太可能像19世纪那样开放。正如在第四章中所述,即使像纺织品业这样曾经的低技能劳动密集型产业,也变得更有科技含量。假设所有纺织品只能在美国生产,只能在美国销售,那么纺织行业将会扩张,但只会使用节省劳力技术。另一方面,如果有些反移民政客,像美国的唐纳德·特朗普、法国的玛丽娜·勒庞(Marine Le Pen)或荷兰的基尔特·威尔德斯(Geert Wilders)能够加大限制低技能移民,我们预计将有更多的企业转移海外、采用劳力节省技术,或者停产关闭,经合组织国家将进一步去工业化。

对于正在接收大量移民的国家,上述趋势就是前车之鉴。这些国家往往是中等收入国家,与大多数发达国家相比,对经济实施了更多的贸易保护措施。随着这些国家的进一步发展,它们也可能面临来自世贸组织和发达国家要求开放经济的压力。随着最不发达国家进一步发展,它们的低技能劳动密集型产业将面临更大的国际竞争压力。中等收入国家很可能还会发现,它们的低技能劳动密集型产业将被迫提高生产率、关闭或转移生产到最不发达国家,最终导致这些国家对移民的支持减少。

一旦企业的支持不再,其他利益团体不大可能弥补这一损失。如我所述,企业不仅仅是众多利益团体之一,而且是一个无人能与之相提并论的利益团体。尽管有些媒体和其他学者注意到移民可能是选民的重要组成部分,但移民的投票不太可能将低技能移民政策扭转向更大程度的开放,原因有二。首先,移民往往更关心他们获得的权利,而不是边境的开放。例如,在美国,移民利益团体正在为无证移民争取居留权,而不是让更多低技能移民入境。这可能是因为新移民与早期移民产生竞争,而不是与本土人竞争,因此该国的移民会站在自身物质利益角度去思考问题,换言之,对于已经入境的移民来说,移民权利是相对更为突出的议题。但是移民权利的增加往往会导致更严格的边境政策。[1] 其次,左翼政党,即通常能包容移民的政党,要兼顾移民投票和长久选民的支持。[2]

富裕国家向更多的低技能移民开放边境的唯一方式很可能是:大众和经常推动公众舆论的精英们对低技能移民的看法发生根本性变化。在这方面,贸易可以作为一个很好的例子。在整个19世纪末和20世纪初,美国精英在贸易开放问题上分歧很大,共和党实施高关税壁垒,而民主党则主张取消关税壁垒。如今,两党的大多数精英都支持自由贸易。

学者们认为,关于宣扬贸易有利因素的教育导致对自由贸易的更大支持。[3] 如果更多的经济学家、政治学家和其他学者宣扬低技能移民给富裕国家和发展中国家带来的好处,也许会有更多的精英支持移民,并且或许这种精英支持会渗透到大众中间,如同贸

---

[1] Ruhs (2013).
[2] Dancygier (2013).
[3] Hainmueller and Hiscox (2006).

易的情况一样。①

(二) 国际移民合作

与贸易合作和企业流动相比,移民合作相对较少。现在监管国际贸易的有世界贸易组织和一系列其他优惠贸易协定,国际贸易的合法程度在国际关系中无可比拟。随着许多双边投资条约的签署,包括国际法律裁决条款,以外商直接投资形式呈现的企业流动也在国际层面上受到监管。相比之下,只有少数自由贸易区允许移民自由流动(欧盟和南方共同市场就是两个例子),而涉及劳动力移民、无证移民遣返和联合执法的双边移民条约少之又少。

正如在本书中我所论证的,一定程度上正是由于贸易合法化和外商直接投资合法化,才导致了移民限制,从而导致在移民问题上缺乏合作。移民接收国想要限制移民,而发展中国家想要开放移民,留给他们谈判的余地很小。即使是那些想要吸纳移民的国家也找不到什么理由签署移民条约,因为移民自主流动性很大。只有在特殊情况下,当接收国需要某一特定类型的移民或遣返移民需要帮助时,国家之间才会愿意在移民议题上展开合作。②

也许从这些协商中可以诞生某个组织,来协助预防专制国家虐待劳工现象,例如海湾国家成立"海湾合作委员会"(Gulf Cooperative Council),使临时务工项目合法化。或者,当务工合同到期时,某个组织可以帮助劳工回国,以防止逾期居留,美国和欧

---

① 关于大众总体上支持自由贸易,即使在大萧条时期也是如此的证据,参见 Goldstein and Peters (2014)。
② Peters (2014a)。

洲的大量无证移民就是逾期居留产生的。不过,总的来说,随着富裕国家对移民关闭大门,可能会有越来越多的人愿意迁移到几乎任何地方,那么在移民劳工方面开展大量合作也没有太大必要。

(三)气候变化移民

我的论点除了有助于解释发达国家环境保护政策的兴起之外,还能对气候变化移民问题带来思考,这一问题已经越来越严峻。迄今为止,与许多科学家的预测相比,气候变化对移民的影响还很小。然而,气候变化已经导致了更极端的天气状况,干旱、洪水和暴风雨造成了极大破坏。这些状况往往造成人口短期流离失所,不会产生无家可归的难民。但随着海平面上升和荒漠化,这种状况可能会恶化,有些地区,甚至包括整个国家,可能都无法居住。这些国家大多是发展中国家,其产生的移民大都是低技能移民。

如果本书有提示作用的话,那么可以说,气候迁移将成为一个重大的政治问题。由于发达国家(或许也包括中等收入国家)没有亲移民联盟,国际上也没有广泛的移民合作,一旦上述情况发生,这些移民很可能被禁止入境发达国家,虽然这些发达国家应对气候变化负主要责任。相反,这些移民很可能会被分流到发展中国家,给发展中国家政府带来沉重负担。

然而,移民的威胁可能会促使发达国家政府进行技术投资并提供外援,以减轻气候变化的影响。可以想象,数以千万计的孟加拉国移民带来的威胁可能会迫使欧盟派遣荷兰工程师赴孟加拉国修筑更好的堤坝;为防止气候移民逃离非洲荒漠,加州将培育耐旱作物,并研发出更先进灌溉系统。

(四)国内移民政治

本书虽然探讨国际移民,但对国内移民政治也有启示,因为国内移民给政策制定者带来了类似的困境。国内移民允许劳动力从劳动回报率较低的地区转移到较高的地区,提高了经济效率,促进了经济增长。此外,在劳动力稀缺地区,资本所有者(企业和土地所有者)支持国内移民,而该地区的劳动力和其他人群可能会反对。国内移民也经常引起与国际移民类似的文化担忧,特别是在移民与当地人在种族、语言或宗教上有所不同的情况下。一个极端的例子是二战后非裔美国人由南部城市至北部城市的大迁移,这导致绝大多数为白人的本地人,放弃了这些城市,造成所谓的**白人大迁移**(*white flight*)。尽管这是一个极端案例,但国内移民往往因为争夺资源而引发政治冲突,即使是同族裔之间从农村到城市的迁移,也不能幸免。

国内移民也可能给政策制定者带来另外两个问题。首先,在劳动力充裕地区,资本所有者可能反对人口迁出。第五章提供了这样一个案例:二战期间,南方农场主担心非裔美国人和贫困白人外迁到赚钱更多的地区,于是采取系列措施横加阻挠,包括阻止军队征兵,阻止北方就业代理前来招聘,并支持墨西哥移民迁到西南部。[①] 其次,对于专制领导人来说,由农村向城市的迁移,问题尤为突出。一方面,农村居民的迁入可能会加剧城市居民的不满,城里

---

① Alston and Ferrie (1999).

人可能面临失业、损失公共福利或成为犯罪受害者。① 另一方面，那些对政权不满的人更容易在市中心寻衅滋事，发动组织。因此，城市的发展会遭遇各种问题，对于首都城市更是如此，因为在首都的抗议可能演变成革命。②

鉴于国内移民对城市居民、部分精英和政权的不利影响，只有当低技能生产规模扩大和/或国内移民流向低技能较为密集的地区时，鼓励国内移民的政策才会出台。当低技能生产停滞不前，政治领导人会通过官方的限制（如中国的户口制度），或者通过清理城市贫民窟，来阻止国内人口向城市迁移。③

我的论点因此可以解释随着时间的推移，对国内移民加以控制也会导致巨变。例如，许多学者指出，在中世纪晚期和现代早期的东欧，随着各大城市、特别是汉斯各城的衰落，东欧的农奴制兴起。④ 安德森和福山认为，这些城市的衰落意味着，在与农村精英（贵族）限制农民流动的对抗中，这些城市无法与之抗衡。⑤ 还有一种可能性就是：即使国王赋予了这些城市相对更多的权力，它们也不会为解除农民流动限制而抗争。波罗的海向后来成为荷兰和比利时的地区开放贸易是这些城镇衰落的主要原因之一。由于荷兰和佛兰德斯（Flanders）的原始工厂（Proto-factories）所生产的商品要便宜得多，导致东欧城镇生产的商品产量下降，农村移民的就业机会减少。⑥ 因此，这些城镇不但没有享受到移民带给原始产业的

---

①② Wallace (2014).
③ 关于威权国家领导人控制国内移民的政策，参见 Wallace(2014)。
④⑤ Anderson (1974) and Fukuyama (2011).
⑥ Horlings (2001).

廉价劳动力优势,反而耗费大量成本去处理移民问题。因此对农村移民需求的缺乏,可能注定了农民变成农奴的厄运。

对低技能劳动力的需求也影响了中国的移民政策。从20世纪90年代末开始,中国共产党允许部分地区尝试户口制度改革。地方领导人似乎利用改革鼓励农民前往城市外围的工业中心和小城市,以发展制造业,同时阻止民工进入重要城市政府所在地。① 这样共产党为经济增长地区提供劳动力而同时防止危险城市的扩张。② 随着中国进一步发展,在低技能劳动密集型产品的生产上失去竞争优势,不敌越南等国,随着对低技能城市劳动力需求减少,我们可能会看到户口制度实施力度会加大,因为城市增长无法再从低技能劳动力那儿获利,其增长成本上升。

三、对国际体系和外交政策形成的启示

(一)欧盟一体化

欧盟在过去十年中面临三大危机:欧元危机,尤其是希腊退出欧元区(Grexit)的可能;叙利亚难民危机;以及(目前正在进行的)英国脱欧(Brexit),即英国退出欧盟的全民公决。迄今为止,这三大危机都显示出欧洲一体化的局限性:欧元危机凸显了财政一体化的缺失;叙利亚难民危机凸显了政治一体化的缺失,尤其是在移民和国防等外交政策问题上缺乏统一意见;英国脱欧表明欧盟内部缺乏社会一体化,呈现民主赤字。而在某种程度上,欧盟这三场

---

①② Wallace (2014).

危机都与政策制定者选择开放边境有关。

欧盟在实行劳动力市场一体化之前,几乎总是先践行商品和资本市场一体化。欧盟的前身——欧洲煤炭钢铁共同体,在其成立之初,创建了一个煤炭和钢铁产品的共同市场,但在条约生效的五年之后才实施了劳动力流动条款,而且这些条款只覆盖了该行业大约20%到25%的工人。[1] 这意味着生产率较低的矿山和工厂在能够使用移民劳动力很久之前就面临竞争了。后来,随着欧洲共同体不断扩充新成员国,除斯堪的纳维亚各国外,新成员国的加盟导致贸易壁垒和资本流动壁垒减少,而**之后**移民壁垒才被拆除。[2]

欧盟政策出台的先后顺序对成员国的移民政策以及欧盟内的移民网络产生了影响。这种先后顺序意味着,欧盟老成员国的企业,在面临来自新成员国的贸易竞争时,可以将生产转移至新成员国,但是转移之后,新成员国的移民才被允许入境欧盟老成员国。因此,这些企业在应对竞争压力时,一开始无法利用国内的新移民以发挥低工资优势,所以有动因向境外迁移。因此这些企业外迁之后,就不再如之前那样支持国内的移民开放,这也让反移民力量有机可乘,获得更大发言权。如此看来,反观欧盟老成员国最近不仅试图限制来自欧盟以外的移民,还试图限制来自欧盟内部的移民,就不足为怪了。

在叙利亚难民危机中,可以明确感受到移民政策限制第三国

---

[1] Geddes and Money (2011, 33).
[2] Geddes and Money (2011).

国民——即非欧盟成员国公民——的倾向。由于对低技能移民的总体需求较少,支持难民重新安置的联合力量薄弱,导致大多数成员国对难民很吝啬。也许更令人惊讶的是,诸如匈牙利这样的国家甚至不允许难民**中转**过境。匈牙利反难民政治倾向大都归咎于议会第二大政党尤比克党(为了更好的匈牙利,Jobbik)的法西斯意识形态。[1] 但是匈牙利和其他较穷的过境国担心更多的移民涌入欧盟其他国家是有理由的。目前,欧盟中较贫穷的国家可以利用它们的低成本优势来吸引来自欧盟其他国家的企业进驻,就像20世纪初美国南方利用其低成本优势来吸引北方的企业一样。欧盟企业也可以将他们的工人"借调"到其他欧盟国家的项目,这些工人在他国工作时,依据母国的工资和社会福利标准获得报酬。这使得东欧企业在与西欧企业竞争时具有优势。西欧企业由于本国劳动力成本高,无法从借调劳动力中获利。如果大量叙利亚人在西欧被安置,东欧这一优势可能会丧失。因此,周边国家有理由反对向外来者开放边境,这使得欧盟在应对难民危机时更加束手无策。

政策制定先后顺序还可能伤害移民网络。由于与欧盟较贫穷成员国的企业进行竞争,许多老成员国的制造企业倒闭或者迁移到新成员国(或欧盟以外的发展中国家),它们不再需要从欧盟较贫穷的成员国招募低技能劳动力。没有这些企业,欧盟内部能提供给劳动力从穷国向富国迁移的机会就少很多,如果政策制定顺序是反过来的,情况则大不相同。这也就是为什么与其他主要的

---

[1] Frayer (2015).

自由移民区相比，欧盟的内部移民相对较少。

由于采用欧元，移民网络的缺失暴露许多问题。正如许多经济学家指出的，采用欧元的国家缺乏最优货币区（OCA）所需的条件，该货币区应该采用单一货币制来降低交易成本。为了在不对称经济冲击前维持最优货币区，该地区应将财政从表现良好的地区转向表现欠佳地区，或鼓励移民从危机地区转向经济增长地区。例如，在美国，一方面通过自动财政稳定器（借助失业、福利、社会保障等项目）帮助经济衰退的州，另一方面鼓励移民从经济停滞的地区（如底特律市）流向经济增长地区（如达拉斯市）。由此可见，欧元区内部移民的低水平流动性对欧元的稳定性是不利的。但是对于贫困国家的人们来说，如果没有多少低技能就业机会，他们也不愿意迁移，这种状况使希腊2015年的失业率保持在25%左右，而不是接近德国的6%。此外，如果移民增多，向处于危机中的国家汇款可以起到财政转移作用，使货币区联盟更容易维持。①

欧盟内部移民的增加可能也有助于增加国家间的财政转移。伯恩哈德和勒布朗认为德国之所以加大对希腊的援助，是因为德国旨在防患于未然，阻止未来移民入境。② 如果没有欧盟其他国家的救助，希腊和其他陷入困境的国家（爱尔兰、意大利、葡萄牙和西班牙）可能会无法偿还国债，（至少在短期内）导致更严重的危机。由于边境开放，这些国家的移民更有可能流向德国等富裕国家。由于缺乏大规模的亲移民企业联盟，对于富裕成员国的领导人来

---

① Singer (2010).
② Bernhard and Leblang (2014).

说,移民是令人头疼的问题。移民增加的潜在可能性或许是德国愿意救助这些国家的原因之一。如果存在一个较大的移民网络,对欧盟内部移民增多的担忧可能会加剧,导致更大规模的救助计划。

然而,鉴于欧洲缺乏强有力的亲移民企业联盟的支持,对移民的担忧反而可能让欧盟更紧密地团结起来。较富裕的成员国希望减缓移民的流动,可能更愿意通过财政转移来帮助较贫穷的成员国。[1] 较贫穷的成员国可能将移民视作战略手段,增加财政转移,一如希腊国防部长帕诺斯·卡梅诺斯(Panos Kamenos)所言。卡梅诺斯威胁道,除非债权国放弃他们想要的紧缩条款,否则希腊将"掀起涉及数百万经济移民的浪潮"[2]。

反移民力量的增强也可能加强欧盟程序。为了达成叙利亚难民的重新安置协议,德国和其他有影响力的成员国被迫达成一条未形成共识的协议,这与类似问题通常的做法相悖。由于在关键问题上有许多不同意见,欧盟可能需要更频繁地使用少数服从多数原则来克服威胁欧盟的分歧。因此,在应对叙利亚难民危机问题上,欧盟程序的这一改变可能开创了先河,促成一个更高效的欧盟。

不过,欧盟内部移民的不稳定性因素多于稳定性因素,英国决定退出欧盟的公投就是最明显的例子。英国脱欧在很大程度上是反移民的英国独立党(UK Independence Party,UKIP)崛起的结

---

[1] 同样,富裕成员国在扩大移民权利之前先向新成员国扩大贸易和资本流动,以期帮助这些国家能够在输出移民之前先行发展,最终减少移民动机。
[2] Waterfield (2015). 截至目前,希腊的这一威胁还未取得成效。

果。独立党不仅主张减少来自欧盟以外国家的移民,还主张减少欧盟内部的移民。独立党的成功引发了对英国在欧盟中所扮演的角色的重新讨论,并进一步引发了决定是否脱离欧盟的全民公投。尽管很少有评论家认为英国选民会支持脱欧,但脱欧运动赢得了胜利,这主要与反移民情绪分不开。在此案例中,企业对开放移民支持的下降可能为脱欧公投创造了条件。(保守的)托利党(the Tory Party)通常是代表企业的党派,受到了右翼独立党的威胁,在脱欧还是留欧的问题上存在分歧。如果企业界更支持开放移民,托利党会因为害怕与企业这一关键支持者弄僵关系,而可能永远不会在移民议题上右倾至此,公投有可能就不会发生。

随着企业对低技能移民开放的支持进一步缩减,极右翼政党在移民议题的立法上获得更大发言权,更是将欧盟内部移民视作一种威胁。加上来自欧盟以外的移民压力增加,控制边境的要求可能会使应对2015年申根区(Schengen Zone)内难民危机的临时管控措施永久化,而原先申根区没有内部护照控制。更糟的是,如果阻止欧盟内部移民的这一要求引发(更多)国家退出欧盟,那后果不堪设想。[①]

(二) 国家的大小

我的论点也谈到了一个国家或联邦在大小上的"合宜性"问题。国家或联邦,需要大到足以抵御侵略者,但又不至于大到难以

[①] 截至本书付梓之际,英国还未启动条款50(Article 50)来启动脱欧程序,至于英国是否确定脱欧还有一些不确定因素。

治理。国家的"适当"大小随着时间发生变化。从历史上看,曾经有过城邦(城市国家)和庞大帝国比肩而立的时期。现如今的帝国,即使有,也是寥寥无几,而幸存的城市国家却有一些——例如新加坡和卢森堡。尽管如此,自中世纪以来,欧洲各国的规模一直在扩大,成为蒂利所说的"民族国家"。① 这种国家模式随后被传播到世界其他地方。

民族国家的大小是时代的产物。欧洲国家需要大量人口来为国家提供资金,在军队中服役,并生产保家卫国所需的物资。② 工业和战争的全球供应链的形成和生产率的提高减少了国家对大量人口的需求,至少对发达国家来说是如此。除了大多数发达国家从产业经济向服务经济转变,生产率提高和战争中的科技运用也使得大规模军队变得冗余。③ 现在,对发达国家来说,贫穷的外围地区可能是一种负担,而不是一种必需品。

新加坡可能是未来国家的一个例子。正如第六章所述,新加坡政府一直致力于提高工业生产率,以减少对劳动力的需求。当提高生产率无法实现时,政府推动企业将生产转移到印度尼西亚、马来西亚,现在转移到中国,这使得新加坡可以利用相对较少的人力制造充沛的商品并提供服务。新加坡也不需要庞大的国防军。新加坡政府通过技术投资,如船舶、飞机等,以及人力资本投资,使

---

① Tilly (1992).
② Tilly (1992, 58).
③ Onorato, Scheve, and Stasavage (2014). 中国最近也宣布正在裁军,因为不再需要大规模军队。

其军队比规模更庞大的军队还要有战斗力。①

西班牙加泰罗尼亚自治区要求独立可能就是一个信号,预示向一个"合宜的"有效国家规模演进的过程。加泰罗尼亚在中世纪晚期被纳入西班牙帝国,之前是一个自主国家。当时加泰罗尼亚成为大国附属有其必然性,因为它自身太小而无法躲过战争之劫。如今,加泰罗尼亚脱离西班牙自己就能生存:它可以进口所需的食品和物资;它可以通过资本和技术密集型产业创造财富,不再需要大量劳动力;它可以在必要的情况下自建一支像新加坡那样的军队,依靠技术和军事训练来击败更强大的对手。

导致对低技能移民支持减少的动因也可能导致帝国的终结。殖民帝国通过允许宗主国获得重要商品、向其提供源源不断的劳动力,以及在某些情况下远距离辐射权力,使宗主国受益匪浅。尽管如此,维持殖民帝国的代价很昂贵,本可用于国内的人力和财富需要分散到殖民地。随着时间推移,伴随技术进步、贸易开放和企业境外迁移能力的提升,②帝国带来的优势逐渐减少。如前所述,从人力的角度来看,大国的武装力量比以前要高效得多,这些国家已不再需要殖民地来彰显权力,航空母舰、洲际弹道导弹和远程飞机足以彰显实力。贸易便利化意味着没有哪个国家可以控制任何特定商品的贸易。③ 最后,节省劳力技术和企业流

---

① 以色列是这种武装力量的典范,它凭借小规模军事力量,依靠训练和技术来击败军事更强大的对手。
② Colgan(2014)。
③ 中国看似要获得对稀土的控制权,但是稀土垄断会激发其他国家继续开采这些矿物资源。

动性意味着发达国家不再需要控制大量劳动力来生产和消费所需商品。

总之,贸易能力和将低技能劳动密集型产品转移到海外的能力,以及技术运用,就人口和领土面积而言,可以让一个国家规模缩小后仍能在世界体系中生存。随着小国生存能力的提高,国家内部分歧曾经看似微不足道,如今可能变得难以调和。对有些国家而言,尤其是那些相对安全的国家,如比利时、加拿大或西班牙,这些动因可能会导致之前被认为稳定的国家解体。

(三) 民主化和民主质量

本书可以为民主化和民主质量之争提供参考。阿莫卢格(Acemoglu)和鲁滨逊(Robinson)等学者认为民主制度下的再分配额度是国家是否民主化的一个重要因素。[1] 对低技能移民的限制增加意味着在再分配过程中,对低技能人口的再分配会减少。这些限制可能使发达专制国家的民主化更容易。[2] 另一方面,移民限制的加剧减少了移民总量,导致欠发达的专制国家的人口增长,使这些国家的民主化的可能性降低。[3]

对于民主质量的争论,本书可能更有说服力。企业利益并不总能引发政策变化;当公众对一个议题足够关心时,政策制定者为了不危及自身地位,不会给予企业想要的政策。因此,尽管强大的利益团体通常会赢得胜利,但本书表明,在对民众意义重大的问题

---

[1] Acemoglu and Robinson (2006).
[2] Bearce and Hutnick (2011).
[3] 关于移民如何带来民主化,更多的可参见 Miller and Peters (2014)。

上,政府可能会通过其他手段来安抚强大的利益集团。

(四) 移民外部效应与外国干涉

失败的弱国为发达国家制造了许多外部效应。其中一个最明显的外部效应就是大量难民流逃离这些地区。最近的两次难民危机——中美洲儿童涌入美国和叙利亚难民危机——是困境中的弱国无法保障国内安全的产物。

在这两个案例中,难民潮都是由于国家未能保护其公民免遭严重侵权行为而造成的,包括叙利亚和伊拉克的一些少数民族间的种族清洗和种族灭绝。这些侵犯人权行为应该诉诸**国家保护责任**(*Responsibility to Protect*, R2P)准则。国家保护责任源于20世纪90年代中期的卢旺达种族灭绝和斯雷布雷尼察大屠杀(Srebrenica massacre)。国家保护责任的支持者认为,国际社会有义务在发生严重侵犯人权行为时进行干预,即使这种干预会侵犯国家主权。国家保护责任已成为联合国的政策,联合国借此在2011年对利比亚进行军事干预。

尽管围绕国家保护责任的说辞不一,大多数支持者并没有提出保护平民的最有效、最能节约成本的解决方案:即对这些国家的难民进行重新安置。反之,大多数支持者建议通过外交压力、经济制裁或军事干预来保护平民、结束冲突。外交施压的成本相对较低,但通常无效。经济制裁需要多个国家和非国家参与者的长期合作。[①] 维和虽然可能有效,但当大多数严重侵犯人权的行为发生

---

① Drezner (1999).

时,在和平建立之前军事干预不太有效。① 此外,战后重建国家,特别是战败国,不太可能保护其公民的人权,并让国家正常运行。② 比如利比亚,国际社会在其内战中以国家保护责任为由对其进行干预,现在是一个失败国家。再如伊拉克,美国花费数千亿美元和八年时间试图建立一个民主国家,但是在美军撤离后旋即陷入内战。

相比之下,重新安置难民的成本要低得多,特别从长远来看,也能更有效地使人们远离危险。和经济移民一样,难民安置在很大程度上将人们从劳动力充裕的国家转移到劳动力稀缺的国家,将会增加难民的收入,同时难民所创造的经济盈余可用以支付他们的社保和福利成本。难民重新安置将为需要的人提供保护,同时与军事干预不同,不会制造出战败国。③

可为什么难民安置不在国家保护责任议程中?正如本书所示,在大多数富裕国家,支持更开放的移民政策的一大重要支持者已不复存在。企业长久以来不仅曾是经济移民的支持者,也曾是难民重新安置的支持者,并将其视为增加移民的一种方式;雇主们并不在意移民因何入境,只在意其是否能成功入境。如第一章所述,美国农业局和其他雇主团体在 1948 年为《流离失所者法案》进

---

① Doyle and Sambanis (2006).
② Lake and Fariss (2014).
③ 重新安置难民可能会引发道德风险问题。独裁者驱逐难民是为了摆脱反对派,而不是解决反对派所关切的问题。然而,独裁者不太可能解决这些问题,反而可能会不顾其他国家的难民政策,恐吓、监禁或杀害反对派成员。

行游说,以便在移民政策相对紧缩时增加入境移民人数。可如今,企业不再需要那么多低技能工人,而且大多数难民相对而言都是低技能人员(所谓的低技能人员是与发达国家工人相比,不一定是与那些留在国内的工人相比),对难民政策的支持相对于从前有所减少。

最近的难民危机,特别是叙利亚难民危机,也可能使各国重新思考对独裁者的支持和对别国内战进行军事干预的必要性。叙利亚内战不是一场突如其来的战火;反对阿萨德政权的抗议始于2011年3月,但这场冲突直到2011年夏天叙利亚政府军成员叛变并创建叙利亚自由军之后才演变成内战。无论是支持还是反对阿萨德政权,都有可能带来更和平的解决方案,就像应对埃及抗议那样。然而,国际社会出现了分歧,俄罗斯、伊朗和中国支持阿萨德,西方反对阿萨德政权。假如俄罗斯、伊朗和中国迫使阿萨德下台,或西方各国对阿萨德的镇压视而不见(如同应对埃及的塞西政权),这场战争本可避免。通过国际合作来惩戒独裁者比对独裁者睁一眼闭一眼更难做到;在未来,如果能阻止难民潮,西方可能更愿意对独裁者视而不见,甚至支持独裁者。

相比之下,反移民情绪更有可能引发对战败国的干预。当没有中央集权来维持秩序时,发达国家无论多么不情愿,为创造一个稳定的环境,也可能会选择干预。因此,在反移民力量对政策有较大影响的环境下,西方因担心会爆发一场新的难民危机,可能宁愿选择保住能维持秩序的强大独裁者,并花费高代价对失败国家进行干预,也不会选择重新安置难民。

四、结论:开放边境的重要性

在讨论移民政策时,学者和政策制定者通常将之视为国内政策,认为其只受国内政治的影响,只影响国内公民。然而,如本书所示,移民政策不仅是国内政策;它还是对外经济政策的一部分,受到包括贸易和资本政策在内的其他外交政策等因素的影响。重要的是,移民政策并不主要对富裕国家产生影响。在多数国家中,移民只构成较小的群体,他们对社会的影响通常是积极的。移民促进经济增长、促进创新,甚至给低技能本土人带来更多的机会。移民给东道国的文化带来的改变通常也是积极的;美国的食谱中如果没有意大利比萨和墨西哥卷饼,简直难以想象;又或者,英式菜肴中没有咖喱,德国的美食中没有印度烤肉串,又会怎样?

移民对富裕国家的公民来说意味着更强劲的经济增长(和更美味的食物),但对贫穷国家公民而言,移民是最有效的脱贫路径。移民让数百万计的人得以逃离赤贫、饥荒、政治暴力和战乱。移民反过来通过汇款回国、加强贸易网络[1]、投资[2]和国外援助[3]常常让自己的母国更强大;移民同时传播民主准则[4]。移民是最有效的发展工具[5],但它却不在发展议程上。

本书通过重点阐述以企业为基础的亲移民联盟正在不断萎

---

[1] Gould (1994).
[2] Leblang (2010).
[3] Bermeo and Leblang (2015).
[4] Miller and Peters (2014).
[5] Clemens (2009).

缩，帮助解释为什么开放移民没有被列在发展议程上。主张扩大边境开放的群体需要建立一个新的联盟，要以广泛的群众的政治支持为基础，而不能以狭隘的经济利益为基础。现在，反移民力量已经赢得了公众的支持，来抵制低技能移民，其手段是唤起大众对移民的各种恐惧：对经济不安全的恐惧，对增加税收负担的恐惧，对犯罪的恐惧，也许最重要的是对变革的恐惧。亲移民阵营聚焦移民给本土人带来经济利益，通过事实和数据给予回击。

然而，这种理性的、基于物质利益的陈述方式，即使在理性上能打动全球富裕国家的公民，却不大可能在情感上赢得他们的支持。亲移民阵营应该向公民权利、妇女权利和LGBTQ①权利运动汲取经验。虽然对非裔美国人、妇女和LGBTQ社区的歧视都是一种经济损失，但是更多权利的获得、规则的改变并不是依靠经济诉求。允许同性恋结婚对婚庆业是重大利好，但是肯尼迪大法官并不会为了促进经济增长而投票支持同性婚姻合法化。因此，这些群体转而诉诸公平和人权的理念。同理，边境开放的倡导者与其"同风车作战"——宣扬移民带来的经济利益，不如来论证：在一个你的出生地很大程度上决定你的成功的世界，移民是一个公平的解决方案。

---

① LGBTQ是Lesbian、Gay、Bisexual、Transgender和Queer的首字母缩略，指女同性恋、男同性恋、双性恋、变性和酷儿。——译者注

附录 A 移民政策变量的收集和编码

移民研究的一大主要障碍是缺乏纵向跨国数据。为了弥补这一空白,本书创建了一套涵盖过去 225 年、囊括了 19 个国家或经济体、具有法律效用的新的移民政策数据集。本附录描述了数据集是如何编制的。

我将"移民政策"定义为政策制定者在特定年份为控制进入(和潜在离开)该国的低技能移民数量而通过的法律。当然,还有许多影响移民数量的因素不在政策制定者的掌控之内。因此,对移民政策的检验旨在揭示政策制定者的意图:他们是否要鼓励,或至少不阻止,抑或想要阻止更多的低技能移民入境。

我们希望低技能移民政策这一变量在时间和国别上都具有可比性,因此我将重点关注针对低技能移民的移民政策对政策制定者意味着什么。所谓的高技术或低技能移民概念并不是一成不变的:在 20 世纪末和 21 世纪初,接受过高中或以下教育的人都被归类为低技能的,而在受教育程度普遍较低的 19 世纪晚期,只要上过几年学或有过学徒经历的人,就会被当作高技术人才。在本研究中,我把低技能移民定义为没接受过正规技能训练的人,正规技能包括通过学校教育或技术培训所获得的技能。所谓的"低技能移民"政策,我既囊括了特别针对低技能移民的政策,如农业外来员工计划,也涵盖了包括低技能移民在内的针对所有移民群体的政策。

我假定决策者在制定法律时是严肃认真的。正如第二章中所指出的,有些学者认为企业希望律法严明却宽松执法,这样他们就有机可乘,剥削无证移民。为此我也检验了执法情况,以确保法律上的限制政策在事实上也被严格执行。理想的境界是,对于执法,我们可以进行事实上的检验,因为即使是执法严明,也常常存在起诉裁量权(prosecutorial discretion)的因素。不幸的是,因为我们想检验的对象——无证移民——是一种非法活动,我们难以对跨国数据进行估量。

一、案例选择

本理论可以适用于两个互为交叉的案例领域。首先,本理论适用于(低技能)劳动力相对稀缺的国家/经济体。这些国家/经济体的工资水平相对高于世界其他国家平均水平或高于其主要贸易伙伴。第二,我们要确保被研究的国家/经济体是移民热选地。如果移民对某个国家不感兴趣,那么无论该国出台何种政策,移民也不会移居该国。有研究提示,移民所选择的目的地的工资水平与迁移的交易成本相比较,仍具有很高的吸引力。①

这一标准适用于人均国内生产总值持续十年超过世界或该国所在地理区域人均国内生产总值两倍的国家/经济体。国内生产总值数据取自马迪森的数据集和世界银行的《世界发展指标》。② 绝对标准适用于令世界各国移民都心动的国家/经济体,而区域标准适用于工资水平相对较高、地理位置邻近的国家/经济体。从1800年至2008年间,至少在部分时间段符合这两个标准的共有77个国家/经济体。

移民政策的数据收集是一项极其耗时的工程,因此从众多符合条件的案例中选择了涵盖19个案例的子集。在我选择的国家/经济体中,无论长期来看,还是从跨部门,或从国内/经济体内层面来看,我的论点及文献中的其他论点所涉及的解释变量具有变化性。表A1列出了数据集中所包括的各国家/经济体及其涵盖年份。

表A1 数据集所包括的国家/经济体及其涵盖年份

地　区	国家/经济体
移民国/新大陆	美国(1790—2010)
	澳大利亚(1787—2010)
	加拿大(1783—2010)
	新西兰(1840—2010)
	南非(1806—2010)
	阿根廷(1810—2010)
	巴西(1808—2010)

---

① 参见Massey等人(1993)的综述。
② Maddison(2011)和世界银行(2014)。

续表

地 区	国家/经济体
欧洲	英国(1792—2010)
	法国(1793—2010)
	德国(1871—2010)
	荷兰(1815—2010)
	瑞士(1848—2010)
东亚	日本(1868—2010)
	中国香港(1843—2010)
	新加坡(1955—2010)
	韩国(1948—2010)
	中国台湾(1949—2010)
波斯湾	沙特阿拉伯(1950—2010)
	科威特(1961—2010)

最初发表于Peters(2015),经许可后使用。

每个国家/经济体编码的终止年份都是2010年,但起始年份有所不同。就澳大利亚、新西兰、南非和中国香港而言,移民政策起始年份依据殖民时代的开启,即有总督上任并建立负责任的政府。美国十三个殖民地起义后,加拿大对移民政策获得了一定控制权。新加坡和科威特分别在第一届立法机构被选举后、独立后才被赋予同等程度的移民政策控制权。同样,阿根廷、巴西、韩国和美国直到独立才获得移民政策控制权。[①] 德国、荷兰和瑞士是从现代国家诞生年份开始编码的;1945—1990年间,德国按西德的政

---

① 美国的移民政策编码从1790年开始,即联邦政府被授予移民政策的独立控制权开始。

策来编码。英国、法国和日本按该国通过首个现代移民政策的年份开始编码。最后,沙特阿拉伯从1950年开始编码,基于两个原因:1950年之前的国内生产总值数据无法获得,且直到第二次世界大战后沙特才开始主要生产石油,这使得该国直到1950年之后才有可能成为能吸引移民的富裕国家。

如前所述,有些国家本可以列入,但没有被列入数据集。例如,更多的欧洲国家满足大多数其他指数要求,但由于资源有限,我选择不再新增欧洲国家进行编码,而是将注意力转向非欧洲国家,尤其要涵盖更多拥有不同制度的国家,这样可以提高研究的外部效度。

如果某些解释变量的价值既会影响关键的自变量——贸易政策、企业流动性和技术采用,又会影响因变量——移民政策,那么排除额外欧洲国家可能会使这项研究结果出现偏差。相关文献中经常包括的一组国家就是北欧国家。北欧国家通常被认为比西欧国家对移民"更友好",因为它们奉行社群主义价值观。这些价值观可能会影响这些福利国家的规模——它们往往是比西欧其他国家更慷慨的福利国家——但这似乎不会影响它们的贸易开放度或允许企业流动的意愿。尽管如此,排除这些国家可能会使福利状况的数据结果出现偏差。另一组经常被包括在内的是新兴的欧洲移民国家——如葡萄牙、西班牙、意大利、希腊,在某种程度上还有爱尔兰——它们曾经是移民的主要输出国,现在却是移民接收国。成为新兴的移民国家,不太可能同时影响移民政策和对贸易、企业流动性和技术运用影响产生作用的政策。然而,如果这算作一个重要特征,那么我们会发现,韩国同葡萄牙、西班牙和希腊类似,过渡到民主制度后成为移民新兴国家。

作为案例选择的一部分,我希望能确保南半球有几个国家/经济体——阿根廷、巴西、南非,在某种程度上还包括韩国、新加坡和中国台湾——来检验这些地区的移民政策在制定过程中是否有所不同,这些国家/经济体在该地区相对富裕。有些发展中国家,虽然没有达到世界或区域人均国内生产总值200%的标准,但也有大量移民流动,例如来自尼泊尔的移民流向印度。本书的论点也适用于这些国家/经济体;但是,我无法用这个数据集来检验其是否适用于更穷的移民接收国。

关于案例选择的最后一个编码决策是如何处理联邦国家。所有的联邦国家都是按以下规则来编码:在联邦政府对移民政策进行唯一管控之前,按政策最开放的成员来进行编码;在联邦政府对移民政策进行唯一管控之后,按联邦政策编码。之所以采用这种编码方案,是因为大多数联邦国家允许联邦成员之间进行人员流动。因此,如果某个移民能进入联邦国家中的任何一个成员所在地,就能进入联邦国家的其他所有成员所在地。按此编码方案,只有美国联邦的移民政策被编码,而不是按各州的移民政策。在1849年最高法院对"乘客系列案件"判决之前,许多州都颁布了自己的移民政策。然而,并不是所有的州都制定移民政策,所以移民至少能相对不受限制地通过某些港口进入美国。各州确实制定了一些法规——针对罪犯和有可能成为政府救济者的规定,与1875年的《联邦移民法》非常相似。[①] 如果我们按这些州政策对美国进

---

① Neuman(1993).

行编码,美国移民政策将被限制在1875年的水平,而无视联邦政府从1789年到1875年间没有颁布相关法律的事实。然而,这项研究结果并不会因这种编码方式而发生改变。瑞士1848年之前的数据就不被包括在数据集中,因为不同行政区的公民无权居住在另一个行政区。因此,对于本土人口和移民来说,各个行政区就像一个独立的国家。在欧盟成员国中,推行最开明的移民政策的国家也没有被编码,因为这些国家的自由迁徙政策并不延伸到第三国国民。当欧盟政策确实影响到一些或所有国家时,欧盟政策也会被编入它所能影响到的各个国家政策中。

二、搜集移民政策数据

(一) 搜集过程

我依靠一手和二手资料来搜集移民政策数据。在本科生研究助理们的帮助下,我用滚雪球的搜索方法来寻找移民政策的来源。我首先在谷歌学者(Google Scholar)和世界猫(World Cat)中输入"移民政策"和国名。对于像美国或加拿大这样的国家,会出现几十万条相关书籍和文章的搜索结果。然后我又对谷歌和世界猫所提供的相关数据结果进行优先排序:也就是说,我首先查阅了第一批条目。对于所有文章,我快速浏览文章摘要,排除所有显然与公众对移民的舆论或移民特征相关而与移民政策无关的文章。一旦找到数据来源,我或我的研究助理就会深入阅读,并将相关数据输入数据库(详情如下)。在检查了每个数据来源之后,我们对列出的数据来源再进一步核查。

接着我们搜索负责移民事务的相关机构的官网,看看它们是否列出了相关移民法信息。我们检验了在官网上能找到的所有关于移民政策的文献。这些文献大多是关于近期(2000年后)的律法变化,但这些机构偶尔也有文献讨论该国移民政策的历史。

我们发现,用这种搜索程序很容易找到移民文献中经常研究的一些国家的相关数据,如美国或法国,也能找到文献中经常出现的研究时期,如19世纪流向阿根廷、巴西和南非的移民潮,但是对于研究较少的国家或经济体,如中国台湾,以及研究较少的时期,如二战后阿根廷、巴西和南非的移民情况,就很难获得同样多的信息。为了获得这些相关数据,我们使用了更宽泛的搜索标准,包括搜索"移民""迁移""外国人""国外出生"等词条并加上该词条的时间段。除了谷歌学者和世界猫之外,我们还在谷歌上搜索新闻文章。

我们发现,有些国家对移民政策中的某些领域讨论得更多,例如,对技术标准或国籍法规的讨论就比公民政策、难民或庇护政策讨论得更多。对于那些信息较难搜集的议题,我们会添加特定议题的搜索标准,如"难民"加国别名称。

一旦某个国家的数据涵盖了整个时间段的移民政策的所有维度(详情见下文),并有来自多个(至少三个,但通常五个或以上)来源对主要法律进行了讨论,该国的移民数据就收集完成了。如果之后我们又从另一个国家数据的来源中发现该国的移民法规相关信息,那么这一信息也会被添加进去。

我们总共收集了500多个资料来源,平均每个国家/经济体有61个文献。在线附录B列出了每个国家/经济体的资料来源。收集的大多数来源文献是英文;我的研究助理们还检验了西班牙语、法语和德语的文献资料,并提供翻译。

对于大多数法律,我们发现对每部法律的讨论至少有两个文献,平均有四个文献(中位数是两个)。对于被高度研究的国家,某部法律的重大修订经常有来自十多个不同文献的讨论;而在不到一半的案例中,通常都是对法律的较小的修订,找到的来源文献也只有一个。我非常注重包容性,担心对少量修订的法律产生偏见,因此将法律修订也纳入数据集中。

(二) 可能带偏见的资料来源

无论是使用一手还是二手资料都可能会给数据集带来偏见。正如蒂斯等学者所指出的那样,来自一手和二手资料的"事实"都存在偏见。[1] 即使是政府官员或记者撰写的一手资料,也并非毫无偏见,而是反映他们的政治议题。历史学家和其他学者所采纳的显性或隐性的理论方法,会影响他们使用的资料来源和研究成果。即使当我使用这些资料来获得移民政策的基本信息,例如法律通过的年份、法律内容和通过该法律的机构,所使用的一手和二手资料也会给数据注入偏见。

用于构建数据集的一手资料包括政府文件和报纸文章。政府文件很少不带政治宣传色彩;他们更倾向于宣扬法律变革中对公众有利的一面,或能迎合执政党或政权的重要支持者的一面,而淡化法律变革中不太受欢迎的一面。公众舆论数据显示,公众在大

---

[1] Thies(2002).

多数时候反对开放移民,因此我们预测,政府有可能对自身的移民控制能力自吹自擂,扬言只有"最理想的"移民才能进入该国。因此,大多数关于移民的政府公文和声明很可能偏向限制性政策。在这些法律颁布的节点,新闻报道也有可能传递政府对限制政策的偏向。由于历史学家也使用这些一手资料来构建自己的作品,他们也难免不中招。

因此,这种偏差可以被认为是数据的截距位移(intercept shift)。尽管不清楚移民政策到底有多开放,但实际上的移民政策可能比报道的要更开放。如果本书或文献中的论点讨论的是移民政策的绝对水平,那么这种偏见是成问题的。但是,因为我们关注的是各解释变量的变化如何导致移民政策的变化,所以截距位移的存在不成问题。事实上,大多数分析依赖于国内的移民政策变化,而不是跨国变化,因而某个国家的不同截距位移对研究结果不会产生影响(相反,这些位移将反映在固定效应中)。然而,如果有学者想要使用这些数据来研究跨国移民政策变化的话,那么就要当心这种偏见的存在。

偏见的另一个来源是二手资料的使用。我们所使用的来自历史学家和其他领域的学者的文献也有可能存在偏见。最重要的是,这些学者根据一些明指或内隐的理论来陈述事实。好在学者们通过引用来自不同传统和领域的多种文献,缓解了对事实的选择性陈述。对于每个政策变化,鉴于我们常常依赖多个资料来源,所以更有可能整体把握法律内涵。

最后,即使使用了多种资料来源,源于对法律变化的选择性报道,也可能存在选择陈述效应。移民政策的微小变化不太可能出现在报纸或政府报告中，因此也不太可能出现在二手资料中。那么，数据集很可能会更准确地捕捉到移民政策的重大变化，而遗漏更多的细微变化。从推理上来说，我们尚不清楚蜻蜓点水般的对政策细微变化的报道对编码结果会产生怎样的影响。尽管如此，只有当对政策细微变化的报道缺失与其中一个解释变量具有相关性的时候，这一缺失才会给研究结果带来偏差，然而这种可能性并不大。

三、数据收集与输入主数据集

我和几个本科生研究助理一起收集了数据。对于每一个资料来源，我们都标记了该来源是关于移民的何种法规。这些法规包括移民人数相关法规、允许或排除的移民类型法规、移民招募法规、国籍法、移民权利法（即关于移民拥有土地、获得就业、拥有自己的学校/用他们自己的语言教育孩子、拥有自己的由国家付薪的牧师、享受国家福利等）、政治庇护和难民法、驱逐法以及其他类型的移民执法法规（如边境巡逻、围栏、承运人制裁、特赦等）。民主国家所运用的具体的行政手段，因为不是立法机关通过的法律，且没有被持续报道，所以不包括在内。我和我的研究助理们既收集了低技能移民政策数据，也收集了高技术移民政策数据，但是只对低技能移民政策数据进行了编码。

然后我们将数据输入到主数据集中。我们非常注重包容性：即使某个来源文献没有列出我们想要的某个法律的所有数据，我们也输入了它所包含的信息。输入的词条用于核对更详细的资料来源。对于来源文献处所标记的页面,我们还进行了复制和扫描,以保存记录。每个国家在主数据集中都有自己的工作表。

主数据集的字段和输入协议如下:

年份　法律变更发生在哪一年?如果有确切年份,即输入该年份。如果给定了范围(例如,20世纪30年代或19世纪50—60年代),即输入该范围内最早年份,并在"年份范围"字段中输入给定的范围。

年份范围　如果来源文献没有给出法律变更的确切年份,但给出了范围,即输入范围。年份范围字段旨在勾勒出法律变更的大致日期。我们通过滚雪球搜索,往往从其他来源中查到变更的确切日期。如果我们仍无法确定日期,则使用"谷歌"搜索,输入年份范围和该法律变革的任何其他数据,以搜索更多信息。

法案编号　来源文献偶尔会提到某法案在立法机关通过时的编号(例如,HR2020)、法案的法令(例如,1950年的1号法令)或该法案的通用名称(例如,《麦卡伦-沃尔特法案》或《排亚法案》);输入该名称或编号。

立法详情　输入来源文献所提到的立法详情。在有些情况下,详情仅包括一两句话,而在其他情况下,包括几页文字。

通过法律的机构　该字段涉及联邦国家和最终成为国家的殖民地(即澳大利亚和加拿大成为国家之前的殖民地)。输入通过该法律的机构:联邦立法机构或国家立法机构。

配额数量　如果法案规定了配额,允许多少移民入境?

来源文献　数据来源文献的作者姓名(年份)。

页码编号　数据被发现的文献页码。

四、编码方案

政策制定者使用了多种手段来控制移民。这些手段可以独立使用，也可以组合使用，以便政策制定者设计自己偏爱的政策。政策制定者运用了三大类政策来控制移民数量：边境法规、移民权利和执法。边境法规决定了谁可以入境；移民权利影响到移民是否有移入某个或另一个国家的需求，或到底要不要移民的需求；执法确保某个限制性移民政策不会变成事实上的移民开放政策。为了制定一个有效的测量尺度，我们需要对这些不同的手段加以描述。

一开始，我的研究助理们尝试使用蒂莫尔和威廉森研发的编码方案作为尝试。① 他们的编码方案是-5到5分制的编码方案，基于移民政策的入境法规、公民身份、权利和执法等维度。例如，在他们的方案中，5分的标准如下："在国外通过广告宣传并设劳工事务处来积极招募工人，提供免费土地或对自行购买土地者进行补助，对入境交通进行报销或补助，提供临时住宿，免费提供从港口到达内地的交通，轻松入籍，有合法的财产所有权。"② 而-5分的情形则是："关上门的移民政策（或几近关门的政策）及严格执法"。我和我的研究助理们发现，照搬这种编码方案几乎行不通，因为移民政策的诸多维度混编在一起，缺乏条分缕析。

有鉴于此，我研发了一种新的编码方案，将基于相似标准的法案归为同一类别（见下文），共分成12个类别或维度。这12个类别

---

①② Timmer and Williamson (1996, xiv).

是我们在检验了数据集中的许多(但不是全部)文献之后甄选出来的。当然,这不是细化移民政策的唯一方法;例如,权利类别就可以再细分下去,执法类别也是如此。基于国籍限制的法规可以分为国内立法通过和跨国条约签订等等。

我将主数据集中收集到的每个国家/经济体相关数据输入到一个新数据集中,形成每个国家/经济体的数据集。国家/经济体数据集包括以下字段:年份以及与 12 个维度中的每个维度相对应的法律字段和对该法律的编码字段。(关于维度的详细解释及编码见下文。)每个国家数据集中都包括数据集中所有年份的观测数据。在没有法律被通过的那些年份里,在**法律**字段栏输入"无变化",而在**编码**字段里,输入前一年的编码。

我先创建了一个编码方案的草案,让我的研究助理们用它来对一个数据子集进行编码。基于他们的反馈,我对编码方案进行了不断修改。一旦最终确定方案,我就对所有数据进行编码,并用第二个编码器对其中八个国家/经济体进行再编码,以检验编码效度,结果两次编码相关度高达 0.9。

基于对法律的详细解释,我对每一个法律变化进行了分类。有些法律变化只影响一个维度。例如,1902 年美国国会通过了一项法律,将《排华法案》无限延长,直到与中国缔结一项新条约为止。由于这一举措仅通过国籍维度产生普遍性影响,因此该变化只在"国籍"类别中被编码。如果其他变化影响好几个类别,那么每个类别下都将输入这一变化信息。例如,美国在 1952 年的《麦卡伦-沃尔特法案》中不仅改变了不同国籍的配额方案(国籍维度),还改变了技能标准(技能维度),同时影响移民权利(其他权利维度),允许那些纯粹的政治犯获得庇护(庇护维度),废止《劳动合同法》(招募维度),向拟被驱逐出境的外国人提供更多的程序保障(驱逐维度),确立检察总长的假释权威(其他执法维度),以及改变配额(配额维度)。

每个维度按 1 到 5 分进行编码,移民政策限制越大,取值越低;开放度越高,取值越高。从理论上来说,移民政策没有界限;各国总是可以花重金招募移民;例如,在 20 世纪 60 年代,南非不仅给来自欧洲的移民工支付交通费,还提供奖金和其他货币商品。相反,有的国家却剥夺部分人口国籍,强迫他们离开,就像纳粹时期德国人强迫犹太人离境,或南非种族隔离时期强迫非洲人离境一样。然而,这些极端的例子毕竟罕见,大多数国家/经济体处于这两个极端之间。编码的变化范围从细微变化(取值 0.1)到重大变化(取值 4)不等,当然各国/经济体彻底更改一部法律的情况毕竟罕见。

对于家庭团聚、难民和庇护法规,编码时还有第三个变量——**条例**(*provisions*),在各国制定专门针对此类群体的法律之前的所有年份里,分值都是 0,一旦某一影响此类群体的法规出台,分值则是 1。在 20 世纪之前,极少有国家出台针对家庭移民、难民和寻求庇护者的法律。因为那时候对移民没什么限制,上述这些类别的移民很容易入境。随着两次世界大战期间各国开始限制移民,针对性法律才随之出现。在此之前,究竟是将国家的政策规定编码成限制性还是开放性,是一个开放的选择。因为没有针对这些群体的特别条例,所以编成限制性政策没有错;因为这些群体可以自由入境,所以编成开放性政策也说得通。这一变量允许我们对移民整体政策这一变量按两种不同的方式编码,并查看它如何影响结果。

五、各维度及其编码

在此环节中,我详细列出了所有十二个维度。我在每个维度中列出一系列问题,依据问题的答案决定是否将某部法律或法律的一部分编入相应的维度中。如果对某个问题的回答为"是",该法律(或法律的一部分)就被编入相应类别。如果所有问题的答案都是"否",那么就不被编入此类别。

(一) 国籍限制

一种常用的移民控制方法就是发布对国籍的相关规定。这类法规往往采取以下两种形式:禁止某一国籍移民入境;或允许某一国籍移民特殊准入。如果是禁止,各国通常允许被禁止国籍之外的所有其他国家的移民入境;对于特殊准入,各国通常只允许特殊国籍的移民入境而禁止或限制所有其他国家的移民入境。禁止国籍的案例包括美国的《排华法案》和19世纪末德国禁止波兰移民的法律。特殊准入的案例包括"自由迁徙区"(free migration areas,FMAs),来自该区域的迁徙者被赋予自由准入权或优先准入权,而该区域外的人则受到限制。

无论采取禁止还是特别准入的法律形式,基于国籍的法律往往被用来限制来自低技能移民输出国的移民,并允许来自高技术移民输出国的移民入境。例如,美国分别在1921年和1924年通过《配额法案》,明确限制来自南欧、东欧以及亚洲的移民,而允许更多来自北欧和西欧的移民入境。当时,来自南欧、东欧和亚洲的移民的教育水平往往比北欧和西欧移民的教育水平低。

对于特别准入的终点和禁止的起点,我们很难判断;因此,只有通过检验有多少种国籍的移民能进入某个国家/经济体,这些标准才具有可操作性。如果国籍限制很少或没有,那么该国/经济体在这一测量标准上是相对开放的;如果受限的国籍有很多或包括大多数国家,那么该国/经济体在这一维度上相对封闭。通过对受限国籍的数量进行编码,我们可以解释各种"移民转向"(migration diversion),这种现象在各国签署双边劳工移民条约(BLMT)或加入自由迁徙区(FMA)时可能发生。与自由贸易区类似,当有的国家向来自自由迁徙区的移民开放边境、同时限制自由迁徙区之外的移民时,双边劳工移民条约或自由迁徙区可能会导致"移民转向"。例如,大多数欧盟成员国向来自欧盟内部的移民开放了边境,但限制来自欧盟之外的移民。对于本研究来说,重要的是对低技能移民的总体开放程度;因此,只有在不导致移民转向的情况下,加入自由迁徙区或签署双边劳工移民条约才能带来更大的开放性。

如果某个国家的移民政策的主体部分没有国籍歧视,但该国颁布了一项特别法令鼓励来自某一个和几个国家的移民迁入,那么该法律按技术限制——即移民平均技术水平——来编码。例如,新西兰现今在其移民法的主体部分中没有体现国籍歧视性,但它确实为太平洋岛屿的公民提供特别签证,这些人通常为低技能水平。我本可以把这项法律按针对其他国籍歧视来编码,但是我选择将类似的这些法案按技术类别来编码,原因有两个。首先,这些举措的典型特征是,覆盖范围相对较小且不会影响进入该国的大多数移民。其次,将这些项目按国籍限制来编码的话,该政策将被编码为限制性政策。鉴于这些项目大多在最近几年被颁布,贸易相对开放,企业流动性很容易实现,将这些政策按国籍限制类别来编码,导致的结果将有利于我的假设,从而产生偏见。

1. 国籍类别的编码标准

该法律是否针对特定的国籍?排外是否基于国籍来源?该国/经济体是否签署了双边劳工移民条约或其他国际移民协议?

(1) 只允许本地人的后代迁入。

(2) 允许少数国家(但数量不多)的移民进入本国。例如:如果是一个欧洲国家,它只允许来自其他欧盟国家的移民迁入。

(3) 允许许多国家(但不是全部)的移民迁入,或者来自有些地区的移民被排除在外。例如:1921 到 1924 年间,美国的配额制度允许大量北欧人、部分南欧和东欧人以及来自西半球的任何移民迁入,但禁止亚洲移民迁入。

(4) 几乎对所有国籍的移民开放,个别国籍除外。如:19 世纪末,只有中国人被禁止迁入美国。

(5) 没有基于国籍的排外政策。

2. 国籍类别的编码示例

表 A2 以美国的国籍限制为编码示例。该表列出了美国法律主要变化中的国籍部分,但不包括移民政策的所有变化。1790 年,联邦政府正式全权负责移民政策,但那时几乎没有什么移民法规(尽管有些州制定了法规,对从部分口岸入境的移民产生了影响)。直到 1870 年,国会才通过了首个基于国籍的移民条例,该条例限制来自中国的妇女迁入,除非能够证明她们是自愿移民。因为这项规定只影响到来自某一个国家的妇女,并没有完全限制流动,所以国籍类别的分值被编为 4.5。1882 年,国会通过《排华法案》,国籍类别分值降到了 4。19 世纪末 20 世纪初,美国进一步加大对中国移民以及亚洲移民的限制,导致国籍分值再次下降到 3.5。1921 年的《移民配额法案》实施后,评分降到 3 分;该法案禁止所有亚洲和非洲移民迁入,并大大限制来自南欧和东欧的移民。1924 年的《配额法案》在 1921 年的配额基础上又加大了限制,国籍类别分值一度降到 2.75。直到 1952 年的《麦卡伦-沃尔特法案》后,国会再次允许亚洲移民进入美国同时放宽了对欧洲移民的配额限制,国籍分值提高到 3.5 分。最后,美国于 1965 年取消歧视性配额,并颁布均等配额时,分值回到 5 分。

表 A2　美国国籍和技术限制编码示例

年份	国籍限制	编码	技术限制	编码
1790	无限制	5	无限制	5
1819	无变化	5	增加船只安全限制,提高了交通成本	4.85
1862	无变化	5	禁止合同工	4.5
1870	限制中国女性移民	4.5	无变化	4.5
1875	无变化	4.5	建立排除类别	4.25
1882	《排华法案》	4	扩大排除类别,包括有可能依靠政府救济的群体	4
1917	无变化	3.5	《全国扫盲法》	2.75
1921	基于 1910 年人口普查,首次按国籍限制配额	3	基于技术的特惠制;废除《全国扫盲法》	3.5

续表

年份	国籍 限制	编码	技术 限制	编码
1924	基于1890年人口普查,第二次按国籍限制配额	2.75	基于技术的特惠制	3.5
1952	《麦卡伦-沃尔特法案》:基于1920年人口普查按国籍限制配额;分配给亚洲国籍的移民100名配额	3.5	修订特惠制,强调技术的重要性	3.4
1965	废除歧视性配额制度;给予东半球的所有国家相同的配额	5	基于家庭团聚和技术的特惠计划;对于西半球各国不设配额限制	4
1976	无变化	5	对于来自西半球各国的移民设置2万名上限	4
1986	无变化	5	建立季节性农业务工计划	4.25

1965年《移民和国籍法》就是一例,其政策的主体部分并没有歧视国籍来源,但部分政策给予了某些国籍移民优先准入。在此案例中,该法案给东半球各国设置了配额上限,但是虽然对西半球设置了移民总上限,却没有设置各国配额上限。实际上,这意味着来自墨西哥的移民获得了西半球的大部分配额。我将法律的这一部分按技术类别编码,因为它使更多的较低技能水平移民得以入境(技术编码分值从3.4上升到4)。如果我把这一变动按国籍类别编码,其国籍类别分值会降低(表示有歧视存在),而技术代码分值会降低,因为没有按低技能移民政策的开放度有所提升来编码。同样,当国会于1986年创建多元化签证计划时,因为它不影响大多数人的入境标准,所以该法律的这一变化也按技术类别来编码。

327

(二) 技术限制

另一种对低技能移民进行调控的常用标准是直接设置技术或财富要求。最初一批设置技术要求的是英国自治领——澳大利亚、加拿大、新西兰和南非。尽管这些国家曾想公开限制来自亚洲的低技能移民,但迫于英属印度殖民地的上层精英的抗议,英国不希望其他属地颁布对印度移民不利的禁令。英国政府明确表示不会批准任何明显的反印法律。于是,南非纳塔尔殖民地换了一种策略,它要求移民通过任何一种"欧洲语言"的文化水平测试。澳大利亚、加拿大和新西兰纷纷效仿。移民官员只要选择一种移民听不懂的语言对其进行测试,就能轻而易举地将不受欢迎的低技能移民淘汰。[1] 一旦各领地获得独立,它们就颁布了明确的禁令,禁止亚洲移民。

二战后,基于国籍的移民禁令被视为非法化,许多国家常常用技术要求来取代国籍限制以排斥同一类移民。这一现象在澳大利亚和加拿大尤为突出,这两个国家用计分制(points systems)来取代国籍限制,旨在将亚洲移民拒之门外。[2] 虽然计分制没能有效地排除亚洲移民,因为亚洲移民已经获得了更多的教育和技能,但确实有效地阻止了其他低技能移民群体。

此外,各国还直接向移民征税,如美国在20世纪初征收人头税,或间接向每个移民的雇主征税,这些费用然后直接通过招募费

---

[1] 这种测试与美国的文化水平测试不同,在美国移民可以自己选择测试的语言。
[2] Jupp (2002) and Kelley and Trebilcock (1998).

用或间接通过降低工资水平而转嫁给了移民。不管怎样,这些税赋增加了移民成本,降低了移民收益,从而限制了低技能移民的迁移能力。

各国通常在限制低技能移民的同时,为高技术工人量身定制特殊方案,两者可能出现在同一部法规中,比如积分制度,也有可能作为综合法案的一部分。出于编码目的,我们重点考察的是这些方案是否取代了低技能移民开放政策。如果这些方案没有影响低技能移民工,那么就不会按"限制"类别来编码。

1. 技术类别的编码标准

该法律的限制条款是否依据移民所拥有的技术或收入?该法是否采纳计分制,按教育程度或特殊技能来打分?该法是否排除特定职业者(如妓女)、某些疾病的患者(如癫痫症患者)或可能依靠政府救济的群体?

(1) 只接纳受过高等教育的高收入群体;被排除类别有很多。

(2) 主要接纳受过高等教育的高收入者,但允许部分低技能工人入境;被排除类别有一些。

(3) 偏好高技术工人,但低技能工人仍有许多机会;被排除类别有一些。

(4) 面向高技术/高收入工人的职位很少(如美国的特殊专业人员/临时工作签证,H1B签证);大多数签证向任何人开放;有少数被排除类别(例如,仅限于罪犯或可能依靠政府救济者)。

(5) 对任何签证无技术限制;没有被排除类别。

2. 技术类别的编码示例

表 A2 给出了美国技术标准的编码示例。影响移民技术要求的首部法律是1819年颁布的美国入境规定。该法律颁布的限制条款增加了交通成本,从而确保较贫穷的低技能移民负担不起移民费用。接下来对移民技术水平产生重大影响的是1862年的合同工禁令,这意味着贫穷的移民必须自己想办法迁移——而这对许多亚洲移民来说是力所不及的。1875年,国会建立了第一批被排除类别,主要针对穷人和低技能移民;1882年,国会在被排除类别中添加了可能依靠政府救济的群体,再次针对穷人和低技能者。1917年的《全国扫盲法》明确提出了技术要求,使美国移民政策的编码值降到了2.75。《全国扫盲法》被废除后,1965年颁布了《移民和国籍法》,美国自此在很大程度上依靠家庭团聚和配额来控制移民,只是偶尔把技术作为一项硬指标。自1986年以来对技术的要求虽然有所调整,但基本上与1965年的技术限制保持一致。

与美国形成对比的是,表A3显示了加拿大如何运用国籍和技术标准来影响谁可以移民入境。同美国一样,加拿大从1863年开始限制印度移民,开启了对亚洲移民的限制路线。此外,19世纪中叶加拿大就建立了被排除的移民类别,包括有可能依靠政府救济的群体。但与美国不同的是,加拿大很早就对所有移民征收人头税,1851年征收了一般人头税(general head tax)。① 1926年,加拿大通过了一项重大移民法案,对国籍和技术都进行了限制。与美国1921年和1924年的配额法案类似,该法律限制来自除美国、英国和北欧以外的所有地区的移民。此外,加拿大还使用了文化水平测试,增加许多被排除类别。加拿大更是在大萧条的顶峰时

---

① Zolberg (1978, 261).

期——1931年,扩大移民限制范围,只允许英国白人和美国公民移民入境。第二次世界大战后,加拿大开始重新开放移民,并于1962年摒弃了法律中的大部分国籍偏见。1967年,加拿大在移民法中取消了最后的歧视成分,但同时颁布了一项移民计分制度,明确限制低技能移民入境。从1967年到2001年,加拿大政府对计分制度作了部分调整,并设置了其他临时工计划。2001年,移民法经历一次重大政策修订,进一步限制低技能移民的迁入。

表A3 加拿大国籍和技术限制的编码示例

年份	国籍 限制	编码	技术 限制	编码
1926	四级移民准入制度:英国和美国白人可相对自由移民至加拿大;来自北欧和斯堪的纳维亚半岛的移民如果得到加拿大亲属的担保或有被需求的职业,就可以移民加拿大;来自东欧和南欧的移民通过特别许可获准入境;来自亚洲和非洲的移民几乎被排除在外	2.5	文化水平测试;被排除类别数量众多	3
1931	设置移民类别限制,被允许入境的移民类别有:(1)英国国民,其定义为"出生在大不列颠或爱尔兰、纽芬兰、新西兰、澳大利亚和南非联盟或后来入籍的人";(2)美国公民	1.5	有足够财力的农技师	2
1947	荷兰和马耳他移民被允许进入加拿大。将意大利人从敌对外国人名单中移除。如果退役的波兰军人能提供曾在某个农场工作一年以上的证明,就可以迁入	1.75	被许可入境的类别扩大到农场工、矿工、伐木工,只要这类人在加拿大能获得就业机会就可以移民。此外,在加拿大有亲戚或在农场获得就业机会的农技师也可以入境	2.5

续表

年份	国籍		技术	
	限制	编码	限制	编码
1962	在独立移民类别中取消种族歧视	4	除允许欧洲人为更多的亲属类别担保之外,取消大部分种族歧视。独立移民入境:如果拥有较好受教育程度、受训经历、技术水平或其他特别资质,那么有可能在加拿大成功立足	3.85
1967	没有更多种族要求	5	建立计分制。打分类别如下:安排就业或指定职业(0—10);英语或法语水平(0—10);在加拿大是否有亲属(0—5);教育及培训(0—20);个人素质(0—15);职业需求(0—15);职业技能(0—10);年龄(0—10)。创建三个移民类别:独立移民、受资助移民和指定移民	3.15
2001	无变化	5	新计分制:更加看重受教育程度、语言水平和个人经历。有四类独立的移民工项目:技术职业项目、季节性农业工人项目、住家护理员项目及临时外国工人项目,允许具有高中学历或以下的工人填补空缺职位	2.35

(三) 配额

数字配额是各国用以调节移民总数、特别是低技能移民流动状况的另一种手段;但这种手段使用频率较低(在各国总年份中占8.4%)。通常,配额按某种类型偏好的排序来分配。对配额的编码基于该国/经济体每年愿意接受的移民占人口总数的百分比(即按总配额除以人口总数来算)。因为大多数国家很少更新配额,如果政策制定者不修改法律,这种配额制会随着时间的推移日趋收紧。这种限制性已在配额中内化,但随着人口和经济的增长,对移民工的需求可能会增加。政策制定者也可以通过改变配额比例以适应增长需求,但通常不会这么做。例如,美国国会上一次更改配额的时间还是在1990年。从那时起,美国人口增加了近7000万,经济规模几乎翻了一番,但配额却无变动。因此,国会对移民政策的忽视,变相地加大了移民限制的力度。

1. 配额类别的编码标准

有配额吗？配额有多严格？

只有当配额的数量限制对大部分移民产生影响时,这类配额才会被编码,移民数量的目标不是配额。目标,如政策声明或发展计划,通常是行政政策,而不是法律变更,所以不会被编码。因为很少有某一种配额对所有移民都有约束力,所以配额不一定对所有移民都有约束力。通常情况下,至少公民的妻子和未成年子女被允许入境,不受配额限制;这项政策在家庭移民政策编码中有所说明。有时,配额只针对某一类移民,如中国香港针对中国内地移民的配额限制,不过内地移民占进入香港移民的大多数;另外,尽管中国香港居民的妻子和未成年子女受配额限制,但来自其他国家和地区的高技术工人却不受移民配额限制。对此,在其他类别中将有所说明。

(1) 每年只有不到0.25%的人口可以迁入。

(2) 每年有0.25%—0.5%的人口可以迁入。

(3) 每年0.5%—1%的人口可以迁入。

(4) 每年有1%以上的人口可以迁入。

(5) 无配额限制。

2. 配额类别的编码示例

美国是为数不多的将配额视为移民政策重要组成部分的国家之一。配额手段的首次引入发生在1921年;1921年至1923年间,配额上限为35万人,约占总人口的0.32%(编码值为2)。1924年,配额降到15万人,约占总人口的0.13%(编码值为1)。从那以后,与美国人口相比,配额一直很低,总是低于人口的0.3%,而且经常低于人口的0.25%。相比之下,虽然中国香港地区自1978年以来对来自中国内地的移民限定了配额,但这一配额比例要大得多。在中国香港的大部分历史时期里,内地移民构成香港的主要移民群体;因此,对内地移民的配额限制相当于对大部分移民进行限制。1978年中国香港给予内地移民的配额是113150人,约占当时香港人口的2.4%。1989年,中国香港增加了所有外国工人及内地移民的配额。从那以后,在大多数年份里,配额略多于人口的1%。

(四)招募

各国/经济体有时会通过招募移民来增加移民数量。在这种情况下,政策制定者认为移民"自然比率"太低,想提高移民率。政府有时通过预算拨款来支付移民招募费用,有时允许雇主支付移民招募费用。通过预算拨款的国家/经济体给满分;让雇主支付招募费用的得分在2—4分之间,取决于企业招募的难易程度;不允许雇主招募移民的得分最低。

1. 招募类别的编码标准

招募劳工或移民是否需要特殊的签证或程序？雇主在招募移民工之前，是否须登广告或获得政府部门的批准？所有行业都可以招募吗？企业必须为外国工人缴纳招聘费或其他税款吗？政府会为定居移民或短期移民工支付交通费或给予其他福利来吸引他们吗？

1. 没有特殊程序或签证，移民工与其他任何人一样受同一制度监管；禁止招募移民劳动力。

2. 针对特殊工人群体（例如农业工人），发放少量签证；基于就业数据减少招募人数；不允许雇主支付搬家费用；有许多限制条款，如只要行业中有失业的本地人，就不得外聘移民工。

3. 签证数量适中，所有群体都有机会获得，或许多群体都能获得签证；允许雇主支付搬家费用；招募移民工需要履行部分程序。

4. 签证没有或很少有限制，向各种类型的移民工开放；允许雇主支付搬家费用；工作签证限制或程序很少。

5. 政府颁布移民工招募和定居者方案；政府支付工人的交通费用，资助企业或政府官员招募工人。

表 A4　澳大利亚招募政策编码示例

年份	招募 限制	编码
1792	首批定居移民获得免费交通、土地赠予、两年的供给品、用具和器械和一名苦役犯两年的服务	4.5
1807	建立资助等级制度，土地及其他资助幅度取决于定居移民所携带到殖民地的资本数量	4.4

续表

年份	招募	编码
	限制	
1818	只有至少有 500 英镑资本金的移民才能获得土地	4.15
1831	新南威尔士启动女性移民支持计划及技术男工计划	4.5
1835	新南威尔士州的技术工人贷款项目是免费的。资助交通费用，由殖民基金支付。建立两种体系：赠予制和政府制	4.75
1847	首次资助英国以外的移民	4.8
1893	所有澳大利亚殖民地取消交通费用资助	4
1896	昆士兰州重新启动移民财政支援	4.25
1906	澳大利亚各地重启移民资助计划	4.25
1922	《英帝国移民法案》生效	4.65
1926	1926 年《发展和移民方案》支持英国人移民，实施 3400 万英镑的协议	4.7
1930	几乎停止所有的移民资助计划	4.05
1937	重启《英帝国移民法案》下的移民资助	4.25
1948	扩大针对英国移民的交通免费和资助计划范畴；启动针对爱尔兰移民的交通资助新方案	4.75
1954	向美国、瑞士、丹麦、挪威、瑞典和芬兰的移民提供交通资助	4.9
1957	推动英裔移民运动（Briton Campaign）	4.8
1982	取消所有的交通资助，难民除外	3.5

2. 招募类别编码示例

表 A4 以澳大利亚的招募政策为例，说明这一类别是如何编码的。该表还展示了在联邦政府独立负责移民政策之前是如何对联邦各州的移民政策进行编码的；澳大利亚于 1901 年成为联邦之前，我按最开放的州的移民政策进行编码。新南威尔士州在 1792 年首次开始招募定居者，给予移民交通费用全额资助、土地、供给和使用罪犯劳动力等优惠政策。到1893年，所有澳大利亚殖民地都终止了交通费用资助，但1896年昆士兰恢复了交通费用全免政策，1906年全澳大利亚恢复交通费用全免政策。在大萧条时期，澳大利亚在1930年再次停止移民招募。二战后澳大利亚再次开始招募，先是招募英国移民，后来扩大到其他西欧国家（以及美国和加拿大），最后于20世纪60年代向南欧和土耳其招募移民。除了对难民的援助之外，所有交通资助计划都于1982年终止。

（五）劳动禁令

调控移民的另一种方法是通过禁止移民从事某些行业的工作或限制雇主雇佣移民工的数量来威慑移民。在对劳动法规进行编码时，我们给那些极少设定劳动法规的国家/经济体打最高分；给那些将移民排除在许多职位之外或将移民劳动力控制在很小的比例内的国家/经济体打最低分。两次世界大战期间，整个欧洲及移民国都用工作禁令来减轻失业压力，至少用以减轻失业带来的政治压力。此后，大多数这些国家放松了禁令，允许移民在大多数行业工作，但南非通过有色人种的歧视政策（Color Bar）延续了许多禁令，这些法律禁止亚裔及非洲裔的外国人和本地人担任高技术职位。种族隔离结束后，这些法律被废除，但有些限制仍然存在。尽管许多其他西方民主国家没有明确限制对劳动力市场的准入，但确实采纳职业许可证发放标准。这些标准经常影响到高技术职业人群，如医生，而不是低技能工人。目前只有法国以及从某种程度来说新西兰和瑞士，还一直使用禁令来大幅度地限制低技能工人。

1. 劳动禁令类别的编码标准

移民可以从事任何职业吗？是否要求在某职业/企业内的本地工人达到一定的数量？或者外国工人的数量不能超过特定的比例？劳动禁令覆盖所有的职业？还是只涉及特定行业？这些禁令是否有种族歧视？

（1）劳动力市场完全将移民拒之门外。

（2）许多职业限制移民；某个特定职业/企业中的移民数量不能超过30%的比例（涵盖大多数或所有职业）。

（3）部分职业限制移民；某个特定职业/企业中的移民数量可占30%—50%（涵盖某些职业）。

（4）移民不能担任公共部门的职位；某职业/企业中的移民工数量可以达到50%或以上（涵盖某些职业）。

（5）移民可以担任任何职位（高度敏感的国家安全职位除外）；对某个职业/企业中的移民工人数量没有限制。

2. 劳动禁令类别的编码示例

表A5给出了新加坡使用劳动禁令的示例，并展示这些限制是如何被编码的。1987年，新加坡开始使用"依赖比例"（dependency ratios）政策，该政策规定了某一特定企业中外籍（临时）工人的最高比例。一开始，除家政工人和海事部门的工人外，所有部门的依赖比例都是50%。1988年，依赖比例降至40%。1992年，政府开始按部门区分，正如我们在第六章中看到的，鉴于服务部门对外国劳动力的极度依赖，依赖比例设为20%。自1992年以来，台湾一直使用类似的依赖比例率，但对外籍工人设置了更低的比例限制。

在波斯湾,各国已经通过了"本土化"(沙特化、科威特化等)法律,要求雇主尽量用本地工人代替外国工人,以增加本地人在企业中所占比例。沙特阿拉伯在1969年首次通过本地化法律,规定在超过100名以上员工的企业里,沙特本地人必须占员工总数的75%以上,而且占总薪酬的51%以上。

表A5 新加坡劳动禁令编码示例

年份	劳动禁令 限制	编码
1987	建立依赖比例政策。除家政和海事部门,外国工人的比例不超过50%	3.25
1988	除家政部门,其他所有部门的企业雇用的外国工人不超过总数的40%	3.5
1990	任何部门都可雇用马来西亚人。对于其他群体,之前的禁令都适用	3.75
1992	制造业中外国工人比例可以提高至45%;服务业比例现设为20%;建筑业比例为80%	3.75
1994	服务业外国工人比例上调至25%,制造业上调至50%	4

(六) 家庭团聚

家庭团聚政策与目前探讨的其他政策有所不同,它们所调控的是一些潜在的非经济移民:公民和永久居民的家庭成员。鉴于许多家庭移民或迟或早都加入了劳动力大军,家庭团聚被纳入低技能移民政策范畴。

家庭移民的编码基于一个公民或居民可以为多少家庭成员进行担保以及担保的难易程度。如果某国公民和居民能够轻易地为各种亲属(如配偶、成年子女、父母和兄弟姐妹)担保,那么该国在此类别中得分最高。如果某国限制可担保的亲属种类或增加担保难度,如要求担保公民或居民出具收入证明,则得分降低。如果某国只允许土生土长的有钱阶层的男性公民为其妻子及未成年子女担保,那么得分最低。例如,沙特阿拉伯只允许土生土长的男性公民和富有的高技术男性侨民为其配偶和孩子担保,而女性则不能担保。

在家庭移民编码过程中所遇到的一个问题是,当国籍或技术限制还不盛行时,许多国家根本没有家庭团聚政策。只有当其他移民限制政策出现之后,家庭团聚政策才会出现。鉴于各国/经济体在此期间没有家庭移民政策,这些年份的得分都为1。

1. 家庭团聚类别的编码标准

家庭成员能获得特殊待遇吗?他们是否比其他人更容易移民?有基于种族或技术的区别对待吗?

(1) 没有关于家庭团聚的特别规定;家庭成员必须与其他人一样通过同样程序入境。

(2) 只有公民或合法的永久居民才能为其妻子和未成年子女担保,但没有其他限制。

(3) 能被担保的亲属类别有所增加(如成年子女或需赡养的父母),但担保人只能是公民和/或亲属(未成年子女和妻子除外);需要具备非家庭移民相同的资质(例如,如果有文化水平测试,亲属必须通过测试);该国的亲戚必须支付保证金或对所担保的移民负责。

(4) 由公民或居民担保的亲属类别有很多(如兄弟姐妹、还不需要移民赡养的父母),但仍必须具备非家庭移民相同的资质(未成年子女和妻子除外);该国的亲戚必须对所担保的移民负责。

(5)由公民或居民担保的亲属类别有很多,无须具备非家庭移民相同的资质(如,免除文化水平测试等);无须支付保证金或对移民亲属负指定责任。

家庭条款 在首次提及家庭特别条款之前,编码值为 0,之后为 1。

2. 家庭团聚类别编码示例

表 A6 显示了美国家庭团聚政策的主要变化是如何被编码的,同时增加一种替代编码。从 1790 年到 1917 年间,美国没有基于家庭的特别的移民优惠政策。根据编码规则,如果某个国家在某一特定年份中,没有任何家庭团聚政策,该国在该年份的家庭团聚编码值为 1。根据移民管理条例,家庭移民与其他类别移民一样,在此期间可以自由入境。按照替代编码方式,直到某一部限制至少部分家庭成员入境的法律出现之前,家庭团聚的编码值为 5 分;之后这部法律按国籍限制或技术限制分值不高于 4 分。根据主要编码规则,1790 年至 1917 年间,家庭团聚编码值为 1;在替代编码规则之下,1790 年至 1884 年间的编码值为 5,1884 年之后国籍编码低于 4,替代编码值 1 分。1917 年《全国扫盲法》首次提出家庭团聚政策,允许妻子和未成年子女在无须参加文化水平测试的前提下就可以移民美国。自 1921 年配额制度出台以来,若干类别的亲属可以获得签证,且这些签证不算在配额之内,或在配额制度下享有优先权。自此之后,编码值反映亲属能获得移民准入的难易程度。

表 A7 以加拿大家庭团聚为例,显示了家庭团聚类别在计分制中是如何被编码的。与美国相似,加拿大在 20 世纪初之前,没有单独出台过针对家庭移民的政策。1967年移民计分制实施后,加拿大允许公民为直系亲属担保,并建立了一个比独立移民更容易入境的"指定"亲属类别。自那时起,家庭团聚政策一直有更改,从20世纪70年代到90年代初,家庭移民更容易迁入,而从90年代中期以后,对家庭移民的限制增多。1996年,加拿大对担保的家庭成员进一步提出要求,这实际上是限制低技能移民的家庭成员入境,因为这些移民可能无法证明他们能够提供支持。

表A6 美国家庭团聚政策编码示例

年份	家庭团聚 限制	编码	是否有法律	替代编码
1790	无政策	1	0	5
1884	国籍编码值低于4	1	0	1
1917	允许妻子和未成年子女无须通过文化水平测试而移民入境	2	1	2
1921	有配额限制,但不包括公民的未成年子女。公民的妻子、父母、兄弟姐妹、18岁以上子女和未婚妻以及外国居民享有配额优先权	3.5	1	3.5
1924	21岁及以上的美国公民的未婚子女、父母及配偶享有配额优先权;美国公民的妻子及18岁以下未婚子女不受配额限制	3.5	1	3.5
1952	不受配额限制类别有所扩大,包括公民的子女和配偶,子女的年龄及结婚日期不受限制。修订签证发放优先权,成人公民的父母和配偶、合法迁入的外国居民的子女以及公民的近亲享有优先权	3.5	1	3.5
1965	美国公民的直系亲属(配偶、子女、父母)不受配额限制	4.75	1	4.75
1990	美国公民的直系亲属不受签证数量限制;共为其他类型的家庭移民发放22.6万份签证	4.5	1	4.5

表 A7　加拿大家庭团聚政策编码示例

年份	家庭团聚 限制	编码	是否有法律	替代编码
1783	无政策	1	0	5
1902	国籍编码值低于 4	1	0	1
1921	允许已经在加拿大定居的印度移民的妻子和子女移民入境	2	1	2
1926	来自北欧及斯堪的纳维亚的移民如果获得加拿大亲属的担保可优先移民入境	3	1	3
1930	除现有家庭户主的家属之外,禁止所有移民入内。对于亚洲移民,仅限于加拿大居民的妻子和未婚未成年子女可以移民入境,且该居民有照顾家属的能力	2	1	2
1967	直系亲属可以继续被担保;关系稍远的"指定"亲属要遵循计分制中的长期标准,但不用遵循短期要求	3	1	3
1976	家庭类别移民不受计分制约束,只需通过安全检查、犯罪记录审查和医疗检查。家庭类别包括配偶、未婚妻、未婚未成年子女、年长的(60 岁以上)或残障父母、成为孤儿的兄弟姐妹、侄女、侄子或 18 岁以下未婚的孙子(女)、外孙(女)	3.5	1	3.5
1992	家庭类别的认定包括所有年龄段的父母、19 岁以下的子女以及 19 岁以上还没有经济独立的子女	4	1	4
1996	要求担保人和被担保的家庭成员签署一项新增协议,协议规定在加拿大的头 10 年双方有维持生计的共同责任	3.5	1	3.5

(七) 难民政策

边境管制的最后两个维度关注的是潜在的非经济移民:难民和政治避难者。难民被定义为逃离自己国家、还未进入想要入境的国家的人。因此,难民政策涉及对难民的重新安置。寻求庇护者被定义为在该国边境或在该国境内申请难民地位的人,庇护政策处理移民是否可以入境或留在该国。

因为难民和避难者是潜在的劳动力大军,所以难民和庇护政策都属于边境管制政策,而不属于权利类别。此外,避难者往往被视为不能以其他方式入境的经济移民。[①] 如第一章所述,难民和避难者通常会加入劳动力大军,所以企业一直非常关注难民和庇护政策,特别当企业无法通过其他渠道获得移民劳动力时,难民和寻求庇护者则成为一种补偿方式。

各国/经济体的编码值取决于难民或寻求庇护者入境的难易程度。在有的国家/经济体,没有难民或避难者身份一说,分值则为1。如同家庭团聚类别,一战以前,大多数国家都没有难民或庇护政策,还有一些国家至今也是如此。在19世纪,没有难民或庇护政策也无关紧要,因为他们可以作为普通移民迁入大多数国家。与家庭团聚情况一样,按主编码方式,对于那些难民可以作为普通移民入境的国家,分值为1。我同时使用了替代编码方式,即只要无特殊限制,这些国家被视为拥有非常慷慨的难民和庇护计划(编码值为5),而当阻碍难民或寻求庇护者入境的国籍和技术限制出现后(在操作上,即国籍或技术编码值低于4分时),该政策被编码为1。

难民政策的编码依据难民的定义、是否有正式的或临时的难民重新安置程序、重新安置难民的人数以及是否有难民优先类别。在危机期间针对某一群体的临时难民方案,按放宽难民限制来编码,而变化的幅度取决于该国愿意接纳的难民人数。编码值的改

---

① 例如,可以参阅 Kay and Miles (1988)和 Kaye (1994)。

变只体现在该难民方案实施期间;例如,1973年,新西兰接纳了乌干达难民,但其他年份没有接受难民,那么难民类别的分值增加仅体现在1973年。

1. 难民类别的编码标准

该国/经济体是否有重新安置政策?难民重新安置是否基于临时方案?难民政策是否有选择性?该政策接受大批难民吗?难民的定义仅仅是依据1951年《关于难民地位的公约》,或1967年《难民地位议定书》,还是有某个更宽泛的定义?

(1) 几乎不允许难民入境;获准入境的难民必须遵循正常的移民程序。

(2) 允许部分难民入境;发放特殊难民签证,但这些难民的筛选依据某种偏好,或者必须如非难民移民一样通过测试;几乎没有形成难民政策或临时政策的依据。

(3) 发放特殊难民签证;有偏好政策,但条件不算苛刻;允许中等数量的难民入境;必须达到非难民移民必须通过的部分要求;遵循联合国对难民的定义。

(4) 允许大批难民入境;没有特惠制或非常不健全的制度;容易获得难民签证;无须达到对非难民移民的入境要求;涵盖了联合国对难民的定义。

(5) 允许大批难民入境;没有特惠制或特殊要求;非常容易获得难民签证;难民的定义不仅包括联合国的定义,还包括其他各类难民定义。

难民条款 首次在法律中提及难民之前分值为0;之后分值为1。

2. 难民类别编码示例

表 A8 仍以美国为例。在 1948 年《流离失所者法案》(Displaced Persons Act, DPA) 颁布之前，美国并没有正式的难民政策。在整个 20 世纪 50 年代一直到 60 年代，美国不断扩展该法案，并为应对匈牙利和古巴难民危机而制定了其他临时性方案。70 年代，美国再次制定了一项临时方案来重新安置柬埔寨和越南难民。最终在 1980 年，美国制定了一项永久性难民计划。

表 A8 美国难民政策编码示例

年份	难民政策 限制	编码	是否有法律	替代编码
1790	无政策	1	0	5
1884	国籍政策类别分值低于 4	1	0	1
1948	《流离失所者法案》	4	1	4
1958	颁布法案准许匈牙利获得假释难民永久居留权	4.25	1	4.25
1960	授权农业部门为难民假释；减少难民配额	3.5	1	3.5
1975	建立一项针对柬埔寨和越南难民的国内重新安置计划	4	1	4
1980	通过《难民法》；制定难民重新安置计划	4.5	1	4.5

（八）庇护政策

如果某国使寻求庇护者更容易获得身份，那么我们按更宽容的庇护政策来对该国进行编码。如果属于以下几种情况，我们按偏限制性政策来对该国进行编码：某国颁布安全原属国政策 (safe-country-of-origin policies)，该政策会使难民所在国公民无法申请到难民地位；某国颁布"安全第三国"(safe-third-country)政策，该政策会迫使寻求庇护者在第三国提出申请；某国允许边境代理人裁决某项申请是否有事实根据；诸如此类。

1. 庇护类别的编码标准

该法律是否论及寻求庇护者（即在边境或在境内申请难民地位的移民）？获得庇护有多容易？寻求庇护者和避难者有哪些权利？他们被关在拘留中心吗？他们被遣返了吗？只有一种庇护身份还是有其他临时保护身份？寻求庇护要履行哪些程序，有法律保障吗？

（1）无庇护。

（2）申请庇护程序极其困难；仅在少数情况下给予庇护；在等待裁决过程中，几乎没有工作或获得福利的机会；如果不给予庇护，几乎没有追索权；没有临时保护地位；政治难民入境受限。

（3）申请庇护程序较困难；给予庇护的情况增多；部分享受福利或有机会进入劳动力市场；更多的追索权，包括有权在被拒的情况下诉诸法院上诉；授予部分人临时保护地位。

（4）申请庇护程序相当简单；被给予庇护的群体很多；可进入劳动力市场并享受福利制度；如果被拒绝，可诉诸法院和其他程序；给予很多群体临时保护地位。

（5）申请庇护程序很简单；大多数情况下给予庇护；可进入劳动力市场并享受福利待遇；有受宪法保护程序；无须临时保护身份，因为几乎每个人都能得到庇护。

庇护条款　首次在法律中提及难民之前分值为 0；之后分值

为1。

2. 庇护类别编码示例

表A9同样以美国庇护政策为例。美国于1875年首次提出允许政治庇护,当时国会刚开始监管移民,明确提出允许政治犯入境,而作为普通罪犯将被拒绝入境。直到1980年,美国才通过了一项更为正式的庇护程序。在整个20世纪90年代,国会有时允许检察总长给予那些《难民法》未覆盖到的移民临时保护身份,并创建新的难民类别,这使得庇护政策更加宽容,但另一些时候,国会限制申请人在等待裁决期间工作,又使庇护政策更加苛刻。

表A9　美国庇护政策编码示例

年份	庇护政策 限制	编码	是否有法律	替代编码
1790	无政策	1	0	5
1875	允许政治犯入境	2	1	2
1990	检察总长有权授予来自遭受武装冲突或自然灾害的特定国家的无证移民临时保护身份	3.5	1	3.5
1995	颁布新规:加快避难案件审批,限制移民在申请结果出来之前就业	3.25	1	3.25
1996	重新修订美国移民局法规,规定检察总长的假释权只能在个案中行使,如出于紧急的人道主义或严重的公共健康原因 必须在进入美国的一年以内申请庇护,而且申请者必须表现出对可能遭受的迫害的"可信的恐惧"	3	1	3
1999	如果外国人在其本国将面临折磨,他们不能被驱逐出境	3.5	1	3.5
2001	与加拿大签订《安全第三国协议》	3.25	1	3.25

(九) 公民身份

公民身份和权利是政客们用以吸引或威慑移民的另一杠杆。移民们希望他们在该国的地位得到保障:可以拿到承诺给他们的工资;能拥有得以谋生的买卖或土地;未经正当程序,不会被任意监禁或被剥夺财产;等等。赋予移民权利会增加移民安全感以及移民意愿,这些权利包括拥有财产的权利、加入工会的权利、享受社会福利的权利以及以公民身份从政的权利。事实上,菲茨杰拉德和他的同事们发现,更自由的公民身份制度能吸引移民,并且能弥补经济状况不尽人意的缺陷。①

对移民来说,公民身份是最重要的权利,它允许移民享有与本土人同等的权利,并防止被驱逐出境。有些殖民列强不对其他国家开放移民,却赋予其殖民地或前殖民地百姓公民身份。例如,尽管美国在1921年禁止亚洲移民,菲律宾人作为美国的殖民地公民,仍然可以移民美国。阿尔及利亚人和其他北非人也被授予法国公民身份,这使他们更容易进入法国。一旦失去这种殖民地公民身份,移民捷径也随之被切断。同样,有些国家给予居住在国外的同民族少数民族群体以公民身份。例如,二战后,西德给予生活在东欧集团国家的拥有德国血统的所有人以公民身份。这种公民身份,尤其是在柏林墙倒塌后,使那些有德国血统的人很容易移民到德国。后来,德国人担心移民入境的人数太多,就改变了做法,为移民群体设置了更多的障碍。

---

① Fitzgerald, Leblang and Teets (2014).

1. 公民身份类别编码标准

该法是否提及公民身份？获得公民身份的难易程度是多少？在该国出生的儿童，其公民身份由什么来决定（血统原则、出生地原则、双重出生地原则）？公民身份中有种族歧视吗？政府剥夺公民国籍的难易程度是多少？如果公民身份政策中有种族歧视，那么得分较低。

（1）出生时父母一方必须为本国国民。

（2）出生时父母一方及/或祖父母一方必须为本国国民。

（3）获得公民身份非常困难（语言要求、高难度测试），以及/或居住多年才能获得公民身份（十年以上），以及/或儿童通过父母或祖父母血统获得公民身份。

（4）获得公民身份的难度适中（相对宽松的语言要求和/或简单测试）以及/或居住适当时间可获得公民身份（五到十年），以及/或出生在本国的儿童自动获得公民身份。

（5）获得公民身份相当容易（例如没有语言要求），居住较短时间即可获得公民身份（五年或更短），在本国出生的孩子自动获得公民身份。

2. 公民身份类别编码示例

表A10以英国的公民政策为例，说明公民身份是如何被用以吸引和排斥某类移民，特别对来自当下和前殖民地的移民。从1792年开始，即英国在数据集中的起始年份，所有出生在英国的儿童都自动成为英国国民（出生地原则），居住地决定国民身份。直到1914年，英国才重议国民身份问题。这时候，英国给予所有在其领土及联邦自治领内出生的人以国民身份,同时志在实现自治领之间的入籍标准化。鉴于此阶段获得公民身份相对容易(至少对欧洲移民而言,确实如此),公民身份的编码值很高。一直到20世纪60年代末,入籍英国都相对容易,而且英国自治领和殖民地的人也拥有英国国民身份。之后英国政策制定者通过引入**父权**(*patriality*)概念,试图限制来自其殖民地的移民。父权概念意味着,只有父母一方或祖父母一方有权在英国居住的公民或那些父亲或祖父出生在英国的英联邦公民才能获得英国公民身份。本质上来说,法律剥夺了前殖民地和当前殖民地非白人臣民的公民身份,更重要的是剥夺了他们在英国生活的权利。在随后的20年里,英国继续限制公民身份,使得来自前殖民地和当前殖民地的移民更难迁入。最后,1999年,英国再次给予其当前领地的国民以公民身份。

表A10 英国国民/公民身份法规编码示例

年份	公民身份 限制措施	编码
1792	出生地和居住地决定国民身份	4.5
1914	出生"在陛下的各领地范围内并效忠于陛下"的任何人自动成为英国国民。英国公民的子女也是英国公民。颁布新的入籍方案(包括各领地内),统一要求五年的居住年限	4.5
1948	一旦所属领地获得独立,其大多数国民相应地失去英国及其殖民地的公民身份,而成为新成立的国家公民。那些无法取得新独立国家的公民身份的人可以保留英国的公民身份	4.5
1968	该法案引入父权概念,通过一种特别入境证办法,限制那些拥有英国护照的非英国籍移民入境,包括东非的亚裔人	4
1971	取得公民身份的条件是:居住年限达到5年,品行优良,具有娴熟的英语技能,有意在英国定居。土生土长的英联邦的公民在英国居住年限达5年以上,有绝对的权利成为英国公民	3.75

续表

年份	公民身份	
	限制措施	编码
1981	公民被界定为三类。一类为英国本土公民,指出生在英国或其父母或祖父母出生在英国或加入英国籍的公民;一类为所属自治领公民,指的是其父母出生在英国所属自治领的公民,这类人没有资格移民英国本土;第三类为英国海外公民,指英国公民在国外所生的子女,这类人有权进入并居住在英国本土,但是不能将其公民身份传递给其子女。出生在英国永久居民家庭的儿童自动成为英国公民,所有出生在移民家庭的其他儿童须在英国居住满10年以上才能获得英国公民身份	3.5
1999	英国政府宣布授权给13个海外自治领的15万居民完全的英国公民身份	3.75
2002	法律规定英国公民身份的申请者需上语言课程,并证明他(她)们能够理解英国社会	3.5
2005	自2005年11月1日起,想要加入英国国籍的外国人必须支付72美元的考试报名费并通过有关英国及其文化的相关测试	3.25

(十) 移民权利

该类别指除公民身份和进入劳动力市场的权利之外,各国赋予移民的"其他权利"。前者已经在其他类别中有所讨论,此类别涵盖所有以下其他权利:享受社会福利待遇;能拥有土地或经营业务;能参与地方选举,能选择以移民的母语授课的公立学校;国家为移民所信仰的宗教领袖支付薪水,诸如此类。该类别还包括旨在帮助移民学习移民母语或融入本土社会的项目。各国所赋予的移民权利越多,分值越高;权利越少,分值越低。影响其他权利分值的因素还包括该项法律中是否有国籍或种族歧视。

1. 移民权利类别编码标准

该法律是否曾提及该国移民拥有哪些权利?是否有种族/国

籍歧视？政府是主动让移民融入还是指望移民自行融入本土社会？获得永久居住权难度有多大？移民可以享受社会福利吗？

(1) 几乎没有合法权利；移民一旦离职后必须离境；不能拥有房地产；不能进入社会福利体系；必须登记；没有宗教自由，没有永久居留权，等等。

(2) 拥有部分权利，但是不能拥有土地及自己的公司；部分享受社会福利制度。

(3) 可以自由更换工作；可以拥有某些不动产或公司；能享受到部分社会福利；法律中有一些种族歧视。

(4) 能享受大部分福利政策；几乎不限制房地产或企业所有权。

(5) 与非移民群体一样享受所有的社会福利；没有公民身份却拥有选举权；对房地产所有权不加限制；有移民融入政策；无种族歧视；居住较短年限就可以获得永久居住权。

2. 移民政策类别编码示例

表 A11 显示澳大利亚赋予移民权利的变化。在殖民地早期，移民与殖民地公民基本享有同等的权利。殖民者是英国臣民，大多数移民也是英国臣民；因此，我并没有发现有任何证据可以表明，从享有的权利上来看，澳大利亚殖民地的新移民、老移民和土生土长的本地居民之间有丝毫差别。移民的其他权利在 20 世纪初开始受到限制，当时澳大利亚政府开始对亚洲移民实施歧视性法律。① 这类歧视导致权利类别分值下降。政策制定者希望歧视性政策可以威慑住来自亚洲以及之后来自南欧和东欧的移民，如

---

① 在工作场所中针对亚洲移民的歧视性法案可以追溯到更早时期。

果能让已经移民至澳大利亚的人重返原籍国,那么更是求之不得;为了达此目的,政策制定者运用了越来越多的限制。第二次世界大战后,政府不再威慑移民群体,而是改为通过厚此薄彼的方式吸引某几类移民,首先是来自英国的移民,后来是来自欧洲的移民,其方式是让他们更容易享受社会福利和教育课程。他们还开始赞助外语广播电台和其他媒体,让移民有宾至如归之感。这些变化导致"其他权利"得分上升。20世纪90年代,政府再次改变风向标,希望通过移民权利政策再次阻止移民,尤其是低技能移民。其措施包括取消移民资助,限制移民享受社会福利,要求移民参加昂贵的英语培训课程。这些变化导致"其他权利"类别得分下降。

表 A11 澳大利亚其他权利法规编码示例

年份	其他权利 限制措施	编码
1787	除选举权之外,公民享有平等权利	4.75
1912	《外国人租赁限制法》:只有欧洲移民通过一个听写测试,才能租赁不超过 5 英亩(2 万多平方米)的土地	3.5
1914	在南澳大利亚的灌溉区域,亚洲人无法获得土地	3.25
1921	印度居民和僧伽罗居民不能投票,也得不到养老金	3
1947	出台法律,放宽对非欧洲移民财产所有权的限制	3.75
1958	英国移民有权享受与澳大利亚公民同等的社会福利待遇。非英国移民除非入籍并满足规定的居住条件,否则不能享受所有福利	3.5
1972	限制外语播报,某家商业电台每周外语播报的小时数不能超过其总数的 2.5%	3.65
1974	取消外语播报时间限制	3.85
1975	基于种族、肤色或国籍的歧视正式被取消	4.5
1977	成立国家民族广播顾问委员会,提供少数民族广播	4.5

续表

年份	其他权利	
	限制措施	编码
1993	移民到达后的前六个月不能享受失业及医疗福利	4
1996	享受大多数的福利待遇的等待期延长到两年	3.5
2000	限制居住在澳大利亚的新西兰公民的福利待遇	3

(十一) 驱逐出境

最后一类政策涉及执法和驱逐出境。政策制定者可以通过一大堆限制移民、限制移民权利的政策，但是如果这些限制政策没有得到有效执行，那么就成为事实上的空壳。理想情况下，我们可以使用某国的无证移民人数作为指标，判断实际执法情况。但是，由于无证移民是违法的，我们很难得到无证人口的可靠的估计数量，在专制国家尤其如此。有鉴于此，我选择驱逐出境和其他执法措施来检测执法情况，并进行编码。

各国经常将驱逐出境作为一种执法机制。驱逐出境的编码值检测各国驱逐不受欢迎的移民群体的难易程度。如果反驱逐的保障措施增加，如求助法院来确保法律程序得以遵守，那么驱逐出境类别的分值会上升；另一方面，如果可被驱逐出境的违例种类增多，包括非法移民、失业、依靠救济金或加入了某类政治或社会团体，那么分值就会下降。付钱给移民让他们离开该国也会降低分值，因为这显然是政府要减少移民的信号。有些国家允许移民为对抗驱逐出境而采取防御措施，这些措施包括在该国达到一定的居住年限，或移民的妻子或子女在本地出生且对其十分依赖。如果捍卫自己权利的辩护数量增加，则分值上升。相反，大规模驱逐会降低分值。

1. 驱逐出境类别的编码原则

驱逐移民的难度有多大？有哪些防护措施？国家是否进行大规模驱逐或付钱给移民让其离境？

（1）无上诉程序；可被驱逐出境的违例种类有很多，包括失业。

（2）行政程序中有少量审查；可被驱逐出境的违例种类有所减少。

（3）有更多的程序审查，可被驱逐出境的违例种类更少。

（4）允许对程序进行司法审查，包括向该地区最高法院上诉，且/或可被驱逐出境的违例种类寥寥无几。

（5）可被驱逐出境的违例种类几乎没有（刑事违法可被驱逐，但没有移民违例驱逐），且有明确的司法审查。

2. 驱逐出境类别编码示例

表A12是美国驱逐法规的编码示例。首先，和移民政策中的许多其他领域一样，国会直到19世纪末才颁布了许多与驱逐出境相关的法律。不过，在19世纪前后，国会确实颁布过两部相对严厉的法律：一部是1798年的《外国人与煽动叛乱法》（Alien and Sedition Acts），另一部法律允许1812年战争期间驱逐敌国侨民，不过这两部法律很快都被废除了。直到1882年，国会才重提驱逐问题。在随后的130年里，国会继续增加可被驱逐出境的罪行种类，偶尔会从被驱逐者名单中删除一些团体。如果可被驱逐的违例类别上升，驱逐出境类别的分值就会下降。与其他一些民主国家和专制国家不同，对于正被驱逐者而言，在美国总是能求助于好几类法律防护措施和司法审查,因此美国的驱逐出境类别相对于那些没有防护措施或司法审查的国家来说,分值要高一些。

表 A12　美国驱逐出境和执法政策编码示例

年份	驱逐出境 限制措施	编码值	执法 限制措施	编码值
1790	无政策	5	无政策	5
1798	总统有权驱逐被视为对美国的国家安全构成威胁的移民	2	无改变	5
1812	允许拘捕、监禁及驱逐来自敌国的男性移民	2	无改变	5
1882	允许驱逐外国乞丐、罪犯和中国非法移民	4.5	无改变	5
1891	驱逐非法入境美国一年以内或依靠政府救济的人	4	要求船东支付偷渡者的返程费用。在与加拿大、墨西哥接壤的边境对移民进行检查	4.5
1924	无变化	3.25	入境美国需要有签证	3.5
1952	为被驱逐者提供更多程序上的防护措施	3	为农业部(AG)建立边境巡逻假释处。将某人非法带入美国境内或故意诱导其入境或窝藏无证移民构成重罪。但是,雇用不构成窝藏罪	3.5
1986	无变化	3	对雇主实施制裁。加强边境巡逻和检查,但同时对无证移民实施特赦	2.9
1996	在美居住至少10年的未经授权的外国人,如果能证明他们被驱逐会给合法居住在美国的配偶、父母或子女造成"特别和极不寻常的困苦",那么可获得困苦豁免。每年最多有4000名困苦豁免。被驱逐者可以选择自动离开,而不被美国禁止入境或强制驱逐,一旦被驱逐,10年内禁止入境	2.75	建立一种外国人罪犯身份识别系统。确立某些与偷运外国人相关的犯罪,如《反勒索及受贿组织法》(RICO)中列出的罪行。制定了一个内部遣返计划。授权各州及地方官员逮捕和拘留某类非法外国人。加快外国人刑事犯罪驱逐程序。在西南边境加强防护屏障;加大对偷运外国人的处罚。加大对非法入境及滞留的处罚。加强工地执法。减少可证明工作资质的公文数量和类型	2.5

(十二) 执法

除了驱逐出境,各国还采取各种措施来加强边境管理。这些政策包括对非法移民实施额外的惩罚,对搭载非法移民的承运公司进行制裁,对雇用非法移民的雇主进行制裁,以及在边境驻警等措施。各国还经常赦免非法移民;在某些情况下,非法移民可以留下来,而在另一些情况下则被迫离境,但不必为非法居留而支付任何罚款。其他强制措施这一维度旨在测量这些其他机制。除了将非法移民驱逐出境之外,还要对其进行处罚(如监禁一段时间或罚款),会降低该类别的分值;此外,对雇主实施更严厉的处罚也会导致分值降低。特赦会提升分值,但分值的增加程度取决于特赦的规模——有多少人获得特赦——以及特赦的类型。对非法入境移民处以罚款或监禁的国家通常会给予特赦,允许无证移民在不支付罚款或不服刑的情况下离境。相比之下,那些对非法移民没有处以额外惩罚的国家,通常允许无证移民申请身份合法化并留在这些国家。显然,第一种特赦比第二种更严格,在第一种特赦中,被允许居留的人少之又少。

1. 执法类别的编码标准

该国在边境执法吗?执法力度有多大?对非法移民的雇主是否有制裁、罚款或监禁期?有特赦吗?特赦期间,移民是否被允许留在该国,是否无须支付罚款就可离境?

(1) 执法开支很高,对雇主进行突击检查,国民工作证(national work IDs)难以伪造,对雇主制裁严厉,雇主须缴纳保证金以确保移民回国,执法人员数量众多。

(2) 执法开支略有减少,对雇主的突击检查较少,国民工作证较容易伪造,边境执法很严但还是有漏洞可钻。

(3) 执法开支更少,没有突袭,容易伪造工作证件,边境部分执法。

(4) 执法情况很少,在入境点进行检查,对雇主很少有惩罚措施。

(5) 基本上没有执法。

2. 执法类别编码示例

表 A12 同时展现了美国执法的编码示例。与驱逐出境一样,在 19 世纪末之前,该国在边境除了健康检查之外很少有执法情况。1891 年,美国政府颁布了承运人制裁措施,迫使船东为其承载的非法入境者支付返程路费。这一举措迫使船东在欧洲基本执行美国的政策。1924 年,美国成立了边境巡逻队,并开始要求拥有签证才能入境。1928 年,国会将未经授权入境或欺诈入境定为犯罪,从而确立了非法移民罪。1952 年的《麦卡伦-沃尔特法案》将私带无证移民入境或窝藏无证移民定为重罪,但没有将雇佣无证移民解释为窝藏,而且授予检察总长假释权力。因此,虽然《麦卡伦-沃尔特法案》在某些方面加强了执法力度,但在其他方面却削弱了执法力度。像《麦卡伦-沃尔特法案》一样,《移民改革与控制法案》加强了某方面的执法,如新增雇主制裁和加强边境巡逻;但另一方面,该法也允许雇主进行"肯定性抗辩"(affirmative defense),只要雇主证明他们已经检查了雇员的证件,就能免受起诉;还给予自

1982年以来一直居住在该国的无证移民以合法地位。1996年，《非法移民改革和移民责任法》增加了对走私和非法入境的更多处罚，并加大了工地执法力度，减少了可用于证明合法地位的公文数量。自那以后，国会一直加强执法力度。

(十三) 将数据合并成单个指数

一个国家制定移民政策的目标是吸引一定数量的移民。将上述维度整合的一种方法是使用所有维度的平均值。然而，使用平均值意味着假定所有维度都具有同等效应。虽然目前对于不同维度如何影响移民流动还没有达成共识，但显然并非所有维度都对移民产生同等影响。[1] 例如，针对难民和寻求庇护者的条例只适用于较小群体；如果边境限制很严格，那么公民身份和权利就不那么重要了。

如果我们假定并非各维度在吸引(或排斥)一定数量的移民方面都同等重要，那么我们必须决定如何权衡这些不同因素。我运用数据并通过主成分分析法（principal component analysis, PCA）来赋予各维度权重，而不是自己选择权重。在整合过程中这有利于消除我的个人偏见。

主成分分析法试图从数据中恢复一个潜在变量——一个不能直接观察到、但可以通过几个可检验的变量而体现的变量。在这种情况下，潜在变量可以体现政策制定者开放或限制低技能移民

---

[1] Fitzgerald, Leblang, and Teets（2014）探讨了政策如何影响移民，但是他们仅仅使用了公民身份政策，且只对移民政策进行了简单编码。

的意图。这一意图体现在移民政策的十二个不同维度中。主成分分析在心理学和标准化测试评分中运用已久。例如,在标准化测试中,通过不同的数学问题来测量学生的定量推理能力。由于问题的难度不同,取所有问题的平均值可能并不合适。相反,主成分分析允许数据对问题进行加权;在本例中,所有学生都能回答正确的问题所赋权重比只有少数学生才回答正确的问题所赋权重要低。

  分析表明,这些维度综合起来可以形成两大因素:移民政策和移民权利。大于1的特征值(eigenvalues)有四个,但是第三和第四个特征值没有描述大部分的变化(每个都小于10%)。表 A13 显示了不同因素下的特征值。我没有使用因子负荷的旋转,因为旋转主要是为了更容易解释变量。方差最大化旋转(Varimax)是最受欢迎的旋转,它改变各变量的权重以增加各因素最重要的变量载荷(loadings),并将最不重要变量载荷降到接近为零。从我的研究目的出发,我认为这不是正确的载荷;相反,所有的变量都应该对移民的开放性产生影响。此外,如果旋转模型"不能准确地表示数据,那么旋转将使解决方案更难复制,且更难以解释,因为主成分分析的数学属性已经丢失"[1]。考虑到在数据生成过程中,政策制定者运用所有十二个维度的政策手段来控制边境,每一个维度都应对最终的变量产生一定的影响。

  表 A14 显示了这些因素对变量的载荷。第一个因素——移民政策,赋予国籍、技术、招募、配额、执法和驱逐出境政策类别更高

---

[1] Abdi and Williams (2010).

的权重,而第二个因素——移民权利,赋予家庭团聚、难民、庇护、公民身份、权利和劳工禁令这些维度更高的权重。第一个因素与国籍、技术、配额、招募、劳工禁令、驱逐出境和执法的标准化平均数高度相关(达到 0.95)。因此,此后我把重点放在移民政策因素上。现在移民政策变量的取值居于 -2.25 至 1.6 之间,取值越高,表示政策越开放。通过构建,指数的平均值为 0,标准差为 1。数字本身没有内在的意义;较高的数字表示更开放的政策,较低的数字表示更严格的政策。

表 A13　因素分析

因素	特征值	差异	比率	累积
因素 1	3.66	1.44	0.30	0.30
因素 2	2.22	1.09	0.19	0.49
因素 3	1.14	0.09	0.09	0.58
因素 4	1.05	0.08	0.09	0.67
因素 5	0.97	0.31	0.08	0.75
因素 6	0.66	0.11	0.06	0.81
因素 7	0.56	0.08	0.05	0.85
因素 8	0.48	0.06	0.04	0.89
因素 9	0.41	0.02	0.03	0.93
因素 10	0.39	0.16	0.03	0.96
因素 11	0.24	0.01	0.02	0.98
因素 12	0.23	—	0.02	1.00

LR test: $chi^2(66)=1.3e+04 \, p<0.000$

表 A14　因素荷载

变量	因素荷载移民政策	因素荷载移民权利	独特性
国籍	0.39	0.15	0.83
技术	0.74	−0.04	0.45
配额	0.43	−0.43	0.63
招募	0.55	0.07	0.69
劳工禁令	0.43	0.55	0.52
家庭团聚	−0.69	0.44	0.33
难民	−0.48	0.62	0.38
庇护	−0.45	0.44	0.60
公民身份	0.24	0.61	0.58
其他权利	0.46	0.64	0.39
驱逐出境	0.74	0.41	0.28
执法	0.75	−0.08	0.44

最初发表于 Peters(2015),经许可后使用。

(十四) 该测量手段可靠吗?

除了确立一个有效的测量标准——一个对概念具有可操作性的测量标准,我们还要确保该变量的可信度:即确实能测量我们认为我们正在测量的对象。检验可信度的一种方法是,检验不同维度的替代编码和加权方案。[①] 如前所述,在过去 225 年中,并不是

---

① 此外,第二套编码方案对八个国家的数据进行了重新编码;两套编码值的相关性高达 0.9。

所有的政策维度都被启用。最重要的是,难民、庇护和家庭政策这几个维度是在近代以来才被使用的。在对变量的主测量编码体系中,在相关政策出台之前,这几个维度的编码值都为1。然而,在19世纪,对移民的监管很少,难民、寻求庇护者和家庭成员只能作为普通移民迁移。当然这些群体也无须特惠政策,因为那时大多数国家几乎都没有移民入境限制。在替代编码体系中,这些维度在没有相关政策期间,我将它们编码为5分,一旦另一项排斥难民、避难者或家庭团聚移民的政策出台,分值变为1,这一分值一直持续到另一项能解决这几类群体的特殊需求的政策启动。① 在新编码中,我使用主成分分析法来合成这些维度。有四个特征值大于1,但是与主测量编码体系的情况一样,只有两个特征值描述了大部分的变化,且第一个变量看似是描述移民政策(此后称为替代编码)。还有第三种数据编码方式,我们可以有点幼稚地给每个维度平均加权,而不是使用主成分分析法,使用**标准化平均数**(standardized average)。

　　从19世纪一直到二战期间,这三种不同的编码值高度相关,但是二战后产生较大的背离。② 背离是由这些维度被赋予相对不同权重所造成的。与替代编码相比,主测量编码赋予技术、招募、配额、执法和驱逐出境这几个维度更高的权重;赋予国籍、劳动禁令和家庭维度大致相同的权重;赋予难民、庇护、公民身份和权利相对较低的权重。与标准化平均数相比,主测量编码体系赋予技

---

① 如果国籍或技术编码值低于4分,这几类移民被编码成"排除在外"(excluded)。
② 主测量编码和替代编码的相关系数是0.86;主测量编码与标准平均数的相关系数是0.64。

术、驱逐出境和执法维度更高的权重;赋予公民身份相对较低的权重;在其他维度上,所赋权重大抵相当。鉴于主测量编码体系赋予技术、配额和两个执法维度更大的加权,所以我选择了主测量编码。因为我们感兴趣的是低技能移民,技术标准有可能成为最重要的规定。此外,鉴于无证移民的存在,赋予执法更高权重显得非常重要。

为了再次验证主测量编码的可信度,我们可以看看该测量编码与其他学者的移民政策编码之间的相关性。首先,我考察了蒂莫尔和威廉森[1]创建的移民政策变量。他们的编码体系包含了类似的维度:边境条例(特别是招募)、移民权利(特别是拥有土地的权利)、公民身份和执法。他们使用了从−5到5的"11分制"编码方案(eleven-point coding scheme)。他们编码中的零分指的是一种自由放任政策,既不鼓励也不劝阻移民,或者在支持和反对移民政策之间保持平衡;如果政府在招募移民方面发挥非常积极的作用,包括全免或部分资助交通费用并提供免费土地,该政策的编码值为5分;相反,如果政策极其苛刻,编码值为−5。[2] 总的来说,我的测量标准与他们的测量标准的相关性达到0.63($p<0.000$),但是有些国家比其他国家的相关度更高。美国政策的两种编码值的相关系数是0.99,而巴西的相关系数是−0.3。

编码上的差异在很大程度上是因为蒂莫尔和威廉森与我在招募维度、特别是省级招募与联邦招募的编码方式上存在着很大的

---

[1] Timmer and Williamson (1998)。感谢两位作者与我分享了他们的数据。
[2] Timmer and Williamson (1998,741)。

差异。例如，对1860—1885年间的巴西进行编码时，就存在主要差异。蒂莫尔和威廉森对此期间的处理是：认为巴西于1860年开始实行自由放任的移民政策，而于1871年开始实行亲移民政策。他们在其所列的巴西移民政策清单中指出，"19世纪60年代没有实质性的进展"；[1]然而，据我所收集的数据，政府在1858年通过了一项法律，该法律削减移民船只的停泊费，为移民提供廉价的土地，给那些以现金购买土地的人报销前往巴西的航行费用，支付从沿海到内地的交通费用，为移民建造临时住房，并在第一年为移民提供种子和牲畜。如果按蒂莫尔和威廉森的编码，1860年的政策编码值要改成3；鉴于巴西政府与英国代理在1867年签订了每年引进5000名移民的合同，1867年的政策编码值要增加到4。1889年，他们认为巴西的移民政策编码因移民预算的变化而有所下降；按这种方式重新编码1889年，两种编码体系的相关值会达到0.46。

我们还可以检验数据与涵盖近期的各指数间的关联程度。奥尔特加和佩里有一个用于检验入境法规（entry laws）的简单指标。[2] 这些入境法规包括配额法、入境要求、入境费用或入境文件，以及关于居留或工作许可证的要求或等待时间。[3] 所有国家在1980年的编码都是0；如果政策在特定年份变得更加严格，编码增加1，如果政策放宽，编码减少1。为了便于比较，我对他们的政策进行了重新编码：宽松政策加1，而限制政策加-1。鉴于他们测量的仅是移民的某些维度，我对比了他们与我的两种测量体系中最

---

[1] Timmer and Williamson (1996,附录C,xxii)。
[2] Ortega and Peri (2013)。
[3] Ortega and Peri (2013,52)。

相似的成分——技术要求和劳动禁令的平均值。① 技术和劳动禁令的平均值与奥尔特加和佩里测量值的相关性高达 0.66（$p<0.000$）。同样，有些国家在这两个测量指标上的相关度高于其他国家；例如，澳大利亚的相关系数为 0.74（$p<0.000$），而日本的相关系数为 -0.75（$p<0.000$）。编码上的差异似乎是由于，奥尔特加和佩里将只影响更多高技术移民的政策纳入数据集中，例如在对加拿大和美国的编码中，他们都因为《加拿大-美国自由贸易协定》让高技术移民入境更容易而将之视为一项促进移民开放政策；但是这项法律并不影响低技能移民，我没有将之包括在内。

鲁尔斯也对好几个国家/经济体 2008 年和 2009 年移民政策的开放程度进行了编码。② 他没有对总体政策进行编码，而是对不同移民方案的开放程度进行编码，并按高技术、中等技术和低技能移民以及季节性移民类别对方案进行编码。为了便于比较，我只检验他的中等技术、低技能和季节性（通常针对低技能农业移民）项目。我选取了鲁尔斯按国家/经济体—年份对每个项目编码后所取得的开放指标的平均值，并将其与我的技术代码变量进行比较，那是我的指标中最具可比性的变量。图 A1 显示了我的技术编码值（按 0 到 1 取值区间进行了重新编码）与鲁尔斯 2008 年和 2009 年各项目的编码平均值之间的对应情况。虽然有一些极端值，但总体上有相当好的对应关系：在鲁尔斯的编码体现中，平均得分较低（较高）的国家与我的编码体系相吻合。

---

① 我并没有将配额指标包括进去，因为奥尔特加和佩里讨论配额的情况只涉及是否有配额，配额是增还是减，而不讨论相对于人口数量而言，配额是增还是减。
② Ruhs (2013).

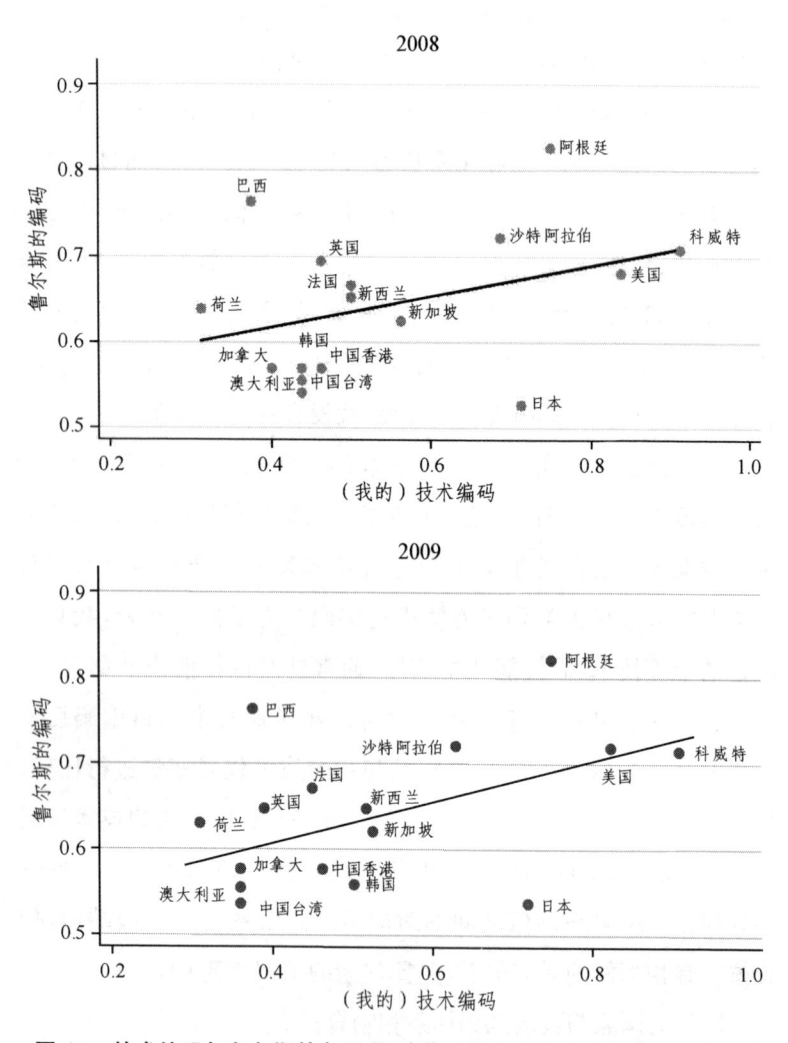

图 A1　技术编码与鲁尔斯的各国/经济体移民方案的平均开放度编码比较

注：技术编码是笔者按 0—1 取值区间对技术限制措施进行的重新编码。鲁尔斯的编码（Ruhs 2013）是各国/经济体在指定年份在低技能、中等技术和季节性移民项目平均开放度的编码值。

检验该测量手段可信度的最后一项检测是看它与移民流动的关联程度。该政策编码初看似乎与移民流动不一致。以现有移民数量来看，沙特阿拉伯和科威特的外国出生人口分别占25%和62%，在移民政策上理应非常开放。① 同样，如果我们从移民所占人口百分比来看，今天的美国看似与一百年前一样开放。②

然而，我们必须思考，如果没有这些限制性政策，移民水平肯定不是现在的事实状态，那么会是什么样？如果政策限制不那么严格，反事实的移民水平可能远远高于实际水平。随着航空旅行的增加，运输成本急剧下降；世界范围内的收入增长使许多人摆脱了无法迁移的贫困桎梏；全球化破坏了移民输出国的传统经济，从而增加了流动性；殖民地的独立以及后来冷战的结束导致多国内战增加，而内战也应该导致大量难民的流动。

尽管如此，我们预计一旦我们控制了移民需求，政策就会与移民流动相关联。为了考察移民政策对移民流动的影响，我将我的移民政策变量纳入一个引力模型中，以控制其中许多推拉因素（push-and-pull factors）。我使用菲茨杰拉德和其同事们关于1960年到2000年间每年流向经合组织国家（OECD）的数据。③ 从这些数据中，我将我的移民政策数据集中涉及的所有国家与世界上所有其他国家进行配对，从而建立了一个定向配对（directed dyad）板块。与标准引力模型不同的是，我检验了第一差分模型（first-differenced model）。总的来说，移民总数在这段时间里一直在增

---

① Ratha and Xu (2008).
② 美国移民统计局(2010)。
③ Fitzgerald, Leblang, and Teets (2014).

加,而移民政策变得更加严格;如果直接求移民流对移民政策变量的回归,这种天真的做法将导致这两个变量呈负相关关系。此外,我将移民政策变量滞后一年,主要基于三个原因。首先最重要的原因是担心反向因果关系;移民的增加(减少)可能会导致移民政策的改变。其次,我没有启用法律变更当年的数据,如果法律变更发生在那一年的年末,这就是个问题。最后,许多法律并不会立即生效,这意味着法律可能要到第二年才生效。我还纳入几个控制变量:移民接收国和输出国的家庭暴力、城市化、人口和人均国内生产总值的变化、接收国从输出国的进口情况、接收国对输出国的出口情况、国家间是否有联盟,以及国家间是否有战争发生。我未计入地理变量,如两国之间的距离,因为距离不会改变。

表 A15　移民流变化对移民政策变化的回归引力模型

因变量:△双向移民流	菲茨杰拉德等人 2014 年数据	
△移民政策(滞后一年)	982.40*	(421.34)
△家庭暴力(RC)	−777.99***	(230.36)
△家庭暴力(SC)	16.38	(27.80)
△城市化(RC)	26.02*	(13.09)
△城市化(SC)	−3.06	(20.98)
△人口(RC)	7694.11+	(4325.36)
△人口(SC)	381.71	(534.93)
△人均 GDP(RC)	3204.32+	(1656.24)
△人均 GDP(SC)	−597.74*	(279.64)
△进口	−511.48	(433.19)
△出口	630.53	(551.17)
△联盟	238.12	(192.60)

续表

因变量:△双向移民流	菲茨杰拉德等人 2014 年数据	
△战争	−39.34	(144.23)
常量	−102.45$^+$	(59.27)
观测数据	30264	
R^2	0.01	

注:RC 表示接收国,SC 表示输出国。括号中显示的是配对集群稳健标准误差。$^+ p<0.10, {}^* p<0.05, {}^{**} p<0.01, {}^{***} p<0.001$。**移民政策**是第三章讨论的测量手段,由作者编码。**人口**(登记在册的)变量的数据来自 Heston, Summers 和 Aten (2011);**人均 GDP**(按登记的,以实际 2000 美元来计)来自 Haber 和 Menaldo (2011) 与世界银行集团(2012)的数据;**城市化**(占人口的百分比)来自世界银行集团(2012)的数据;**家庭暴力**(跟踪民事和种族暴力)以 10 分评级,数据来源于 Marshall (2010);**进口和出口**(以十亿美元计)的数据来源于 Barbieri 和 Keshk (2012);**联盟**体现两国是否共享正式的军事联盟,数据来源于《战争相关项目》(2013);**战争**指国家间战争的对立双方,数据来源于 Sarkees 和 Wayman(2010)。

我发现移民政策的变化与移民流动的变化呈正相关(表 A15)。移民政策系数是正数,且在传统水平上具有统计意义。同时具有显著意义的是:在此期间,移民政策平均变化−0.013 会导致当年配对国家减少约 12.6 名移民,换言之,即每年总共减少约 2500 名移民。这些数据表明,以我们的移民政策测量方法,某国移民政策的变化对入境移民的人数产生实际影响。

参考文献

Abdi, Hervé, and Lynne J. Williams. 2010. "Principal Component Analysis." *Wiley Interdisciplinary Reviews: Computational Statistics* 2(4):433-59.

Acemoglu, Daron, and James A. Robinson. 2006. *Economic Origins of Dictatorship and Democracy*. Cambridge: Cambridge University Press.

Adler, E. Scott. 2009. "Congressional District Data File (All Years)." https://sites.google.com/a/colorado.edu/adler-scott/data/congressional-district-data. Accessed August 21, 2013.

Agreement concerning the Employment of Italian Workers for Underground Work in the Netherlands Mines. 1948. Number I-716. Geneva: United Nations Treaty Series.

Alberdi, Juan Bautista. 1952. *Bases y puntos de partida para la organización política de la Republica Argentina*. Buenos Aires, Estrada.

Alston, Lee J., and Joseph Ferrie. 1999. *Southern Paternalism and the Rise of the Welfare State: Economics, Politics, and Institutions in the US South, 1865—1965*. Cambridge: Cambridge University Press.

American Iron and Steel Institute. 2014a. "History of the American Iron and

Steel Institute." http://www.steel.org/about-aisi/History.aspx. Accessed August 26, 2014.

American Iron and Steel Institute. 2014*b*. "Our Members." http://www.steel.org/about-aisi/Members.aspx. Accessed August 26, 2014.

Anderson, Perry. 1974. *Passages from Antiquity to Feudalism.* Vol. 2. London: NLB.

Andrews, Mildred Gwin. 1987. *The Men and the Mills: A History of the Southern Textile Industry.* Macon, GA: Mercer University Press.

Atack, Jeremy, Fred Bateman, and William N. Parker. 2000. "The Farm, the Farmer, and the Market." *The Cambridge Economic History of the United States* 2:245–84.

Atkinson, Edward. 1891. "Food and Feeding Considered as a Factor in Making the Rate of Wages or Earning." *Transactions of the New England Cotton Manufacturers' Association* 50.

Bailey, Michael A., Judith Goldstein, and Barry R. Weingast. 1997. "The Institutional Roots of American Trade Policy: Politics, Coalitions, and International Trade." *World Politics* 49(3):309–38.

Barbieri, Katherine, and Omar Keshk. 2012. "Correlates of War Project Trade Data Set Codebook, Version 3.0." www.correlatesofwar.org. Accessed September 22, 2014.

Barr, Michael D. 2014. "Singapore's Impotent Immigration Policy." *Asia Sentinel.* http://www.asiasentinel.com/society/singapore-impotent-immigration-policy/. Accessed March 24, 2015.

Bartelsman, E., and W. Gray. 2013. The NBER Manufacturing Productivity Database, 2013 Revision. Technical Working Paper 205. National Bureau of Economic Research.

Barton, John H., Judith L. Goldstein, Timothy E. Josling, and Richard H. Steinberg. 2006. *The Evolution of the Trade Regime: Politics, Law, and Economics of the GATT and the WTO.* Princeton, NJ: Princeton University Press.

Basinger, Scott J., and Mark Hallerberg. 2004. "Remodeling the Competition for Capital: How Domestic Politics Erases the Race to the

Bottom. "*American PoliticalScience Review* 98(2):261-76.

Baumgartner, Frank R., Jeffrey M. Berry, Marie Hojnacki, Beth L. Leech, and David C. Kimball. 2009. *Lobbying and Policy Change: Who Wins, Who Loses, and Why*. Chicago: University of Chicago Press.

Baumgartner, F. R., and B. D. Jones. 2009. "Policy Agendas Project: Roll Call Votes." http://www.policyagendas.org. Accessed May 21, 2009.

Baumgartner, Frank R., and Bryan D. Jones. 2013. "Policy Agendas Project: Congressional Hearings." http://www.policyagendas.org/page/datasets-codebooks#congressional_hearings. Accessed December 26, 2013.

Bearce, David H., and Jennifer A. Laks Hutnick. 2011. "Toward an Alternative Explanation for the Resource Curse: Natural Resources, Immigration, and Democratization."*Comparative Political Studies* 44(6): 689-718.

Bennett, Andrew. 2010. "Process Tracing and Causal Inference." In *Rethinking Social Inquiry: Diverse Tools, Shared Standards*, ed. Henry Brady and David Collier, 207-20. 2nd ed. Lanham, MD: Rowman & Littlefield.

Berend, Ivan T. 2006. *An Economic History of Twentieth-Century Europe: Economic Regimes from Laissez-Faire to Globalization*. Cambridge: Cambridge University Press.

Bermeo, Sarah Blodgett, and David Leblang. 2015. "Migration and Foreign Aid."*International Organization* 69(3):1-31.

Bernard, Andrew B., J. Bradford Jensen, and Peter K. Schott. 2006. "Survival of the Best Fit: Exposure to Low-Wage Countries and the (Uneven) Growth of US Manufacturing Plants."*Journal of International Economics* 68(1):219-37.

Bernhard, W., and B. R. Sala. 2008. "The Remaking of an American Senate: The 17th Amendment and Ideological Responsiveness."*Journal of Politics* 68(2): 345-57.

Bernhard, William, and David Leblang. 2014. "Sovereign Debt, Migration Pressure, and Government Survival." In *International Political Economy Society Annual Conference*. Washington, DC.

Bernhofen, Daniel M., Zouheir El-Sahli, and Richard Kneller. 2013. "Estimating the Effects of the Container Revolution on World Trade." Technical report. CESifo Working Paper: Trade Policy.

Bjerre, Liv, Marc Helbling, Friederike Romer, and Malisa Zobel. 2014. "Conceptualizing and Measuring Immigration Policies: A Comparative Perspective." *International Migration Review* 49(2):555–600.

Blinder, Alan S. 2007. "How Many US Jobs Might Be Offshorable." Unpublished manuscript. Princeton University.

Bordo, Michael, Barry Eichengreen, Daniela Klingebiel, and Maria Soledad Martinez-Peria. 2001. "Is the Crisis Problem Growing More Severe?" *Economic Policy* 16(32):52–82.

Borjas, George J., Jeffrey Grogger, and Gordon H., Hanson. 2008. "Imperfect Substitution between Immigrants and Natives: A Reappraisal." Working Paper 13887 National Bureau of Economic Research. http://www.nber.org/papers/w13887. Accessed May 20, 2015.

Boswell, Terry E. 1986. "A Split Labor Market Analysis of Discrimination against Chinese Immigrants, 1850—1882." *American Sociological Review* 51(3):352–71.

Briggs, Vernon M. 1984. *Immigration Policy and the American Labor Force*. Baltimore: Johns Hopkins University Press.

Briggs, Vernon M. 2001. *Immigration and American Unionism*. Ithaca, NY: Cornell University Press.

Brown, Kevin. 2011. "Singapore Opposition Makes Historic Gains." Financial Times. http://www.ft.com/intl/cms/s/0/ac59d4aa-7924-11e0-b655-00144feabdc0.html#axzz3888gF3nS. Accessed July 21, 2014.

Bureau of Economic Analysis. 2009. "GDP by State." http://www.bea.gov/regional/index.htm. Accessed January 9, 2010.

Bureau of Economic Analysis. 2012. *U.S. Direct Investment Abroad: Industry Detail*. Washington, DC: US Government Printing Office. http://www.bea.gov/international/index.htm#omc. Accessed November 15, 2012.

Calavita, Kitty. 2010. *Inside the State: The Bracero Program, Immigration, and the INS*. New Orleans: Quid Pro Books.

Caldwell, Alicia A. 2011. "Agriculture Industry Fears Disaster If Illegal Immigration Enforcement Program E-Verify Is Implemented." http://www.huffingtonpost.com/2011/06/04/agriculture-industry-e-verify-illegal-immigration_n_871391.html. Accessed April 28, 2014.

California Department of Food and Agriculture. 2012. "Agricultural Statistics Overview." In *California Agricultural Statistics Review 2011—2012*, 2-16. Sacramento: State of California.

Canes-Wrone, B., D. W. Brady, and J. F. Cogan. 2002. "Out of Step, Out of Office: Electoral Accountability and House Members' Voting." *American Political Science Review* 96(1):127-40.

Carr, Thomas P. 2006. "Hearings in the House of Representatives: A Guide for Preparation and Procedure." Congressional Research Service, the Library of Congress.

Carter, Susan B., Scott Sigmund Gartner, Michael R. Haines, Alan L. Olmstead, Richard Sutch, and Gavin Wright. 2006. *Historical Statistics of the United States Millennial Edition Online*. Number Table Cf8-64: Land area, by state and territory: 1790—1990. New York: Cambridge University Press. http://hsus.cambridge.org/. Accessed October 12, 2015.

Castro, Max J. 1999. "Toward a New Nativism? The Immigration Debate in the United States and Its Implications for Latin America and the Caribbean." In *Free Markets, Open Societies, Closed Borders? Trends in International Migration and Immigration Policy in the Americas*, ed. Max J. Castro. Miami: North-South Center Press.

Census Bureau. 1975. Series K 445-47, 449, 450-52, 454. In *Historical Statistics of the United States, Colonial Times to 1970*. Number 93. US Department of Commerce, Bureau of the Census.

Census Bureau. 2011. *US—All Industries—by Employment Size of Enterprise*. US Department of Commerce, Bureau of the Census. http://www.census.gov/data/tables/2011/econ/susb/2011-susb-annual.html. Accessed May 28, 2015.

Census Bureau. Various Years *a*. *Census of Governments*. Washington, DC: US Government Printing Office.

Census Bureau. Various Years *b*. *Census of Manufactures*. Washington, DC: US Government Printing Office.

Census Bureau. Various Years *c*. *Statistical Abstract of the United States*. Washington, DC: US Government Printing Office.

Census Bureau. Various Years *d*. "Number of Miles of Railroads in Operation in Each State and Territory of the United States." In *Statistical Abstract of the United States*: *1881*, *1885*, *1888*, *1891*, *1897*, *1900*, *1904*, *1907*, *1910*, *1911*, *1914*, *1916*, *1919*, *1921*, *1922*, *1924*, *1926*, *1929*, *1931*, *1934*, *1936*, *1938*, *and 1942*. Washington, DC: US Government Printing Office.

Census Bureau. Various Years*e*. "Values of, and Amounts of Duty Collected on, the Principal Commodities and Classes of Commodities Entered for Consumption." In *Statistical Abstract of the United States*: 1889, 1900, 1911, 1937, and 1948. Washington, DC: US Government Printing Office.

Center for Responsive Politics. N. d. "Opensecrets. org: Lobbying Database." http://www. opensecrets. org/lobby/index. php. Accessed June 14, 2012.

Centraal Bureau voor de Statistiek (Statistics Netherlands). 1958—95. *Nationale Rekeningen*. The Hague.

Centraal Bureau voor de Statistiek (Statistics Netherlands). 1986. *Statistical Yearbook of the Netherlands*. The Hague.

Chen, Sharon. 2013. "Singapore Population to Be Below 6. 9 Million in 2030, Lee Says." *Bloomberg News*. http://www. bloomberg. com/news/2013 - 02 - 08/singapore-population-to-be-below-6-9-million-in-2030-lee-says. html. Accessed July 21, 2014.

Chinn, M. D., and H. Ito. 2008. "A New Measure of Financial Openness." *Journal of Comparative Policy Analysis: Research and Practice* 10(3): 309 - 22.

Chong, Alan. 2007. " Singapore's Political Economy, 1997—2007: Strategizing Economic Assurance for Globalization."*Asian Survey* 47(6): 952 - 76.

Clemens, Michael A. 2009. "Migrants Count: Five Steps to Better Migration Data." Washington, DC: Center for Global Development.

Clemens, Michael A., and Jeffrey G. Williamson. 2004. "Why Did the Tariff-Growth Correlation Change after 1950?" *Journal of Economic Growth* 9(1):5–46.

Clews, Henry. 1908. "The Financial and Trade Situation and Prospects." *Transactions of the New England Cotton Manufacturers' Association* 84: 244–61.

Clifford, Stephen. 2013. "U. S. Textile Plants Return, with Floors Largely Empty of People." New York Times. http://www.nytimes.com/2013/09/20/business/us-textile-factories-return.html? hp&_r=1. Accessed June 12, 2015.

Clinton, J. D. 2006. "Representation in Congress: Constituents and Roll Calls in the 106th House."*Journal of Politics* 68(2):397–409.

Colgan, JeffD. 2014. "The Political Economy of the End of Empire." In *International Political Economy Society Annual Conference*. Washington, DC.

Collard-Wexler, Allan, and Jan De Loecker. 2013. "Reallocation and Technology: Evidence from the US Steel Industry." Working Paper 18739. National Bureau of Economic Research.

Collins, W. J. 2003. "The Labor Market Impact of State-Level Anti-Discrimination Laws, 1940—1960."*Industrial and Labor Relations Review* 56(2):244–72.

Comin, Diego A., and Bart Hobijn. 2009. "The CHAT Dataset." National Bureau of Economic Research Working Paper No. 15319.

Congressional Quarterly. 2003. "Immigration and Naturalization Service (INS) Abolished, with Border Security, Immigration Services Divided at Department of Homeland Security (DHS)." *CQ Almanac 2002*. http://library.cqpress.com/cqalmanac/. Accessed July 12, 2010.

Congressional Quarterly. 2005. "Details of the Intelligence Overhaul Law." *CQAlmanac 2004*. http://library.cqpress.com/cqalmanac/. Accessed July 12, 2010.

Congressional Quarterly. 2006*a*. "Immigration, 2001—2002 Legislative Chronology." In *Congress and the Nation 2001—2004*. Vol. 11. Washington, DC: CQ Press.

Congressional Quarterly. 2006*b*. "War Supplemental Has Strings Attached." *CQAlmanac 2005*. http://library.cqpress.com/cqalmanac/. Accessed July 12, 2010.

Copeland, Melvin T. 1922. "The Economic Story." *Transactions of the National Association of Cotton Manufacturers* 113:66–74.

Copelovitch, Mark, and Jon C. Pevehouse. 2013. "Ties That Bind? Preferential Trade Aggreements and Exchange Rate Policy Choice." *International Studies Quarterly* 57:385–99.

Correlates of War Project. 2013. "Formal Interstate Alliance Dataset, Version 4.1." www.correlatesofwar.org. Accessed September 22, 2014.

Crook, S. B., and J. R. Hibbing. 1997. "A Not-So-Distant Mirror: The 17th Amendment and Congressional Change." *American Political Science Review* 91(4):845–53.

Crouch, Colin. 1993. *Industrial Relations and European State Traditions*. Oxford: Oxford University Press.

Cusack, Thomas R. 2000*a*. "Center of Political Gravity Dataset." http://www.edac.eu/indicators_desc.cfm?v_id=193. Accessed August 15, 2013.

Cusack, Thomas R. 2000*b*. "Public Finance Data for 20 OECD Countries" http://www.edac.eu/indicators_desc.cfm?v_id=192. Accessed August 15, 2013.

Dancygier, Rafaela. 2013. "The Left and Minority Representation: The Labour Party, Muslim Candidates, and Inclusion Tradeoffs." *Comparative Politics* 46(1):1–21.

David, Paul A. 1975. *Technical Choice Innovation and Economic Growth: Essays on American and British Experience in the Nineteenth Century*. Cambridge: Cambridge University Press.

Davis, L. E. 1965. "The Investment Market, 1870—1914: The Evolution of a National Market." *Journal of Economic History* 25(3):355–99.

Donaldson, Dave, and Richard Hornbeck. 2013. "Railroads and American Economic Growth: A 'Market Access' Approach." Technical report. National Bureau of Economic Research.

Doyle, Michael W., and Nicholas Sambanis. 2006. *Making War and Building Peace: United Nations Peace Operations*. Princeton, NJ: Princeton University Press.

Drezner, Daniel W. 1999. *The Sanctions Paradox: Economic Statecraft and International Relations*. Cambridge Studies in International Relations, no. 65. Cambridge: Cambridge University Press.

Drutman, Lee. 2015. *The Business of America Is Lobbying: How Corporations Became Politicized and Politics Became More Corporate*. New York: Oxford University Press.

Dustmann, Christian, Tommaso Frattini, and Caroline Halls. 2010. "Assessing the Fiscal Costs and Benefits of A8 Migration to the UK." *Fiscal Studies* 31(1):1–41.

Economic Development Board of Singapore. 2015. "Our History." Technical report. https://www.edb.gov.sg/content/edb/en/why-singapore/about-singapore/our-history/1960s.html. Accessed March 25, 2015.

Economic Strategies Committee. 2010. "Report of the Economic Strategies Committee." https://www.mti.gov.sg/ResearchRoom/Documents/app.mti.gov.sg/data/pages/885/doc/ESC%20Full%20Report.pdf. Accessed May 24, 2013.

Eichengreen, Barry. 1995. "Financing Infrastructure in Developing Countries: Lessons from the Railway Age." *World Bank Research Observer* 10(1):75–91.

Eichengreen, Barry. 2007. *The European Economy since 1945: Coordinated Capitalismand Beyond*. Princeton, NJ: Princeton University Press.

Engerman, Stanley L., and Kenneth L. Sokoloff. 2000. "Technology and Industrialization, 1790—1914." *The Cambridge Economic History of the United States* 2:367–401.

Eurostat. 2016. http://ec.europa.eu/eurostat/statistics-explained/index.php/Asylum_ statistics. Accessed March 10, 2016.

Faist, Thomas. 1994. "How to Define a Foreigner? The Symbolic Politics of Immigration in German Partisan Discourse, 1978—1992."*West European Politics* 17(2):50-71.

Feenstra, Robert C., and Gordon H. Hanson. 1996. "Globalization, Outsourcing, and Wage Inequality."*American Economic Review* 86(2):240-45.

Feller, Irwin. 1974. "The Diffusion and Location of Technological Change in the American Cotton-Textile Industry, 1890—1970." *Technology and Culture* 15:569-93.

Ferenczi, Imre, and Walter Francis Willcox. 1929. *International Migrations: Statistics*. Vol. 1. New York: National Bureau of Economic Research.

Fitzgerald, Jennifer, David A. Leblang, and Jessica Teets. 2014. "Defying the Law of Gravity: The Political Economy of International Migration." *World Politics* 66(3):406-45.

Fogel, Robert William. 1994. *Railroads and American Economic Growth*. New York: Cambridge University Press.

Fong, Pang Eng, and Linda Lim. 1982. "Foreign Labor and Economic Development in Singapore."*International Migration Review* 16(3):548-76.

Foreman-Peck, James. 1992. "A Political Economy of International Migration, 1815—1914."*The Manchester School* 60(4):359-76.

Franklin, Benjamin. 1755. *Observations on the late and present Conduct of the French, with Regard to their Encroachments upon the British Colonies in North America.... To which is added, wrote by another Hand; Observations concerning the Increase of Mankind, Peopling of Countries, &c*. Boston: Printed by William Clarke and Soldby S. Kneeland in Queen-Street.

Frayer, Lauren. 2015. "Hungary's Catholics Are Largely Absent from Refugee Drama." Morning Edition. http://www.npr.org/2015/09/30/444660127/despite-popes-urging-hungarys-catholics-are-largely-absent-from-refugee-drama. Accessed September 30, 2015.

Freeman, Gary P. 1995. "Modes of Immigration Politics in Liberal

Democratic States. "*International Migration Review* 29(4):881-902.

Frieden, Jeffry A. 2014. *Currency Politics: The Political Economy of Exchange Rate Policy*. Princeton, NJ: Princeton University Press.

Friedman, G. 2000. "The Political Economy of Early Southern Unionism: Race, Politics, and Labor in the South, 1880—1953. "*Journal of Economic History* 60(2):384-413.

From SOE to GLC: China's Rulers Look to Singapore for Tips on Portfolio Management. 2013. *Economist*. http://www.economist.com/news/finance-and-economics/21590562-chinas-rulers-look-singapore-tips-portfolio-management-soe-glc. Accessed March 25, 2015.

Fukuyama, Francis. 2011. *The Origins of Political Order: From Prehuman Times to the French Revolution*. London: Profile Books.

Gailmard, Sean, and Jeffery A. Jenkins. 2009. "Agency Problems, the 17th Amendment, and Representation in the Senate. " *American Journal of Political Science* 53(2):324-42.

Galenson, Alice. 1985. *The Migration of the Cotton Textile Industry from New England to the South, 1880—1930*. New York: Garland.

Garrett, Geoffrey. 1995. "Capital Mobility, Trade, and the Domestic Politics of Economic Policy. "*International Organization* 49(1):657-87.

Gary, Elbert H. 1923. "Address of the President. "*Yearbook of the American Iron and Steel Institute*, 11-15.

Geddes, Andrew, and Jeannette Money. 2011. "Mobility within the European Union. " In *Migration, Nation States, and International Cooperation*, ed. Randall Hansen, Jobst Koehler, and Jeannette Money, 31-43. New York: Routledge.

Gerber, Alan S., Gregory A. Huber, Daniel R. Biggers, and David J. Hendry. 2014. "Self Interest, Beliefs, and Policy Opinions: Understanding the Economic Source of Immigration Policy Preferences. " huber. research.yale.edu/materials/46_paper.pdf. Accessed November 18, 2014.

Glaeser, Edward L., and Andrei Shleifer. 2005. "The Curley Effect: The Economics of Shaping the Electorate. "*Journal of Law, Economics*, &

Organization 21(1):1-19.

Golden, Miriam, Peter Lange, and Michael Wallerstein. 2009. "Union Centralization among Advanced Industrial Societies: An Empirical Study." https://data verse. harvard. edu/dataset. xhtml? persistentId=hdl:1902.1/ 10193. Accessed June 12, 2011.

Goldin, Claudia. 1994. "The Political Economy of Immigration Restrictions in the United States, 1890 to 1921." In *The Regulated Economy: A Historical Approach to Political Economy*, ed. Claudia Goldin and Gary Libecap. Chicago: University of Chicago Press.

Goldin, Claudia, and Lawrence F. Katz. 1998. "The Origins of Technology-Skill Complementarity."*Quarterly Journal of Economics* 113(3): 693 - 732.

Goldstein, Judith L., and Margaret E. Peters. 2014. "Nativism or Economic Threat: Attitudes toward Immigrants during the Great Recession." *International Interactions* 40(3):376-401.

Gómez, José A., and Derek C. Bok. 2005. *Singapore's Public Enterprises*. Cambridge, MA: Kennedy School of Government.

Gould, David M. 1994. "Immigrant Links to the Home Country: Empirical Implications for US Bilateral Trade Flows."*Review of Economics and Statistics* 76(2):302-16.

Grove, Wayne A. 1996. "The Mexican Farm Labor Program, 1942—1964: Government-Administered Labor Market Insurance for Farmers." *Agricultural History* 70(2):302-20.

Ha, E. and G. Tsebelis. 2010. "Globalization and Welfare: Which Causes Which?" University of Michigan. www. academia. edu/18730950/ Globalization_and_Welfare_Which_Causes_Which. Accessed August 21, 2013.

Haber, Stephen, and Victor Menaldo. 2011. "Do Natural Resources Fuel Authoritarianism? A Reappraisal of the Resource Curse." *American Political Science Review* 105(1):1-26.

Haines, Michael, Price Fishback, and Paul Rhode. 2014. "United States Agriculture Data, 1840—2010." Technical Report ICPSR35206-v1. Interuniversity Consortium for Political and Social Research [distributor]. http://doi.org/10.3886/ICPSR35206.v1. Accessed January 21, 2015.

Hainmueller, Jens, and Michael J. Hiscox. 2006. "Learning to Love Globalization: Education and Individual Attitudes Toward International Trade." *International Organization* 60(2):469–98.

Hainmueller, Jens, and Michael J. Hiscox. 2007. "Educated Preferences: Explaining Attitudes toward Immigration in Europe." *International Organization* 61(2): 399–442.

Hainmueller, Jens, and Michael J. Hiscox. 2010. "Attitudes toward Highly Skilled and Low-Skilled Immigration: Evidence from a Survey Experiment." *American Political Science Review* 104(1):1–24.

Hall, Christopher G. L. 1997. *Steel Phoenix: The Fall and Rise of the US Steel Industry*. New York: Palgrave Macmillan.

Hamilton-Hart, Natasha. 2000. "The Singapore State Revisited." *Pacific Review* 13(2):195–216.

Hansen, Randall. 2002. "Globalization, Embedded Realism, and Path Dependence: The Other Immigrants to Europe." *Comparative Political Studies* 35(3):259–83.

Hanson, Gordon H., Kenneth Scheve, and Matthew J. Slaughter. 2007. "Public Finance and Individual Preferences over Globalization Strategies." *Economics & Politics* 19(1):1–33.

Hartog, Chris Den, and Nathan W. Monroe. 2011. *Agenda Setting in the U.S. Senate*. Cambridge: Cambridge University Press.

Hatton, Timothy J., and Jeffrey G. Williamson. 1998. *The Age of Mass Migration: Causes and Economic Impact*. New York: Oxford University Press.

Hatton, Timothy J., and Jeffrey G. Williamson. 2005a. "A Dual Policy Paradox: Why Have Trade and Immigration Policies Always Differed in Labor-Scarce Economies?" Unpublished manuscript. National Bureau of Economic Research, Boston, MA.

Hatton, Timothy J., and Jeffrey G. Williamson. 2005b. *Global Migration and the World Economy*. Cambridge, MA: MIT Press.

Hatton, Timothy J., and Jeffrey G. Williamson. 2008. "The Impact of Immigration: Comparing Two Global Eras."*World Development* 36(3): 345 - 61.

Helpman, Elhanan. 2006. "Trade, FDI, and the Organization of Firms." *Journal of Economic Literature* 44(3):589 - 630.

Helpman, Elhanan, Oleg Itskhoki, and Stephen Redding. 2009. "Inequality and Unemployment in a Global Economy." Unpublished manuscript. CEPR Discussion Paper No. 7353.

Heston, Alan, Robert Summers, and Bettina Aten. 2011. "Penn World Table Version 7.0."*Center for International Comparisons of Production, Income and Prices,University of Pennsylvania* . https://knoema.com/PWT2011JUN/penn-world-table-7-0. Accessed September 22, 2014.

Hiscox, Michael J. 2002. *International Trade and Political Conflict: Commerce,Coalitions, and Mobility*. Princeton, NJ: Princeton University Press.

Holborn, Louise W. 1965. "International Organizations for Migration of European Nationals and Refugees."*International Journal* 20(3):331 - 49.

Holley, Donald. 2000. *The Second Great Emancipation: The Mechanical Cotton Picker, Black Migration, and How They Shaped the Modern South*. Fayetteville: Universityof Arkansas Press.

Horlings, Edwin. 2001. "Pre-industrial Economic Growth and the Transition to an Industrial Economy." In *Early Modern Capitalism: Economic and Social Change in Europe 1400—1800*, ed. Maarten Prak, 88 - 104. London: Routledge.

Hui, W. T. 1998. "The Regional Economic Crisis and Singapore: Implications for Labor Migration."*Asian and Pacific Migration Journal* 7 (2 - 3):187 - 218.

Hull, Cordell. 1948. *The Memoirs of Cordell Hull*. New York: Macmillan.

Hutchinson, Edward P. 1981. *Legislative History of American Immigration Policy, 1798—1965*. Philadelphia: University of Pennsylvania Press.

Ikenberry, G. John. 2001.*After Victory: Institutions, Strategic Restraint,* and the Rebuilding of Order after Major Wars. Princeton, NJ: Princeton University Press.

Irwin, Douglas A. 1998. "From Smoot-Hawley to Reciprocal Trade Agreements: Changing the Course of U. S. Trade Policy in the 1930s." In *The Defining Moment: The Great Depression and the American Economy in the Twentieth Century*, ed. Michael D. Bordo, Claudia Goldin, and Eugene N. White, 325–52. Chicago: University of Chicago Press.

Irwin, Douglas A., and Randall S. Kroszner. 1996. "Log-Rolling and Economic Interests in the Passage of the Smoot-Hawley Tariff."*Carnegie-Rochester Conference Series on Public Policy* 45:173–200.

James, J. A. 1976. "The Development of the National Money Market, 1893—1911."*Journal of Economic History* 36(4):878–97.

Joppke, Christian. 1998. "Why Liberal States Accept Unwanted Immigration." *World Politics* 50(2):266–93.

Jordan, Virgil. 1927. "Address by Virgil Jordan." Yearbook of the American Iron and Steel Institute. (May):498–512.

Jupp, James. 2002. *From White Australia to Woomera: The Story of AustralianImmigration*. New York: Cambridge University Press.

Kaur, A. 2006. *International Migration in Malaysia and Singapore since the 1880s: State Policies, Migration Trends and Governance of Migration*. New England, NSW: The University of New England Asia Centre (UNEAC) for the Malaysia and Singapore Society of Australia.

Kay, Diana, and Robert Miles. 1988. "Refugees or Migrant Workers? The Case of the European Volunteer Workers in Britain (1946—1951)."*Journal of Refugee Studies* 1(3–4):214–36.

Kaye, Ronald. 1994. "Defining the Agenda: British Refugee Policy and the Role of Parties."*Journal of Refugee Studies* 7(2–3):144.

Kelley, Ninette, and M. J. Trebilcock. 1998. *The Making of the Mosaic: A History of Canadian Immigration Policy*. Toronto: University of Toronto Press.

Kenney, Martin, and Richard L. Florida. 2004. *Locating Global Advantage: Industry Dynamics in the International Economy*. Stanford, CA: Stanford

University Press.

Key, Nigel, and David Runsten. 1999. "Contract Farming, Smallholders, and Rural Development in Latin America: The Organization of Agroprocessing Firms and the Scale of Outgrower Production." *World Development* 27(2):381–401.

Kim, Sukkoo. 1995. "Expansion of Markets and the Geographic Distribution of Economic Activities: The Trends in US Regional Manufacturing Structure, 1860—1987."*Quarterly Journal of Economics* 110(4):881–908.

Kollman, Ken. 1997. "Inviting Friends to Lobby: Interest Groups, Ideological Bias, and Congressional Committees." *American Journal of Political Science* 41(2):519–44.

Koopmans, Ruud, and Jasper Muis. 2009. "The Rise of Right-Wing Populist Pim Fortuyn in the Netherlands: A Discursive Opportunity Approach." *European Journal of Political Research* 48(5):642–64.

Kremer, Michael. 2006. "Globalization of Labor Markets and Inequality." *Brookings Trade Forum*, 211–28.

Kremer, Monique, and Erik Schrijvars. 2014. "Making Romanian and Bulgarian Migration Work in the Netherlands." Technical report. WRR-Policy Brief 1 Netherlands Scientific Council for Government Policy (WRR). http://www.wrr.nl/fileadmin/en/publicaties/PDF-WRR-Policy_Briefs/2014–01_WRR_Policy_Brief_1_ENGELS_05.pdf. Accessed April 7, 2015.

Kuhn, Anthony. 2015. "Founding Father of Modern Singapore, Lee Kuan Yew, Dies at 91."*National Public Radio.* http://www.npr.org/blogs/parallels/2015/03/22/393824362/founding-father-of-modern-singapore-lee-kuan-yew-dies-at-91. Accessed March 26, 2015.

Lake, David A. 2009. "Open Economy Politics: A Critical Review."*Review of International Organizations* 4(3):219–44.

Lake, David A., and Christopher J. Fariss. 2014. "Why International Trusteeship Fails: The Politics of External Authority in Areas of Limited Statehood."*Governance* 27(4):569–87.

Lamoreaux, Naomi R. 2000. "Entrepreneurship, Business Organization, and Economic Concentration."*The Cambridge Economic History of the United States* 2:403 – 34.

Lapinski, J. S. 2004. "Direct Election and the Emergence of the Modern Senate."Unpublished manuscript. Yale University.

Lazarus, Emma. 1883. www.poetryfoundation.org/poems-and-poets/poems/detail/46550.

Leblang, David. 2010. "Familiarity Breeds Investment: Diaspora Networks and International Investment."*American Political Science Review* 104(3): 584 – 600.

Lee, Frances. 2009. *Beyond Ideology: Politics, Principles, and Partisanship in the U. S. Senate*. Chicago: University of Chicago Press.

Legislative Report. 2004. *Western Grower and Shipper*. (December):11 – 12.

Levitt, S. D. 1996. "How Do Senators Vote? Disentangling the Role of Voter Preferences, Party Affiliation, and Senator Ideology."*American Economic Review* 86(3):425 – 41.

Lewis, Ethan. 2011. "Immigration, Skill Mix, and Capital Skill Complementarity."*Quarterly Journal of Economics* 126(2):1029 – 69.

Leyden, Kevin M. 1995. "Interest Group Resources and Testimony at Congressional Hearings."*Legislative Studies Quarterly* 20(3):431 – 439.

Lijphart, Arend. 1975. *The Politics of Accommodation: Pluralism and Democracy in the Netherlands*. Berkely: University of California Press.

Lim, Kevin. 2013. "By-election Shines a Light on Discontented Singapore." *Reuters*. http://www.reuters.com/article/2013/01/25/us-singapore-politics-idUSBRE90O0 B020130125. Accessed July 22, 2013.

Lim, Linda Y. C. 1983. "Singapore's Success: The Myth of the Free Market Economy."*Asian Survey* 23(6):752 – 64.

Linden, Tom. 1997. "Labor Laws Offer Opportunities, Pitfalls."*Western Grower andShipper*. (WGA Yearbook):47 – 48.

Linden, Tom. 1999. "INS Launches New Offensive."*Western Grower and Shipper*. (May):19.

Linden, Tom. 2006. "Myths and Theories; Facts and Fiction: Misinformation Frames Immigration Reform Debate." *Western Grower and Shipper*, January: 11–17.

Loh, Kah Seng. 2011. "The British Military Withdrawal from Singapore and the Anatomy of a Catalyst." In *Singapore in Global History*, ed. Derek Heng and Syed MuhdKhairudinAljunied, 195–213. Amsterdam: Amsterdam University Press.

Longhi, Simonetta, Peter Nijkamp, and Jacques Poot. 2005. "A Meta-analytic Assessment of the Effect of Immigration on Wages." *Journal of Economic Surveys* 19(3):451–77.

Low, Linda. 1998. *The Political Economy of a City-State: Government-Made Singapore*. Singapore: Oxford University Press.

Low, Linda. 2002. "Rethinking Singapore Inc. and GLCs." *Southeast Asian Affairs*, 282–302.

Low, Linda. 2003. "Sustaining the Competitiveness of Singapore Inc in the Knowledge-Based Global Economy." In *Sustaining Competitiveness in the NewGlobal Economy: The Experience of Singapore*, ed. Ramkishen S. Rajan, 135–50. Cheltenham, UK: Edward Elgar.

Maddison, Angus. 2011. "Statistics on World Population, GDP, and Per Capita GDP, 1–2008 AD." http://www.ggdc.net/maddison/maddison-project/home.htm. Accessed August 21, 2013.

Major Investments. 2015. Technical report. Temasek Review. http://www.temasekreview.com.sg/en/major-investments.html. Accessed March 25, 2015.

Marshall, Monty G. 2010. "Major Episodes of Political Violence (MEPV) and Conflict Regions, 1946—2008." *Center for Systemic Peace*. http://pdf.thepdfportal.org/? id=280391. Accessed September 22, 2014.

Marshall, Monty G., Ted Robert Gurr, and Keith Jaggers. 2011. "Polity IV Project: Political Regime Characteristics and Transitions, 1800—2009." *Center for Systemic Peace*. www.systemicpeace.org/polity/polity4.htm. Accessed January 20, 2014.

Massey, Douglas S., Joaquin Arango, Graeme Hugo, Ali Kouaouci, Adela

Pellegrino, and J. Edward Taylor. 1993. "Theories of International Migration: A Review and Appraisal."*Population and Development Review* 19(3):431–66.

Meinke, S. R. 2008. "Institutional Change and the Electoral Connection in the Senate."*Political Research Quarterly* 61(3):445–47.

Melitz, Marc J. 2003. "The Impact of Trade on Intra-industry Reallocations and Aggregate Industry Productivity."*Econometrica* 71(6):1695–1725.

Messina, Anthony M. 2008. "The Logics and Politics of post-WWII Migration to Western Europe."*West European Politics* 31(5):1096–97.

Miller, Michael K., and Margaret E. Peters. 2014. "Restraining the Huddled Masses: Migration Policy and Autocratic Survival." In *International Political Economy Society Annual Conference*. Washington DC.

Milner, Helen V., and Dustin H. Tingley. 2012. "Sailing the Water's Edge: Where Domestic Politics Meets Foreign Policy." Unpublished manuscript. Princeton University, Harvard University.

Minchin, Timothy J. 2009. " 'It knocked this city to its knees': The Closure of Pillowtex Mills in Kannapolis, North Carolina, and the Decline of the US Textile Industry."*Labor History* 50(3):287–311.

Mines, Richard, and Philip Martin. 1983. "Foreign Workers in California's Produce Industry."*Western Grower and Shipper*, 10–12, 36–37.

Ministry of Trade and Industry. 2012. "MTI Occasional Paper on Population and Economy." www.mti.gov.sg/mtiinsights/pages/mti-occasional-paper-on-population-and-economy.aspx. Accessed May 25, 2014.

Mirilovic, Nikola. 2010. "The Politics of Immigration: Dictatorship, Development, and Defense."*Comparative Politics* 42(3):273–92.

Mittelhauser, Mark. 1997. "Employment Trends in Textiles and Apparel, 1973—2005."*Monthly Labor Review* 120:24–35.

Moch, Leslie Page. 1995. "Moving Europeans: Historical Migration Practices in Western Europe."*The Cambridge Survey of World Migration*, 126–30.

Money, Jeannette. 1999. *Fences and Neighbors: The Political Geography of Immigration Control.* Ithaca, NY: Cornell University Press.

Morris, James A. 1953. "Cotton and Wool Textiles—Case Studies in Industrial Migration."*Journal of Industrial Economics* 2(1):65-83.

Mosley, Layna. 2000. "Room to Move: International Financial Markets and National Welfare States."*International Organization* 54(4):737-73.

Motomura, Hiroshi. 2014. *Immigration outside the Law.* Oxford: Oxford University Press.

Nasir, Kamaludeen Mohamed, and Bryan S. Turner. 2014. *The Future of Singapore: Population, Society and the Nature of the State.* London: Routledge.

Nassif, Tom. 2005. "Immigration Reform: National Security Begins at Breakfast."*Western Grower and Shipper.* (March):5-6.

Nassif, Tom. 2006a. "Hasta La Vista, Baby."*Western Grower and Shipper,* April:4.

Nassif, Tom. 2006b. "The Key." *Western Grower and Shipper,* May:5-6.

Nassif Takes on Dobbs, transcript. 2005. *Western Grower and Shipper.* (May):8-9.

National Population and Talent Division. 2012. "Our Population, Our Future." Singapore: Government of Singapore.

National Population and Talent Division. 2013. *A Sustainable Population for a Dynamic Singapore: Population White Paper.* Singapore: Government of Singapore.

Neuman, Gerald L. 1993. "The Lost Century of American Immigration Law (1776—1875)."*Columbia Law Review* 93(8):1833-1901.

Nicholas, Stephen. 1983. "Agency Contracts, Institutional Modes, and the Transition to Foreign Direct Investment by British Manufacturing Multinationals before 1939."*Journal of Economic History* 43(3):675-86.

Oatley, Thomas. 2011. "The Reductionist Gamble: Open Economy Politics in the Global Economy."*International Organization* 65(2):311-41.

Obstfeld, M., and A. M. Taylor. 2004. *Global Capital Markets: Integration, Crisis, and Growth.* Cambridge: Cambridge University

Press.

Office of Immigration Statistics. 2006. 2005 *Yearbook of Immigration Statistics*. Washington, DC: Department of Homeland Security.

Office of Immigration Statistics. 2010. 2009 *Yearbook of Immigration Statistics*. Washington, DC: Department of Homeland Security.

Officer, Lawrence H., and Samuel H., Williamson. 2015. "The Annual Consumer Price Index for the United States, 1774—2014." In *Measuring Worth*. http://www.measuringworth.com/uscpi/. Accessed May 6, 2015.

Olson, Mancur. 1965. *The Logic of Collective Action*. Cambridge, MA: Harvard University Press.

Olzak, Susan. 1989. "Labor Unrest, Immigration, and Ethnic Conflict in Urban America, 1880—1914."*American Journal of Sociology* 94(6): 1303-33.

Onorato, Massimiliano Gaetano, Kenneth Scheve, and David Stasavage. 2014. "Technology and the Era of the Mass Army."*Journal of Economic History* 74(2):449-81.

Ortega, Francesc, and Giovanni Peri. 2013. "The Effect of Income and Immigration Policies on International Migration."*Migration Studies* 1(1): 47-74.

Ottaviano, Gianmarco I. P., and Giovanni Peri. 2012. "Rethinking the Effect of Immigration on Wages."*Journal of the European Economic Association* 10(1):152-97.

Pandya, Sonal S. 2014. *Trading Spaces: Foreign Direct Investment Regulation, 1970—2000*. Cambridge: Cambridge University Press.

Pellikaan, Huib, Sarah L. de Lange, and Tom Van der Meer. 2007. "Fortuyn's Legacy: Party System Change in the Netherlands."*Comparative European Politics* 5(3):282-302.

Peters, Margaret E. 2014a. "Immigration, Delegation and International Law."Working Paper, Yale University.

Peters, Margaret E. 2014b. "Trade, Foreign Direct Investment and Immigration Policy Making in the US."*International Organization* 68(4):

811-44.

Peters, Margaret E. 2015. "Open Trade, Closed Borders: Immigration in the Era of Globalization."*World Politics* 67(1):114-54.

Peters, Margaret E., and Alexander M. Tahk. 2010. "Are Policy Makers Out of Touch with Their Constituencies When It Comes to Immigration?" In *International Political Economy Society Annual Conference*. Cambridge, MA.

Polanyi, Karl. 1944. *The Great Transformation: The Political and Economic Origins of Our Time*. New York: Rinehart.

Poole, Keith T. 2009. "1st – 101st Senate Roll Call Data." http://voteview.com/. Accessed January 9, 2010.

Poole, Keith T., and Jeff Lewis. 2009. "109th – 110th Senate Roll Call Data." http://voteview.com/. Accessed January 9, 2010.

Poole, Keith T., and Nolan McCarty. 2009. "102nd – 108th Senate Roll Call Data." http://voteview.com/. Accessed January 9, 2010.

Przeworski, Adam, et al. 2013. "Political Institutions and Political Events (PIPE) Data Set." https://sites.google.com/a/nyu.edu/adam-przeworski/home/data. Accessed December 15, 2014.

Quincy, Josiah. 1896. "Address by Mayor Quincy of Boston."*Transactions of the New England Cotton Manufacturers' Association* 60:65-67.

Rajan, Raghuram G., and Luigi Zingales. 2003. "The Great Reversals: The Politics of Financial Development in the Twentieth Century."*Journal of Financial Economics* 69:5-50.

Ratha, Dilip, and Zhimei Xu. 2008. *Migration and Remittances Factbook 2008*. Washington, DC: The World Bank.

Resnick, Jason. 2006. "Labor Shortage Woes Continue."*Western Grower and Shipper* (December):31-33.

Rigg, Jonathan. 1988. "Singapore and the Recession of 1985."*Asian Survey*, 28(3):340-52.

Rodan, Gary. 2004. "International Capital, Singapore's State Companies, and Security."*Critical Asian Studies* 36(3):479-99.

Rogers, Robert P. 2009. *An Economic History of the American Steel*

Industry. London: Routledge.

Roodenburg, H. , R. Euwals, and H. T. Rele. 2003. *Immigration and the Dutch Economy*. The Hague: CPB Netherlands Bureau for Economic Policy Analysis.

Rosenblum, Marc R. , and Idean Salehyan. 2004. "Norms and Interests in US Asylum Enforcement. "*Journal of Peace Research* 41(6):677-97.

Ruggie, John Gerard. 1982. "International Regimes, Transactions, and Change: Embedded Liberalism in the Postwar Economic Order." *International Organization* 36(2):379-415.

Ruggles, Steven, J. Trent Alexander, Katie Genadek, Ronald Goeken, Matthew B. Schroeder, and Matthew Sobek. 2010. *Integrated Public Use Microdata Series:Version* 5. 0 [*Machine-readable database*]. Minneapolis: University of Minnesota.

Ruhs, Martin. 2013. *The Price of Rights: Regulating International Labor Migration*. Princeton, NJ: Princeton University Press.

Sachs, Richard C. 2003. "Hearings in the US Senate: A Guide for Preparation and Procedure." Congressional Research Service, the Library of Congress.

Salehyan, Idean. 2008. "The Externalities of Civil Strife: Refugees as a Source of International Conflict. "*American Journal of Political Science* 52 (4): 787-801.

Salehyan, Idean, and Kristian Skrede Gleditsch. 2006. "Refugees and the Spread of Civil War. "*International Organization* 60(2):335-66.

Sarkees, Meredith Reid, and Frank Wayman. 2010. *Resort to War: 1816—2007*. Washington DC: CQ Press.

Saxton, A. 1971. *The Indispensable Enemy: Labor and the Anti-Chinese Movement in California*. Berkeley: University of California Press.

Schott, Peter K. 2010. "U. S. Manufacturing Exports and Imports by SIC or NAICS Category and Partner Country, 1972 to 2005." Unpublished manuscript. Yale School of Management.

Seawright, Jason, and John Gerring. 2008. "Case Selection Techniques in Case Study Research: A Menu of Qualitative and Quantitative Options."

Political Research Quarterly 61(2):294-308.

Shanmugaratnam, Tharman. 2013 "A Better Singapore: Quality Growth, an Inclusive Society, Budget Speech Delivered in Parliament 25 February 2013," transcript, *Budget 2014 Singapore*. http://www.singaporebudget.gov.sg/budget_2013/budget_speech.html. Accessed July 24, 2014.

Shih, Victor. 2009. "Tools of Survival: Sovereign Wealth Funds in Singapore and China." *Geopolitics* 14(2):328-44.

Sim, Isabel, Steen Thomsen, and Gerard Yeong. 2014. "The State as Shareholder: The Case of Singapore." Technical report. Centre for Governance, Institutions &Organisations, NUS Business School, Singapore.

Simonds, Paul. 2007. "Only in America." *Western Grower and Shipper*. (June):10-11. Singapore. Various Years. *Report on the Census of Industrial Production*. Singapore:Dept. of Statistics.

Singapore Democratic Party. 2013. "Building a People: Sound Policies for a Secure Future." http://yoursdp.org/publ/sdp_39_s_alternateives/our_population/launch_of_sdp_39_s_quote_building_a_people_sound_polices_for_a_secure_fit ure_quot/44-1-0-1385. Accessed June 2, 2013.

Singer, David Andrew. 2010. "Migrant Remittances and Exchange Rate Regimes in the Developing World."*American Political Science Review* 104(2):307-23.

Smith, J. P., and B. Edmonston. 1997. *The New Americans: Economic, Demographic, and Fiscal Effects of Immigration*. Washington, DC: National Academies Press.

Smith, Thomas Russell. 1944. *Cotton Textile Industry of Fall River, Massachusetts*. New York: King's Crown Press.

Sociaal-Economische Raad. 2013. "The Power of Consultation: The Dutch Consultative Economy Explained." https://www.ser.nl/en/~/media/files/internet/talen/engels/brochure/informatiebrochure-power-consultation-en.ashx. Accessed March 31, 2015.

Soon, Teck-Wong, and William A. Stoever. 1996. "Foreign Investment and Economic Development in Singapore: A Policy Oriented Approach."

395

Journal of Developing Areas 30(3):317-40.

Steinberg, David A., and Krishan Malhotra. 2014. "The Effect of Authoritarian Regime Type on Exchange Rate Policy." *World Politics* 66 (3):491-529.

Stopford, John M. 1974. "The Origins of British-Based Multinational Manufacturing Enterprises."*Business History Review* 48(3):303-35.

Strange, Susan. 1996. *The Retreat of the State: The Diffusion of Power in the World Economy*. New York: Cambridge University Press.

Sweezy, Alan R. 1938. "The Amoskeag Manufacturing Company."*Quarterly Journal of Economics* 52(3):473-512.

Talbert, Jeffery C., Bryan D. Jones, and Frank R. Baumgartner. 1995. "Nonlegislative Hearings and Policy Change in Congress." *American Journal of Political Science* 39(2):383-405.

Tan, Boon Seng. 2002. "Why ItMight BeDifficultfor the Governmentto Withdraw from Business." Technicalreport. http://www.singaporewindow.org/sw02/020210gl.htm. Accessed March 24, 2015.

Thies, Cameron G. 2002. "A Pragmatic Guide to Qualitative Historical Analysis in the Study of International Relations." *International Studies Perspectives* 3(4):351-72.

Tichenor, Daniel J. 1994. "The Politics of Immigration Reform in the United States, 1981—1990."*Polity* 26(3):333-62.

Tichenor, Daniel J. 2002. *Dividing Lines: The Politics of Immigration Control in America*. Princeton, NJ: Princeton University Press.

Tilly, Charles. 1992. *Coercion, Capital, and European States, AD 990-1990*. Cambridge, MA: Blackwell.

Timmer, Ashley S., and Jeffrey G. Williamson. 1996. "Racism, Xenophobia or Markets? The Political Economy of Immigration Policy Prior to the Thirties." Working Paper 5867. National Bureau of Economic Research.

Timmer, Ashley S., and Jeffrey G. Williamson. 1998. "Immigration Policy prior to the 1930s: Labor Markets, Policy Interactions, and Globalization Backlash." *Population and Development Review* 24(4):739-71.

Toh, Mun Heng. 1989. "The Post-recessionary Singapore Economy:

Performance and Prospects."*Southeast Asian Affairs* 16:299-314.

Toh, Mun Heng. 1998. "The Construction Industry: Restructuring for Competitiveness." In *Competitiveness of the Singapore Economy: A Strategic Perspective*, ed. Mun Heng Toh and Kong Yam Tan, 143-77. Singapore:Singapore University Press.

UNHCR. 2016. "Syrian Regional Refugee Response." http://data.unhcr.org/syrian refugees/regional.php. Accessed March 29, 2016.

United Nations Development Program. 2009. *Human Development Report*. New York: United Nations.

US Census Bureau. 2012. "Agriculture." In *Statistical Abstract of the United States*. Washington, DC: US Census Bureau.

US Chamber of Commerce. 2015. "Board of Directors." https://www.uschamber.com/about-us/board-directors. Accessed May 29, 2015.

US Commissioner of Labor. 1899. *Thirteenth Annual Report* (1898): *Hand and Machine Labor*. Washington, DC: US Government Printing Office.

van Amersfoort, H., and R. Penninx. 1994. "Regulating Migration in Europe: The Dutch Experience, 1960-92."*Annals of the American Academy of Political and Social Science* 534:133-46.

van Der Slik, Jack R., and Thomas C. Stenger. 1977. "Citizen Witnesses before Congressional Committees."*Political Science Quarterly* 92(3):465-85.

van Evera, Stephen. 1997. *Guide to Methods for Students of Political Science*. Ithaca, NY: Cornell University Press.

van Kersbergen, Kees, and André Krouwel. 2008. "A Double-Edged Sword! The Dutch Centre-Right and the 'Foreigners Issue'?"*Journal of European Public Policy* 15(3):398-414.

van Kessel, Stijn. 2011. "Explaining the Electoral Performance of Populist Parties: The Netherlands as a Case Study." *Perspectives on European Politics and Society* 12(1):68-88.

van Rijckeghem, Willy. 1982. "Benelux". In *The European Economy: Growth and Crisis*, ed. Andrea Boltho, 581-609. Oxford: Oxford University Press.

van Zanden, Jan L. 1998. *The Economic History of the Netherlands 1914—1995: A Small Open Economy in the 'Long' Twentieth Century.* London: Routledge.

Visser, Jelle, and Anton Hemerijck. 1997. *'A Dutch Miracle': Job Growth, Welfare Reform and Corporatism in the Netherlands.* Amsterdam: Amsterdam University Press.

Voerman, Gerrit, and Paul Lucardie. 1992. "The Extreme Right in the Netherlands: The Centrists and Their Radical Rivals."*European Journal of Political Research* 22:35 – 54.

von Stein, Jana. 2005. "Do Treaties Constrain or Screen? Selection Bias and Treaty Compliance."*American Political Science Review* 99(4):611 – 22.

Walker, Jack L. 1983. "The Origins and Maintenance of Interest Groups in America."*American Political Science Review* 77(2):390 – 406.

Wallace, Jeremy L. 2014. *Cities and Stability: Urbanization, Redistribution, and Regime Survival in China.* Oxford: Oxford University Press.

Walmsley, Herbert. 1904. "President's Address."*Transactions of the New England Cotton Manufacturers' Association* 76.

Waterfield, Bruno. 2015. "Greece's Defence Minister Threatens to Send Migrants Including Jihadists to Western Europe." *Telegraph.* http://www.telegraph.co.uk/news/worldnews/islamic-state/11459675/Greeces-defence-minister-threatens-to-send-migrants-including-jihadists-to-Western-Europe.html. Accessed September 30, 2015.

Watson, C. Maxwell, Bas B. Bakker, Jan Kees Martijn, and Ioannis Halikias. 1999. *The Netherlands: Transforming a Market Economy.* Washington, DC: International Monetary Fund.

Whatley, W. C. 1983. "Labor for the Picking: The New Deal in the South." *Journal of Economic History* 43(4):905 – 29.

White, William. 2008. "Economic History of Tractors in the United States". In *EH.net Encyclopedia*, ed. Robert Whaples. http://eh.net/encyclopedia/economic-history-of-tractors-in-the-united-states/. Accessed April 14, 2015.

Wilbur, Edward. 1898. "Southern Cotton Mills and Cotton Manufacturing." *Transactions of the New England Cotton Manufacturers' Association* 65.

Wilkins, Mira. 1970. *The Emergence of Multinational Enterprise: American Business Abroad from the Colonial Era to 1914*. Cambridge, MA: Harvard University Press.

Wong, D. 1996. "Foreign Domestic Workers in Singapore." *Asia and Pacific Migration Journal* 5(1):117–38.

Wong, Poh Kam. 1998. "Upgrading Singapore's Manufacturing Industry." In *Competitiveness of the Singapore Economy: A Strategic Perspective*, ed. Mun Heng Toh and Kong Yam Tan, 115–42. Singapore: Singapore University Press.

World Bank. 2014. "GDP per Capita (current US $)." http://data.worldbank.org/indicator/NY.GDP.PCAP.CD. Accessed August 10, 2014.

World Bank Group. 2012. "World Development Indicators 2012." www.worldbank.org/data. Accessed September 22, 2014.

Wright, G. 1981. "Cheap Labor and Southern Textiles, 1880—1930." *Quarterly Journal of Economics* 96(4):605–29.

Wright, Matthew. 2009. "'Mordacious Years': Socio-economic Aspects and Outcomes of New Zealand's Experience in the Great Depression." *Reserve Bank of New Zealand: Bulletin* 72(3):43.

Yates, JoAnne. 1993. *Control through Communication: The Rise of System in American Management*. Baltimore: John Hopkins University Press.

Ye Hee Lee, Michelle. 2015. "Donald Trump's False Comments Connecting Mexican Immigrants and Crime." *Washington Post*. http://www.washingtonpost.com/blogs/fact-checker/wp/2015/07/08/donald-trumps-false-comments-connecting-mexican-immigrants-and-crime/. Accessed September 21, 2015.

Zolberg, Aristide R. 1978. "International Migration Policies in a Changing World System". In *Human Migration: Patterns and Policies*, ed. William H. McNeill and Ruth S. Adams, 241–86. Bloomington: Indiana University Press.

Zolberg, Aristide R. 1989. "The Next Waves: Migration Theory for a

Changing World." *International Migration Review* 23(3):403-30.

Zolberg, Aristide R. 2006. *A Nation by Design: Immigration Policy in the Fashioning of America*. Cambridge, MA: Harvard University Press.

Zorlu, A., and J. Hartog. 2002. "Migration and Immigrants: The Case of The Netherlands." *Studies and Comments*, 1:119-40.

译名对照表

A

Accession Eight (A8)（后加入欧盟的）东欧八国
ad valorem tariff rates 从价关税税率
added value 增加值
America Iron and Steel Institute (AISI) 美国钢铁协会
Alien and Sedition Acts《外国人与煽动叛乱法》
alternative coding 替代编码
American Cotton Manufacturers Association 美国棉业协会
a race to the bottom 逐底竞争
automatic fiscal stabilizers 自动财政稳定器

B

balance of payment 国际收支平衡
Benelux area 比荷卢区域
bimetallic standard 货币复本位标准
Blue Cards 欧洲的蓝卡
Bracero Program 布拉塞洛计划
Bretton Woods Agreement 布雷顿森林体系
BZW(荷兰) 布拉邦-泽兰雇主协会

C

capital control 资本管制
capital-intensive and high-skill-intensive goods 资本密集型和高技术密集型商品
capital openness 资本开放度
CDA(荷兰) 基督教民主联盟党
Chow test 邹氏检验
collective action costs 集体行动成本
collateral land grants 土地出让金

401

confounding variables 混淆变量
constant 常量
containerized 集装箱化
corporatist system 社团体制

D

dependency ratios 依赖比例；抚养比
disability insurance 伤残险
doubly decisive tests 双重决定式检验
Dutch disease 荷兰病
Dutch Reformed Church 荷兰归正会

E

EDB 新加坡经济发展局
European Economic Area（EEA）欧洲经济区
embedded liberalism hypothesis 内嵌自由主义假设
Emergency Quota Act（美国）《紧急配额法案》
Employment Pass 就业准证类别
entry restriction measure 入境限制指标
exogenous 外源性的
export subsidy 出口补贴
expropriation 征用

F

financial market integration 金融市场一体化
firm heterogeneity 企业异质性

foreign direct investment 外商直接投资
free migration areas（FMAs）自由迁徙区

G

GATT 关税及贸易总协定
GDP 国内生产总值
general head tax 一般人头税
geopolitical problem children 地缘政治问题儿童
Gini coefficient 基尼系数
GLCs 政府关联性企业
GNP 国民生产总值
government-linked corporations（GLCs）国联企业
guest worker program 外来劳工计划
Gulf Cooperative Council 海湾合作委员会

H

H-1B visas 美国的 H-1B 签证
hold-up problem 误工风险
Hoop tests 环式检验

I

I-9 policy 雇佣资格审查政策
ICE 移民和海关执法局
IMF 国际货币基金组织
IMF conditionality agreements 国际货币基金组织的贷款条件性协议
Immigration and Customs Enforcement

Agency(美国)移民与海关执法局
Immigration and Nationality Act《移民和国籍法》
import-competing firms 进口竞争型企业
import penetration 进口渗透
import subsidy 进口补贴
import-substitution industrialization 进口替代工业化
income replacement rates 收入替代比
intercept shift 截距位移
international bargaining 国际协商，国际谈判
interindustry trade 产业间贸易
intraindustry trade 产业内贸易
inward FDI 对内外国直接投资
international political economy (IPE)国际政治经济学

J

Jurong Town Corporation 新加坡裕廊集团

K

knowledge economy 知识经济

L

labor repression 劳动压制
linear time trend 线性时间趋势
List Pim Fortuyn (LPF)(荷兰)富图恩名单党

Lobbying Disclosure Act(美国)《游说披露法》
loess (locally estimated scatterplot smoothing)局部加权回归散点平滑法
lowest common denominator principle 最小公分母原则
low skill labor 低技能劳动力
low-skill immigration 低技能移民
low-skill-intensive goods 低技能密集型商品

M

McCarren-Walter Act or Asian Exclusion Act《麦卡伦-沃尔特法案》或《排亚法案》
Melitz model 梅里兹模型
migration diversion 移民转向
multinational corporations (MNCs)跨国公司
Multi-Fiber Arrangement, MFA《多边纤维协定》

N

National Council of Textile Organizations 美国全国纺织团体协会
National Population and Talent Division 国家人口及人才署
National Productivity and Continuing Education Council(新加坡)国家生产力与继续教育理事会

National Literacy Act（美国）《全国扫盲法》
net union density 净工会密度
New England Cotton Manufacturers' Association 新英格兰棉花制造商协会
nonmobile sectors 不可流动性部门
nonrestricted entry 无限制入境
nontariff barriers 非关税壁垒
North American Free Trade Agreement（NAFTA）《北美自由贸易协定》
National Textile Association（NTA）美国全国纺织协会

O

observable implications 可观测的推论
OECD 经济合作与发展组织
OLS 普通最小二乘法
omitted variables 省略变量
open economy politics（OEP）开放经济政治学
optimal currency area（OCA）最优货币区
outward FDI 对外直接投资

P

passenger cases（美国）乘客系列案（美）
path-dependent effects 路径依赖效应

People's Action Party（PAP）（新加坡）人民行动党
People's Union（NVU）荷兰人民党
pioneer industries 先锋产业
points systems 计分制
polity 政体
Polity IV 政体第四代数据库
portfolio investment 间接投资
principal component analysis 主成分分析法
procedural democracy 程序民主
proportional representation 比例代表制
PvdA（荷兰）工党

Q

Quota Act in 1924《1924 年移民法案》

R

reduced form 简化式
regression 回归
Responsibility to Protect（R2P）国家保护责任
reverse causality 反向因果关系
Ricardian trade theory 李嘉图贸易理论
Ricardo-Viner model 里卡多-维纳模型
robust standard errors 稳健标准误差

S

safe-country-of-origin policies 安全原属国政策
safe-third-country 安全第三国

Schengen Zone 申根区
Service Employees International Union(SEIU)服务雇员国际联盟
Singapore Democratic Party(SDP)新加坡民主党
smoking gun tests 确凿证据检验
Social and Economic Council，SER(荷兰)社会与经济理事会
source economies 资源型经济体
S-Pass category SP 准证类别
Specialty Crops Competitiveness Act(美国)《特种作物竞争力法案》
SPRING 新加坡标准生产力和创新局
standard deviation 标准偏差
Stolper-Samuelson theorem 斯托尔珀-萨缪尔森定理
straw in the wind tests 预兆测试
structural breaks 结构性断裂

T

taxes on labor 劳动税
Temasek 新加坡淡马锡控股公司
temporary protected status 临时保护身份
the Displaced Persons Act(美国)《流离失所者法案》
the exception that proves the rule 能反证规律的例外
The Employment Act(新加坡)《就业法》
the European Coal and Steel Community(ECSC)欧洲煤炭钢铁共同体
the European Union(EU)欧盟
the General Agreement on Tariffs and Trade 关税及贸易总协定
the Illegal Immigration Reform and Immigrant Responsibility Act(美国)《非法移民改革和移民责任法》
the Immigration Reform and Control Act(美国)《移民改革和控制法》
the Indonesia-Malaysia-Singapore Growth Triangle 印度尼西亚—马来西亚—新加坡成长三角区
The Industrial Relations Act in 1968(新加坡)《1968年工业关系法(修正案)》
theories of heterogeneous firms 异质性企业理论
third-country nationals，or TCNs 第三国国民
trade associations 行业协会
trade barriers 贸易壁垒
trade openness 贸易开放度
Trade Unions(Amendment) Act(新加坡)《工会法(修正)》

U

undocumented Immigrants 无证移民
UK Independence Party(UKIP)英国独立党
US Census Bureau 美国人口调查局
U. S. Immigration and Naturalization Service(INS)美国移民局

405

V

voluntary export restraints (VERs) 自愿出口限制

voluntary migrants 自愿移民

W

Wassenaar Accord《瓦森纳协定》

welfare tax 福利税

Western Growers Association (WGA) 西部种植者协会

World Trade Organization (WTO) 世界贸易组织

Work Permit category 工作许可证类别

white flight 白人大迁移

译后记

21世纪以来,移民问题特别是欧洲的难民危机,日益成为困扰国际政治经济关系的重要议题。《壁垒:移民与全球化重构》的出版恰逢其时,它揭示了全球化背景下各国移民政策的变化及移民政策的未来趋势,在国际政治研究领域引起较大反响。这本书的作者玛格丽特·E.彼得斯是美国加州大学洛杉矶分校政治学系副教授。她于2011年获得斯坦福大学博士学位,其博士论文也就是本书的雏形,曾荣获国际关系、法律和政治学领域中最优秀的博士论文奖——海伦·德怀特·里德奖(Helen Dwight Reid Award)。

《壁垒:移民与全球化重构》旨在回答两个问题:为什么各国在19世纪向移民敞开边境,而到20世纪、特别是二战之后却将移民拒之门外?为什么在当今的全球化格局下,政客们宁愿让其选民在海外与外国劳工竞争,也不愿让其在国内与外国劳工竞争?彼得斯指出,现有的移民政策理论围绕第一个问题主要有三种解释,大都聚焦在移民开放政策的对立面——有组织的利益团体或大众群体。一是"劳工影响论":鉴于移民对工资水平的负面影响,本土劳工越来越排斥低技能移民,且随着选举权的扩大及工会规模的壮大,本土劳工和工会争取到了越来越多的移民限制措施。二是"财政负担论":低技能移民比本土人口占用更多的社会福利,由此给国家财政带来负担。三是"本土主义论":伴随着移民不断涌入,本土人口与移民在工作、社会福利、社区和文化,甚至是民族身份的认同等方面发生的冲突与日俱增,导致对移民的抵制和排斥。彼得斯认为,这三种理论都立足于反移民群体,讨论低技能移民政策形成的原因,却忽视了一个重要因素——企业态度的变化。这些理论默认企业对移民的支持意向始终如一,但事实是,由于全球化格局的形成和技术进步,企业对低技能移民的偏向已经发生了改变。

彼得斯提出"政治困境论"来回答上述两个问题:那些有可能接纳低技能移民的富裕国家要么开放低技能移民,但同时限制贸易和企业流动性;要么开放贸易和企业流动性,但同时限制低技能移民。不过,政策制定者出于政治原因不可能同时开放贸易和企业流动性与低技能移民政策。造成这一政治困境的根源是企业的政治行为,企业曾是移民政策最重要的支持者,但企业的政治行为受国际经济形势变化的影响发生了转变:在全球化背景下,随着贸易越来越开放、企业流动性增强以及生产率逐步提高,企业不再支持低技能移民政策。

本书共分为八章。第一章提出研究问题,概述全球化语境下低技能移民政策形成的主要原因——政治困境,并对低技能移民等相关概念进行界定;第二章阐明对移民问题的不同论点及其可观测推论;第三章运用跨越19至21世纪的低技能移民政策的原始数据库,从宏观的层面对论点的可观测推论进行检验:在跨国数据层面,贸易开放性和企业流动性的增长导致低技能移民政策;第四、五两章以美国为例,进一步挖掘该论点的因果链,阐述贸易、企业流动性和生产率在美国如何改变企业曾经对低技能移民的偏向和游说意愿;第六章考察其他两个与美国截然不同的国家:新加坡和荷兰,以证明该论点的普遍解释力;第七章再次运用跨国数据来检验实证观测结果是否支撑其他理论解释;第八章阐明该研究对于国际政治经济学研究、全球范围内的移民以及国际体系和外交政策形成的启示意义。

彼得斯的移民政策理论主要有以下两个创新点:第一,现有的研究文献大多聚焦不断变化中的反移民群体,以此来阐述低技能移民政策形成的原因,而她却重点讨论了企业的异质性及企业对移民政策倾向的改变所产生的影响。第二,批判性地运用了开放经济政治学范式来研究移民政策,反对单一而孤立地研究国内移民政策,或只研究单纯的某一种流动——贸易流动、资本流动或移民流动,主张从互动视角把移民政策看作贸易壁垒和企业流动性影响下的一项经济外交政策,从全球化格局探讨经济开放的不同形式如何影响移民政策。

除了理论贡献和观点创新,彼得斯还提供了大量关于移民政策的新数据。移民研究的一大障碍是纵向跨国数据的缺乏,而她创建了一套涵盖过去225年、囊括19个国家或经济体的新的移民政策数据集,包括各行业关于移民政策的倾向和游说、政策制定者的决策和移民政策的原始数据。其中,很多数据覆盖了自19世纪以来的全球化发展。此外,以往的研究案例主要集中在欧洲、美国、加拿大和澳大利亚,且案例数量也不多,而本书则拓展到波斯湾和东亚,并重点探讨了美国、荷兰和新加坡的移民政策。这有助于从跨地域、跨政体、跨经济体大小的多视域检验本书的论点,并全方位揭示全球化背景下的移民政策。

如果说有不足之处的话,那就是本书重点讨论的是低技能移民政策,对高技术移民政策则涉及甚少,科技的进步,特别是人工智能的飞速发展,是否对高技术移民产生影响仍值得深入探讨。此外,彼得斯在结论部分指出,低技能移民限制政策已是大势所趋,她认为边境开放的倡导者宣扬移民带来的经济利益,无异于堂吉诃德与风车作战。然而对于如何解决移民问题,彼得斯只是建议亲移民阵营向民权运动汲取经验,诉诸人权和公正等理念,这不过是另一个堂吉诃德罢了。

本书涉及领域之广、术语之杂、数据之庞,给译者带来较大挑战。其中,有些术语尚未形成统一译法。如"dependency rate",原指"抚养比"——非劳动年龄人口数量与劳动年龄人口数量的比例,但在本书语境中指的却是移民工人与本土劳工在某一企业中所占比例,所以我们统一译成"依赖比例"。为了统一术语、便于读者阅读,我们增列了一个译名对照表。

本书的翻译分工如下:陈雪梅负责第一至第四章及附录等部分的翻译和第五至第八章的审校,陈丽莉负责第五至第八章的翻译及其余各部分的审校。由于译者水平有限,译文肯定存在不足之处,敬请读者批评指正!

陈雪梅、陈丽莉

2019 年 11 月 2 日